书山有路勤为径,优质资源伴你行
注册世纪波学院会员,享精品图书增值服务

人力数据分析

运用数据思维，创造最佳绩效

［美］迈克·韦斯特（Mike West） 著
吴 鑫　艾亦菲　译

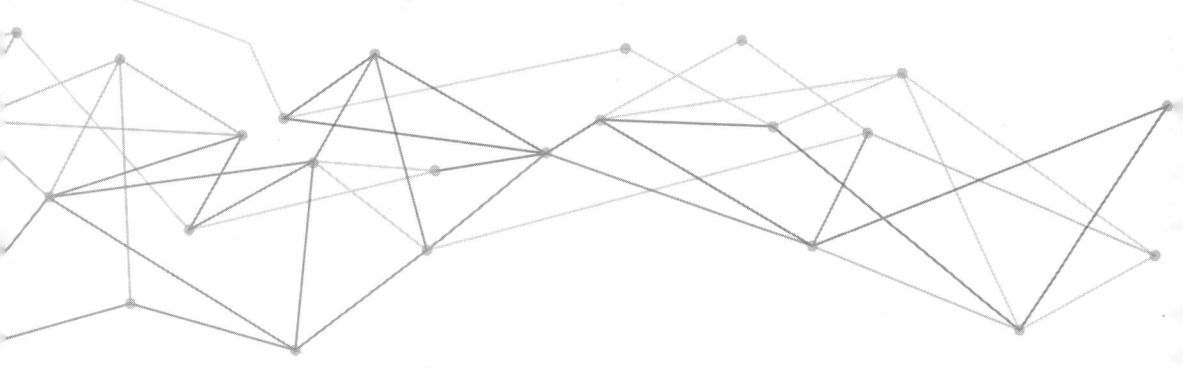

People Analytics for
Dummies®

电子工业出版社
Publishing House of Electronics Industry
北京·BEIJING

People Analytics for Dummies® by Mike West

Copyright © 2019 by John Wiley & Sons, Inc.

Simplified Chinese translation edition copyright © 2022 by Publishing House of Electronics Industry.

All rights reserved. This translation published under license.

Copies of this book sold without a Wiley sticker on the cover are unauthorized and illegal.

本书简体中文字版经由John Wiley & Sons, Inc.授权电子工业出版社独家出版发行。未经书面许可，不得以任何方式抄袭、复制或节录本书中的任何内容。

本书封底贴有Wiley防伪标签，无标签者不得销售。

版权贸易合同登记号　图字：01-2021-3017

图书在版编目（CIP）数据

人力数据分析：运用数据思维，创造最佳绩效／（美）迈克·韦斯特（Mike West）著；吴鑫，艾亦菲译. —北京：电子工业出版社，2022.8
书名原文：People Analytics for Dummies
ISBN 978-7-121-43980-3

Ⅰ. ①人… Ⅱ. ①迈… ②吴… ③艾… Ⅲ. ①数据处理—应用—人力资源管理 Ⅳ. ① F243-39

中国版本图书馆 CIP 数据核字 (2022) 第 127491 号

责任编辑：杨洪军　　　　特约编辑：王　璐
印　　刷：三河市华成印务有限公司
装　　订：三河市华成印务有限公司
出版发行：电子工业出版社
　　　　　北京市海淀区万寿路173信箱　邮编100036
开　　本：720×1000　1/16　印张：27.5　字数：374千字
版　　次：2022年8月第1版
印　　次：2022年8月第1次印刷
定　　价：118.00元

凡所购买电子工业出版社图书有缺损问题，请向购买书店调换。若书店售缺，请与本社发行部联系，联系及邮购电话：（010）88254888，88258888。

质量投诉请发邮件至zlts@phei.com.cn，盗版侵权举报请发邮件至dbqq@phei.com.cn。

本书咨询联系方式：（010）88254199，sjb@phei.com.cn。

前 言

你可能很熟悉数据分析是如何改变营销、销售、供应链管理和金融领域的，你也可能了解人力是企业最大的资本。如同花生酱和巧克力能组合成美味的食物一样，"数据分析"和"人才"也可以组合成"人力数据分析"。

欢迎你成为本书的读者。在阅读本书之前，你需要接受这样一个观点：公司作为好的工作场所和其产生好的商业结果之间可以不矛盾。人力数据分析就建立在这样一个前提之下，即：让公司变得伟大的是人，让更多公司变得伟大的是数据分析，尤其对工作中人力资本进行的数据分析。

本书将详细介绍"人力数据分析"这一新领域，涵盖数据处理、测量评估和具体分析方法。因为这是一个全新的领域，所以你在阅读本书的过程中可能会发现很多观点都是第一次听说，你可能需要一边实践一边加深对它们的理解。本书会向你介绍一些人力数据分析方面新的工作方法，也会给你一些建议，如何更好地向别人解释你到底在做什么工作（能够简洁明了地向别人表达自己所做的工作，从来都不会有坏处）。

本书的核心内容

本书将告诉你如何使用数据分析，而不是靠突发奇想或凭直觉来做出关于人的重要管理决策；如何在获得巨大商业成果的同时为员工创造良好的工作环境；如何通过持续反馈和学习来塑造一家伟大的而非安于现状或盲目追随的公司。本书能帮助你收获更高的个人、团队和组织绩效，同时让员工更快乐地工作！

在本书中，我会分享如何使用数据分析将人力资源决策与企业战略联系起来，以及如何具体开展人力数据分析。通过本书，你将学会在员工职业生涯的不同阶段收集相关数据，从数据中发现模式、做出预测，并衡量你采取的干预行动会带来的后果。你将学会如何使用数据来不断改进人才吸引、激活和保留策略，从而提升生产力水平。

我会列举与我合作过的各种规模的公司的真实案例，向你展示如何灵活运用人力数据分析应对各种情况，帮助你了解如何收集和分析数据，如何在人力资源管理的招聘、绩效、奖励、学习发展、领导力、员工多样性和人才保留等具体场景中做出更好的决策。

无论你是高管、人力资源专业工作者还是数据分析师，你都会在本书中找到适合你的内容。

本书的适用场合

如果你属于以下几种情况之一，建议你阅读本书。

- 你正在或希望为一家大型公司工作，希望在员工管理这方面做出更好的决策，以增加自己的价值。
- 你愿意让数据帮助你决定如何识别、选择、付酬、发展和管理员工。
- 你愿意尝试与过去所做的或其他公司正在做的截然不同的事情。
- 你喜欢阅读战略、系统、科学和统计学方面的书籍资料。
- 你有机会获得人力数据，或者至少想收集和分析人力数据。
- 你想省时省力地找到一些关于人力数据分析的实战资料与资源，而不是偏理论的学术论文。

相关图标说明

在本书中，以下这些小图标用来突出有用的信息。

图标标记了一些小提示和小妙招，你可以使用它们，让一些任务变得简单。

图标标记了特别重要的信息，如果你想快速获取每章中最重要的信息，只需要阅读此部分内容即可。

图标标记了技术性信息，即使你跳过它们，也不会影响你的阅读体验和你对相关内容的理解。

图标标记了重要的警告信息，不要跳过这些信息。

本书结构

本书分为5个部分，各部分介绍如下。

第1部分：人力数据分析入门

第1部分包括第1~3章，介绍了人力数据分析的基础内容，包括人力数据分析的定义、重要的相关概念、应用场景等。如同人必须先学会走路才能尝试跑步一样，第1部分将为以后几部分的内容奠定基础。第1部分技术性不强，没有什么特别专业的计算机术语或心理学术语，读起来会比较轻松。阅读完第1部分，你会理解，在人力数据分析中，业务是第一位的，其次是人力和数据分析，最后才是系统本身。

第2部分：升级你的视角

第2部分包括第4~7章。大多数人认为，数据分析是抽象的、复杂的或令人陌生的。事实上，人力数据分析的方法既不抽象也不复杂——它们只是在实践中能帮助你优化工作的有效方法。通过阅读第2部分，你会发现，通过几种方式简单地计算人数和分析结果，就可以获得新发现。

阅读完第2部分，你将学到一些基本方法，以便更深入地了解人们是如何为企业创造价值的，为什么同样的事情会出现不同的结果，并了解如何关注正确的细节，从而集中精力，更快地从数据分析中获得价值。缺乏商业价值导向会使数据分析陷入死胡同和细枝末节当中。

第3部分：量化员工体验地图

第3部分包括第8~11章。在这一部分中，我将以"员工体验地图"和"3A框架"这两个概念来定义人力资源评估标准，这两个概念虽然不同，但密切相关。

- 员工体验地图：涵盖员工从意识到某个工作机会的那一天开始到最终离开公司的那一天为止的所有体验与经历。员工体验地图可以给你一个全新的数据分析视角——全局且长期的视角、从员工个体出发的视角。
- 3A框架：员工的视角很重要，但必须与公司的需求相匹配。每家公司都希望良性发展，因此必须解决3个与人才相关的大问题：人才吸引、人才激活和人才流失。3A框架为数据分析提供了方向和评估维度。

员工体验地图和3A框架相结合，将员工、公司需求、数据三者联系在一起，为数据分析提供了唯一且统一的框架。

第8章将详细介绍员工体验地图，之后3章将分别详细讲述3A框架中每个A的评估维度和数据分析方法。

第4部分：利用科学和统计学改进人力数据分析计划

第4部分包括第12~16章。数据分析植根于数学和科学，使用数据来增加确定性，而人力数据分析是建立在心理学、社会学、社会心理学和行为经济学等学科的数百年研究和各种理念方法的基础之上的。目前大多数关于人力数据分析的文献资料理论性太强，缺乏详细的操作步骤，如果缺乏信息系统、行为科学或统计学的知识背景，读者很难读懂。我不打算在本书中一股脑儿地向你灌输人力数据分析方面的所有知识和方法，而是仔细选择了一些通用的工具，这些工具可以快速开启你的人力数据分析学习之旅，并使你受益终身。

第5部分：人力数据分析中的误区和陷阱

第5部分包括第17章和第18章。这一部分由有趣的人力数据分析知识、建议和提醒组成，包括人力数据分析中常见的十大误区和十大陷阱。第5部分集合了本书前面4个部分提到的重要概念，你可以通过查阅这一部分快速了解相关信息。

目录

第1部分 人力数据分析入门

第1章 人力数据分析介绍 003
第2章 为人力数据分析做商业价值论证 021
第3章 常用的人力数据分析方法 039

第2部分 升级你的视角

第4章 细分人力数据以获得洞察 053
第5章 在差异中寻找有价值的洞察 078
第6章 员工生命周期价值评估 095
第7章 员工激活价值 110

第3部分 量化员工体验地图

第8章 绘制员工体验地图 133
第9章 人才吸引：量化人才获取工作 161
第10章 人才激活：识别高绩效员工的方法 194
第11章 人才流失：量化分析员工承诺与流失 224

第4部分 利用科学和统计学改进人力数据分析计划

第12章 使用问卷调研来评估你的模糊概念 249
第13章 确定相关事项的优先级 276
第14章 利用多元回归分析对人力资源数据进行建模 309

第15章　做出更好的预测　　　　　　　　　　　335

第16章　通过实验学习　　　　　　　　　　　　373

第5部分　人力数据分析中的误区和陷阱

第17章　人力数据分析的十大误区　　　　　　　402

第18章　人力数据分析的十大陷阱　　　　　　　414

第1部分

人力数据分析入门

在本部分，你将：

- 了解人力数据分析究竟是什么；
- 制定人力数据分析项目的业务案例，并知道从哪里开始入手（这两者经常同步发生）；
- 理解以洞察力为导向和以效率为导向的分析项目之间的差异；
- 了解可用于推动人力数据分析的一系列方式、方法。

> **在本章，你将：**
>
> - 了解人力数据分析的定义；
> - 了解人力数据分析方面已有的商业实践；
> - 开启你的第一个人力数据分析项目。

第1章
人力数据分析介绍

公司由服务于外部客户的员工组成。招聘何人、从何处招聘、薪酬多少、员工福利多少、提拔哪些员工及其他各种问题，都属于人力资源决策，人力资源决策对公司能在多大程度上满足客户需求、对公司的业绩表现和声誉起着潜移默化的重要作用。

以往，公司领导者在做人力资源决策时往往依赖本能的反应、效仿其他公司的做法、遵循本公司的惯例或政府的相关方针政策。

如今，很多公司都会利用数据来做商业决策，如关注哪些细分客户、优化哪些产品特性、投资哪些项目、在哪里开分店等，这样的例子不胜枚举。如果你参加一场董事会会议或投资者电话会议，你会发现所有讨论都是围绕着资产负债表上的一系列重要数据及可能对资产负债表产生影响的其他数据进行的，同时人们也会讨论之前所采取的相关优化措施是否如预计的那样对表格上的数据产生了实际影响。会议中的讨论可能从抽象到具象再到抽象，而数据可以保证所有讨论始终都建立在事实的基础之上，从而确保结果的有效性。

现在，除了用于商业决策，数据也可以用于人力资源相关的决策。得益于人力资源信息系统的广泛应用，以及现代大规模的数据收集、分析和呈现方式越来越便捷，人力资源决策也可以像其他商业决策一样利用数据来实现。

在本章，我将给出人力数据分析的定义，分享我合作过的公司如何在人力资源中运用数据来解决实际工作难题，并且我将告诉你如何把人力数据分析添加到你的工具库中，增加你在人力数据分析方面的知识。

人力数据分析的定义

总体来说，人力数据分析就是将数据运用于人力资源决策。

具体而言，人力数据分析意味着要综合运用统计学、行为科学、信息技术和公司战略等跨学科知识。

> 人才战略是指公司在员工管理方面做出的一系列慎重的抉择。

如图1-1所示的4S人力数据分析框架表明了人力数据分析是综合4个学科领域（统计学、行为科学、信息技术和人才战略）而创造出的一个新学科领域。人力数据分析能让人力资源从业者意识到好的数据能带来巨大的价值。

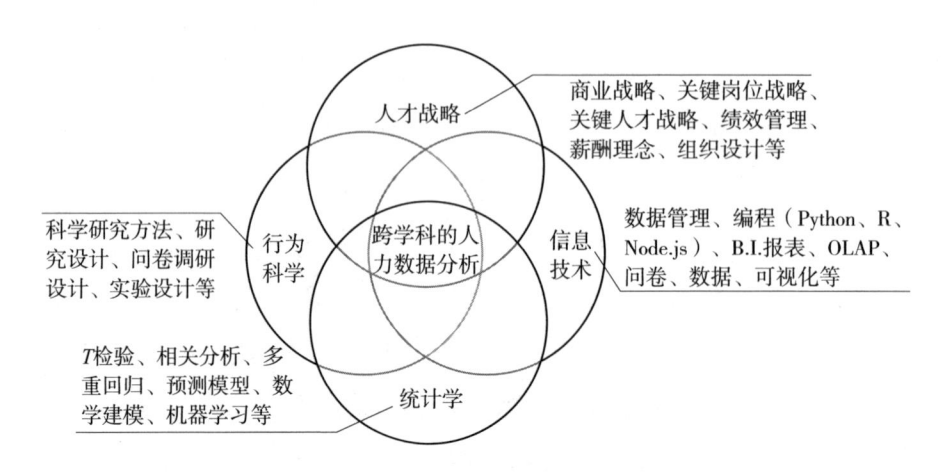

图1-1　4S人力数据分析框架

很多具有远见卓识的公司都将数据运用于人力资源决策并从中受益。为了说明大家对人力数据分析的看法，我从招聘网站上收集了与人力数据分析相关的100份岗位说明书，并以这些岗位说明书中使用的词汇为基础创建了人力数据分析的岗位描述词云，如图1-2所示。

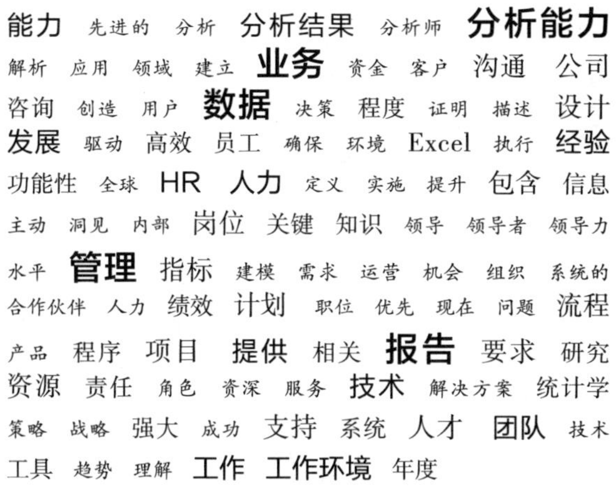

能力 先进的 分析 分析结果 分析师 **分析能力**
解析 应用 领域 建立 **业务** 资金 客户 沟通 公司
咨询 创造 用户 **数据** 决策 程度 证明 描述 设计
发展 驱动 高效 员工 确保 环境 Excel 执行 经验
功能性 全球 HR **人力** 定义 实施 提升 包含 信息
主动 洞见 内部 岗位 关键 知识 领导 领导者 领导力
水平 **管理** 指标 建模 需求 运营 机会 组织 系统的
合作伙伴 人力 绩效 计划 职位 优先 现在 问题 流程
产品 程序 项目 提供 相关 **报告** 要求 研究
资源 责任 角色 资深 服务 **技术** 解决方案 统计学
策略 战略 强大 成功 支持 系统 人才 **团队** 技术
工具 趋势 理解 **工作** **工作环境** 年度

图 1-2　人力数据分析的岗位描述词云

创建词云就是采用数据分析的方式以词语为单位去定义并可视化一种趋势。

在图1-2中，字号越大的词汇，代表它们在100份岗位说明书中出现的次数越多。从图中可以看出，数据、分析能力、HR（人力资源）、业务是人力数据分析的核心概念。

这100份岗位说明书皆来自走在数据分析前沿的公司的人力资源部门。这些善于应用数据的公司相较于其他公司就拥有了很大的优势。很多公司都还没有开始进行人力数据分析，大多数人甚至都不知道什么是人力数据分析。在此情况下，通过学习人力数据分析，你将具备超出同龄人的差异化优势（你所在的公司相较于其他竞争者也是如此）。

通过提问来解决业务问题

类似于所有商业分析方法，人力数据分析能为公司提供如下支持：

- 提出新见解；
- 解决问题；
- 评估解决方案的有效性并持续优化。

提出新见解

唐纳德·亨利·拉姆斯菲尔德（美国前国防部长、政治家、军事战略家）说过："（在这个世界上）有已知的已知，即我们知道有些事情我们已经知道了；有已知的未知，即我们知道有些事情我们还不知道；也有未知的未知，即我们不知道有些事情我们还不知道。"这段话听起来有些绕口，但总的意思是，世界上最危险的事情是那些你应该知道，但你不知道你应该知道的事情。人力数据分析最大的价值之一就是，它能揭示一些你不知道，甚至你不知道你应该知道的，实际上你应该知道的事情。

我在一家制药公司遇到的一件事就是典型的"未知的未知"事件。这家公司非常成功，有着一百多年的科学硕果和商业成就，是该行业的领军者。它是一家伟大的公司，所有人都深以为然。

这家公司拥有充满智慧且以科学为导向的管理团队，并尝试量化几乎所有指标，因此它成为最先将数据严格应用于人力数据分析的公司之一。我就是在这家公司开始从事人力数据分析这一领域的工作（甚至当时都还没有"人力数据分析"这一概念）的。

在这家制药公司，最早以数据为导向的人力资源工作之一是一项由多家公司参与的员工调研。这项调研是由一家第三方咨询公司发起的，并为该项目的参与者提供机密信息。这项调研通过100个问题收集了涉及员工体验的约50个维度的数据信息，由此企业能够将自己与该行业中最优秀的公司对比，找到自身的优势与差距。相关的维度有员工对公司发展前景、领导力、管理层、薪酬、福利、发展空间的看法，以及员工在总体满意度、动力、组织忠诚度等方面的态度。

调查结果显示，这家公司几乎所有维度的测评结果都高于其他优秀的公司。这家公司的员工忠诚度、动力指数和工作体验度都比其他公司高。这些结果都是有数据支撑的。

出人意料的是，在与"大胆发声"维度相关的一系列问题上，该公司的得分略低于其他优秀的公司。这个维度用于评估员工是否认为公司给他们提供了足够包容的环境来让他们向上级提出不同意见。这一结果有些令人费解，因为每个员工都提及该公司在决策上一直很注重达成共识。年轻的、优秀的科学家在进入这家公司时都会被告知，在本公司的文化中，共识极其重要，因此他们可能需要进行比以往更多的与人合作。

鉴于这个维度的结果看起来不正常，并且该公司在其他维度上都优于其他公司，该公司就没有提出任何改进措施。虽然人力资源部的领导提出了对这个维度测评结果的担忧，但当时领导层正在进行一场辩论——是否要打破共识的文化来跟上新竞争者的发展速度。最终，领导层的讨论结果是，调查结果良好，本公司优于其他竞争者，"大胆发声"维度的分数略低只不过是因为员工想让公司的文化氛围更上一层楼。

没有人预见这一细微的问题和即将来临的灾难之间的联系。当时，一些科学家指出某种药物可能存在安全隐患，但这一观点被曾经很成功且顽固的研发总监无视了。当时，这一安全隐患尚不明确，本应引起更多重视。那位研发总监非常自负，但他曾为公司做出过重要贡献，因此公司决定听从他的意见。投入时间和精力在尚不明确的安全隐患上会耗费大量金钱，且考虑到项目进度，科学家们的这一担忧就此被压制了。在顽固的领导者的指示下，这种本应该多加观察测试的药物提前上市了。这一莽撞决策的后果就是这种药物后来因为可能致命而被召回了，导致公司损失了数百亿美元，差点一蹶不振。事实证明，任何一位科学家都本应该被给予足够宽容的环境来提出异议，在将这种药物推向市场之前，所有有据可依的担忧都应该被充分重视和调查。

这个案例说明，即使是人力数据分析中的一些简单分析，例如看起来微不足道的员工调查，都可能提供新见解。这个案例也许不是最典型的人力数据分析案例，但表明了成功的人力数据分析能达到的潜在效果。

遗憾的是，当时并没有人意识到员工调查结果中呈现的这一缺点如此重要。它展现的情况与领导层坚信的想法背道而驰，因此这一缺点直接被无视了。员工调查实际上预测了该公司后来发生那场灾难的原因，从而证明员工调查提供了发现未知的未知的可能。总而言之，这项调查结果警示了该公司本来不知道的隐患，但凡领导层对"大胆发声"这一维度多上点心，就能对科学家的担忧多一份重视，顽固的研发总监也能避免犯这次大错。现在，你应该意识到了最基础的员工调查有多么重要——你本来并不知道你不知道的事情，但如果你回答了一系列问题，你也许就能知道你不知道的事情。

解决问题

人力数据分析还可以帮助你设计问题的解决方案。

达拉斯儿童健康中心（一家儿童医院）的护士岗位在新员工入职后一年内，员工流失率为25%，这意味着在这家医院聘用的护士中，有1/4会在入职后的第一年就离职。相比之下，这家医院的平均员工流失率只有10%，这意味着只有1/10的员工会在入职后的第一年离职。因此，护士的早期离职率是平均员工流失率的2.5倍。更糟糕的是，这一问题会越来越严重，因为如果医院不采取任何优化措施的话，新的入职者也会很快一批接一批地离职。

这家医院希望降低护士的早期离职率，于是决定直接招聘有工作经验且接受过培训的护士。雇用和培训零经验的护士一方面很花钱，另一方面（也是更重要的一方面），相对于有经验的护士，零经验的护士不善于处理复杂情况,而且更容易犯错误。

对求职者和员工历史数据的分析同样显示了这家医院更应该雇用经验丰富的护士而不是刚踏出护理学校大门的护士。虽然现在看来这个结论似乎是显而易见的,但是直到这家医院查看数据后,才真正知道这会对医院的运作产生多大的影响。经验丰富的护士需要更高的薪酬,但数据显示他们更能胜任此工作,以及更有可能在入职一年后继续留在医院。数据显示,通过雇用经验丰富的护士,该医院可以将护士入职后第一年的员工流失率从25%降低到15%。因员工流失率降低而节省的招聘成本和培训成本足以用来聘请经验丰富的护士。随着时间的推移,护士的流失率下降,成本下降,患者也受到了更好的照顾。

评估解决方案的有效性并持续优化

你还可以使用数据在小范围内做一项实验,评估解决方案的有效性,以便在更广泛地实施解决方案之前确保它可以正常发挥作用。该实验可以提供一个数据集,该数据集可以在广泛推广解决方案之前测试这一方案,以防止造成代价高昂的错误,进而推动解决方案的优化。

一家宠物连锁商店(以下简称A公司)长期以来持续追踪标准门店数据(如同一门店的销售额和客户满意度),以及与员工相关的数据(如员工对宠物相关话题的热情程度和相关知识)。这些数据帮助A公司发现,公司招聘、培训和激励门店员工的方式方法与公司业绩目标的实现(提高客户忠诚度和门店销售额)之间存在高相关性。

通过查看员工和客户数据,A公司洞察到了其他公司不知道的许多事情。例如,A公司了解到,一家门店的员工越了解某种宠物,这种宠物及相关产品在这家门店就越畅销。举个例子,如果一家门店的员工比较了解宠物青蛙,他们就能销售更多的宠物青蛙;如果一家门店的员工对鸟类知之甚少,那么该门店鸟类宠物及相关产品的销售就比较少。如果一家门店的员工有丰富的知识可以吸引客户的注意力并帮助他们解决与宠物相关的问题，长此以往，客户就会在这家门店花更多的钱。

借助这些分析结果，A公司可以更有意识地通过引导员工增加宠物方面知识的方式来招聘、培训和激励员工，并可以利用这些数据来决定需要培训的门店、评估培训效果及培训对利润的影响。

虽然A公司采取了各种销售手段，但仍然面临来自大型零售商、杂货店和在线零售商日益激烈的竞争，难以实现盈利增长。大型零售商、杂货店和在线零售商开始采购许多与A公司相同的商品，并且以更低的价格来销售。如果A公司决定打价格战，那会影响总体利润率，因为该公司没有其他可以涨价的商品来弥补其在价格战中因商品降价而造成的损失。更糟糕的是，当时正处于经济不景气和天然气价格上涨时期，客户将购物范围集中在少数几家商店，他们会选择价格最低且商品种类最多的购物地点。最重要的是，进入宠物店的客户越少，宠物店的销售额就越低。

基于这些情况，A公司需要对现状有更清晰的了解，于是进行了一些新的门店层面的实验和分析。其中一项实验是在一些门店留出一小块区域来提供宠物相关的增值服务，如狗狗美容、小狗日托、狗狗训练和宠物健康诊所。从理论上讲，正如增加宠物知识会促进销售一样，这些增值服务应该也会吸引更多人进入宠物商店。A公司也希望如此，但是没有人知道实际上这是否真的可行。

起初，并非所有门店都提供这些服务，因为提供这些服务需要重新培训员工，提供这些服务的员工往往需要有一定的经验（这意味着他们的工资比较高）。这种全新的岗位不同于以往的工作岗位，因此A公司需要重新学习如何搜寻、雇用、培训和任用相关员工。如果不事先经过一段时间的观察和学习而贸然地将这个想法推广到所有门店，可能会使公司破产。通过选择少量的门店来试行这些新服务，A公司可以有效衡量这一举措带来的影响，评估门店绩效，并评估下一步行动的可行性。如果这些新服务能够发挥作用，则可以将其推广到更多门店；反之，则可以优化或放弃它们。如果A公司直接在所有门店一步到位地实施这些新服务，那么将无法评估它们是否能发挥作用，这会给公司带来很大的风险。

分析实验数据的方法很简单。A公司选择了几家门店来提供宠物增值服务，并将它们与一组没有提供宠物增值服务的门店进行对比。利用相同的数据类型和指标体系，依靠相对简单的数学运算，A公司可以有效识别出不同门店的服务对客户到店访问次数、客户消费总额和忠诚度的影响。实验证明，与不提供宠物增值服务的门店相比，提供宠物增值服务的门店的客户到店访问次数增加了，客户消费总额和忠诚度也有所提高。显而易见，当人们去宠物商店给宠物美容时，他们很可能会购买其他商品。在该实验中，还有一个不太明显的发现：那些愿意给宠物美容的客户在宠物的整个生命周期中的花费比其他客户更多。通过提供宠物增值服务，A公司既吸引了更多优质客户，又创造了更多消费，结果必然是销售额大增。

通过分析，A公司能够确切地知道在提供宠物增值服务的员工身上投资可以带来收益；提供宠物增值服务的门店创造了更多的销售额，而那些不提供宠物增值服务的门店则没有。这些分析结果使A公司的解决方案变得更加明确——将宠物增值服务推广到更多门店。该实验还研究了其他一些问题，包括在门店中提供哪些服务组合，以及如何在将这些服务推广到更多门店的同时保证服务质量统一。不过A公司知道如何推进，并且可以评估这些更复杂的问题，因为A公司已经将多种宠物服务组合应用到了更多门店。

通过对各门店员工数据的进一步分析，A公司发现，与其他岗位的员工（如收银员或仓库管理员）相比，门店中新增的提供宠物增值服务的员工的客户满意度和保留率（相对于离职率）对客户忠诚度和销售额的影响更大。在所有岗位中，对宠物相关专业能力要求越高的岗位，其员工流失率对A公司的业绩影响越大。借助这些信息，A公司不再将资源平均分配到所有岗位，而是优先考虑如何分配人力预算，以减少关键岗位的员工流失。两者花费同样的钱，效果却大相径庭。A公司了解到，某些关键岗位的员工流失更加重要，在低利润的压力下，公司必须优先考虑将钱花在哪里，以获得最佳效果。

> 许多人不喜欢谈论薪资差异，但现实是，基于许多因素，人们的薪资总是存在差异的。工作职责是区分薪酬水平的有效标准。为了每个人的最大利益和公平考量，公司自然会将其资源集中在重要岗位和能够发挥重要作用的员工身上。此外，初级门店员工可以申请学习宠物增值服务技能，从而转岗到高薪的宠物增值服务岗位。这种能够同时获得更高技能和更多薪水的多职级工作设计让A公司为潜在员工提供了更多的长期职业发展机会。最终，通过增加宠物增值服务，A公司既获得了更长期的客户，又提升了公司对员工的吸引力。

在业务分析中使用人力数据

员工是公司的脸面、心脏和手。所有公司的业务发展都依赖员工，因为员工可以：

- 理解客户的需求、痛点和问题；
- 创造和改进产品和服务；
- 设计、管理和执行战略、系统和流程，以激励每个人为公司的目标而奋斗。

众所周知，员工对公司的业绩表现有着至关重要的影响。但令人惊讶的是，许多公司并没有研究人力数据以获取业务洞察。很多公司都会聘请资深专家来分析公司的财务状况、设备和工作流程，却很少聘请相关人才来研究使用人力数据。

部分原因是之前可用的人力数据很有限。当公司把人力数据以一堆纸质文档的形式存放在柜子里时，确实很难有机会进行深度且有价值的数据分析。但是，在过去的几十年中，公司逐步（有意无意地）建立了有关员工信息的电子数据库。

如今，大部分公司都拥有大量的电子形式的人力数据。在一些显而易见的地方，你可以找到一部分此类数据，但你可能没有考虑过下面所列的这些来源中的可用数据：

- 员工资源规划（Employee Resource Planning，ERP）系统；
- 人力资源信息系统（Human Resources Information Systems，HRIS）；
- 薪酬系统；
- 应聘者管理系统（Applicant Tracking Systems，ATS）；
- 培训管理系统（Learning Management Systems，LMS）；
- 绩效管理系统；
- 市场薪酬参考问卷；
- 员工问卷；
- 邮件和日程系统数据；
- 公司内部网络流量数据；
- 工作板；
- 社交网络评论；
- 政府人口普查和人社局数据。

好消息是，越来越多的公司开始意识到员工是它们最大的资产，只是有些公司不知道如何通过人力数据分析来改善业务。这也是本书要解决的问题。

将统计学运用到员工管理中

所有经理都认为自己的决策水平一流，但其实至少有一半人是错误的！我刚刚展示了人力资源经理可以使用的各种各样的数据，但是他们需要正确的工具和方法来解释数据并做出决策。如果你错误地解释了数据，那么看似正确的选择可能会给你的公司带来灾难。

这就是统计学的由来。你可能认为统计是统计学家常用的方法，如T检验和回归分析，但是使用统计分析数据并不只是一种机械操作。在我最喜欢的一本统计学著作《统计的本质》（艾伦·沃利斯和哈里·罗伯茨合著）中，统计学的定义为"在不确定性中做出明智决策的方法论"。统计学提供了许多工具，但是只有正确地使用这些工具，你才能从数据中获得有用的洞察。

集合人才战略、行为科学、统计学和信息技术

作为一个相对较新的领域，人力数据分析非常像美国民间传说中的狂野西部——没有太多的规则，每个人都在探索着未知的新机遇。

如果你要求一群人力数据分析师描述他们的工作，那你听到的答案可能各不相同，并且这些答案在很大程度上取决于个人背景。以下是一些示例，这些示例说明了在人力数据分析领域，不同类型的人对自己工作的不同看法。

- 人才战略。拥有这一背景的人可能将人力数据分析描述为"人力资源的决策科学"或"人力资源的数据化"。换句话说，就像客户分析面向销售一样，人力数据分析面向人力资源。具有人力资源或管理学背景的人力资源从业者可能将重点放在数据对公司如何管理员工或人力资源工作如何开展的影响上，而较少强调数据在产生方式上的细微差别。

- 行为科学。拥有理工科背景的人可能将人力数据分析描述为一个新术语，指的是大学教授和研究生对工作场所中的人的长期研究，相关研究领域包括心理学、社会学、人类学和经济学。这些研究者的名字后面通常会有"后缀"：博士。这些博士的研究重点是将科学应用于人类行为以创造新发现，而很少涉及有效收集、存储和使用数据的日常流程。科学家最擅长识别应收集的新数据，并开发出可靠、有效的手段来收集数据，但他们可能对高效处理数据并不很擅长。

- 统计学。拥有这些背景的人可能将人力数据分析描述为使用统计学和机器学习算法来从数据中洞察公司的员工管理。他们的重点是运用数学或者技术手段从现有数据中获取洞察，而较少强调应收集哪些数据或如何应用数据中的发现来做出改变。

- 信息技术。拥有这方面背景的人可能专注于如何使系统的报告和分析功能更加高效。他们的关注点通常更多地放在数据的整体架构和系统上，而不是分析本身。从信息技术的角度来看，人力数据分析只不过是将系统分析功能（有时称为商业智能）应用于特定人力资源领域，而不是新的不同的领域。

而真正意义上的人力数据分析，是所有以上这些内容的集合。你可以将人力数据分析工具应用于多种用途。就像在狂野的美国西部一样，顽固的个人主义是人力数据分析师的共同特征，但大家仍然可以通过互相倾听和学习来共同进步。

开创管理和商业影响力的新道路

将人力数据分析纳入组织流程的人力资源组织已从诸多方面受益，因为对数据的科学分析可以使给高层的提议更有信服力，并且基于数据分析得出的项目结论对员工和公司都有好处。

不过，承担起新的分析职责并不是一件容易的事。对习惯了传统人力资源方式的人来说，人力数据分析方法一开始可能看起来很奇怪。但是，学习这些新技巧绝对值得你花时间。

从传统人力资源从业者到新型人力资源从业者的转变

对人力资源从业者而言，学习基于数据和分析的解决问题的方法并不意味着放弃他们在职业生涯中已经发展出来的软技能。人力数据分析只是将更多工具添加到人力资源工具库中。

下面我将对比那些只使用传统人力资源方法的组织和同时采用新型人力资源工具与方法的组织之间的差异，从而让你看到拓展人力资源工具库的好处。

- 传统人力资源从业者专注于根据之前的工作习惯或基于最佳实践来制定政策。最佳实践是指你的公司可以通过简单地复制其他成功公司的做法来获得成功。这个概念假定所选的最佳实践是这些公司成功的原因，并没有仔细思考这些最佳实践在不同的情境下是否依然有效。相反，新型人力资源从业者会使用数据来评估过去对公司有用或不起作用的实践，仔细检查新提议背后所依据的假设，预测实施新提议后会发生的变化，评估过去所做的预测正确与否。

- 传统的人力资源方法让很多人力资源从业者疲惫不堪。过去的方法是年复一年地实施所有可能有用的想法，并没有仔细研究过去的做法是否有用，因此造成人力资源从业者旧的工作不减，并且新的工作层出不穷。长此以往，人力资源从业者就没有足够的时间或资源在任何一个领域取得持续有效的结果。新型人力资源从业者会使用数据来分配最重要的时间和资源，并在那些根本不重要的事情上减少时间和资源。

- 传统人力资源从业者在特定的职能模块（如招聘、薪酬福利、员工关系、文化多样性）中交付项目、实践、流程和政策。新型人力资源从业者会使用数据从更加宏观的角度识别由跨部门分工协作所产生的制度层面的问题。

- 传统人力资源从业者认为成功就是忙于各种事务。新型人力资源从业者不会将忙碌与进步混为一谈。
- 传统人力资源从业者通常侧重于如何保持人力资源事务的一致性或如何降低人力资源事务的运营成本。新型人力资源从业者侧重于如何通过评估业务的影响来增加人力资源事务的价值。
- 传统人力资源从业者是公司其他部门的服务提供者。新型人力资源从业者是值得信赖的业务合作伙伴。

使用数据进行持续改进

持续改进是一个古老的话题，这个话题现在相比过去更加重要。人力数据分析可以用来评估政策和流程，以实现持续优化。查看员工数据可以让你对组织有一个高层次的认识，然后深入研究具体细节。

使用数据分析，你可以将散落在汪洋大海中的机遇缩小为聚焦在当前需要解决的最重要的问题上。因为你是根据与业务数据的相关性进行优先级排序的，所以你知道你正在解决的问题是组织中的重要问题——对你的同事和客户都会产生影响的问题。你可以确切地判断出你的解决方案是否真正有效——一切信息都在数据中。

你可能遇到过（甚至自己发起过）一些对公司不再有用的项目、政策和做法，或者遇到过一些你不确定当初是否发挥了作用的项目。有了数据，你就可以自信大胆地放弃那些没用的项目。

人力数据分析为你在市场中打造差异化决策提供了支持，这些决策包括要招聘的员工的类型和质量、组织中的工作方式、要创建的企业文化、如何分配不同的福利、如何与员工和潜在员工沟通信息，以及无数其他决策。当一名人力资源从业者可以使用数据分析来指导、评估和修改所有与人力资源相关的决策从而使公司在市场中受益时，他将成为公司领导团队中更有价值的成员。

重视员工对公司经营成果的影响

费利克斯·巴伯和赖纳·斯特拉克在他们为《哈佛商业评论》撰写的一篇题为"人力资本的惊人经济学"的文章中概括了企业越来越重视员工对公司经营成果的影响：

为了确定何处及如何创造价值或滥用价值，劳动密集型企业需要采取与财务计算一样严谨的人力计算，这有助于了解员工的产出，而不是资本的产出。人才独特却普遍未受到重视这一点意味着劳动密集型企业不仅需要采用不同的度量标准，还需要采用不同的管理实践。例如，即使是员工产出的一个微小变化，也会对股东回报产生重大影响，因此人力资源管理不再是一个支持性职能，而是所有一线经理都应该掌握的能力。

我在职业生涯早期任职过的公司都是在人力上花费了数十亿美元的大公司：大型制药公司、大型零售公司、大型技术公司和大型医院。重视员工招聘和管理让这些成功的大公司受益，这对它们在人力数据分析中处于领先地位以扩大其巨大的人才优势颇具意义。

后来，我也和众多行业中的小公司合作过，它们希望通过应用人力数据分析来缩小自己与大公司之间的差距，或者找到新的优势。如今，人力数据分析工作已不再局限于特定的行业或公司规模，几乎所有类型和规模的公司都有机会应用它。

新管理前沿的竞争

金融领域的数据分析曾经是商业管理的前沿，最早使用它的公司在竞争中获得了显著优势。市场营销领域的数据分析也曾经是一个让公司在竞争中脱颖而出的差异化因素。但是，随着时间的推移，这些技术的使用变得越来越广泛，在市场竞争中的优势已不再明显。使用这些技术只是参与激烈的商业角逐的入场券。

今天，我相信企业界正在将人力资源领域中的数据分析视为这种趋势的最新例证。最终，所有的公司都需要使用人力数据分析来跟上时代发展的步伐，但就目前而言，有远见的公司仍有机会利用人力数据分析来发挥真正的优势。

现在你已经知道了，你的首要任务是弄清楚从哪里开始。因此，你需要先确定自己要关注哪些方面。正如你在我的分享和示例中看到的那样，人力数据分析可以帮助你发现：

- 你的公司在员工管理方面的优势和劣势；
- 如何使用数据驱动变革；
- 如何按照优先级分配有限的资源和时间。

具体来说，你需要确定自己关注哪些方面，以便使你在人力数据分析方面的付出能够获得最佳投资回报率（Return on Investment，ROI）。

- 你是否将人力数据分析应用于招聘以寻找提高招聘人员的产出、减少招聘时间、降低招聘成本或提高招聘质量的方法？
- 你是否愿意投入时间仔细倾听员工的心声，以了解阻碍他们开展工作的因素，或者利用人力数据分析来确定可能对公司未来发展造成威胁的潜在因素？是什么导致了员工积极性和组织归属感下降？是因为经理不好、缺少工具和资源、员工之间存在争执、缺乏有竞争力的薪酬和福利，还是因为其他妨碍员工绩效表现的问题？
- 你是否愿意投入时间从数据中挖掘员工去留的原因？这些原因是否与有关员工留下或离开的普遍假设相冲突？是否能够识别出哪些员工特征或条件会使员工的离职行为更容易被预测？是否可以帮助管理层确定采取哪些行动来减少优秀员工的流失？是否可以评估管理层正在采取的行动有没有起作用？

以上这些只是三大类探索问题中的部分典型问题，你可以投入时间和精力去探索人力数据分析的万千可能。

> 对一家公司最有利的分析并不见得对另一家公司有利。在不了解你的公司的情况下,我无法告诉你从何处入手可以实现最大收益。为了避免过于复杂的选项列表,我将可能的关注范围缩小为所有公司都必须解决的3个核心员工管理问题:人才吸引、人才激励和人才流失。接下来本书将对这3个问题的相关概念、测量和分析方法进行介绍。仔细阅读本书提供的3个核心关注领域(人才吸引、人才激励和人才流失)可帮助你确定能让你的公司实现最大收益的领域。

让我们开始吧!

> **在本章，你将：**
>
> - 了解人力数据分析是如何解决现实商业问题的；
> - 从人力数据分析决策和领导力中获益；
> - 了解人力数据分析的前景。

第 2 章

为人力数据分析做商业价值论证

无论哪个行业，无论是大公司还是小公司，它们都一致认同员工是公司业绩的重要影响因素，但每当高管团队制订年度计划和为优先事项排序时，员工（及负责帮助公司的员工取得成功的人力资源部门）通常都是最后被考虑的。公司会花费大量的资金去更新设备、收购和兼并、策划新的营销活动、扩大产品线及实施其他战略举措。但当涉及真正把管理时间和资源投入到对优秀人才的获取、激发和保留时，很少有公司能够做出显著差异化的人力资源投入。为什么会这样？

在很大程度上，这个问题的答案在于很多公司是从短期的财务收益角度看问题的，就像华尔街是以季度为单位提供盈利报告一样。人们很少从以人为本的长期视角去考虑问题。然而，如果你致力于改善你所在公司的长期财务状况，你必须努力改善产生这些结果的潜在驱动因素——企业人才的获取、体验、敬业和保留情况。

如何为这些以人为本的举措提供令人信服的论证呢？你需要展示一个基本的商业价值创造模型来说明你的公司所追求的目标结果是什么，

以及员工是如何对目标结果发挥作用的。该模型如图2-1所示。

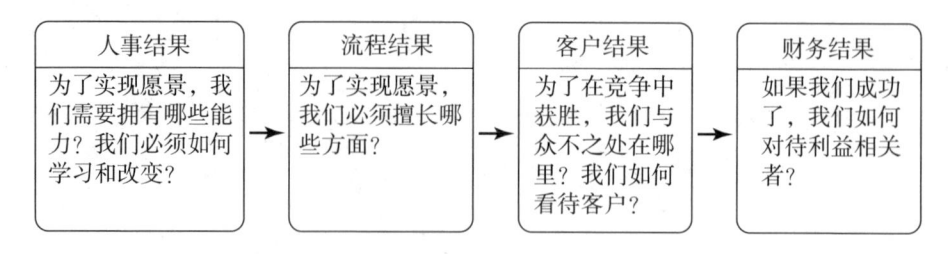

```
┌─────────────┐   ┌─────────────┐   ┌─────────────┐   ┌─────────────┐
│  人事结果   │   │  流程结果   │   │  客户结果   │   │  财务结果   │
│为了实现愿景，我│→ │为了实现愿景，│→ │为了在竞争中 │→ │如果我们成功 │
│们需要拥有哪些能│   │我们必须擅长哪│   │获胜，我们与 │   │了，我们如何 │
│力？我们必须如何│   │些方面？      │   │众不之处在哪 │   │对待利益相关 │
│学习和改变？  │   │             │   │里？我们如何 │   │者？         │
│             │   │             │   │看待客户？   │   │             │
└─────────────┘   └─────────────┘   └─────────────┘   └─────────────┘
```

图 2-1　商业价值创造模型

在与数十家不同规模、不同行业的公司合作超过20年之后，我从未听到任何人对这一模型中的逻辑提出异议。领导者为什么不把更多的注意力放在包括员工在内的其他领域的投入上，而只关注产出呢？可能是因为提高人力资源能力听起来很枯燥，要在人力资源领域取得成果，做好人才吸引、激活和保留，需要付出长期、艰巨的实质性努力。

> 即使事实证明对员工进行持续的实质性投入能够带来财务收益，一些白手起家的有自己独特工作方式的企业家也可能并不擅长管理员工。在传统意义上的"不成功便成仁"的商业环境里，很多企业家都是靠自己渡过难关的。从长远来看，管理员工可能是他们的一个盲点。然而，你必须说服高层领导者学会假手于人，否则人才管理永远不会是他们的优先事项。

> 除非你公司的高管从一开始就相信人力数据分析有用，否则你必须为你的论点找到一些有力的数据支持。很少有高管会相信改变公司对待员工的方式是帮助公司取得理想财务业绩的最佳方案。

你如何证明在人力资源方面采取行动将有助于公司盈利？简单来说，就是"利用数据"。然而，这又引出了一个先有鸡还是先有蛋的问题。你需要使用数据来推销你的计划，以获得收集数据所需的资源，但是只有在获得收集和评估数据所需的资源之后，你才能去应用数据。

不管怎样，即使你还未获得公司有关数据收集和应用人力数据分析的支持，你依然需要为人力数据分析做一个论证。为了摆脱这一困境，我会告诉你一些好方法。

如何让高管接受人力数据分析

只有当高管相信某些事情能够满足他们的需求时，他们才愿意改变自己做事的方式，接受新的可能性。根据多年的经济学和心理学理论研究，人们采取的每个行动都源自对现实的不满。出于某种原因，人们对现状感到不满。正是由于这种不满，人们内心才有动力采取行动来疏解不满。例如，当你口渴时，你会去冰箱里拿饮料喝；当你摸到烫手的锅子时，你会迅速把手从锅子上拿开。这种不满、不舒服的感觉触发了疏解这种感受的相关行动，让你获得预期中的幸福感和满足感。

使用ABC行为影响模型

如图2-2所示的一个简单易懂的ABC行为影响模型阐述了如何让人们做任何你想让他们做的事情。字母A、B、C分别代表前因、行为和后果。

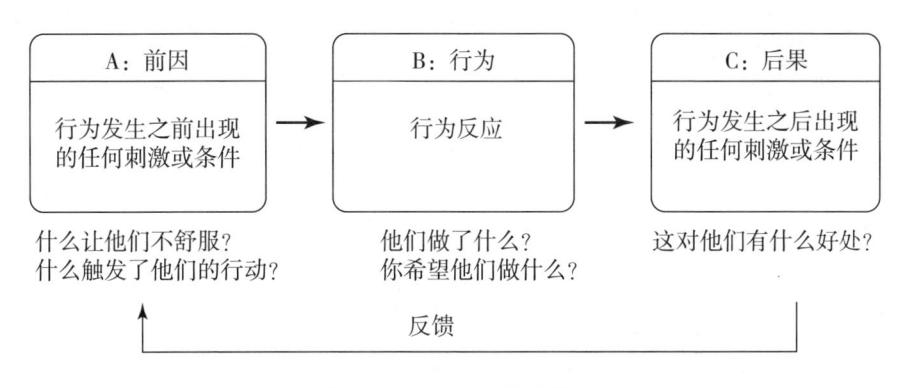

图 2-2　ABC 行为影响模型

在有关人力数据分析的商业价值论证中，A（前因）代表了第一部分，它给为什么需要人力数据分析提供了支持。A部分涵盖了你试图说服的高管的过往经历和感受。有时可能是他们与员工之间的一些糟心事；

有时可能是他们对另一家应用人力数据分析的公司的观察；有时可能是推销信息化系统或相关服务的外部销售人员给出的令人信服的论据。A部分可以作为你影响高管的一个契机，但不足以让你一下子到达最终目的。

ABC行为影响模型中的最后一个字母C（后果）代表了你的说服对象希望发生的事情。在ABC行为影响模型中使用或不使用人力数据分析的后果是什么？根据我的经验，C部分在很大程度上决定了高管是否认可你讲的这个与人力数据分析有关的商业价值论证。C部分的内容必须足够强大，足够有吸引力，足以让你的说服对象愿意承担采取行为需要投入的成本或精力。

ABC行为影响模型中的中间字母B（行为）指的是必要的行动，这些行动可使前因变成后果。你的高管团队成员可能需要改变他们的决策方式，可能需要在某些系统上投入资金，可能需要允许你去收集一些数据。由于B部分需要承担风险并做出一些改变，因此A部分和C部分最好能让高管十分信服。

清晰地描绘收益

高管对人力数据分析缺乏兴趣的一个原因是，他们不明白为什么有人力数据分析比没有好。直白地说，高管不清楚采用人力数据分析提供的方案可能带来什么收益或什么麻烦。

> 无论你的方案看起来多么合理，人们都很少在只有抽象概念的前提下做出实质性的决策或投资。除非高管相信他们的业绩结果或社会地位会因此而得到提升，或者他们相信能够因此而从以往的工作重担中有所解脱，为此在前期投入一些成本和精力是值得的，否则他们不会买人力数据分析的账。因此，你的说服工作成功的关键是在商业价值论证中尽可能详细地描述高管最终会因为这件事获得多大的收益。

明确问题、需求和目标

有别于普遍的看法，我认为解决方案本身没有价值。解决方案的价值来源于它们解决的问题。我知道你阅读本书的原因很可能是你已经意识到人力数据分析可以帮助你解决某个问题。但你的高管可能还没有定义这个问题，更没有意识到这是一个可以用人力数据分析来解决的问题。在这一点上，大多数高管仍然不习惯通过数据来解决人力资源或与员工有关的管理问题，更不用说通过人力资源来获取数据了。

为人力数据分析制定商业价值论证的第一步和开始人力数据分析项目的第一步是一样的：清晰地定义问题。人力数据分析是一种解决方案，解决方案的价值来源于他们解决的问题。没有问题，解决方案就没有价值，所以人力数据分析不是商业价值论证的出发点。

首先，你需要理解这个问题。你要证明你对公司和高管本人所面临的挑战有深入的了解。而这种深入的了解需要你进行一些研究工作和大量的对话。

以下是一些需要你回答的问题：

- 人力数据分析能为你的说服对象解决什么问题？
- 人力数据分析能满足你的说服对象的哪些需求？
- 人力数据分析能帮助你的说服对象实现什么目标？
- 人力数据分析能解决你的说服对象的哪些痛点？

如果你能非常清晰地回答这些问题中的一个或多个，那么你就有很大的机会让你的商业价值论证获得批准。如果做不到，那你的处境会比较麻烦。

如果你没有清晰地回答这些问题的把握，那就去见更多的高管，向他们确认清楚他们的问题、需求、目标和痛点。

> 如果高管想把话题转移到你的工作上,不要让他们得逞。最好让他们谈论他们认为的问题,而不是让他们关注你认为的问题。不要谈论他们认为你想听到的问题,要把注意力转移到他们和他们的问题上。

为决策者量身定做论证策略

假设有这样一个场景:你打算向公司的CEO推荐人力数据分析,而你知道这位CEO重视员工敬业度,关心整家公司的生产力水平。那么,你就可以从公司关注的问题出发进行商业价值论证,如为什么员工敬业度在某些团队中很低而在另一些团队中很高、如何控制员工敬业度等。为此,你需要研究员工敬业度的驱动因素,这就是从CEO的角度考虑如何进行商业价值论证。

知道你的说服对象关心什么,试着从他们的角度来考虑问题,从而帮助他们理解你的工作,这是一种很好的策略。如果CEO认为无论对公司整体还是对某些部门来说,员工敬业度都是一个重要的问题,那你就可以把员工敬业度作为你和CEO沟通人力数据分析的开场白。

如果CEO认为员工敬业度不是公司的关键问题,那你就需要进一步研究,找出CEO觉察到的关键问题。理解了这一点之后,你可以试探他是否有兴趣寻求他人的帮助,或者使用像人力数据分析这样的新方法去解决问题。

除了了解CEO关心的关键问题,你还必须了解CEO是如何做决策的。不同的人对决策依据有不同的偏好。对一些人来说,标杆公司已经在使用人力数据分析这一现象足够说服他们允许在本公司推行人力数据分析;对一些人来说,这个信息没什么太大价值。他们可能需要不同的论点和论据才能被说服,如"管理对我们公司的未来很重要,管理就是指员工管理,而人力数据分析可以帮助我们更好地进行员工管理";对另一些人来说，可能你只需提供一张ROI表格就能打动他们。

你要不断挖掘，直到找到能够说服每个特定决策者的正确方式。

> 影响力 = 智商 × 情商^2

为了影响那些对你的项目进展有决策权的利益相关者，你需要在提供专业、严谨的观点（智商，IQ）和使用一种吸引人的表达方式（情商，EQ）之间取得完美的平衡。如果说情商代表"人际智慧"，那么它就代表了你提出的解决方案和解决方式，所以在公式中需要取情商的平方值。

你面临的挑战是你需要自己定义这个问题，并以你的说服对象可以理解的方式来阐述它。要做到这一点，你需要像剥洋葱一样进行层层分析。

进行剥洋葱式分析

你所处理的具体业务问题取决于你所在的环境。一开始业务问题听起来可能与人员无关，但当你连续问几次"为什么"之后，你通常会得出结论——人们的行为对这一业务问题至关重要。

想想员工对商业结果的影响：

- 是员工发明了产品和服务；
- 是员工与顾客进行沟通和交流的；
- 是员工为他人、为企业、为世界做贡献的。

员工做或不做某件事情都会产生相应的后果。员工的想法、态度和行为会影响商业结果。有了这一认知，很明显，人力数据分析是一种旨在理解员工的方法，它是有价值的。然而，尽管你我对此都深信不疑，但你的工作才刚开始，并未完成——你还需要确定问题。

约翰·杜威说过一句话："一个定义明确的问题就是一个已经被解决了一半的问题。"事实确实如此。你对一个问题理解得越深刻，就越能看出人力数据分析如何解决这个问题。

在这种情况下,"剥洋葱"意味着,在确定了一个问题之后,你需要持续追问来发现回答问题的证据。证据有助于你整合出一个具有说服力的商业价值论证。

证据可以:

- 证明或否定问题;
- 证明问题的严重性;
- 为分析问题提供一个可评估的维度;
- 帮助你确定与其他测量指标相关联的指标;
- 提供一个评估进步的起点。

我发现以下这些问题可以帮助你在沟通中完成"剥洋葱"的工作:

- 你怎么知道这是个问题?
- 哪些指标支持了这个问题的相关证据?
- 现在是什么情况?你希望是什么情况?
- 你认为是什么导致了这个问题?
- 你认为哪个原因最重要?
- 具体来说,这个问题出现在哪里?
- 这个问题对谁影响最大? 对谁影响最小?
- 这个问题最常发生在什么时候?

如果这个练习不能产生任何明显值得运用人力数据分析来解决的问题,你的下一个选择就是向说服对象提出一个他们不知道的问题,一个他们过去没有意识到但应该意识到的与员工管理有关的问题。要做到这一点,你需要找到一种方法,在不需要太多前期投资的情况下收集一些数据,试探性地问你的说服对象一些问题,评估他们是否觉得这些问题很重要。

识别人力问题

通常你需要的不只是一个高层次的论点来说服其他人以人力数据分析的方式来思考人力问题。其实每个人对人力问题都有自己的看法，而大多数人都不愿意改变自己的看法。当面对相反的看法时，许多人会退回到自己的角落，说："好吧，你有你的看法，我也有我的看法。"为了打破这种僵局，你需要的不只是对人力问题的"看法"，还要有关于人力问题的"事实"。

根据我的职业经验，当高管尝到人力数据分析带来的甜头后，他们就会忍不住想了解更多，尤其是想了解更多自己公司的人力问题。有很多方法可以吸引高管，使用以下4个指标基本不会出错。

- **与顶级竞争对手相比，雇用和离职的成功/失败比例**。如果你从竞争对手那里挖人，而你心目中的第一人选大多都拒绝了这个机会，这就是个问题。如果你打算录用的应聘者中有20%最终选择了大型互联网公司，这就是个问题。也许这些大型互联网公司和你的公司之间不存在人才竞争关系。但是，如果你的公司的大部分关键岗位的员工都被同一个竞争对手挖走了，这也是一个问题。这些信息并不难找到，会让管理团队意识到问题。

- **按业务细分的员工主动离职率**。你可以尝试引入部门、工作职能、绩效评级、任期和地区，以及任何其他会让高管感兴趣的细分类别，进行下一步分析。当你开始研究这些细分数据时，你将发现一些能引起高管关注的事情。

- **敬业度**。敬业度用来衡量员工对公司的承诺程度和愿意额外付出的程度。研究表明，大多数员工在工作中都会感到非常沮丧，他们做着最低限度的工作，领取薪水，没有动力去做任何职责之外的事情。如果一名高管能够通过数据发现问题，他就更愿意采取人力数据分析策略来解决问题。

- **在未来一年内寻找新工作的可能性和/或向他人推荐所在公司的可能性。** 你可以通过一次简单的调查问卷来寻找答案。你会震惊于员工透露的内容。这些问题已经被证实与公司业绩表现相关。

这些基本的洞察不难获得，它们是吸引相关人员关注和应用更先进的人力数据分析的很好的切入点。最重要的是，这些洞察可能是管理层不知道的，这更能引起他们的注意。

> 在确定了问题、需求、目标或痛点后，你就有了一个良好的开端，但是你仍然需要找到最好的切入点来说服高管投入金钱和时间。要解决这个问题，你必须了解你的说服对象是如何被激励的。

接下来，我将从感受驱动、时间和金钱驱动、引领驱动这3个方面帮助你找到切入点。

关注说服对象的感受

相关营销调研发现，人们之所以选择购买和使用某种产品或服务，其实是在为他们期望的享受和感觉买单。实际上，人们并不是根据产品或服务本身的特性来决定是否购买的；相反，他们购买某种产品或服务是为了获得情绪或心理上的满足感。这就是为什么产品质量、服务和顾客关系是造成产品差异的重要因素。

从这个视角反思，高管在接受了人力数据分析这个概念之后会有怎样的感受？你需要做的是向高管展示一幅人力数据分析如何带来安全、舒适、地位、威望、温暖或人际关系的画面。

增加说服对象的欲望和恐惧感

有些人认为，所有行为的背后都只有两个基本动机：对"获得"的欲望和对"失去"的恐惧。

这里有一个关于恐惧的论点。想象一下，如果你不采取任何措施来纠正公司中的某些趋势，那么各种各样的应聘者在某个不合时宜的时刻对公司提起诉讼的风险会大大增加。人力数据分析的商业价值可能很简单：不要让公司因为没有做正确的事情而遭遇法律上的尴尬处境并付出昂贵的代价；相反，要借助人力数据分析加以预防，找到能够消除公司决策过程中的偏见的方法。

如果你更想从积极的角度进行商业价值论证，你所说的内容会比较微妙。你可以分享谷歌和其他知名公司正在使用人力数据分析来变革人力资源工作的种种举措，展示这些公司正在从人力数据分析中获益，你不希望自己的公司被甩在后面。

记住，对一些人来说，对好结果的承诺能激励他们采取行动；而对另一些人来说，引发其对坏结果的恐惧更能激励他们。

注意：要关注不作为的后果。另一种说服利益相关者的方法是讨论如果不做点什么来解决问题，将发生什么后果。

想想高管在其表面情绪之下隐藏了什么欲望。他是否想体会处于领先地位的自豪感、体会超越竞争对手的优越感、避免在竞争中被甩在后面、拥有更多的确定性和掌控感？

> 除了关注感受，了解高管目前关注的公司问题也是一个切入点。如果你谈论高管关注的业务问题，并多次提出"为什么"，那么话题通常都会落在人力问题上。

强调节省时间和金钱

有些人喜欢可以为公司节省时间和金钱的商业价值论证。在商业领域，公司要为时间买单，所以时间和金钱基本上是可以互换的。

商业智囊团和数据科学团队经常被用作商业价值论证的理由是公司需要持续花费大量的时间和金钱为高管的决策提供分析工作和相关报

告——这个理由毫无道理。商业价值论证不应该以公司需要相关报告为理由。商业价值应该基于这样一个论点：使用一个系统和/或成立一个团队来做这件事，将减少获得相同信息所花费的时间和金钱。

同样的事情也发生在一些应用了数据分析并且高管看到了其价值的人力资源领域。让高管做出改变、愿意投入的理由是，如果他们愿意使用人力数据分析，他们就能更高效地获得相同的信息。在你已经使用了数据分析并做出了一定成果的领域，这一策略会很有用，但在你还没有使人力数据分析的领域，这一策略可能无效。

> 你最好向高管指出，虽然公司在没有使用数据的情况下做了很多人力资源相关的决策，但使用数据将使公司的决策做得更好、更快或更省钱。

强调引领行业

以下3种策略涵盖了大部分公司的人力资源管理策略。

- **低成本策略（甚至不参与竞争）**。你可以选择一种低成本的人力资源运营模式，在这种模式下，你只希望人力资源工作人员能够合规、尽可能高效地运行基本流程。这种模式已经被很多大公司运作了100多年，所以基本上不可能出错。你遵纪守法，尽可能准确和快速地完成日常事务。如果这种模式运转得不顺利，你可能并不知道具体原因，你可能会解雇人力资源部门主管，然后再试一次。

- **高质量策略（跟随行业标杆）**。你渴望你的公司能成为世界上最优秀的公司，所以你会模仿那些优秀公司的人力资源部门做的事情。如果对方改变了福利计划，你也会改变自己公司的福利计划；如果对方选择开放式办公，你也会选择开放式办公；如果对方为员工提供懒人沙发和乒乓球桌，你也会为你的员工提供懒人沙发和乒乓球桌；如果对方为员工提供免费午餐，好吧，也许你做不到这一点，但是你可以每周为员工提供一次免费午餐，或者让公司食堂打折等。这些都是模仿最佳实践的例子。总之，你采取高质量策略，你追随模仿他人，但你不想独创。

最佳实践可能听起来很棒，但问题是你没有无限的时间和金钱，所以你仍然必须做出选择。这就是问题所在：你到底应该如何选择？你不知道其他公司为什么要这么做，不知道这些措施是否真的有效，不知道它们是否有价值，不知道它们是否能够解决你的问题，也不知道它们是否会造成其他不可预见的问题。有非常多你不知道的事情，你要如何选择？

- **创新策略**。如果你努力提出一些重要的问题，如员工如何与业绩联系起来、管理员工的最佳方式，那么你就会通过数据和实验找到答案。你将不再像一个强硬的宿舍管理员那样管理人力资源部门，而是像一个有好奇心的科学老师那样引导他人。你不断地思考、尝试，以确定何种决策会对员工的工作和生活产生何种影响，这些决策包括雇用谁、如何支付工资、提供哪些福利等。

如果你选择第三个选项——创新策略，你将需要一些数据。也许这就是公司高层希望你创建的东西。你能描绘出一幅令人信服的画面吗？如果可以的话，这幅画面本身就足以让人信服了。

将人力数据分析作为一种决策支持工具

当前，公司对技术、企业系统在线招聘平台的使用越来越多，由此产生的信息和数据比以往任何时候都多。人们普遍认为，在这些数据中隐藏了一些可能有用的东西，但就像堆满了杂物的储物间一样，人们很难找到他们想要的东西。

采用人力数据分析旨在从繁杂的数据中找到一些洞察，以便做出更好的决策，并提高决策效率。

人力方面的决策是一家公司能够做出的最重要和最有影响力的决定之一。想想公司中所有人力方面的决策：

- 招聘什么样的人；
- 什么时候招聘；
- 怎样招聘；
- 招聘多少人；
- 招聘谁；
- 薪酬多少；
- 如何奖励；
- 培训什么；
- 什么时候培训；
- 如何培训。

诸如此类的人力决策都会体现在公司对人力的大量资金投入上，反映在公司的财务账本上。这些决策的质量会影响所有费用支出结果的质量。有了人力数据分析，你就能更好地做出这些重要和成本高昂的决策。

决策的效果如何，取决于做出决策的人的思维质量，以及他们所掌握的信息。那些运用数据分析做决策的人比不用数据分析做决策的人更具优势。从事财务、市场营销和运营工作的人都应学会并应用数据分析来做出关键决策。如果不将数据应用于人力资源，人力资源部门主管相对于财务和营销负责人在获得支持和资源方面就会处于相当不利的地位。同样，与其他公司相比，这也会使你的公司处于不利地位。

如果你想走上正轨，人力数据分析能够让你从更深的层面去评估公司的绩效情况，而不是只停留在员工层面，这样能够帮助你：

- **从过去的经历中学习以改善未来的结果。** 无论你拥有的是在招聘过程中或在员工问卷调查过程中收集的信息、员工离职访谈数据还是其他类型的数据，人力数据分析都可以让你更快地了解什么是有效的、什么是无效的，这样你就可以及时做出调整以改善业绩。人力数据分析能够提供反馈，让你了解采取相关行动的后果是什么，从而对行动的有效性负责。

- **更准确地预测未来表现**。过去，当一个人生病时，医生很难预测会发生什么。随着科学技术的进步，借助科技手段，医生可以更深入地了解人体内部构造，当医生观察到患者的某些特定的情况时，可以更好地预测接下来会发生什么。这些预测有助于人们及时采取响应行动。例如，如果你的血压很高，你就可以做一些事情来预防未来心脏病的发生。借助人力数据分析，你就可以像医生一样，深入地观察公司这个"身体"，衡量公司的健康状况，从而提升自己预测公司未来发展情况的能力，并最终能够为公司的业绩发展提供更多建议。

- **集中精力改进公司中投入产出比比较高的事情，放弃那些投入产出比比较低的事情**。人力数据分析引领了一种新的人力资源管理方式，它指导人力资源管理将资源应用于对公司影响最大的活动中，放弃那些没有影响力的活动。

- **以更有效的方式进行管理**。通过人力数据分析，你可以提供数据、发现问题，并通过开放小组协作参与的管理方式而不是专制的管理方式来解决问题。

- **知道你正在做正确的事情，并且能够捍卫你正在做的事情**。人力数据分析能够帮助你做出与人力相关的相对客观的决策，并且能够持续提供反馈。从本质上说，这将成就一个更具多样化、更具包容性的公司。这些分析也可以用来捍卫内外部利益相关者做出的人才决策。

- 当公司涉及劳动争议时，可以提供相关的分析和报告。

标准化商业价值论证

创建什么样的商业价值论证取决于决策者的特点、为做出决策而建立的正式流程，以及你所在公司的文化。有的公司可能要求一份正式的报告和发表精心准备的陈述。有的公司可能只需要一个幻灯片演示或一个简短的备忘录，甚至只是一封电子邮件。不同的公司要求可能有所不同，具体取决于你所需要的资源的数量。

无论如何，当你开始你的人力数据分析之旅时，一个很好的习惯是梳理以下信息，它们可以帮助你梳理思路：

- 问题：有明确的、定义清晰的问题。
- 问题的证据：表明问题真实存在的依据。
- 问题的影响：这个问题对公司的影响。
- 解决方案：你提出的解决方案的范围和实质内容，并创建实施解决方案后情况优化的蓝图。
- 解决方案的证据：判断解决方案是否成功解决了问题的标准。
- 解决方案的影响：公司将获得的收益。
- 流程：为了实现解决方案需要完成的步骤。
- 成本：项目所需资金的估算。
- 时间线：完成整个流程的日期和重要节点。

你可能还希望梳理你曾经考虑的其他解决方案的摘要、选择解决方案时使用的标准、用于估算公司可获得的收益的方法，以及其他细节。如果要把这份报告提交给管理层，你可以把这些细节写在最后的附录中。

演示商业价值论证

商业价值论证本身展示了问题和提出的解决方案，将商业价值论证呈现给利益相关者是一个评估商业价值论证是否合适的机会。你需要确认这个问题是公司真正的痛点，你提出的解决方案是合理的。如果在整个过程中你一直在和利益相关者热烈地讨论相关想法，那么你的演示就获得了成功。

演示商业价值论证还能让利益相关者有机会深入了解和共同讨论一些细节，如确认在系统方面要有一定的预算，要由项目管理人员、人力资源人员和技术人员共同参与这个项目。

> 建立一个模块化的演示文稿，在各模块之间留出提问的时间。没有停顿的演讲会让你失去听众。此外，你可以向一些利益相关者预演商业价值论证，这可以帮助你提前找到盟友。不过，要谨慎选择预演的对象，如果你选择的利益相关者不支持你的商业价值论证，他们会在预演后更仔细地寻找你方案中的漏洞。

我喜欢像下面这样组织我的商业价值论证演示活动：

1. 感谢参加会议的每个人，感谢他们到目前为止所投入的时间。让他们知道他们投入的时间对你即将演示的商业价值论证开发是有贡献的。
2. 提醒房间里的每个人，大家都有共同的利益。
3. 陈述演讲的目标。你可以这样说："今天的目标是了解我们设想的人力数据分析方法能否满足大家的需求。如果不能，我们希望了解需要做出哪些改变。"这样万一他们不喜欢你的商业价值论证，你也可以留出沟通的空间。
4. 回顾问题的全貌。
5. 审查问题的证据和影响，询问利益相关者以确保你没有遗漏任何东西，请他们提出修改意见。
6. 回顾解决方案的证据和影响。询问利益相关者以确保你的解决方案是正确的，没有遗漏任何东西，请他们提出修改意见。
7. 讨论决策标准。演示中提及的项目是否与公司现有的目标相一致？是否有最高预算限制？是否有特定的ROI要求？这个项目是否会与其他项目竞争资源？是否需要一种特殊的方式来展示你的商业价值论证？如果你希望对方支持你的工作，你可以直接询问他们："可以告诉我你决策的依据吗？我这次可以从你关注的方面进行介绍，或者等我下次准备好更合适的提案后再汇报一次。"

8. 提出解决方案的流程、成本和时间线。

9. 回顾提出的解决方案可以如何解决问题并满足决策标准。

10. 决定继续推进（如果一切顺利的话）。

11. 讨论具体实施时间、需要谁做什么，以及项目资金等细节。

演示商业价值论证的最终目的是使利益相关者有机会决定这是一个可以启动的好项目，而且现在正是启动项目的好时机。如果你已经很好地定义了问题，并且真正"卖出了"你的解决方案，恭喜你，你很快就可以开始你的第一个人力数据分析项目了。

> **在本章，你将：**
>
> - 了解你的主要目标是如何影响项目设计的；
> - 确定人力数据分析的规划方法和运作模式；
> - 设计符合需求的解决方案。

第3章

常用的人力数据分析方法

很多公司花费数年时间建立了一个先进的数据仪表板和可视化系统，结果却发现它不能满足高管们的需求，他们会说：

- 我们有一个自助数据仪表板，但没有人使用它。
- 我们有大量的数据，我们现在正被数据淹没，但我们真正需要的是洞察力。
- 我们有人在做数据报告，但现在我们正在寻找方法从数据中获取更多的商业价值。

好消息是，如果你确定了需求，设计好了每个人力数据分析项目的目标，并与其他人保持沟通，那么上面3个问题是可以避免的。为了简化人力数据分析可行性的谜团，我会为你提供3种人力数据分析方法，每种方法下都有两个选项。

弄清楚你想要什么：效率还是洞察

在实施人力数据分析项目时，第一个要解决的问题是：你希望实现什么目标？根据我的经验，公司开展人力数据分析主要是为了回答许多不同的常见问题从而提高效率，或者是为了回答新的问题从而发现新的洞察。

两者都很重要，都可以给你的公司带来价值，但是把这两个目标混合在一个项目中不会给你带来好结果。图3-1显示了这两种导向的人力数据分析项目。效率导向的人力数据分析项目强调系统设计，洞察导向的人力数据分析项目强调分析设计。接下来，我将分别介绍这两种方法，这样你就可以决定你自己的项目的关注点是什么。

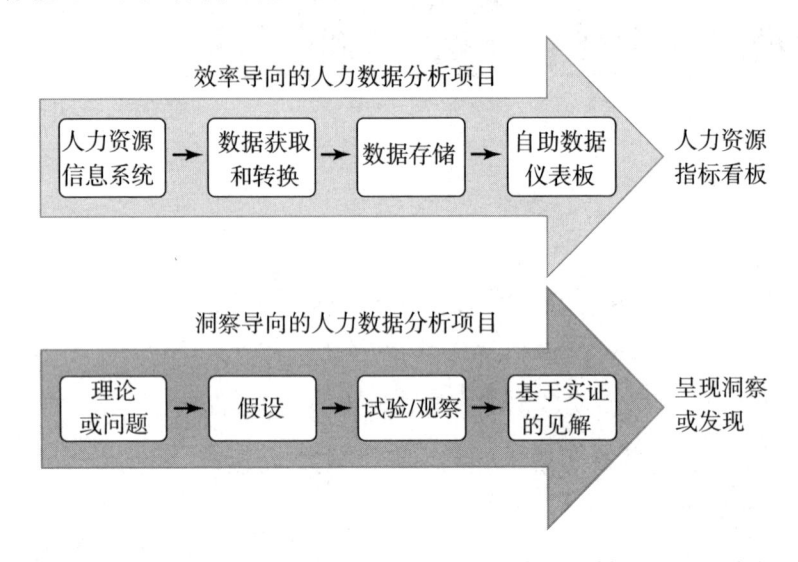

图3-1 效率导向的人力数据分析项目和洞察导向的人力数据分析项目的步骤

效率导向的人力数据分析项目

效率导向的人力数据分析项目一个典型例子是你希望使用一个系统来自动化那些已经在电脑桌面软件中定期生成的报告。你或你的同事可能每个月都要花40小时来定期生成公司员工人数、员工人数增长率、招聘率、离职率、晋升率、招聘周期等指标数据的可视化图表，并将它们全部放到演示文稿里，供高管团队使用（现实中的人力资源指标超过100个）。由于需要人工从系统中获得生成指标所需的数据，将它们组合在一起进行计算，然后绘制成图表，因此实现可视化的过程非常烦琐、耗时，而且容易出错。你只能针对部分指标和细分类别进行可视化，而无法将公司的所有相关指标和细分类别（如部门、业务单元、地点、职位、任期或性别）都可视化。如果要增加每个月分析的指标和细分类别的数量，你需要雇用更多的人。

大多数数据仪表盘和可视化系统都可以自动生成数百个人力资源指标，并在可视化仪表盘上向大量不同的用户提供这些指标，这些可视化仪表盘可以对各指标进行细分或过滤，这样用户就可以得到他们想要的东西，如按部门、业务单位、地点、工作、职位或性别分类的数据。如果你希望采用数据仪表盘和可视化系统来消除获取所需数据带来的繁重工作，或使获取所需数据变得更轻松，那这就是一个效率目标。

当你追求效率时，最重要的选择是用机器（自动化）代替人工所使用的数据架构和报告系统。

报告系统在不断地发展，即使是最先进的系统，用不了几年也会过时。一旦决定使用报告系统，你可能会感到有压力，你要定期检查以跟上新的趋势。但坦率地说，今天的报告系统的基本目标与20年前一样：在当前的技术状态下，用尽可能少的人工提供公司所需要的所有指标数据。也就是说，首要目标是效率，其他的都是锦上添花。

洞察导向的人力数据分析项目

强调困难和问题是洞察导向的人力数据分析项目的标志。从一个你想解决的困难开始，用数据来回答你认为能帮助你更好地理解这个困难的问题。

当你寻找新洞察时，最重要的工作包括定义问题焦点、明确你希望回答的问题，以及设计一个分析工作流，该工作流将提供一些洞察来解决这些问题。最好的洞察项目植根于科学方法。从想法开始，收集你需要确认或否定这些想法的具体数据，而不是寄希望于在其他系统收集的数据中偶然发现一个想法,而这些数据是为了其他目的设计的。尽管你可能会在系统中找到数据,甚至你可能会通过设置一个系统来持续收集一组特定的数据,但是你正在分析的问题决定了你收集的数据和存储数据的系统,而不是反过来。科学方法将你的注意力引导到对这个问题至关重要的特定数据上,因此科学方法相比其他方法有许多优势。然而,科学方法需要一种问题解决导向的思维方式,没有受过科学训练的人可能会对此比较陌生。

> 科学方法不一定需要太多或任何技术。不过,在某些情况下,统计学的应用可以起到很大的作用。Minitab、R、SAS、SPSS和Stata都是很受欢迎的工具,它们可以帮助你使用先进的统计方法从所收集的数据中梳理出有用的内容,增强你获得的洞察的可靠性。

人力数据分析能够帮助你更好地解决具体的问题,做出具体的决定。

不要强求"效率"和"洞察"兼得

出于不同的原因,你可能对效率和洞察都感兴趣。有时候你在寻找新问题的答案,这可能需要新的数据和新的方法(创造新洞察),有时候你只是在寻找改进工作流程的方法,以解决频繁出现的常见问题(提高效率)。

为了让你做出选择,我在图3-1中呈现了人力数据分析项目的最简化的流程视图。用于人力数据分析的最佳数据环境旨在同时满足效率和洞察两个方面的需求。也就是说,最好的数据环境既可以满足标准的报告需求,也可以用于产生新洞察的调研分析。然而,即使使用能够兼顾效率和洞察两方面需求的数据环境,你也不能想当然地认为报表系统一开始就能两者兼顾。

你也不应该假定能够提高效率的人力数据分析项目必然优于旨在创造新洞察的人力数据分析项目。如果设计一个标准化的报告环境需要花费一到两年的时间和几百万美元的投资,而在没有这种环境的情况下你也可以做一些分析,而且这些洞察会为你的公司带来立竿见影的效果,那就不要等了，赶快先行动起来。你可以一边执行其他比较重要的工作，一边想出一些理由来说服高管在某个系统上进行投资，以实现重复性工作的自动化运行，从而提高这些工作未来的效率。另外，如果洞察导向的人力数据分析项目只需要执行一次，那么对应的自动化工作就没有必要开展了。出于这个原因，我提出了一个可能会违反你的直觉的想法，那就是最好从洞察导向的人力数据分析项目开始。

决定规划方法：瀑布式项目管理和敏捷项目管理

在人力数据分析项目中，你需要回答的另一个问题是：如何计划管理这个项目？使用瀑布式项目管理还是敏捷项目管理？

瀑布式项目管理

瀑布式项目管理描述了一种面向已知结果的线性的、按顺序进行的项目管理方法。瀑布式项目管理从一开始就包括了项目开发的各个阶段，而且这些阶段不会改变。只有前一个阶段完成，下一个阶段才能开始。这是传统的项目管理方法。

想象一下陡峭悬崖上的瀑布。一旦水从悬崖边流出，就只能顺流而下，而无法改变方向。瀑布式项目管理也是如此：一旦一个阶段完成，就会进入下一个阶段，没有回头路可走。瀑布式项目管理的步骤如图3-2所示。

> 在瀑布式项目管理中，你必须从一开始就正确地确定好所有利益相关者的需求、偏好和要求。因此，瀑布项目管理最适合那些每个人都已经知道解决方案的场景，如普通的标准化报告。当你能够预先确定明确的项目需求时，瀑布式项目管理会很有用。如果其他公司已经成功实施的标准报告和数据可视化项目能够满足你的需求，那么瀑布式项目管理是一个绝佳选择。

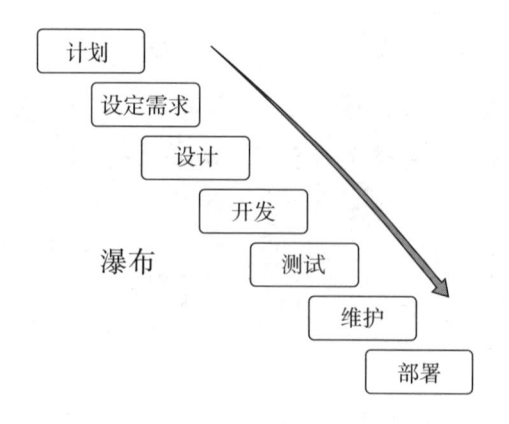

```
                    ┌──────┐
                    │ 计划 │╲
                    └──────┘ ╲
                     ┌────────┐╲
                     │设定需求│ ╲
                     └────────┘  ╲
                      ┌──────┐    ╲
                      │ 设计 │     ╲
                      └──────┘      ╲
                       ┌──────┐      ╲
                       │ 开发 │       ╲
      瀑布             └──────┘        ╲
                        ┌──────┐        ╲
                        │ 测试 │         ▼
                        └──────┘
                         ┌──────┐
                         │ 维护 │
                         └──────┘
                          ┌──────┐
                          │ 部署 │
                          └──────┘
```

图 3-2　瀑布式项目管理的步骤

敏捷项目管理

与瀑布式项目管理不同，敏捷项目管理描述了一个过程，在这个过程中你在取得一点进展后，会停下来评估情况并调整计划，再取得一点进展，再调整一些……每个计划、设计、开发和测试都被称为一个"冲刺周期"。

> 如果你一开始就知道要去哪里，那么你很容易就能绘制出瀑布的路径。然而，如果你不确定要去哪里，或者如果你知道沿途的条件可能会发生变化，瀑布式项目管理方法会让你在前期做出过多重要的设计决策。

例如，在一家大型科技公司，我用一名或一组特定的员工在一年内留任或离职的可能性来研究员工承诺。为此，我开展了一项员工调研，旨在通过将员工对一系列独立问题的反应与他们对留任意愿问题的反应进行数学关联（我最终会通过对实际离职数据的精确分析来验证这一点），从而理解那些能够解释、驱动和预测员工承诺的因素。一开始，我不可能知道真正影响员工承诺的因素是什么，因此，我不知道哪些内容不应该出现在调研中，如经理、工资、员工对公司使命的反应、员工对公司福利计划的看法、员工承诺与同事之间的积极或消极互动的关系、文化、工作设计、组织设计、领导力等。关于员工承诺的影响因素，不同的人有不同的答案。最终，我得出结论：我不能在一次调研中合理地询问所有可能重要的问题。我在调研中添加的问题意味着我已经知道了一些我明显不知道的事情。敏捷项目管理可以让我先在小范围内测试，不断修改调研问卷，直到我得出一个合理的结论，确认什么样的问题最好放在更广泛、更长期的调研中。随着调研的每次迭代，我会不断删除一些数据分析显示无效的问题，并添加一些新的问题，以测试不同因素的影响力。

> 我在这里描述的敏捷项目的本质是迭代设计。在刚开始的时候，我不知道需要经过多少次尝试才能完成最终的设计，直到我有理由得出结论，证明我已经得到了足够多的重要的问卷题目，用于解释、预测甚至控制未来的员工离职问题。

> 人力问题可能是不确定的，可能看起来是一回事，但实际上是另一回事，或者可能从一个地方开始，然后转移到另一个地方。对每个问题都需要进行不同的分析，使用不同的数据，所以在开始工作之前，你可能并不清楚具体需要哪些额外的分析和数据。更重要的是，直到你的项目进展良好，你才会对真正的问题有一个全面的理解。

敏捷项目管理要求将项目分解成更小的部分，每完成一部分就会发布一部分，并要求技术和非技术利益相关者之间进行更密切的协作。敏捷项目管理非常适合那些用来获得洞察的项目。通过使用更快速的功能部署，你可以快速评估项目对用户行为和体验的影响，重新评估项目所处阶段，并选择下一个方向。敏捷项目管理的迭代步骤如图3-3所示。

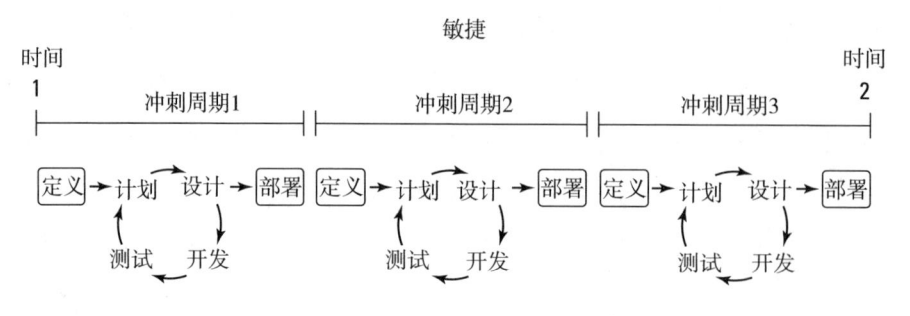

```
                              敏捷
时间                                                                    时间
 1      冲刺周期1        冲刺周期2        冲刺周期3         2
    定义→计划 设计→部署 定义→计划 设计→部署 定义→计划 设计→部署
         测试 开发         测试 开发         测试 开发
```

图 3-3　敏捷项目管理的迭代步骤

由于技术和非技术的团队成员会一起经历项目迭代的全过程，因此敏捷项目需要大家共同协作来评估工作。技术和非技术利益相关者之间的频繁对话，为每个人都创造了宝贵的学习机会。敏捷方法非常适合学习目的：它能让人们认识到每个人的价值，以建设性的态度接受早期的失败，并促进大家共同解决问题。

> 敏捷项目管理需要你暂时接受一个不完美或不完整的结果。然而，从长远来看，与瀑布式项目管理相比，敏捷项目管理可以让你在更小的大规模失败风险下更快地推进项目。你肯定不希望在项目人员忙活了一年之后，你才发现根本不需要这些功能，或者这个报告根本没有你想象得那么有用。敏捷项目管理可以帮助你尽快发现这一点。

选择人力数据分析团队的工作方式：集中式和分布式

人力数据分析的一个特点是，你是否有一个集中的团队来负责项目，或者你是否要求公司各部门的员工都参与进来。我经常听到的一个问题是：人力数据分析团队应该向谁汇报？

一些公司拥有人力数据分析的专家团队，专注于并深入到每个业务部门，如销售部门、工程部门和运营部门。一些公司拥有人力数据分析的专业人员，这些人员深入并支持人力资源的不同子职能（人才获取、薪酬、福利、员工关系、多样性、学习与发展等）。还有一些公司拥有一个由人力数据分析专业人员组成的集中式团队，专注于整家公司。如图3-4所示为人力数据分析团队的工作方式。在集中式下，人力数据分析团队向同一个部门报告；在分布式下，人力数据分析团队向各自的部门或人力资源运营中心负责人报告。

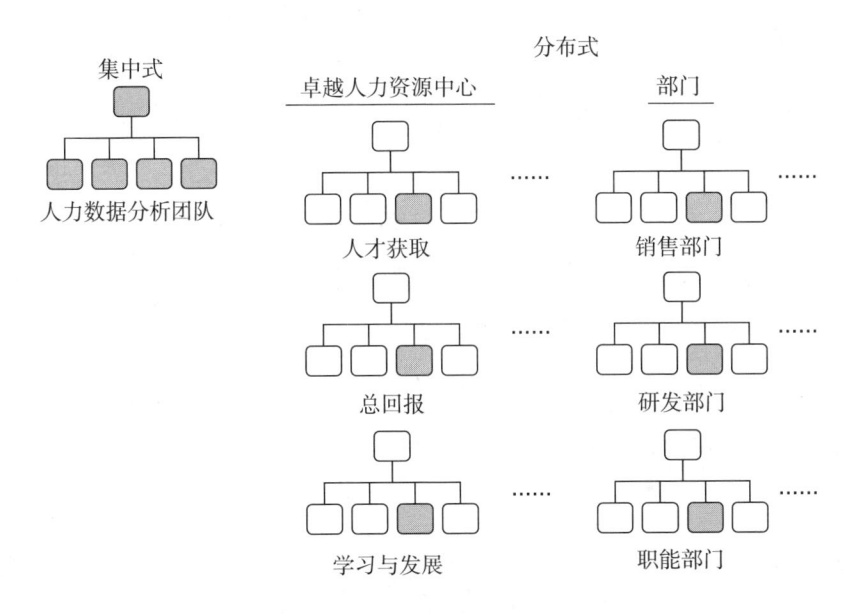

图 3-4　人力数据分析团队的工作方式

> 如果你在一家规模较小的公司工作，因为你拥有的资源少，所以你的选择可能很少。你的公司甚至可能没有足够的人才来组建一个专门的分析师团队。在这种情况下，可以聘请当地的大学教授、研究生、咨询师或公司其他部门（市场营销部门、财务部门、IT部门等）的分析师来填补技能空白。

随着时间的推移，人力数据分析证明了它对公司的价值，一个从松散团队开始的公司可能会因此而决定集中这一职能，并投资更多的专属资源。不过，集中式和分布式各有利弊。有时，即使你能负担得起许多专属资源，也可以使用分布式工作方式，因为该方式有自己的优势。

集中式人力数据分析团队

集中式人力数据分析团队可以让公司减少低效的分布式工作方式产生的冗余。

采用集中式工作方式的公司的管理者倾向于雇用那些在专业分析技能方面拥有高级学位的人——你可以称之为"学术专家"。把数据分析师集中在一起有利于他们全身心地致力于一个明确的目标。他们都是公司精心挑选的人才,让他们作为一个团队一起工作,能更好地施展他们的才能。

一个集中式人力数据分析团队能够从公司全局的视角看待和分析问题。尽管致力于单一业务部门或人力资源运营中心(致力于人力资源单一领域的团队,如招聘、培训或员工关系)的团队可以集中精力,但可能会错过整家公司范围内的机会或数据源,而拥有公司视角的集中式人力数据分析团队可以发掘这些机会或数据源。

> 集中式人力数据分析团队的一个明显优势是能够向董事会或CEO描述整个组织的性质,以及每个业务单位或人力资源部门的职能。你可以获得组织的全景图片。这对分布式人力数据分析团队来说是不可能的,因为他们通常不能访问所有的数据。

然而,集中式工作方式的不利之处在于,它将生成分析数据的人与基于数据做决策的人分离了。对那些人力数据分析团队支持的工作组来说,这种分离会让他们觉得人力数据分析团队并不真正了解他们的需求。

很多时候,业务部门或人力资源运营中心在没有得到公司集中式人力数据分析团队的支持时会创建自己的人力数据分析团队。这种团队有时被称为"影子团队"。"影子"这个词听起来可能有些消极,人们普遍认为"影子团队"是对资源的低效利用。但从另一方面来说,各部门投入自己的资源来满足自己的需求也无可厚非。

当公司的多个部门同时寻求支持时，将团队集中起来可能会让人力数据分析师不知所措。团队必须优先处理某些请求，这样就会导致其他部门的不满，他们会认为集中式人力数据分析团队是脱节的、充满官僚主义，而且没有做足够的工作来支持他们。

分布式人力数据分析团队

分布式工作方式是一种包容性模型：公司中的任何人都可能对人力数据分析项目做出贡献。因为任务被直接嵌入每个员工的工作中，所以有时人们会称分布式工作方式为嵌入式工作方式。

在分布式工作方式下，人力数据分析师的责任是分散的，毫无疑问，从事这项工作的人理解他们正在处理的问题，因为这是他们自己的问题。因为团队领导者自己完成了分析工作，他们能够理解并相信这些洞察，所以他们更有可能根据从分析中获得的信息来采取行动。

但过度关注自己的问题也可能是一个陷阱。例如，招聘团队可能不知道或不考虑薪酬团队使用的数据，即使这些数据与招聘问题有关；薪酬团队的分析师可能没有考虑到其他团队可以从分析中获得的好处，因为他们不认为自己是在为其他团队服务。

分布式人力数据分析团队最明显的潜在问题是拥有所需技能的员工可能没有时间或意愿承担其他类型的工作。

> 即使有一定的缺点，分布式工作方式也越来越受欢迎。越来越多的大公司发现一个僵化的、自上而下的集中式人力数据分析团队是站不住脚的。然而，确定和创建一个真正分布式的、能够进行高级分析的专家网络可能需要数年时间。如果你的公司从来没有在人力资源的所有领域都雇用具备分析技能的人，那么你将面临一场艰苦的战斗。

人们逐渐达成了一个共识：最好的人力数据分析团队的架构是将分

析师集中在一起，并建立他们与各个业务部门利益相关者之间非常紧密的联系。这就是"我们都在一起"的方法。你不能期望每个人都能运行高级的统计数据，但你可以期望他们在做重要决策时更加注意可能性的范围，更加善于分析并使用数据。

找到适合自己的发展之路

很多公司会试图模仿其他公司的最佳实践。A公司做了一些事情并因此获得了收入的增长，但这并不意味着A公司的战略在你的公司也奏效。做别人做过的事情永远不能让你获得商业上的差异化优势。（顺便说一句，我认为那种不考虑自己的业务和情况的独特性而盲目复制别人的策略的做法，是一种"猜测实践"。盲目抄袭并非长久之计。）

是的，你可以向其他公司学习。但是，你要知道的最重要的一点是，成功的公司通过观察自己的目标、资源和文化来定义如何使人力数据分析工作发挥作用。如果有必要，从小处着手，寻找适应和成长的机会。你的公司将受益于使用了分析法的数据驱动的解决问题的方法。

第2部分
升级你的视角

在本部分，你将：

- 细分你的人力数据以获得更多洞察；
- 通过策略将人力数据分析与业务价值联系起来；
- 从员工生命周期价值的角度看人力如何与业务价值联系起来；
- 了解员工生命周期价值的含义，理解它是如何发挥作用的；
- 熟悉一套新的、强大的管理策略和数据分析工具：激活价值、CAMS 和 NAV。

在本章，你将：

- 通过细分人力数据获得洞察；
- 掌握人力数据细分流程；
- 学会对人力数据进行细分。

第 4 章

细分人力数据以获得洞察

细分是人力数据分析甚至所有分析工作的一个基础和必要的组成部分。细分可以帮助你理解数据并中获得洞察。

一个细分类别是一组拥有共同特征的人，可以是一个完整独立的单元或一个单元的一部分。例如，在一个行业一起工作的人是整个就业市场的一部分；在一家公司一起工作的员工是一个行业的一部分；一家公司的员工还可以被分成更多更小的群体。

公司内部细分的一些简单例子包括部门、业务单元、地理位置和工作职能（如销售或工程）。还可以根据与公司无关但与个人有关的一切特征进行细分，如性别、种族、社会经济地位、年龄、工作经验、学历和性格等。细分的依据可以是不变的因素，也可以是变化的因素，变化的因素包括在职时长、公司任期、工作任期、薪水或态度等。因为可以用许多不同的方式来描述"人"这个因素，所以任何关于人的数据都有无数个潜在的细分方式。

> 利用数据来观察一群"有数据的人"，就像在阳光下观察一颗钻石：钻石的光泽取决于它的切割次数（或刻面）和清晰度。和钻石一样，公司也可以从许多不同的角度来看待员工。人力数据分析的工作就是多视角观察员工并提高观察的清晰度。

在第4章，我将向你介绍细分技术，向你展示它在人力数据分析中的一些应用，并指出如何使用细分技术来完善你对公司人力情况的洞察。

基于员工基础信息进行细分

当你探索公司的各种系统（如ERP系统、HRIS和ATS）时，你将发现存储在关系表中的许多不同的员工信息。在一些情况下，由管理员输入这些信息。在一些情况下，由员工个人输入这些信息——又称自助服务。在其他情况下，公司通过分发调查问卷或表格来积极寻找新的信息。还有一些信息是在没有特意计划的情况下产生的——其他活动或流程中附带的数据，如电子邮件和会议元数据。

简而言之，元数据是描述其他数据的数据。电子邮件或会议元数据指的是可以从公司系统获取的信息，这些信息可能对分析有用。例如，通过分析发送的电子邮件数量、电子邮件中的词汇数量、个人社会关系网络的数量、会议次数、平均会议时间、按工作职能或地点划分的社会关系集中度等，你可能会了解到很多东西。

> 表格中的数据可能看起来毫无用处。然而，在有经验的人眼中，这些数据可以转化为有用的信息。

人力数据中的信息类型

一般来说，你可以从一个或多个包含人力数据的系统中找到以下类型的信息（我先列出这些信息，然后深入研究如何利用它们）。

应聘者信息

- 应聘者的姓名。
- 应聘者的身份证号码。
- 应聘方法/渠道（如公司招聘官网、内推、招聘人员搜寻、校园招聘、猎头公司）。
- 最近一份工作所在的公司。
- 毕业院校。
- 受教育水平，如文凭或毕业证书、学士学位、硕士学位、博士学位、MBA。
- 申请岗位的编号，或代表职位空缺的唯一数字。
- 测试得分。例如，一家技术公司会用写代码来测试软件工程师这一职位的应聘者解决问题的敏锐度；一家宠物零售公司在新员工培训结束后，会测试门店负责客户服务的新员工对宠物话题的了解程度；一家制药公司在新员工培训结束后，会测试制药销售代表的产品知识。
- 应聘日期，即第一次和应聘者接触的日期。
- 招聘人员第一次与应聘者电话面试的日期。
- 应聘者预筛选测试的日期（如果有的话）。
- 现场面试日期。
- 发出录用通知书的日期。
- 应聘者接受或拒绝录用通知书的日期。
- 应聘者入职日期。

基本员工信息

- 员工姓名。
- 员工编号。

- 入职日期。
- 任期年限（从入职开始起，员工在公司工作的年限）。

岗位信息

- 岗位名称。
- 岗位编号。
- 全职或兼职。
- 合同工或正式员工。
- 工资或时薪。
- 临时工或长期员工。
- 工作职能，如销售和市场营销、制造和运营、研发或行政管理。
- 岗位级别，如执行官、董事、经理或独立贡献者。
- 薪酬等级。
- 岗位开始时间。
- 在职时长，即员工在当前工作岗位工作总时长。
- 年薪。

管理和财务结构信息

- 员工经理的名字。
- 经理的经理的名字（通常是总监级别）。
- 执行官，即组织结构图中CEO下属最高一级的管理人员的名字（通常是副总裁）。
- 财务单元（通常最低级别的财务部门称为财务成本中心）。
- 上一级财务单元，通常称为组织。每个组织有多个财务成本中心。
- 分部门，通常是指公司最高级别的财务单元。每个分部门内部都有多个组织。

> 层级是一种关系分类。在这种分类制度中,个人或团体根据其地位或权威进行排名。最明显的例子是根据员工和经理的汇报关系建立的组织结构图。每家公司都会有不同的级别和命名来区分不同的层级。

地理位置信息

- 工作地点。
- 所在城市。
- 所在国家。
- 国内地理位置,如东北地区、西北地区、东南地区、西南地区。
- 国际地理位置,如亚太地区、欧洲地区、中东地区、非洲地区、北美地区、南美洲地区。

人口统计学信息

- 性别。
- 种族。
- 残疾状况。
- 退伍军人身份。
- 年龄。
- 世代群体,如"婴儿潮"一代、X世代、千禧一代等。
- 婚姻状况。

人口统计学信息对评估不断变化的劳动力构成、分析无意识偏见倾向等非常重要。

> 尽管人口统计学信息对人力数据分析模式很有用,但是利用与工作无关的个人特征(如性别、种族或年龄)直接做出任何就业决定(如雇用谁、提拔谁或如何支付薪酬)是不合适的。在美国,有些法律禁止根据与工作无关的个人特征做出与雇用有关的决定,并特别规定对员工的性别、种族、年龄和宗教提供保护。

好的细分会考虑心理和社会特征

如果你站在比基础人力数据分析更高的视角看问题，你会明白关于人才的新洞察主要是由新的、更丰富的人力数据驱动的。人类是有高级认知能力的社会性动物，拥有自己的思想。为了理解和预测人们的行为，你必须"看到"他们的所思所想。为了做到这一点，你必须问人们一些问题。

你可以通过使用调查工具或测试来测评人们的各种特征，这些测评可以为你打开一个全新的世界，带来重要的见解。常见的测评内容及测评工具如下。

- 性格类型。一些常见的性格测试工具有大五人格、迈尔斯-布里格斯性格分类法、优势识别器等。
- 态度。一些常见的员工态度调查指标包括满意度、承诺、动机和敬业度。
- 偏好。可以使用基本问卷或高级调查分析工具确定一系列调查主题。
- 技术使用情况。相关因素包括创新者、早期使用者、早期主流、晚期主流和落后者。
- 意见。调查问卷可以用来衡量向朋友和同事推荐公司的可能性，或者用来衡量离开公司的可能性。

调查工具和测试可以帮助你发现人与人之间的重要差异，这些差异有助于你理解、预测和影响他们的行为，还可以帮助你进行数据细分，从而获得新洞察。

将各细分项员工人数可视化

作为最基础的应用，按部门计算员工人数可以帮助你从新的视角看待公司。例如，如图4-1所示为一家公司的员工人数，并基于6个细分维度给出了各部门、各层级员工的人数，而实际中的细分维度有数百种。

职能部门

销售部门	1350人
工程部门	900人
制造部门	650人
行政管理部门	200人

地理位置

北美洲地区	1800人
东欧和非洲地区	700人
太平洋地区	400人
南美洲地区	200人

在职时长

1年以下	300人
1~3年	1500人
3~5年	700人
5~10年	400人
10年以上	200人

上次绩效水平

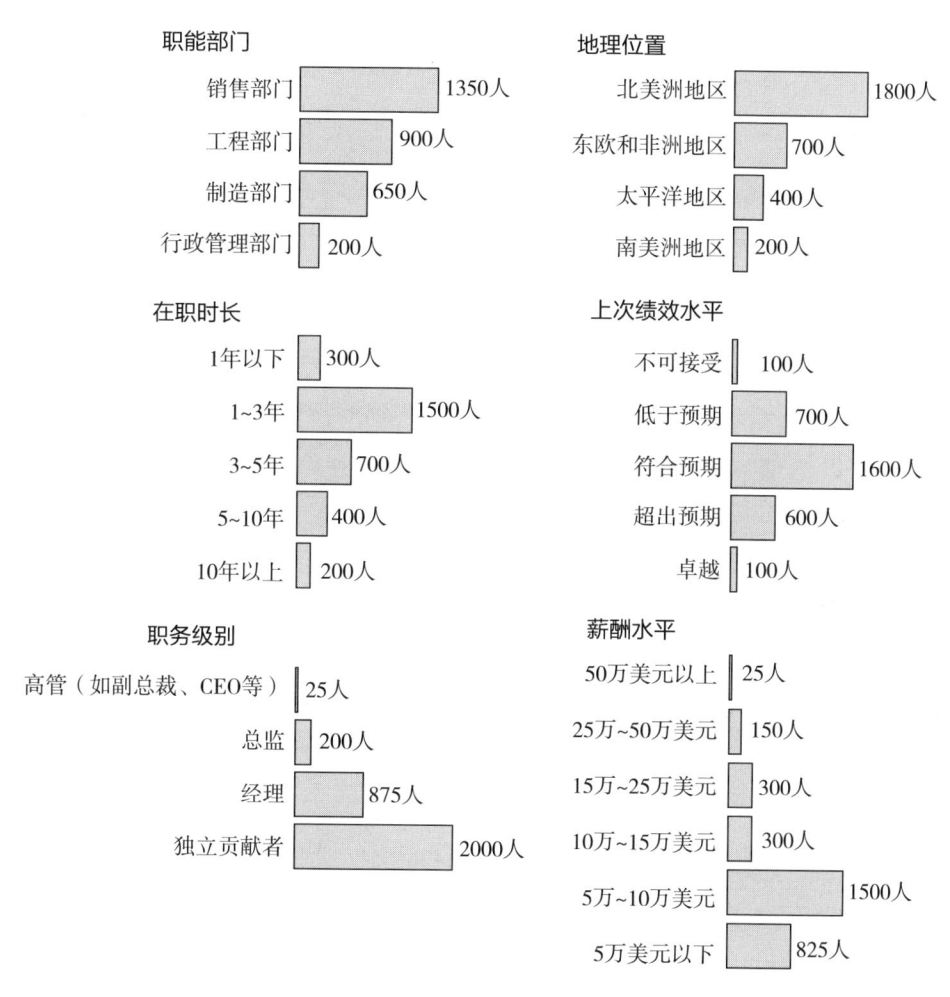

不可接受	100人
低于预期	700人
符合预期	1600人
超出预期	600人
卓越	100人

职务级别

高管（如副总裁、CEO等）	25人
总监	200人
经理	875人
独立贡献者	2000人

薪酬水平

50万美元以上	25人
25万~50万美元	150人
15万~25万美元	300人
10万~15万美元	300人
5万~10万美元	1500人
5万美元以下	825人

图 4-1　不同细分维度下某公司的员工人数

通过细分进行指标分析

细分可以帮助你对数据进行更细颗粒度的、更有说服力的分析，从而找到问题的根源。这里有一个例子说明了细分的作用：离职率这一指标可以用来衡量公司在特定时期员工跳槽的比例。

> 离职率与员工损耗率、员工流失率是同义词。

离职率的计算公式为：

$$离职率=（离职总人数÷公司平均人数）\times 100\%$$

公司平均人数是将公司一定时期内期初和期末的人数取平均值，或者将一定时期内公司每天的人数取平均值，或者在一定时期内抽样计算公司人数。例如，你可以根据公司每周、每月或每季度的平均人数来加总，然后得出公司年度平均人数。如果公司人数持续变动（增加或减少），根据你计算当天使用的人数的不同，你的分析结果会有所不同，因此建议采用公司平均人数这个相对统一和标准化的数据。

如果你公司的员工离职率是10%，这意味着在你分析的时间范围内，有10%的员工跳槽了。

当按细分项查看离职率时，你可以这样计算离职率：

$$离职率=（细分项离职人数÷细分项平均人数）\times 100\%$$

细分项平均人数是该细分项在一定时期内的人数平均值。注意，公式中不是用细分项离职人数除以细分项总人数，而是用细分项离职人数除以细分项平均人数。

例如，A部门有100人，当年有20人离开，那么A部门的员工离职率为20%〔（20÷100）×100%〕。在这个例子中，A部门的员工离职率是公司平均员工离职率10%的两倍，这一数据可以告诉你A部门可能存在某些问题。

图4-2清楚地展示了比起呈现公司总体离职情况，呈现不同细分项的员工离职率的价值，如不同地区、业务或上次绩效水平的员工的离职率。这些数据可以让你看到在某段时期特定细分项的员工离职率，而不是公司整体离职率。

> 计算部门离职率时，可以让各部门之间进行公平一致的比较，去除部门规模大小的影响。如果不这样比较，那么人数多的部门总会显示出较高的整体离职率——这只能说明这些部门人比较多，而不是它们有什么问题。

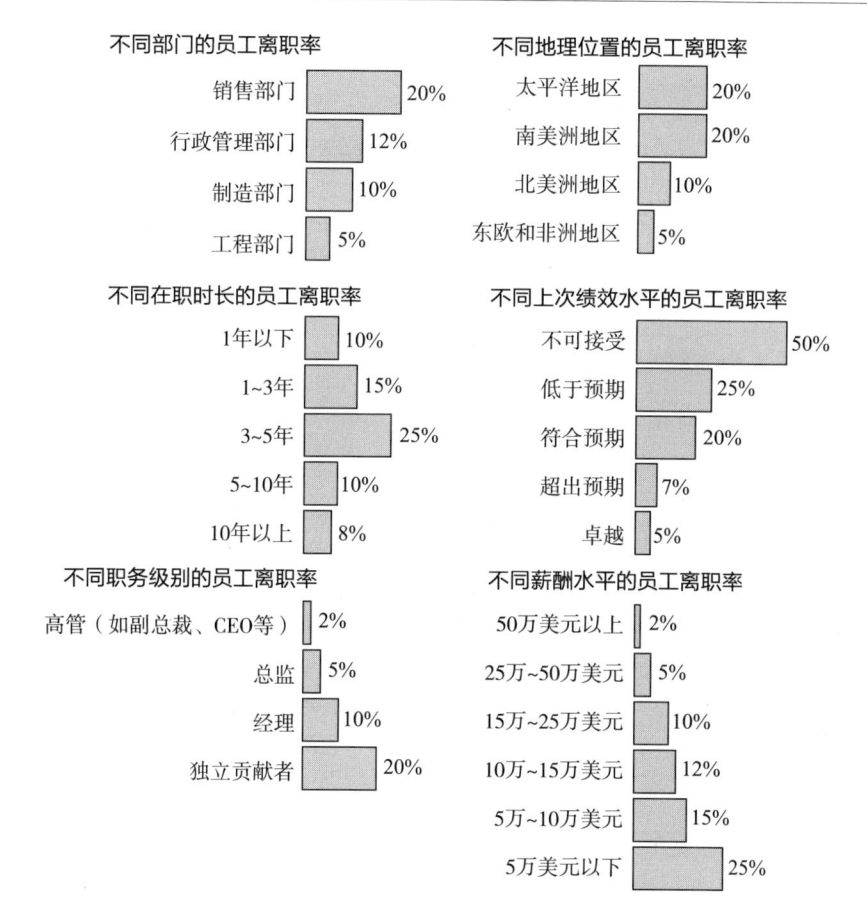

不同部门的员工离职率
- 销售部门 20%
- 行政管理部门 12%
- 制造部门 10%
- 工程部门 5%

不同地理位置的员工离职率
- 太平洋地区 20%
- 南美洲地区 20%
- 北美洲地区 10%
- 东欧和非洲地区 5%

不同在职时长的员工离职率
- 1年以下 10%
- 1~3年 15%
- 3~5年 25%
- 5~10年 10%
- 10年以上 8%

不同上次绩效水平的员工离职率
- 不可接受 50%
- 低于预期 25%
- 符合预期 20%
- 超出预期 7%
- 卓越 5%

不同职务级别的员工离职率
- 高管（如副总裁、CEO等） 2%
- 总监 5%
- 经理 10%
- 独立贡献者 20%

不同薪酬水平的员工离职率
- 50万美元以上 2%
- 25万~50万美元 5%
- 15万~25万美元 10%
- 10万~15万美元 12%
- 5万~10万美元 15%
- 5万美元以下 25%

图 4-2 某公司不同细分项下的员工离职率

当你报告各部门的员工离职率时，可以看到每个部门的员工离职率与公司平均员工离职率的差异有多大。此外，你需要知道每个部门对公司贡献的大小，这样你就可以识别哪些是需要给予更多关注的部门，从而以最少的工作量最大限度地提高整家公司的平均值。

理解细分层级

在人力数据分析中，你可以使用许多层级维度来描述员工，如经理层级、财务层级（成本中心层级）、地理位置层级或工作层级。不同公司在细节上会不一样，这取决于独立单元的名称和单元关系结构的复杂性。

> 你可以先从高管的业务单元进行细分，以实现财务和会计目的。我称之为财务层级，但是你的公司可能会用不同的词来描述它（通常它被称为成本中心或业务单元结构）。

下面是一个如何在地理位置这一层级中找到特定员工的例子。

地理位置层级示例

地区="北美洲"

　　国家="美国"

　　　　城市="山景城"

　　　　　　地点="卡斯特罗街401号"

　　　　　　　　楼层="三层"

　　　　　　　　　　工位="401-3-5901"员工="约翰·史密斯"编号="11158"

这个例子说明可以用6个层次来描述约翰·史密斯的地理位置，并反映了他的层级树。当然，公司里还有更多的人。你可以通过这个层级树中的任何一个层级来计算人数——每个层级包含多个部分，每个部分包含多个人（除了最低层级）。使用这个例子，你可以按照地区、国家、城市、地点或楼层来计算公司的人数。例如，在你的公司，你可能只找到两个你可以计算的国家，但是有20个不同的城市供你计算。如果按国家统计，那么你只有两个国家可以比较。如果按城市统计，那么你就有20个城市可以比较。从这个例子中可以看出，即使是地理位置这一个层级，你也可以选择许多不同的方式来计算。

在如图4-3所示的不同细分层级中，你可以看到该公司在北美洲地区有2 000名员工，在美国有1 800名员工，在山景城有980名员工，在卡斯特罗街401号大厦有500名员工，在三层有200名员工，在401-3-5901号工位有一名员工，名叫约翰·史密斯。

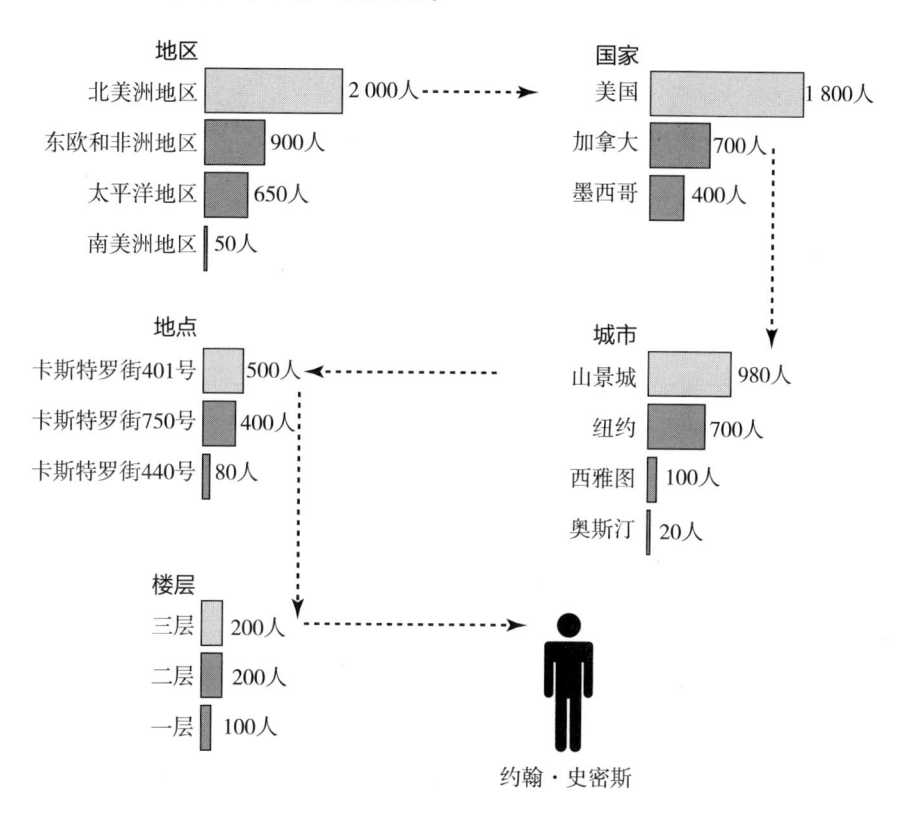

图 4-3　不同细分层级的数据

在一次描述中，每个人只出现一次。然而，同一个人可以用许多不同的层次结构来描述。下面是另外三种描述约翰·史密斯在公司中的位置的方法。

财务层级示例

分部门="销售"
　组织="企业支持团队"
　　部门="中小客户"
　　　成本中心名称="中小客户——西南地区"

员工＝"约翰·史密斯"

编号＝"11158"

经理层级示例

首席执行官＝"萨利·罗杰斯"

副总裁＝"鲍勃·伍德沃德"

总监＝"克里斯·亨德森"

经理＝"乔治·哈里斯"

员工＝"约翰·史密斯"

编号＝"11158"

职务层级示例

工作职责＝"销售"

工作级别＝"独立贡献者"

岗位＝"内部销售代表"

经理＝"乔治·哈里斯"

员工＝"约翰·史密斯"

编号＝"11158"

每次分析时，你都可以自行决定对你的分析有用的正确层级。例如，你可以按部门、地点、职务或任何层级的组合进行统计。你统计的内容是由具体的环境和需求决定的。

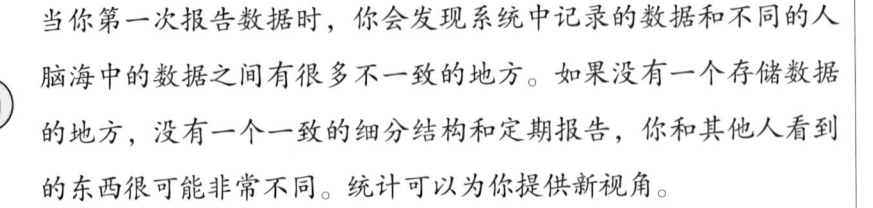

> 当你第一次报告数据时，你会发现系统中记录的数据和不同的人脑海中的数据之间有很多不一致的地方。如果没有一个存储数据的地方，没有一个一致的细分结构和定期报告，你和其他人看到的东西很可能非常不同。统计可以为你提供新视角。

从某种程度上说，将你自己脑海中的数据、其他人脑海中的数据与存储在系统中的数据之间保持一致性对数据分析非常关键。

创建需要计算的细分项

前文描述的大多数细分项都是作为数据库中的单个条目存在的。例如，分部="销售"，部门="内部销售"。在前面的例子中，你只需要按照系统中呈现的方式来创建细分项，并不需要计算。

在实际工作中，还有其他需要计算的细分项。接下来我将向你展示几个需要计算的细分项的例子。

在职时长

如图4-4所示，按在职时长统计公司员工人数的长条看起来就像系统自动得出的数据。然而，在职时长是一个与计算有关的细分项，它会产生连续的数据，这在图表上并不方便看。如果在职时长是以员工在职的天数来计算的，那么图4-4中长条的数量就和员工人数一样多，因为每个人的在职时长都不同。这样的统计没有任何价值。然而，如果你将在职时长描述为一个以年为单位，划分出几个范围的细分项，那么你就可以统计不同在职时长范围的员工人数，从而生成一个有用的长条图，以获得新洞察。

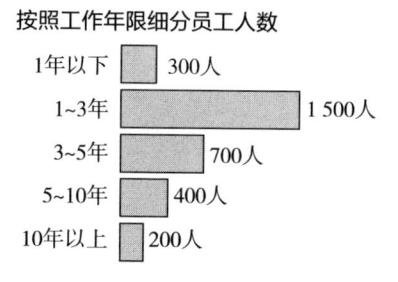

按照工作年限细分员工人数

1年以下	300人
1~3年	1 500人
3~5年	700人
5~10年	400人
10年以上	200人

图 4-4　按照在职时长细分员工人数

例如，你要统计在职时长为1年以下的员工人数。人力资源信息系统记录了员工的入职日期。在职时长可以通过计算入职日期和当前日期之间的时长得出，并用天、月或年来表示。你可能会发现不同员工的在职时长显示为1.1年、1.5年、1.7年、0.89年、0.5年、20.7年等，每个人的数据都不同，如果将这些数据一一呈现，就难以绘制出一张清晰明了的长条图。为了按照在职时长绘制一张有用的长条图，你需要计算某个在职时长范围内的员工人数。在图4-4中，使用了以下5个范围。

在职时长 =

1年以下

1~3年

3~5年

5~10年

10年以上

计算公式取决于你使用的软件（如Excel、SQL或其他软件）。有不止一种方法来处理数据。例如，要统计在职时长为1年以内的所有员工的人数，你可以先创建一个公式来计算每名员工的具体有职时长，然后创建另一个公式，计算在职时长少于1年的员工人数。其逻辑是这样的：如果在职时长少于1年，则分配一个1或0，然后求和。

在Excel中执行该操作的步骤如图4-5~图4-8所示。

在图4-5中，你可以看到一个已经导出到Excel中的简化的员工名册，其中每一行代表一个唯一的在职员工，每一列代表一项关于该员工的数据。C列是员工的入职日期。我在D列添加了一个公式"=today( )-C2"，用于计算员工从入职之日到当前这一天在职时长（以天为单位）。输入这个公式并按下回车键后，Excel会自动计算员工的在职时长天数。然后你可以将公式复制到其他行中，或者使用其他标准Excel函数将其应用到所有行中。

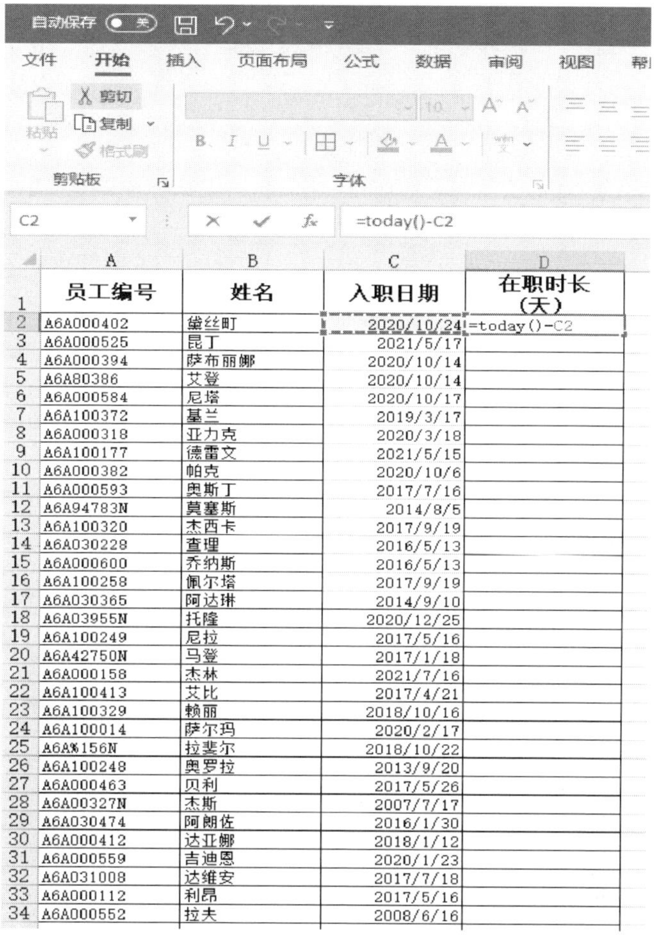

	A	B	C	D
1	员工编号	姓名	入职日期	在职时长（天）
2	A6A000402	黛丝町	2020/10/24	=today()-C2
3	A6A000525	昆丁	2021/5/17	
4	A6A000394	萨布丽娜	2020/10/14	
5	A6A80386	艾登	2020/10/14	
6	A6A000584	尼塔	2020/10/17	
7	A6A100372	基兰	2019/3/17	
8	A6A000318	亚力克	2020/3/18	
9	A6A100177	德雷文	2021/5/15	
10	A6A000382	帕克	2020/10/6	
11	A6A000593	奥斯丁	2017/7/16	
12	A6A94783N	莫塞斯	2014/8/5	
13	A6A100320	杰西卡	2017/9/19	
14	A6A030228	查理	2016/5/13	
15	A6A000600	乔纳斯	2016/5/13	
16	A6A100258	佩尔塔	2017/9/19	
17	A6A030365	阿达琳	2014/9/10	
18	A6A03955N	托隆	2020/12/25	
19	A6A100249	尼拉	2017/5/16	
20	A6A42750N	马登	2017/1/18	
21	A6A000158	杰林	2021/7/16	
22	A6A100413	艾比	2017/4/21	
23	A6A100329	赖丽	2018/10/16	
24	A6A100014	萨尔玛	2020/2/17	
25	A6A%156N	拉斐尔	2018/10/22	
26	A6A100248	奥罗拉	2013/9/20	
27	A6A000463	贝利	2017/5/26	
28	A6A00327N	杰斯	2007/7/17	
29	A6A030474	阿朗佐	2016/1/30	
30	A6A000412	达亚娜	2018/1/12	
31	A6A000559	吉迪恩	2020/1/23	
32	A6A031008	达维安	2017/7/18	
33	A6A000112	利昂	2017/5/16	
34	A6A000552	拉夫	2008/6/16	

图 4-5 在 Excel 中根据员工的入职日期计算在职时长

在图4-5中，你可以看到以天为单位的员工在职时长。然而，这并不是一项最完美的数据。在图4-6中，我在E列添加了一个公式，它将D列中的天数除以365，因此你可以看到以年为单位的员工在职时长。

以年为单位的员工在职时长数据是有用的，但是从图4-6中可以看到，几乎每名员工的在职时长都不同。如果你现在按E列计算，并不会得到一个有用的表格或图表。在这个例子中，你需要做的是统计那些在职时长少于1年的员工人数。

068　人力数据分析

	A	B	C	D	E
1	员工编号	姓名	入职日期	在职时长（天）	在职时长(年)
2	A6A000402	黛丝町	2020/10/24	425	=D2/365
3	A6A000525	昆丁	2021/5/17	220	
4	A6A000394	萨布丽娜	2020/10/14	435	
5	A6A80386	艾登	2020/10/14	435	
6	A6A000584	尼塔	2020/10/17	432	
7	A6A100372	基兰	2019/3/17	1012	
8	A6A000318	亚力克	2020/3/18	645	
9	A6A100177	德雷文	2021/5/15	222	
10	A6A000382	帕克	2020/10/6	443	
11	A6A000593	奥斯丁	2017/7/16	1621	
12	A6A94783N	莫塞斯	2014/8/5	2697	
13	A6A100320	杰西卡	2017/9/19	1556	
14	A6A030228	查理	2016/5/13	2050	
15	A6A000600	乔纳斯	2016/5/13	2050	
16	A6A100258	佩尔塔	2017/9/19	1556	
17	A6A030365	阿达琳	2014/9/10	2661	
18	A6A03955N	托隆	2020/12/25	363	
19	A6A100249	尼拉	2017/5/16	1682	
20	A6A42750N	马登	2017/1/18	1800	
21	A6A000158	杰林	2021/7/16	160	
22	A6A100413	艾比	2017/4/21	1707	
23	A6A100329	赖丽	2018/10/16	1164	
24	A6A100014	萨尔玛	2020/2/17	675	
25	A6A%156N	拉斐尔	2018/10/22	1158	
26	A6A100248	奥罗拉	2013/9/20	3016	
27	A6A000463	贝利	2017/5/26	1672	
28	A6A00327N	杰斯	2007/7/17	5273	
29	A6A030474	阿朗佐	2016/1/30	2154	
30	A6A000412	达亚娜	2018/1/12	1441	
31	A6A000559	吉迪恩	2020/1/23	700	
32	A6A031008	达维安	2017/7/18	1619	
33	A6A000112	利昂	2017/5/16	1682	
34	A6A000552	拉夫	2008/6/16	4938	

图 4-6　在 Excel 中将员工在职时长从以天为单位转化为以年为单位

在图4-7中，我在F列添加了if-then语句。if-then语句的作用是，如果E列中的结果小于1，则在F列标记1；如果E列中的结果等于或大于1，则在F列标记0。

第4章　细分人力数据以获得洞察　　069

	A	B	C	D	E	F
1	员工编号	姓名	入职日期	在职时长（天）	在职时长（年）	在职时长<1年（1,0）
2	A6A000402	黛丝町	2020/10/24	425	1.16	=IF(E2<1,1,0)
3	A6A000525	昆丁	2021/5/17	220	0.60	
4	A6A000394	萨布丽娜	2020/10/14	435	1.19	
5	A6A80386	艾登	2020/10/14	435	1.19	
6	A6A000584	尼塔	2020/10/17	432	1.18	
7	A6A100372	基兰	2019/3/17	1012	2.77	
8	A6A000318	亚力克	2020/3/18	645	1.77	
9	A6A100177	德雷文	2021/5/15	222	0.61	
10	A6A000382	帕克	2020/10/6	443	1.21	
11	A6A000593	奥斯丁	2017/7/16	1621	4.44	
12	A6A94783N	莫塞斯	2014/8/5	2697	7.39	
13	A6A100320	杰西卡	2017/9/19	1556	4.26	
14	A6A030228	查理	2016/5/13	2050	5.62	
15	A6A000600	乔纳斯	2016/5/13	2050	5.62	
16	A6A100258	佩尔塔	2017/9/19	1556	4.26	
17	A6A030365	阿达琳	2014/9/10	2661	7.29	
18	A6A03955N	托隆	2020/12/25	363	0.99	
19	A6A100249	尼拉	2017/5/16	1682	4.61	
20	A6A42750N	马登	2017/1/18	1800	4.93	
21	A6A000158	杰林	2021/7/16	160	0.44	
22	A6A100413	艾比	2017/4/21	1707	4.68	
23	A6A100329	赖丽	2018/10/16	1164	3.19	
24	A6A100014	萨尔玛	2020/2/17	675	1.85	
25	A6A%156N	拉斐尔	2018/10/22	1158	3.17	
26	A6A100248	奥罗拉	2013/9/20	3016	8.26	
27	A6A000463	贝利	2017/5/26	1672	4.58	
28	A6A00327N	杰斯	2007/7/17	5273	14.45	
29	A6A030474	阿朗佐	2016/1/30	2154	5.90	
30	A6A000412	达亚娜	2018/1/12	1441	3.95	
31	A6A000559	吉迪恩	2020/1/23	700	1.92	
32	A6A031008	达维安	2017/7/18	1619	4.44	
33	A6A000112	利昂	2017/5/16	1682	4.61	
34	A6A000552	拉夫	2008/6/16	4938	13.53	

图 4-7　在 F 列添加 if-then 语句

在图4-8中，我将 if-then语句扩展到了F列中的所有行，并突出显示了一些在职时长少于1年的行。

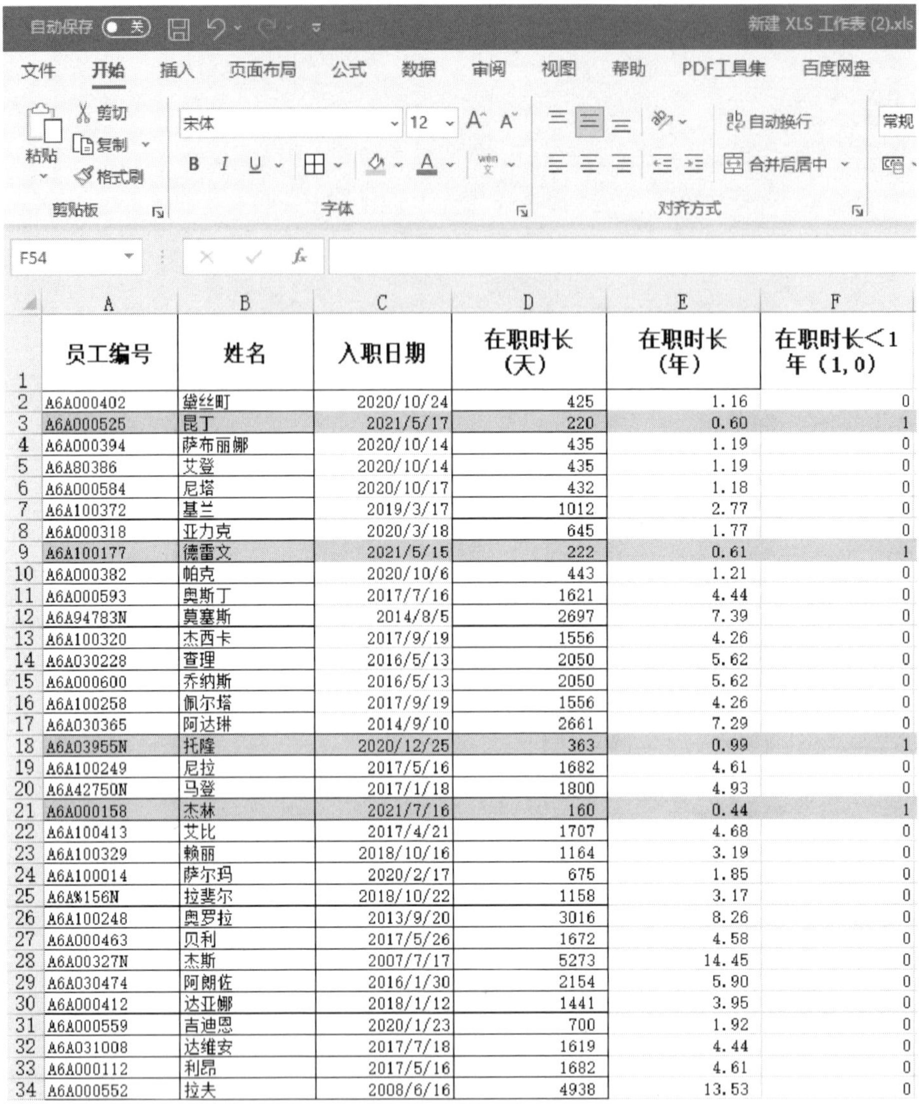

070 人力数据分析

	A	B	C	D	E	F
1	员工编号	姓名	入职日期	在职时长（天）	在职时长（年）	在职时长<1年（1,0）
2	A6A000402	黛丝町	2020/10/24	425	1.16	0
3	A6A000525	昆丁	2021/5/17	220	0.60	1
4	A6A000394	萨布丽娜	2020/10/14	435	1.19	0
5	A6A80386	艾登	2020/10/14	435	1.19	0
6	A6A000584	尼塔	2020/10/17	432	1.18	0
7	A6A100372	基兰	2019/3/17	1012	2.77	0
8	A6A000318	亚力克	2020/3/18	645	1.77	0
9	A6A100177	德雷文	2021/5/15	222	0.61	1
10	A6A000382	帕克	2020/10/6	443	1.21	0
11	A6A000593	奥斯丁	2017/7/16	1621	4.44	0
12	A6A94783N	莫塞斯	2014/8/5	2697	7.39	0
13	A6A100320	杰西卡	2017/9/19	1556	4.26	0
14	A6A030228	查理	2016/5/13	2050	5.62	0
15	A6A000600	乔纳斯	2016/5/13	2050	5.62	0
16	A6A100258	佩尔塔	2017/9/19	1556	4.26	0
17	A6A030365	阿达琳	2014/9/10	2661	7.29	0
18	A6A03955N	托隆	2020/12/25	363	0.99	1
19	A6A100249	尼拉	2017/5/16	1682	4.61	0
20	A6A42750N	马登	2017/1/18	1800	4.93	0
21	A6A000158	杰林	2021/7/16	160	0.44	1
22	A6A100413	艾比	2017/4/21	1707	4.68	0
23	A6A100329	赖丽	2018/10/16	1164	3.19	0
24	A6A100014	萨尔玛	2020/2/17	675	1.85	0
25	A6A%156N	拉斐尔	2018/10/22	1158	3.17	0
26	A6A100248	奥罗拉	2013/9/20	3016	8.26	0
27	A6A000463	贝利	2017/5/26	1672	4.58	0
28	A6A00327N	杰斯	2007/7/17	5273	14.45	0
29	A6A030474	阿朗佐	2016/1/30	2154	5.90	0
30	A6A000412	达亚娜	2018/1/12	1441	3.95	0
31	A6A000559	吉迪恩	2020/1/23	700	1.92	0
32	A6A031008	达维安	2017/7/18	1619	4.44	0
33	A6A000112	利昂	2017/5/16	1682	4.61	0
34	A6A000552	拉夫	2008/6/16	4938	13.53	0

图 4-8　得到在职时长少于 1 年的员工人数

> 为数据分配1或0，可以不同的归入几个范围内。可以在人力资源信息系统或分析和报告环境中设置一个公式，将不同在时职长的员工分配到对应范围的细分项下，然后随着员工在职时长的增加，动态地调整这个细分项。

其他需要计算的细分项示例

以下是一些可以快速计算的细分项，它们对大多数与就业相关的分析都很有用。你会发现，你做任何一项人力数据分析工作，都离不开这些细分项。

任期

1年以下

1~3年

3~5年

5~10年

10年以上

工作经验

5年以下

5~10年

10~15年

15~20年

20年以上

年龄群体

婴儿潮一代

X世代

Y世代

Z世代

民族（简单地将民族划分为两类）

少数民族

非少数民族

基本薪酬

10万美元以上

8万~10万美元

5万~8万美元

2万~5万美元

2万美元以下

市场薪酬组别 A

60分位以上

40~60分位

40分位以下

市场薪酬组别 B

75分位以上

25~75分位

25分位以下

市场薪酬组别 C

90分位以上

10~90分位

10分位以下

借助数据透视表创建洞察

　　本节将概述如何使用各细分项的数据。数据透视表（也称交叉列表或交叉表）以一种特殊的方式将数据放在一个表格中，使你能够看到各变量之间是否存在关系。在一个常规数据透视表中，一般会把一种细分项放在"行"中，把另一种细分项放在"列"中。如果你想比较一组数据的各细分项之间的相似性或差异性，可以使用数据透视表。例如，每个部门的员工中,男性和女性的比例是多少?与其他部门的离职率相比,销售部门的离职率与该部门的规模是否不成比例?诸如此类的问题都可以通过简单地创建数据透视表和查看数据来解决,而不需要使用其他复杂的方法。

在创建数据透视表之前先创建一个数据集

成功使用数据透视表的关键是做好前期准备工作。前期准备工作通常包括以下两个主要步骤。

1. 提取数据。
2. 使用统计应用程序或电子表格,按照对报告和分析有用的方式整理好数据。

> 大多数人力数据分析师都会从公司的人力资源信息系统中提取数据,并在Excel中处理数据。实际上,你应该用一个更加自动化、更加长期的报告解决方案来取代Excel,不过就目前来说,Excel是一个很好的开始。

你可能有一些包含了分类描述信息的字段(如地理位置),需要将其转换为数字。对每名员工来说,你可以从20个不同的地理位置中找到他的那个。如果你想分析公司在美国和非美国地区的员工人数,可以创建一个名为"美国-对照组"的字段,然后把在美国工作的员工这一字段的数值标为1,把在非美国地区工作的员工这一字段的数值标为0,然后你就可以计算出公司在美国工作的员工人数,也可以在其他更高级的统计中使用这个变量。表4-1就是一个简单的创建数据集示例。

在表4-1中,所有属于美国的地理位置编码为1,美国以外的地理位置编码为0。此外,使用0~10标记"推荐公司的可能性"这个变量,并添加另一个变量"推荐的可能性:高可能性(0,1)",当"推荐的可能性"评分大于7时,编号为1;否则,编号为0。

表 4-1 创建数据集示例

编号	部门	城市	美国-对照组（0，1）	推荐公司的可能性（0~10）	推荐的可能性：高可能性（0，1）
14568	销售部门	凤凰城	1	9	1
21456	工程部门	山景城	1	2	0
11358	运营部门	爱尔兰都柏林	0	4	0

分析数据透视表

当一个数据集被组织在一个表中时，下一步是通过交叉两个或多个变量来统计信息，这一步被称为"创建一个数据透视表"。数据透视表可以帮助你看到两个变量之间的关系，清晰地揭示某些被测量的特征通常与其他特征一起出现（或不出现）。

表4-2将表4-1中的两列交叉到了一个二维表中——按部门划分的推荐可能性：高可能性。

表4-2中的每个单元格都包含了符合行标题和列标题的细分项的员工人数。例如，销售部门的300名员工对该公司的"推荐可能性"评分高于7分，因此在"推荐可能性"中编码为1。

表 4-2 观察两个变量

部门	推荐可能性：高可能性=1	推荐可能性：高可能性=0	行总计
销售部门	330	150	450
工程部门	260	189	449
运营部门	130	130	260
列总计	690	469	1 159

下一步是将表4-2中的数字转换成百分比。你可以按照自己的需求来计算行或列的百分比或总数。

在表4-3中，我计算了每行的百分比，它可以告诉你公司的每个部门的推荐可能性的百分比。我使用了下面这个公式：

单元格中的百分比 =（单元格中的人数÷行总计人数）×100%

你可以从表4-3中得到很多信息。例如，部门和推荐可能性之间似乎有某种联系。推荐公司的销售部门员工人数是不推荐公司的销售部门员工人数的两倍，而工程部门和运营部门在这方面表现不佳。

表 4-3　行总计百分比

部门	推荐可能性：高可能性 =1	推荐可能性：高可能性 =0	行总计
销售部门	67%	33%	100%
工程部门	58%	42%	100%
运营部门	50%	50%	100%
列总计	60%	40%	100%

使用细分的定义来消除数据质量问题

通常情况下，系统中会录入错误数据，系统或系统人员对此无能为力。你可能听说过"错进错出"这个术语，它在系统中随处可见。如果在数据库中添加了错误的数据，那么你根据该数据库做出的报告所引用的数据必然也是错误的。

有时候，系统中的数据在技术上是准确的，但是当涉及报告数据时，你的选择可能会使数据在其他人看来是错误的。不同的选择会得到不同的数据。当两份报告中的数据不能完美地进行比较时，人们会假设数据存在质量问题，而事实上这两份报告可能只是使用了两个不同的细分定义。

例如，当你向一群高管汇报时，他们会对你使用的数据持不同意见。他们可能会说："我们这个团队没有30人。"或者"财务部昨天给我们看了一份人数统计报告，他们的报告上写着15人，而你的报告上写着10人——你的数据肯定是错的。"造成这些问题的原因通常是大家对"人数"的定义不同。例如，财务部可能统计了合同工和正式员工，而你可能只统计了正式员工。

有许多方法可以将不同的人包括在统计数据之内或排除在统计数据之外，这可能会导致不同的统计结果。你的数据集可能会受到以下任何一个因素的影响：

- 正式员工和/或合同工；
- 国内和/或非国内；
- 全职和/或兼职；
- 定期工和/或临时工。

除了这些因素，还有很多影响员工人数统计的因素，如下所述。

- 日期。通常情况下，提取数据的日期不同，你会得到不同的统计结果。人们总是来来往往，这意味着今天和明天的人数可能不同。你是在一个时期开始或结束的时候统计人数，还是用这一时期平均值？你是否会在演示报告的那一天统计人数？如果所有的报表都在同一时间运行，那么它们的数据更有可能匹配——但是它们通常不是在同一时间运行的。
- 小数。你可以用0.3或0.5计算兼职员工的工作时长，或者像对待全职员工一样以1为单位计算他们的总工作时长，你也可能根本不计算他们的工作时长。计算方式不同，你的报告中呈现的数字也不同。
- 层级选择。如果你按照业务单元（如销售）来统计员工人数，可以按照该单元的财务结构来统计，或者你可以把员工当作该财务结构单元负责人下面的任何人（每个向销售经理汇报工作、向销售副总裁汇报工作的人）。你可能认为这两种方法的统计结果应该一样，但事实通常并非如此。

建议你与其他人一起创建一个标准的细分定义，或者尽量让你自己的细分定义更清楚一些。很多情况下，你都需要采用不同的方式进行数据统计。

如何更好地创建细分项

这里有一些额外的技巧可以帮助你创建准确和有用的细分项。

- 一次解决一个问题。不要试图同时做所有的事情，否则你会变得不知所措，就像你把数据直接扔给你想分享的人，对方会感到毫无头绪一样。
- 集中精力。在花大量时间研究数据之前，先从研究目标、假设和需要回答的问题开始。
- 思想要开放。你可以从一个特定的细分方案开始，但它可能会引发新问题，你可能需要在报告中添加额外的细分项来回答新问题。
- 请记住，细分可以帮助你看到你可能忽略或想问的东西。在收集数据后，为了了解数据所反映的信息，大多数优秀的研究人员会通过一系列基础分类来获取报告。
- 拓宽视野。我的意思是，你不应该把细分设计局限于单一数据源的数据。许多与人力有关的重要见解都来自像员工调研这样的临时数据源。假设你已经以正确的方式收集和存储了数据，那么你完全可以将多个来源的数据整合在一起。拥有多来源的数据将有助于你更好地进行细分和分析。
- 在你需要沟通的部分中挑出最重要的信息来分享。剔除那些有趣但在整个计划中不重要的信息。将你不打算在现场呈现的细分项数据放在附录中或其他位置，到时如果需要使用这些数据来解决问题，你就可以快速访问这些数据。

为了进行报告和分析，可以使用多种方法对人力数据进行细分。细分项的选择只会受到你收集的信息（如地理位置、入职日期和薪酬）和你的想象力的限制。想象力对于帮助你弄清楚如何使用数据回答问题及如何在必要时获取新数据至关重要。如果没有你想用于创建细分项所需的数据，你可以发挥想象力来找到获得这些数据的方法。因此，细分项的选择是无限的，具体取决于你的目的，即你想回答的问题，而不是系统中凑巧记录下来的东西。

> 在本章，你将：
> - 理解战略的重要性；
> - 明白细分的价值；
> - 通过有策略的细分，从数据中挖掘更多信息。

第 5 章

在差异中寻找有价值的洞察

每当我与人力资源管理者分享我在职场早期经历的人力数据分析失败的故事时，我总会听到这样的反馈："我们有很多数据，却无法从中获得任何有用的洞察。"人们一直有一种错误的想法，即大量触手可及的数据会为他们提供很多问题的答案。然而，最终他们发现这些数据根本不能传达任何有用的信息，没有人去进行人力数据分析。导致这一结果的原因是什么？是人力数据分析师的水平不行、信息系统质量不好或数据本身的质量有问题吗？

可能以上原因都不是。换个角度思考这种现象背后的原因，我认为答案是"没有明确的问题重点"。人力数据分析的目标是获得有用的洞察，帮助人们以一种全新的方式看待问题，从而应对问题，寻找新的机会。从数据中获得有用的洞察，不仅需要有能力执行一系列的数据分析任务，还需要运用批判性思维将注意力集中在对公司有价值的问题上。真正的问题可能不是人力数据分析师水平不行、信息系统质量或数据质量不好，而是找不到具体的问题重点。

> 判断一组数据是否有用的依据是这组数据是否能达到数据分析的目的。根据你要回答的问题，有些数据会非常有用，对你的工作有很大的推进作用；有些数据则毫无价值。你必须根据要解决的问题来确定你需要哪些数据，以及需要它们做什么。如果没有提前定义好明确的问题（重点）就直接执行一系列数据分析任务，如系统选择、系统实施、数据收集、数据清理、数据管理、统计和可视化呈现，那你根本不可能发现任何有用的东西。

那么，如何定义一个明确的问题重点呢？在本章，你将学习如何在战略目标中搜索并找到问题重点，从而在数据分析中获得更多的信息。

制定差异化战略

"战略"这个词起源于军事领域，并在战争中得到了最生动的诠释。以下是美国军方对"战略"一词的定义：

在和平与战争时期，发展和应用政治、经济、心理和军事力量的一门必要的艺术和科学，为政策提供最大的支持，以提高胜利的可能性和胜利后的有利面，降低失败的概率。

公司之间的竞争是常态，在客户方面竞争，在产品和服务方面竞争，在人才招募上也竞争，尤其是顶尖人才的招募。

如果没有竞争对手，公司获胜可能轻而易举，就没有必要制定战略。相反，当竞争确实存在时，公司就需要制定并贯彻战略。商业环境就是竞争的战场，所以公司需要"战略"。

日本著名商业战略家、《战略家的思想》一书的作者大前研一说过："战略的唯一目的是使企业尽可能有效地获得超过竞争对手的可持续优势。"

显然，战略需要创造差异化，从而提高成功的概率或降低失败的概率。

公司通常会制定一些包括人才、项目、实践或流程在内的人力资源方面的规范，公司认为这些因素会给它们带来商业优势。但如果所有的公司都采取同样的战略，那么就没有任何优势了。这也意味着，没有一套通用的最佳人力资源管理规范可以帮助公司拥有"永久的商业优势"，正如在战争中没有一套能永远取得胜利的最佳战略或战术。在竞争中，唯一能确定的就是变化，因此你需要不断使用数据获得现实中人们对你的行动的反馈并衡量你取得的结果。

人力资源战略是仔细选择一系列目标，创造有利的优势，实现最重要的目标——帮助你的公司在某个方面超过竞争对手。人力数据分析是从事实的视角来衡量目标的进展。它的优势是能够对高级信息做出高级反应，而高级信息具有优势，它能帮助你的公司比竞争对手更快、更有效地付诸行动。

以下是我对人力数据分析的技术性定义，它可以更加完整地反映出人力数据分析的行为和目的。

将科学和统计学知识系统地应用于人才战略，提高实现商业优势的概率。

> 在第1章，我把人力数据分析解释为"人力数据分析意味着要综合运用统计学、行为科学、信息技术和人才战略等跨学科知识"，并提出了4S人力数据分析框架（本章将再次引用这一框架，如图5-1所示）。

使用4S人力数据分析框架的前提是，其所描述的每个方面——统计学、行为科学、信息技术和人才战略——在用于人力数据分析时都可以提供有价值的贡献。如果你忽略了这4个S中的任何一个，分析结果都是不完善的。如图5-2所示，如果4S人力数据分析框架中缺少"人才战略",在没有适当的环境和人力资源专业知识的情况下,进行人力数据分析会遇到一些问题。

由此可以看出,战略代表了领域内的专业知识,需要指导和吸收其他3个S(行为科学、统计学和信息技术)的工作。缺乏战略基础会导致结果对任何人都不会特别有用。如果你对数据做了大量工作,但没有人使用最终的分析结果,这就说明你很可能没有使用"战略"。

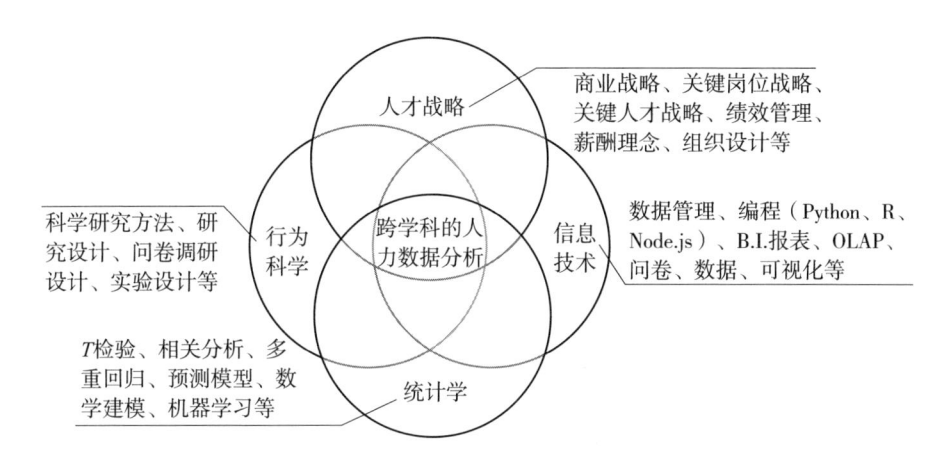

图 5-1　4S 人力数据分析框架

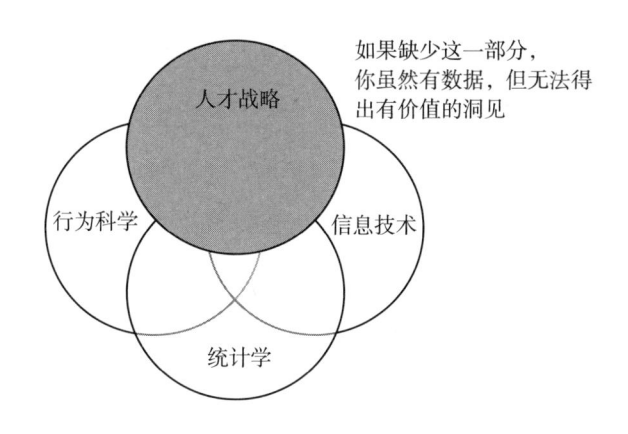

图 5-2　缺少"人才战略"部分会导致许多活动没有明确的指向

> 在任何数据分析（包括人力数据分析）项目中，一个常见的陷阱是忙于处理数据。人们往往还没有弄清楚为什么要做数据分析、目标是什么，就投入所有的时间去处理数据，最后却没有从数据中得到任何有价值的信息。要从人力数据分析中获得有用的洞察，应该首先选择一个对公司有价值的问题重点，它会透露给你核心问题是什么，以及解决这些问题所需要的数据有哪些，让你以解决问题为目的去处理数据。这一工作流程与一上来就直接处理数据、期待数据自己给出问题和答案的做法是非常不同的。

关注产品之间的差异

如果你手头上有具体的业务或人事问题，或者有人要求你去解决问题，你可以直接开始数据分析工作。如果没有人要求你处理具体的业务或人事问题，那么你可以先思考以下几个问题。

你的公司想依靠什么产品、服务或客户来取胜？这个问题的答案可以成为你的人力战略和人力分析的焦点，从而提供关于你如何去做的事实细分。

差异化是公司战略的核心，也是公司成败的关键。产品之间的差异是你的公司将自己与其他销售同类产品的公司区别开来的原因。要想持续赢得客户的喜爱，你需要确定一个与众不同的意图，并创造人力优势来实现这一意图。

下面是一些示例。

- 在客户愉悦感上创造差异。例如，西南航空公司雇用有趣的员工，用公司的价值观和政策培训他们，让他们不要太拘谨，激励他们以制造旅行乐趣为荣，这就意味着员工会为客户提供完全不同于其他航空公司的体验。西南航空公司可能并不擅长其他航空公司所能做的一切，但该公司刻意选择了一种方法，让乘客微笑着接受服务。

- 在创新方面独树一帜。例如，作为一家成功的大型科技公司，谷歌需要努力创造并引领未来。谷歌认识到，创造并引领未来的下一个伟大产品有赖于优秀的人才——这就解释了为什么该公司把大笔资金投入在聘请和留住具有卓越的技术能力的人才上。
- 从关注产品营销入手。例如，苹果公司通常会在产品设计上将自己明显区别于竞争对手。为了保持这一优势，苹果公司雇用了优秀的人才，尤其是招揽了在设计领域全球顶尖的人才。这给苹果公司带来的影响就是，苹果公司可能无法创造出最快或最灵活的产品，但它在产品设计方面始终处于领先地位。这是苹果公司领导人做出的选择。你把注意力放在哪里，哪里就会发展成为你的优势。

也许你的公司的差异化优势是上述几种之一，或者是其他方面。但无论是哪方面的差异化优势，也许它就是你公司现在正在努力寻找或改变的东西。从外部来看，有时很难讲清楚某家公司的差异化优势是什么，但我相信，所有能获得长期成功的公司至少有一件它们认为自己真正最擅长的事情。如果你还不清楚你的公司的差异化优势是什么，你应该走出办公室，花时间和其他人聊聊，尤其是和高管一起探讨这个问题。

每家公司都会做出一系列决策，决定如何将资源、原材料和人力投入转化为产品或服务。这就是所谓的价值链。如图5-3所示列出了一系列简单的问题，你可以用这些问题来了解你公司的运作方式。

在你的公司生产出不同于竞争对手，并在某些方面优于竞争对手的产品或服务之前，你必须雇用一定的人力，保证他们具备生产出与竞争对手不同的产品或服务的必要能力。在某种程度上，所有的商业战略都取决于人力。它以人开始，以人结束，但问题是，在人力方面如何创造真正的差异化？

商业价值创造模型
以下呈现了将无形资产转化为有形价值的逻辑链

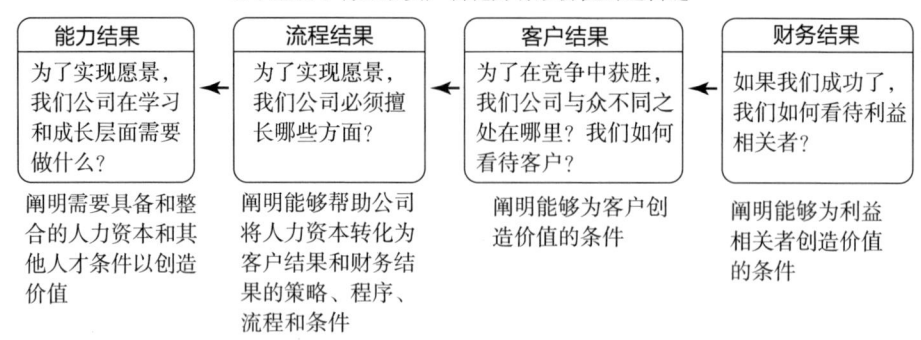

能力结果	流程结果	客户结果	财务结果
为了实现愿景，我们公司在学习和成长层面需要做什么？	为了实现愿景，我们公司必须擅长哪些方面？	为了在竞争中获胜，我们公司与众不同之处在哪里？我们如何看待客户？	如果我们成功了，我们如何看待利益相关者？
阐明需要具备和整合的人力资本和其他人才条件以创造价值	阐明能够帮助公司将人力资本转化为客户结果和财务结果的策略、程序、流程和条件	阐明能够为客户创造价值的条件	阐明能够为利益相关者创造价值的条件

图 5-3　将无形资产转化为有形价值的逻辑链

有时候，你只需要考虑价值链并将它绘制出来，就可以弄清楚公司应该在哪些方面寻求差异化优势。

确定关键岗位

大多数高管都认为自己管理的公司是最好的，因为他们的员工比其他公司的员工更优秀。然而，如果大多数高管都这么说，那这就不可能是事实。那么，谁在说实话？谁又在撒谎呢？你如何判断？你的公司是如何产生比平均水平更优秀的人才的呢？你的公司是如何留住优秀人才的？你的公司对待员工的方式与其他公司相比有什么明显的不同吗？你的公司如何衡量并定义更优秀的人才？当你完成下面的一系列分析后，你就可以帮助公司回答这些问题。

如果你认为自己每个方面都能做到最好，那就努力去做。遗憾的是，当你试图把所有事情都做到最好时，结果通常是你什么都做不好。正因如此，"客户细分"成为商业战略中一个被广泛接受的核心概念。"细分"也是人力资源战略中的一个有用的概念，它可以帮助你更聚焦，通过发现可观察到的差异性特征，帮助公司明确选择范围，确定优势和劣势。

对于什么是"好的标准"，答案因岗位不同而不同。如果把所有岗位混在一起谈"好的标准",你肯定得不到明确的答案。一名好厨师的标准不适用于一名好主持人或好服务员。一个好会计的标准也不适用于一名好经理。人力数据分析是一种工具,你可以用它来了解岗位的不同、员工的不同,以及如何连接两者。如果你掌握了不同岗位的信息和不同特征的员工在岗位上的绩效水平,你就可以创建成功者画像,帮助公司的人才战略获得成功。

如果你了解不同岗位之间的差异,那你就能更好地回答对某个岗位来说什么是"好的标准",什么是"坏的标准"。确定不同的岗位在哪些方面存在差异的方法叫岗位分析。如果你的公司以前没有做过岗位分析,你可以直接阅读第13章。岗位分析将告诉你不同的岗位之间有何差异,并帮助你创建有意义的岗位细分。

假设你已经做了一些岗位分析,或者用其他方法将你公司的所有岗位进行了分类,下面这个问题可以帮助你更聚焦:考虑到当前的商业战略和产品优势,哪些岗位对你的公司获得成功最关键?换句话说,你的公司的关键岗位是什么?

对西南航空公司来说,关键岗位是乘务员,因为他们是向客户传递公司精神的重要载体。对默克集团来说,关键岗位是科学家,因为默克集团发现科学上的突破可以为集团创造下一批超级畅销药。对PetSmart宠物店来说,关键岗位是驯狗师,因为他们可以提供有价值的服务来吸引顾客到商店。对达拉斯儿童健康中心来说,关键岗位是护士,因为他们会耐心照顾和护理病人。对谷歌来说,关键岗位是软件工程师,因为他们创造了未来。但这并不意味着其他岗位不重要,确定关键岗位只是为了帮助你更聚焦,找到人力数据分析的起点。

当你定义了一个或一系列对公司有价值的关键岗位后,你就可以继续寻找那些能够帮助公司取得商业成功的答案了。这种使用数据的工作方式必然会产生有用的洞察。

> 我并不是说你应该永远只专注于1个岗位，事实上你可能需要分析5个、10个或20个岗位。随着时间的推移，你可以积累足够的数据分析来涵盖所有的岗位。我的意思是，从重点开始对你最有利。因此，你应该从关键岗位开始。

确定关键人才的特征

在你确定了关键岗位后，下一个问题是："这些关键岗位上的完美员工是什么样的？"换句话说，如果让对这个岗位非常熟悉的人从公司目前的人才库中挑选一个人到这个岗位工作，他会选谁？他会看重哪些方面？为什么？如果你不能描述这个关键岗位上关键人才的特征，那么你就无法衡量谁是关键人才。如果无法衡量谁是关键人才，你就无法让这个关键岗位创造出好业绩。

> 岗位不一样，需要的人也不一样。没有任何一个人擅长所有的岗位——不同的人和岗位都有不同的特征。只有两者完美组合才能打开成功的大门。

想象一下，如果你所有的竞争对手都突然决定解雇他们所有的员工，你现在是这个领域的唯一雇主，所有人都等着你去雇用。但你不愿意也不能雇用所有人，你有选择权。你会选择谁？你会如何选择？这会对你未来在市场上取得成功有多大影响？这些人和其他人有什么不同？

你选择的是其他公司经验丰富的有特殊职称的员工，还是你看中的某所大学的毕业生？他们需要有过往成功的经历吗？他们有良好的成功记录吗？他们需要具有某种性格类型或认知能力吗？他们掌握了独家信息吗？他们的行为方式与他人有什么不同吗？他们的特征是从简历中一眼就能看出来，还是必须通过提问才能看出来？

现在假设你有了上面这些问题的答案。你是怎么得出这些答案的呢？靠猜测？靠直觉？别人告诉你的？抱歉我问了这么多问题（你可能认为自己好像正在接受面试），但事实是，这些问题很重要，你的答案决定了被雇用者和公司的命运。你可以使用"硬"数据来得到更好的答案，前提是必须从识别更好的问题开始。如果你不知道这些问题，你就无法收集正确的数据，或者不知道该如何处理这些数据。

> ⚠️ 在市场营销中，人们经常使用人口统计学变量，如性别、民族、年龄、社会经济地位和家庭特征来定义目标客户。在人力数据分析中，你也可以使用这些变量来衡量员工的多样性，但不能使用这些变量进行员工招聘。在员工招聘过程中，你应该使用可靠的、经过验证的、与岗位相关的标准和特征，你雇用的员工特征必须与岗位的成功者画像一致。

通常，用来识别、吸引和保留关键人才的最重要方法，从外部视角难以看到。最重要的信息往往隐藏在你的大脑内部。人们有独特的个性、知识、技能、能力、经验和偏好，这些特征与刺激因素、环境共同作用，最终决定了他们是否适合某个岗位。这些特征是可识别、可预测的。对做人力资源工作的你来说，需要一种策略来将你大脑内部的隐形信息转移到大脑外部，让你能够使用这些信息。关于如何实现这一点，请阅读第12~14章。

衡量你的公司是否集中了自身的资源

集中就是对业务差异化和员工差异化有清晰的理解。在过去，人力资源团队试图取悦许多不同的利益相关者，把资源分散到很多领域，这种做法稀释了资源的有效性，尤其是人力资源团队的许多目标都是彼此脱节的，甚至有时互相冲突，从而使它们的整体效率降低了。现代人才战略越来越强调"聚焦"，因为聚焦可以让资源更有效。

将资金集中在关键岗位上

我曾在一家宠物零售连锁商店工作，当时公司经营遇到了困难。公司面临着一个挑战：如果把年度加薪预算平均分配给所有员工，将员工每小时的薪水提高大约10美分，即每周多支付给员工2美元，那么公司为这件事付出的成本将是数百万美元。而这一微薄的涨薪对改善员工生活和提高公司经营业绩都不会产生积极的影响——分散资金实际上对任何人、任何公司都没有好处。

公司最终决定把有限的预算投资在服务性岗位上，如驯狗师、狗狗美容师和日托服务人员。虽然公司付出的成本更高了，但可以创造更多的利润，因为"服务"是该公司的差异化竞争优势。在服务岗位上的投资能提高服务质量，从而吸引更多的顾客，带来更多的利润。从长远来看，把预算集中在更重要的服务性岗位上，可以让公司赚更多的钱并投入到其他员工身上。

> 集中资源在服务性岗位上符合这家宠物零售连锁商店的商业策略，因此是一个很好的方法，但它并不一定适合你的公司。所有的公司都有各自不同的差异化岗位，对宠物零售连锁商店来说，关键岗位是服务性岗位。你要弄清楚对你的公司来说哪些差异化岗位是关键的。

人力数据分析的洞察之一是可以使用薪酬数据、岗位分析数据和工作重要性决策来分析公司在员工身上的投资是反映了还是偏离了公司的战略目标和商业目的。

把资金集中在高绩效员工身上

在过去的20多年里，一个重要的现代人才战略是"绩效管理"。绩效管理是指公司用于衡量、管理和奖励员工绩效的一系列活动、工具、流程和程序。绩效管理包括绩效评估和根据绩效表现分配薪酬与奖励。

绩效管理是由通用电气公司的董事长兼CEO杰克·韦尔奇推广起来的。绩效管理的理念是：如果一家公司不集中资源来奖励高绩效员工，高绩效员工就会选择报酬更高的工作，这样这家公司留下来的就都是低绩效员工了。随着时间的推移，这家公司的发展会越来越糟。面对这一困境，通用电气公司决定衡量所有员工的绩效，并积极地淘汰表现最差的员工，慷慨地奖励每个团队中的绩优者。通用电气公司希望用这种积极的奖励方式让公司发展得越来越好。

关于绩效管理是否有效或什么样的绩效管理方式最有效，目前还没有定论。虽然大多数实施绩效管理的公司都做不到像通用电气公司那样大刀阔斧地淘汰低绩效员工，但它们会根据员工的绩效表现采用差异化的薪酬策略。

> ⚠️ 当然，对绩效管理的质疑声也有很多。最重要的一个质疑是，如果没有一个客观的工作标准来衡量绩效，绩效评估就是一种主观的衡量，太容易带有偏见。此外，绩效管理过程很耗时，并且对绝大多数员工而言，被告知自己是一般绩效者或低绩效者会让他们觉得沮丧。如果经理无法或没有告知员工如何才能达到最高绩效，拿到丰厚的奖励，那双方都会很不安。最后，绩效管理可能会鼓励员工将注意力更多地放在个人目标而不是集体目标上。员工为了脱颖而出，可能会出现不支持同事、破坏他人的工作等现象。

当公司采用绩效评估并根据绩效结果决定员工的薪酬时，你可以通过人力数据分析进一步挖掘问题：公司在这件事上做得够好吗？谷歌公司的工程副总裁艾伦·尤斯塔斯说过，一名顶级软件工程师的价值是普通员工价值的300倍或更多。他还提供了许多事例来说明谷歌公司最有价值的服务（如谷歌邮箱和谷歌新闻）都是由一个人开发的。没有人真正知道最高贡献者的绝对价值是多少，但其与普通员工的价值存在指数级差异，这一结论已经被许多研究证实。出于这个原因，谷歌公司确立了一个理念：顶级软件工程师的薪酬与普通员工的薪酬之间也存在指数级差异。艾伦·尤斯塔斯解释说："这一差异不是10%，而是100%甚至更大。对公司来说，宁可失去一个连的工程师毕业生，也不能失去一名优秀的技术专家。"

虽然向员工支付不同的薪酬可能对每个人来说不公平，但实施绩效薪酬的公司认为，支付给高绩效员工更多薪酬这一做法实际上是合法且真正公平的做法。大多数人都认为那些贡献更多价值的人应该比那些贡献更少价值的人得到更多的报酬。问题是，实施绩效管理往往需要做很多工作，但最终公司发现员工的薪酬结果差异并不大。

关于绩效、价值和薪酬的问题，你可以用人力数据分析来寻求有价值的答案。你的公司是否真的对不同绩效的员工设定了不同的薪酬和奖励？高绩效员工是否注意到了自己显著的薪酬差异？其他公司的优秀员工知道你付给内部高绩效员工特别高的薪酬吗？（如果他们知道，那么你就是在吸引他们加入你的公司。）员工认为薪酬策略公平吗？最有价值的员工比一般员工对自己的薪酬更满意、对公司更忠诚吗？换句话说，你公司的薪酬策略是真的产生了作用，还是只是在浪费时间和金钱？相信我，高管们都想知道这一答案。

> 有很多原因可以解释为什么同一个岗位上不同的人会得到不同的薪酬，如上一份工作薪酬较高、招聘时市场平均薪酬较高、地理位置上的薪酬差异、绩效上的薪酬差异、特殊知识或技能导致的薪酬差异，以及合并、收购或其他偶然原因造成的薪酬差异。

薪酬是一个敏感的话题。那些不使用薪酬数据的人并不清楚造成薪酬差异的原因，因此他们看不到问题。例如，在以下场景下你会如何处理？

5年前，你雇用了一名员工为你工作，薪水是每小时30美元。随着每年的加薪，这名员工现在的薪水是每小时35美元。与此同时，总体经济快速发展，如今，如果你给出的薪水少于每小时55美元，根本就招不到人。每小时35美元的薪水无法吸引你想要的人才。你应该怎么做？你会支付给一名新员工比为你工作了5年的老员工更高的薪水吗？还是你会给那名老员工一夜之间每小时涨薪20美元，让新老员工工资持平？那些与这名老员工一起工作的其他岗位的员工，当他们的薪水没有得到同比增长时，他们会有什么感觉？如果只有两名员工岗位相同，你可以咬咬牙给他们两人同时加薪；但如果你有1 000名员工岗位相同，只是入职时间不同，他们的薪水为每小时35~60美元，你怎么办？如果女性或少数族裔的平均收入低于白人男性，你的公司还可能面临重大的法律问题。如果按照目前的付薪标准，把每个人的薪水都调到每小时55美元，成本可能会非常大，甚至可能超过你公司的承受能力。此外，付给每名员工每小时55美元的薪水，对那些比新员工有更多年工作经验的老员工来说，公平吗？有经验的员工不应该比新员工挣得更多吗？对大公司来说，这种噩梦般的场景并不陌生——任何一家员工人数超过100人的公司的人力资源专员都会遇到这一挑战。

> 以往的做法是薪酬分析师或薪酬专家与高管合作，基于统一的薪酬理念建立一系列关于薪酬优化的纠正程序，试图随着时间的推移使公司的薪酬理念与薪酬现实保持一致。实际上，薪酬现实从来不会与薪酬理念完全吻合，因为薪酬现实是一个复杂的、动态的过程，公司通常没有足够的精力和预算来马上解决所有的薪酬问题。人力资源专员、薪酬专家和高管每年都会一起努力，基于公司的薪酬理念和商业策略，试图使薪酬现实更接近理想状态。

人力数据分析的价值就是使用薪酬数据和绩效数据来分析公司在员工身上的投入是否真实反映了公司的薪酬理念和策略。你可以使用数据来确定公司所采取的薪酬行动是否产生了预期的效果。如果基于绩效的薪酬差异的目的是保留高绩效员工，降低其离职率，那你可以通过对绩效、薪酬、稳定性/离职率的进一步分析来帮助公司高管看看他们的投入是不是实现了这个目标。

> 公司可以将资源平均分配到所有人身上，让员工都感到快乐，但这对公司业绩没有显著影响；也可以将同样的资源集中在对公司的业绩和收益产生更大的正面影响的人和事情上。你能够做的就是帮助公司区分资源的不同投入程度及效果，以实现想要的业务结果。

有策略地解读数据

如果不增加一些视角，人们往往很难解释人力资源数据。例如，如图5-4（a）所示的离职率对公司来说是好事还是坏事？单看图中的数据，离职率在逐步上升，情况似乎很糟糕。然而，除此之外没有太多的背景信息可以让你明确地得出这一结论。

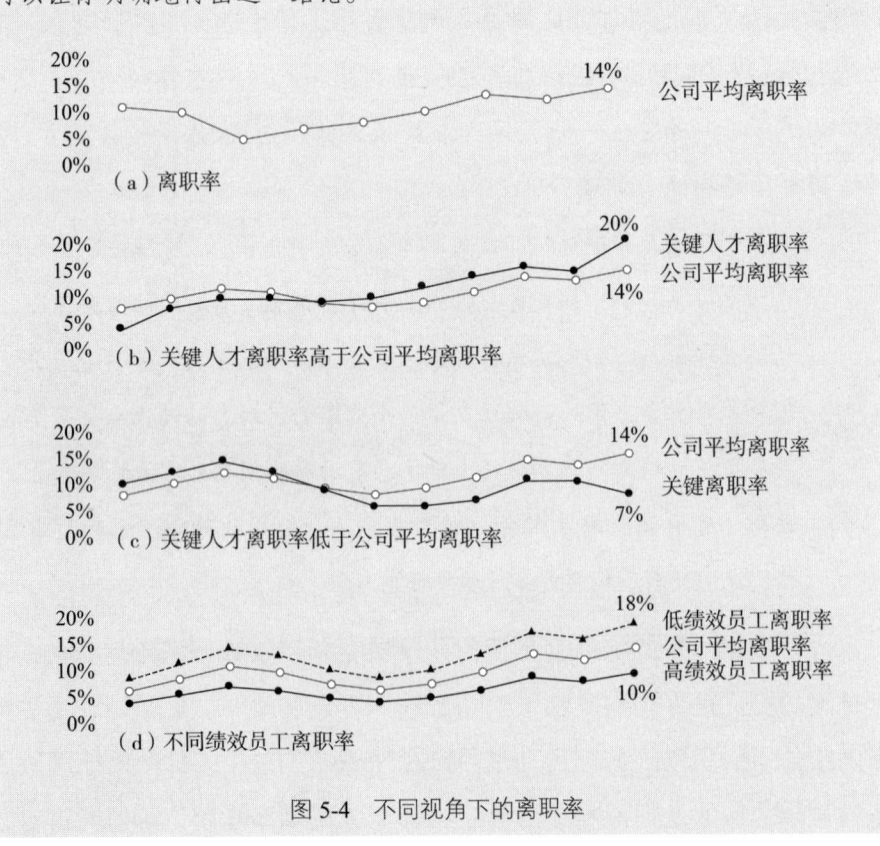

（a）离职率
  公司平均离职率 14%

（b）关键人才离职率高于公司平均离职率
  关键人才离职率 20%
  公司平均离职率 14%

（c）关键人才离职率低于公司平均离职率
  公司平均离职率 14%
  关键离职率 7%

（d）不同绩效员工离职率
  低绩效员工离职率 18%
  公司平均离职率 14%
  高绩效员工离职率 10%

图 5-4　不同视角下的离职率

如果将"关键"这一细分项添加到图5-4（a）中，会发生什么呢？在图5-4（b）中，公司平均离职率与图5-6（a）相同，但此时可以看到，公司关键人才离职率高于公司平均离职率，情况很不乐观。

在图5-4（c）中，公司关键人才离职率低于公司平均离职率，情况比预想的好。在图5-4（d）中，当按绩效将关键人才分类后，你会看到高绩效员工的总体离职率低于公司平均离职率，而低绩效员工离职率高于公司平均离职率。这是好事！

通过这种方式，你可以使用人力数据分析来展现你的人力资源策略，并使用数据来了解你所采取的策略是否有效。

寻找差异化价值

全球公司每年在人才招聘上的花费总计高达数十亿美元。你的公司和其他公司都在抢夺同类型人才，说服他们跳槽。问题是，你的公司有什么突出的差异化优势呢？

要制定区别于竞争对手的获得、吸引和保留人才的战略，你需要知道自己公司的不同之处在哪里，并提供一个对人才有利的环境和工作机会。理想情况下，你的公司创造的环境要与众不同，并让人才感觉你这里看起来好过他们工作过的其他公司。如果你想一直获得并保留关键人才，那么你提供的工作环境不仅要好，更要好得超出其他公司很多，做到独树一帜。在市场营销中，这被称为"独特的价值主张"；在人力资源领域，这被称为"独特的员工价值主张"。

许多公司只是试图与它们的竞争对手持平，或者试图成为一个合格的雇主，但这可能会导致在任何方面都没有什么效果。你需要确定本公司特有的差异化优势，在这一领域做到最棒。只有这样，你的公司才能不断获得世界上最优秀的人才的青睐。员工价值主张就是让你的公司在与其他公司竞争同一名员工时脱颖而出的差异化优势。

你的公司的员工价值主张是什么？或者说优秀人才为什么认为你的公司是最佳且唯一的选择？如果你能回答这个问题，你就能让自己的公司成为行业中最成功的公司之一。

如果人是机器，数据分析会容易得多，管理也会容易得多，但事实是，人不是机器。这意味着你必须花更多的精力，采用合适的方法来系统地收集、理解、分析和使用数据。你可以收集和分析优秀人才的目标、需求、动机、希望和抱负等数据，也可以分析他们与工作相关的抱怨、问题、恐惧、疑虑、担忧等信息，这些都能够帮助你找到合适的突破点去吸引他们加入你的公司。

许多公司都会开展调研，收集信息，制订提升工作环境的计划。所有这些努力都是为了吸引、聘用和保留优秀员工。你也许需要做很多这方面的调研，要注意的是，在员工调研中满意度分值高是一个好现象，但可能不是一个真正有用的洞察。你可以具体查看关键岗位上不同员工的绩效情况，研究分析关键人才在哪些方面是与众不同的，这样获得的洞察可能更有价值。

> 你不可能通过事事讨好、模仿其他公司或制造奇闻轶事来吸引人才。你需要利用数据来分析公司的情况。

通过人力数据分析，你可以清楚地看到人与人之间的差异。在人力数据分析的帮助下，你最终能够：

- 收集和分析关键岗位上关键人才的偏好和意见，将商业优势转向有利于你的方向；
- 通过实验来验证公司的人才招聘和保留策略的有效性；
- 不断收集反馈，这样你的公司就可以做出改变，以便做到全球行业顶尖水平，向潜在的优秀员工展现公司独一无二的地方。

> **在本章，你将：**
>
> - 理解员工生命周期价值的重要性；
> - 掌握员工生命周期的计算方式；
> - 学会应用员工生命周期价值。

第6章

员工生命周期价值评估

公司要想实现业务增长和持续盈利，需要同时做很多事情，如形成差异化的产品与服务、拥有规模生产能力，以及拥有吸引、激活和保留客户的能力。如今，全球的公司都在相互竞争，一家公司要想保持业务的持续增长格外艰难。

很多业务结果都能够被量化分析，如市场份额、收入、利润、客户满意度和客户规模。你经常会从年报、投资者公告和资产负债表中了解这些信息。这些业务结果都很重要，那么你该如何提升、优化这些业务结果呢？

抛开复杂的财务数据，答案非常简单明了——大多数成功的经营者都认同，人才是一家公司最大也是最重要的一项财务投资。人才能够帮助公司制定战略和业务模式，形成以客户为中心的创新产品与服务，执行各种行之有效的计划来帮助公司在竞争中脱颖而出。人才如同公司的五官、心脏和手脚，掌握着公司的未来。任何一家高效的公司都需要人才去设计、管理和运营。

经常有人说:"人才是公司最重要的资产。"这种说法也会遭到质疑:"这个说法对吗?是不是场面话?"要回答这个问题,你要先思考下面这个问题:是否有办法通过一些方式去衡量人才的实际价值?

尽管有些人可能会忽视量化分析的能力,但事实上,评估一名员工对公司的财务影响的方式有很多种,员工生命周期价值(Employee Lifetime Value, ELV)就是其中一种。

本章将介绍ELV的定义、起源、意义、应用,以及如何计算你的公司的ELV。

员工生命周期价值简介

ELV这一理念的灵感来自市场营销中的客户生命周期价值(Customer Lifetime Value, CLV)。

什么是CLV?

CLV是可预测的企业未来能从与客户的所有互动中得到的全部收益。CLV本身是一个重要的市场营销概念,它鼓励不以短期成交而以长期成交的视角来看待客户及客户的价值,有利于形成健康且持续的客户关系。

CLV的目的是从客户给企业带来长期收益的视角去分摊获取和保留客户的成本。CLV允许公司将获取或保留一位客户可能的ROI与其预测的客户关系总价值进行比较。

> 客户的获取成本与客户价值因细分项的不同而不同。计算CLV时,可以计算客户整体的平均CLV、一个特定客户细分群体的平均CLV、某位客户的CLV(前提是了解这位客户属于哪个细分群体),或者一个特定客户细分群体中所有客户的CLV。

CLV这一概念允许公司在相对统一的基础上比较不同客户细分群体的CLV，毕竟与其将有限的营销预算全部投入到长期价值比较低的客户身上，不如投入到长期ROI更高的客户身上，以获取更高的收益。

ELV是用于衡量一名普通员工在本公司工作周期内为公司带来的财务价值的指标。员工生命周期（Employee Lifetime, EL）涵盖了从员工加入公司的第一天到该员工在公司工作的最后一天。在计算ELV时，你可以计算员工整体的平均ELV、一个特定员工细分群体的平均ELV、某名员工的ELV（前提是保留该员工的历史数据并耐心等待一段时间）、每名员工未来的ELV预测值或一个特定员工细分群体中所有员工的ELV。

理解员工生命周期价值的重要性

与CLV类似，ELV也很重要，ELV让管理团队对人才的观点从短期交易转变为长期交易，促进公司与员工之间形成健康且持续的关系，指导公司做出更好的资源决策。此外，ELV与人才吸引、激活和保留之间存在紧密的关系。

想象这样一个场景：一名招聘人员正在为一些高端岗位招聘员工，而市场上符合岗位要求的人很稀缺；另一名招聘人员正在为一般性岗位招聘员工。显而易见，前者的招聘难度更大，为了快速招聘到高端岗位所需要的稀缺人才，公司可能要花费大量的时间和金钱，甚至雇用更多的招聘人员。如果在不考虑上述因素的情况下评估招聘所需的时间和金钱，你就意识不到寻找这类人才的难度，从而忽视第一名招聘人员贡献的价值。

总体来说，完成挑战性岗位招聘的比例或雇用稀缺和高质量人才的比例决定了公司要投入多少资源，尤其是在时间和成本方面。很难解释不同招聘人员的工作难度到底有何不同，也无法公平公正地评价招聘人员的业绩差异。更重要的是，不恰当的评价会降低招聘人员努力为公司寻找稀缺和高质量人才的动力。

如果能获得更多稀缺和高质量的人才，在招聘上投入更多的时间和金钱是值得的。然而，即使所有人都认同这一点，你在公司中还是会面临很多问题。

- 如何定义人才招聘指标中的"好"与"坏"？
- 如何开发一种数据分析模型，以准确预测完成招聘计划所需的时间、人力和金钱？例如，应该安排多少招聘人员参与招聘工作？
- 如何做到只奖励那些努力招聘稀缺和高质量人才的招聘人员，而非奖励那些招聘普通岗位员工的招聘人员？
- 要吸引、激活并保留不同类型的人才，公司需要投入多少钱？
- 如何理解并提高在员工招聘和任用上的ROI？
- 如何在有数据支持的情况下以令人信服的方式向其他人提出更多的资源要求？

ELV最基本的应用就是对公司计划在EL内投入的全部资金予以合理分配，帮助公司更好地进行人才吸引、激励和保留。当知道公司会在他们工作的整个EL内投入大量资金时，大部分员工都会感到震惊。

> 我将公司必须解决的所有与人才相关的3个难题称为3A难题，具体包括人才吸引（Attraction）难题、人才激励（Activation）难题和人才保留（Attrition）难题。人才吸引难题是指公司在吸引人才加入方面的挑战；人才激励难题是指在让人才达到并保持最佳生产力方面的挑战；人才保留难题是指在让高绩效员工持续待在公司方面的挑战。在不同的语境下，我会用"人才保留"或"人才流失"，两者的含义相同。

在旧金山，如果公司每年付给一名工作了5年的软件工程师的平均薪酬（包括工资、福利、设备和办公空间费用）是20万美元，那么，实际上公司在这名软件工程师整个EL内的投入成本大约是100万美元。如果你的公司目前只能勉强维持收支平衡，你就不应该增加员工，因为增加员工意味着你会潜在地增加很多金钱方面的投入，这可能会让你的公司马上倒闭。

> 在第7章，我会提出一种关于ROI的额外假设，即员工的价值高于公司在他们身上投入的成本。由于该假设中不包含已投资金回报的任何假设（一种保守假设，即员工的价值至少与公司所付的工资或市场价值相匹配），所以成本是计算员工价值的一个保守的起始值。

在实际应用中，ELV能够帮助公司在人力资源方面做出有效的投资决策，尤其是当公司需要在人才身上花费一大笔钱并期待人才产生高价值时。人们都知道，即使是价值百万美元的设备，在数十年间的使用中也会折旧，因此大部分公司都会毫不犹豫地投入巨额资金用于设备的常规维护。那么，为什么不对人才也进行这样的投资呢？就像公司会根据重要性来对很多事情进行投资一样，从投资收益的角度来看待人才，有利于你在长期价值的视角下看待和比较人才方面的挑战和机会。

如果在一名普通员工的EL内，公司需要支付100万美元，而该员工为公司产生的价值和收益等于甚至明显高于100万美元，那么，毫无疑问，公司在人才吸引、激活和保留方面再进行一些附加的投入是值得的。如果你计划雇用10名软件工程师，5年内你在这10名软件工程师身上至少需要付出1 000万（100万×10）美元，而他们为公司实际贡献的价值为2 000万~1亿美元（相当于2~10倍的ROI），那么，公司在这类人才身上再投资多少合适呢？应该说再投资多少都不为过吧？

如何应用员工生命周期价值

计算ELV有助于公司按照优先顺序列出需要重点关注的方面和分配资源。ELV的应用有助于公司制定一份与商业战略相匹配的合理的人才战略。

在第4章和第5章，我论述了人力数据分析中的细分和人才战略的重要性。我之所以强调人力数据分析和细分，是因为并不是所有的员工都一样，即并不是所有员工耗费的成本和带来的长期价值都是一样的。

关于员工细分的维度有很多，例如：

- 依据公司的市场定位和商业策略，某些岗位族群对公司的价值更大，在EL内能为公司产生与众不同的价值。
- 岗位族群内部的业绩贡献差距很大，即使相同的岗位也可能产生不同的价值。
- 某些细分方式可以识别出任职时间长的员工，这些员工在其EL内能为公司产生与众不同的价值。
- 某些岗位族群总人数非常多，但平均工资非常低。
- 某些岗位族群总人数非常少，但由于这些岗位上的员工能够为公司提供更多的价值，因此其平均工资明显更高。
- 拥有更高价值的岗位族群的人才一般都比较稀缺，也就是说，这类人才更难被吸引。
- ELV加上细分等于洞察，可以为公司制定更好的人才战略。下面几个与ELV相关的问题能够激发新的洞察，帮助你创建更好的人才战略。
    — 公司不同岗位族群的ELV（平均每个人的ELV及每个岗位族群的合计ELV）之间有什么差异？
    — 从业绩等级上看，每个岗位族群中不同绩效水平的群体之间ELV有什么差异？
    — 每个岗位族群中拥有不同入职前特征（如招聘来源、知识、技能、能力或其他）的员工之间ELV有什么差异？
    — 为了提高员工的工作绩效，公司在不同岗位族群投入同样多的资金，最终ELV增量会有什么差异？

— 针对同一岗位族群的员工，在员工管理的不同阶段投入同样多的资金，最终ELV增量会有什么差异？

— 在一个细分项中，增加总ELV的最佳投资策略是什么？是增加细分项下的员工人数、提高该细分项下每名员工产出的价值，还是延长员工在本公司的EL？

识别不同细分项的ELV能够帮助你从长期价值的角度考虑并按同一基准去平衡公司对不同细分项的人才吸引、激活和保留方面的投入。你还可以利用ELV来比较不同细分项下存在的问题和机会。

如果你将人力预算等额分配给每名员工，那么大部分预算就会流到产值最低的员工身上，这类员工是最容易获取和被取代的。如果不使用ELV进行有策略的分散投资，公司人才战略成功的可能性就会降低，因为公司把资金投入到了价值比较小的地方。

按岗位族群的ELV或岗位的ELV来等比例分配资源，可以帮助公司集中各种资源，以实现更好的商业结果和更高的ROI。

如何计算员工生命周期价值

ELV指标是一个基础的人力数据分析概念，计算过程很简单。如果你想进一步分析，也可以用更复杂的数学公式来计算。

> 对员工绩效数据和不同岗位细分项产生的价值数据收集得越多，最终结果和结论就越精确。在此，我提供一个最简单的方法，可以帮助你得到一个基准ELV作为起始标准值。

计算ELV的简要步骤如下。

1. 计算人力资本投资回报率。
2. 估算每个细分项的年度平均成本。
3. 估算每个细分项的平均EL。
4. 用乘法计算每个人或每个细分项的ELV。

下面将详细讲述这4个步骤。

计算人力资本投资回报率

可以将人力资本投资回报率（Human Capital Return on Investment，HCROI）定义为，在员工身上投资的每一分钱（包括薪酬、福利和股权）能给公司带来的税前利润。HCROI的计算公式为：

HCROI=｛营收—[总成本—（常规薪酬成本+总福利成本）]｝÷（常规薪酬成本+总福利成本）

也可以使用以下公式计算HCROI：

HCROI=（利润÷平均员工人数）÷（员工成本÷平均员工人数）

HCROI是将公司利润与产生这些利润所需的总成本进行比较后得出的数字。该指标回答了一个问题："在人力方面，每投资1美元可以获得多少收益？"

例如，HCROI为1.0，表示公司在总成本方面每投入1美元就能获得1美元的收益。

> 计算HCROI时，你可以关注3种不同的员工成本：薪酬成本、福利成本和股权成本。一些公司为了简单地计算HCROI，会直接使用薪酬成本；一些公司为了精确计算HCROI，会预估福利成本、股权成本和其他硬性成本。一般情况下，可以利用公司HRIS中保存的年度"薪酬"字段数据准确计算年度薪酬成本。如果想得到更加精确的结果，还可以根据工资单或保存在公司薪酬管理系统中的实际历史工资表计算。在财务总账上也可以查到总收入和总成本，因此你可以联合财务部的同事，根据财务总账上的信息估算福利成本和股权成本价值。由于很多时候福利是从公司层面而非个人层面设计的，因此很难计算某一岗位类别或某个人的实际福利成本。为此，大部分公司都根据经验估计福利成本，如一个岗位类别或一个人的福利成本大约占其所有薪酬成本的30%。

估算每个细分项的年度平均成本

要计算每个细分项中一名普通员工的年度平均成本，首先要计算这个细分项在最近一个时期的总成本（包含福利和股权），将结果换算成一年的成本后除以员工人数。

例如，一名员工的年度平均工资和福利是110 000美元。

在计算HCROI时，年度平均成本可以是HRIS记录中的年度薪酬成本加上公司层面均摊的福利成本。

估算每个细分项的平均EL

每个细分项的平均EL都是不同的，这通常取决于具体的职业、工作地点、员工薪酬、就业市场情况及与员工经验有关的因素。

例如，在美国旧金山的一家软件公司，其软件工程师的平均EL为3年，而在密苏里州堪萨斯城的一家软件公司，其软件工程师的平均EL可能是5年。而且你会发现，不同行业和职业的EL明显不同。零售商店员工的平均EL可能只有6个月，都不满1年。

> 你不能通过目前在职员工的EL去计算平均EL，这种计算方法是无效的。因为该方法假设员工在公司工作的最后一天是你计算的那一天，实际上很多员工都可能会在这家公司工作更久。因此，你需要利用离职员工样本获得真实的"最后一天"数据，据此计算员工的平均EL。

例如，如果历史数据显示共有10名员工离开了公司，离开时，他们的EL以年为单位分别是7年、2年、3年、4年、5年、6年、2年、4年、3年和4年，那么该公司员工的平均EL就是4年。

> 计算每个细分项的平均EL的前提假设是你拥有的该细分项离职员工的样本量足够大，足以估算该细分项下所有人的平均EL。在某些情况下，当你没有历史数据时，你可能需要为这个细分项预估一个期待的平均EL。此外，你可以以不同的EL数据作为输入来建立不同的ELV结果模型。例如，你可以建立一个用以反映EL每增加一年ELV如何变化的模型。你还可以考虑如何将平均EL增加1年。不过在这里，我只讨论如何计算ELV。

用乘法计算每个人或每个细分项的ELV

一个简单的方法是用计算出的某一细分项的HCROI乘以其年成本再乘以其EL（以年为单位），计算公式如下：

$$某一细分项的平均ELV = HCROI \times 年成本 \times EL$$

关于该公式的示例如图6-1所示。在该示例中，软件工程师的HCROI为1.5，平均总工资和福利为11万美元，平均EL为4年，因此，软件工程师的ELV为66万美元。

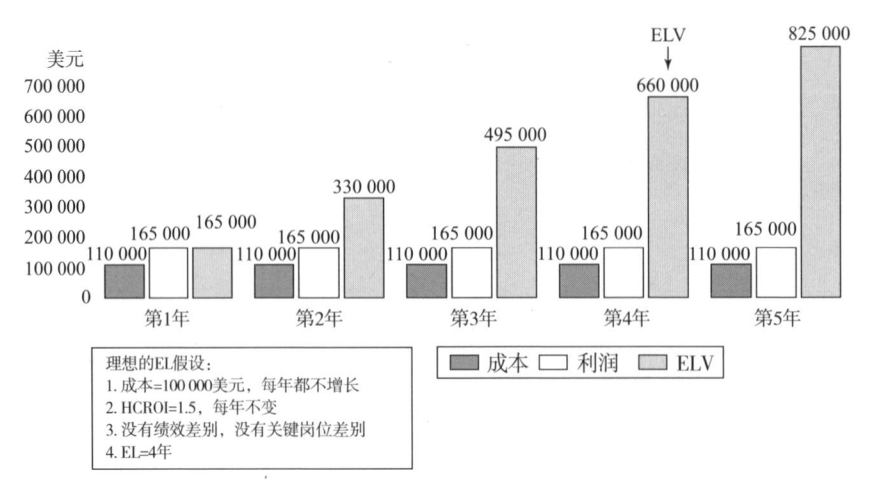

图 6-1　软件工程师的平均成本、利润和 ELV

如果你的公司一共有50名软件工程师，那么软件工程师这一细分项的总ELV就是3 300万美元。

如果你计划将公司的软件工程师扩增到100名，那么，软件工程师这一细分项的总ELV为6 600万美元（见图6-2）。也就是说，新增的50名软件工程师的ELV是3 300万美元。

预期的50名新软件工程师的ELV

100名软件工程师　6 600万美元

50名软件工程师　3 300万美元

+3 300万美元

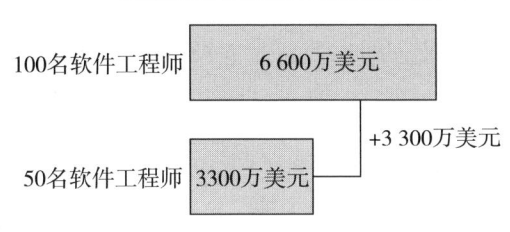

图 6-2　雇用 50 名新软件工程师增加的 ELV

增加ELV的方式不止一种。图6-3（a）展示了当50名软件工程师的HCROI由1.5提升至1.7时，ELV增加了440万美元；图6-3（b）展示了为当50名软件工程师的EL增加1年时，ELV增加了830万美元。

HCROI为1.7　3 740万美元
HCROI为1.5　3 300万美元
+440万美元

EL为5年　4 125万美元
EL为4年　3 300万美元
+830万美元

（a）将HCROI从1.5提升至1.7后预期的ELV（50名软件工程师）

（b）将EL增加1年后预期的ELV（50名软件工程师）

图 6-3　增加 ELV 的其他方法

当你思考如何集中分配资源时，可以使用ELV这一工具帮助你评估实施人力资源相关计划能带来的价值。虽然ELV不是一项财务数据，无法完美地呈现员工创造的价值，但它提供了按金钱去比较员工价值的统一基准，以帮助你做出更好的决策，并通过检验你的结果来验证你的假设是否正确。利用每次检验结果，你可以不断改进自己的假设。

优化ELV的计算方式

前文讲述了ELV的简单计算方式,该计算方式还可以进一步优化。以下是几个可以调整的因素。

- EL。利用多变量预测模型可以估算每个人的EL,然后将个体数值加总后计算平均值,这样能够更精确地估算每个细分项的EL。
- 年度平均成本的增加。前文在计算ELV时,假设在员工的整个EL内每年的人均成本不变。但实际上,员工的工资等成本会随着在职时长的增加而增加。因此,你可以通过估算员工整个EL内可能发生的成本增加情况,更精确地计算ELV。
- HCROI。由于公司通常是按照"公司"这一单位计算收益的,因此在计算ELV时,最透明的方法是对所有细分项下的岗位和员工使用相同的ROI假设。但实际上,生产力和HCROI会因不同细分项下岗位和员工的绩效情况、对公司业绩的贡献程度不同而不同。例如,业绩最高的销售代表每年的销售额可能达到100万美元,而普通销售代表每年的销售额可能只有30万美元。当你知道两者的差距有3倍之多,你可能就会按照业绩调整对HCROI的假设。如果你考虑了预测、提高或优化绩效等因素,你就会更精确地调整对HCROI的假设。

你需要向所有员工告知、说明并不断重申HCROI和ELV的计算结果并不是财务指标,没有通用的标准,也没有什么机构能给出官方认证。这些计算结果并不是完美的,只是为了帮助公司找到内部相对通用的公式和一致的参考。计算结果本身并不具备真实的价值,但它提供了一种有价值的思维方式和内部比较方式。

- 折现率。折现率是计算未来收益现值时采用的一种经济学概念。

> 折现率的基本内涵是"宁收当年麦,不收来年秋"。在财务假设中,受不确定性的影响,未来货币肯定会贬值。你愿意现在拥有100美元还是15年后拥有100美元?同样的原则也可应用于人力资本收益的相关假设中,即未来的收益会贬损。
>
> 如果你要向公司内部展现一些重要的投资回报情况或建议根据HCROI调整某些重要的经营决策,你应该请求金融或财务专业人士帮助你根据可能的折现率调整相关数值。

识别产生最高价值的员工细分项

并非所有的员工都拥有相同的人际关系、成本和对公司的长期价值,因此细分显得格外重要。计算不同细分项的ELV有助于你按照优先顺序列出重点关注对象和分配资源。就像在市场营销中,并非所有的人力投资都会获得同等的收益,因此你应该考虑如何在可比较的基础上分配投资额度。将细分加入ELV计算中,可帮助你在长期价值视角下区分不同细分项下的人力问题和机会,而不是对所有员工和问题都一视同仁。

图6-4阐明了不同的细分项在ELV上的差异。细分项1的ELV比细分项2多了3 000万美元。因此,在提高细分项1的ELV方面值得你投入更多的精力、时间和金钱。

不同细分项的预期ELV

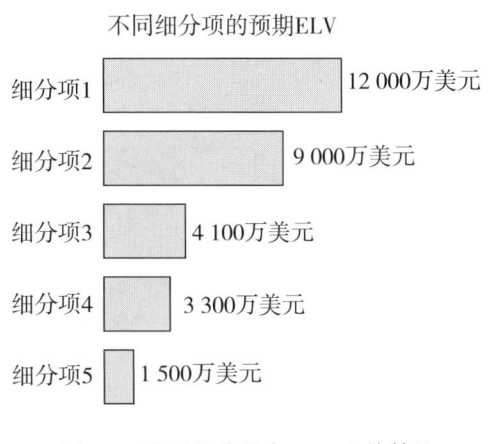

细分项	预期ELV
细分项1	12 000万美元
细分项2	9 000万美元
细分项3	4 100万美元
细分项4	3 300万美元
细分项5	1 500万美元

图 6-4 不同细分项在 ELV 上的差异

如何利用员工生命周期价值做出更好的时间和资源决策

如果将某一时期公司在员工招聘方面投入的资金与该时期公司获得的ELV做比较，你就能知道要想产生1美元的价值，公司需要花费多少招聘资金，这有益于你和你的公司：

- 了解做出的决策是否合适；
- 了解如何细分那些招聘难度大的岗位所产生的价值；
- 了解你的招聘效率是否随着时间的推移而有所提高。

员工招聘ROI的计算公式为：

细分项的员工招聘ROI =（细分项的ELV—细分项的员工招聘成本）÷细分项的员工招聘成本

例如，某软件公司在软件工程师的招聘方面投入30万美元，招到了100名软件工程师，最终获得的ELV为1 000万美元。该软件公司在运营人员的招聘方面投入20万美元，招到了300名运营人员，最终获得的ELV为500万美元。

如果你只依据招聘人数来考量员工招聘的效率，那运营人员的员工招聘效率可能更高。

从招聘人数方面考虑，招聘一名软件工程师所耗费的招聘成本是招聘一名运营人员的4.5倍，计算公式如下：

招聘一名软件工程师的成本 = 300 000 ÷ 100 = 3 000（美元/人）

招聘一名运营人员的成本 = 200 000 ÷ 300 = 667（美元/人）

但如果从价值方面考虑，对这两个岗位员工招聘效率的判断就截然不同了。软件工程师招聘工作的价值几乎达到了运营人员招聘工作的两倍：

招聘软件工程师带来的ELV = 1 000万 - 30万 = 970万（美元）

招聘运营人员带来的ELV = 500万 - 20万 = 480万（美元）

如果按以上方式计算个人的ELV，那么：

$$软件工程师的ELV = 970万 \div 100 = 9.7万美元/人$$

$$运营工程师人员的ELV = 480万 \div 300 = 1.6万美元/人$$

从这个例子中可以发现，即使软件工程师的招聘成本比较高，但如果招聘成功，其产生的价值将是运营人员的6倍以上。当数据分析只考虑成本时，结论是软件工程师的个人招聘成本比运营人员的个人招聘成本高；当从价值方面考虑时，结论可能就截然相反了。因此，在利用人力数据分析得出结论前，一定要从成本和价值两个方面考虑。

设置价值底线

ELV是人力资源中用于比较和优先级排序的一种思维工具。根据前文所述，你可以用不同的方式计算ELV，但是请记住，ELV并不是一项精确的财务数据，它更适合辅助你进行批判性思考。

CLV和ELV的不同之处还在于，在CLV中，每投资1美元都会产生价值，而在ELV中，投资的每1美元并不都会产生价值。对大多数岗位来说，不管员工是否能为公司产生实际价值，公司都会投入一些金钱。影响员工工作价值的因素有很多。在第7章，我会提出一个员工价值评估框架，帮助公司评估员工可能产生的价值范围。同时，该框架还可以帮助公司了解人力资源哪方面的工作对财务收益影响最大。

> **在本章，你将：**
>
> - 了解要想从员工那里得到结果，必须激活员工；
> - 理解激活员工的价值；
> - 了解激活员工价值将如何支持绩效，评估员工价值激活情况。

第 7 章

员工激活价值

有独特才华的人对一家公司来说是至关重要的，因为他们可以组成一支高效的员工队伍。众所周知，留住员工，尤其是留住优秀人才对公司来说很重要，但大众很少关注人才加入公司后每天会经历什么。有些人会谈"文化"问题，有些人会谈"融入"问题。在此，我想谈的是"激活"问题。

假设每名员工都是对公司有价值的一个组件，那么激活与否的意思就是这个组件的开关是打开的还是关闭的。你可以想象每名员工的额头上都有一个开关（我知道这听起来有点像科幻电影，但请耐心地听我描述完）。举个例子，你雇用了一名软件工程师，由于他工作所需的电脑还没有配置到位，因此他在最近两周内无法工作。在这段时间，他无法在岗位上创造价值，也就是说，他的开关处于关闭状态。当然，还有比拥有一台电脑更重要的事情，但如果电脑这件事不解决，他的开关永远都开不了。电脑来了，他的开关也就打开了——他能够开始创造价值了。

但是，不是所有的员工价值激活问题都这么容易解决。再举一个例子，一名软件工程师入职后为某个团队服务，但这个团队一直没有就解决某个问题的最佳方案达成共识。由于团队内部的冲突，这名软件工程师花了6个月的时间写的代码最终没有被使用。公司付了这名软件工程师6个月的工资，但实际上并没有从他的工作中获益。在这6个月中，从某种程度上说，虽然这名软件工程师工作了，但是他的开关仍然处于关闭状态。

> ⚠️ 当你给员工发了工资，但他们没有处于激活状态时，你就无法从中获取价值；反之，当他们处于激活状态时，你就能从中获取价值。
> 人力资源工作能给公司的业务成果带来多少影响不仅取决于公司拥有多少最好的或最合适的员工，还取决于有多少员工的价值开关处于打开的状态。对此，人力资源工作者要做到心里有数。

如果你想让员工为公司的整体业绩带来最大价值，你需要从3A模型（人才吸引、人才激活、人才保留）出发进行数据分析。接下来你可以看一下如果只关注3A模型中的两个A，会发生什么问题。

- 只关注人才吸引和人才激活，未关注人才保留。当你的公司能吸引人才却无法留下人才（人才会大量离职）时，你在吸引和激活人才过程中付出的努力也将随之付诸东流。
- 只关注人才激活和人才保留，未关注人才吸引。当你激活并留下了有才能的人，却无法吸引新的优秀人才加入公司时，你将面临被竞争对手打败的危险，因为这些竞争对手会拥有更多有才能的员工。
- 只关注人才吸引和人才保留，未关注人才激活。当你吸引并留住了人才，却不知如何才能激励他们做出更好的业绩时，你在他们身上花费的资金就得不到最大的回报。换句话说，你招到了合适的人，给他们发工资，却无法从他们身上获取最大的价值。

将这3种情况可视化，如图7-1所示。

现在，你已经了解了什么是"激活"及其在人力数据分析战略中的位置，接下来我将具体描述关于人才激活的详细内容。

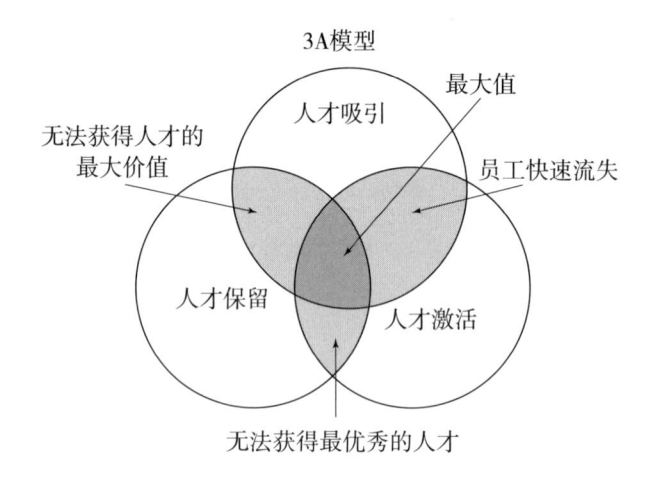

图 7-1　当人才获取、人才激活和人才保留出现问题时容易出现的风险

员工激活价值简介

  人力资源管理对组织绩效的影响一直是学术界和实务界关注的焦点问题。研究人员多次证明，采用一系列提升员工参与度和工作士气的员工管理方法会对公司业绩产生重要的积极影响。

  2013年盖洛普的元分析收集了来自263项研究的130多万名员工的数据，以研究员工敬业度与业务成果之间的关系。分析指出，员工敬业度与以下9个指标息息相关：客户忠诚度、公司盈利能力、公司产量、营业额、生产安全事件、业务收缩、员工旷工、客户安全事件和生产质量。盖洛普的分析表明，以敬业度指数为标准，敬业度指数最高的1/4员工和敬业度指数最低的1/4员工在为公司带来盈利的能力上相差22%，生产率相差21%，旷工率相差37%，其他方面也有差距。

  员工管理方式会影响公司业绩，这是一个意料之中且不难理解的事实。目前人们不清楚的是到底哪些关键的员工管理活动在起作用，无论在什么样的商业环境中都能积极影响业务成果的达成。你会找到很多散乱的评估指标和数百个优化建议，这会让你眼花缭乱。

你可以从网上找到各式各样的建议，如打通办公场所的小隔间、提供持续的指导和培训、鼓励志愿活动、奖励目标达成、办一份内部简讯、举行头脑风暴会议等。建议有很多，但你没必要全部采纳，因为不是每个建议都适合你的公司，有些可能会创造价值，有些可能会起副作用。

人力资源团队已经厌倦了不停地、盲目地进行年度、季度、月或周活动，他们更希望使用人力数据分析来指导自己的工作重点。如果没有一个指导性的衡量框架，人力资源团队就很难找到正确的做事方式。

为了提供一个这样的框架，我提出了"员工激活价值"的概念，将公司的注意力转移到那些能创造最大价值的地方。

员工激活价值的起源和目的

当我放弃在谷歌这样的大公司工作，开始为那些人力、财力、物力相对有限但希望像谷歌一样成功的中小公司提供咨询服务后，我提出了"员工激活价值"这一概念。

我的第一批客户中有一家是拥有500名员工的初创企业（以下简称B公司），它曾是旧金山初创企业界的幸运儿，风险资本估值超过10亿美元，深受员工、客户和投资者的喜爱。B公司最初的成长很大程度上得益于它的第一款产品，这款产品在该公司的客户群中轰动一时。然而该产品无法实现盈利，不久之后就被竞争对手模仿了。在很长一段时间里，B公司的员工尝试推出其他新产品，并摸索作为一家公司，他们应该成为什么样的人。遗憾的是，他们的努力并没有换来成功，他们研发的第二款、第三款产品都没能像第一款那样惊艳到客户。在和B公司合作后，我发现这家公司虽然面临财务危机，但其员工因为第一款产品的成功而依旧拥有很大的成就感和自豪感，并且依旧有信心扭转公司的颓废之势。

谨防陷入"模仿"陷阱

在与这家陷入危机的小公司合作时，我发现的第一件事是，试图通过模仿大公司的人力资源管理方法来获取员工的喜爱和归属感是无效的。虽然采用大公司的举措会在短期内让小公司表面看起来很好，但如果小公司无法在业务上获得重大成功，从长远来看，这些举措只会阻碍小公司的发展。

B公司就采取了一些大公司的做法，试图打造一个很棒的工作场所。例如，B公司装修了豪华的办公室，建立了开放式布局，设置了懒人沙发、乒乓球桌、微型厨房，还效仿了谷歌、苹果和Facebook等公司的一些福利（如免费午餐等）。但是，在充满活力的表面和乐观的态度之下，隐藏着重大的问题。B公司试图让自己在薪酬、福利、津贴和办公空间方面看起来更像一家大型的、资本雄厚的、高利润的公司，而这些做法会导致其单位生产成本比竞争对手高很多，从而降低了它在市场上成功的概率。与此同时，B公司还要面对其他国家的竞争对手，这些竞争对手的工人期望更低，薪酬更低，因此单位生产成本也更低。竞争对手的低价使B公司陷入了价格竞争力不强的困境。此外，不断上涨的各类生产成本削弱了B公司的盈利能力，导致公司高管不断说服投资者进一步投资。而当投资者投入更多资金时，员工们所占的股权比例就会不断缩小，以至于最后可能一文不值。员工们之所以不选择成熟的大公司而选择这家初创公司，就是因为他们希望有一份有意义的工作，愿意接受挑战和冒险，也希望通过自己的付出，在帮助B公司获得成功的同时自己也能获得各方面的成功，但B公司的日益不景气让他们的信念和坚持有些动摇。随着大家越来越清楚地意识到他们的期权价值在不断降低、公司可能会倒闭，关键员工开始陆续离职，B公司的处境越发艰难。

在与B公司的合作中，我发现了一件最重要的事情：小公司不可能做到大公司做的所有事情，这种做法会让小公司破产。除了"没钱"这个原因，小公司的人力资源团队也没有足够的人来执行大公司做的所有事情。就算他们有心去做，对小团队来说也没有时间和精力去执行。小公司必须弄清楚哪些事情对自己来说是最重要的，必须找到自己的前进之路，否则将无法打败那些规模更大、更赚钱的竞争对手。小公司可以与大公司竞争，但不能按照大公司的那套"利己"的规则行事。

> B公司存在的问题是，由于没有标准化和可靠的方法来评估重要的深层次事物（如目标、动机、能力和支持），人力资源部和管理者无法创建一种优秀的文化，所以他们将注意力集中在表面事物上（像懒人沙发、乒乓球桌和食物）。具体来说，管理者把注意力放在自己可能会被问责的地方（如业务结果），而人力资源部把注意力放在正在进行的活动的细节上，没有人想过这些活动到底有多少价值。B公司在关注表面"时尚"的同时，错失了将重要的深层文化因素建设好的机会，因此B公司付出的成本增加了，而增加的成本势必转嫁到产品上，使产品成本高于竞争对手，导致产品竞争力越来越弱。最后，关键员工纷纷离职，B公司不得不从外部招聘新人。随着这种恶性循环，B公司成功的可能性越来越小。俗话说："只有可被衡量的事物才可被管理。"如果你无法衡量哪些是重要事物，就无法管理好它们。

精简人力数据分析工作

人力数据分析工作可以评估公司管理员工的方式是否有效，每家公司都能从中获益。那些希望在人力数据分析领域有所创新的大公司有实力招聘20人甚至更多的专业人员从事人力数据分析工作。一些打算在人力数据分析领域进行探索的公司至少能够组建一个5人团队进行数据分析。然而，对小公司来说，可能其整个人力资源部的员工都不足5人。

鉴于人力数据分析工作对有效管理员工的重要性，无论是小公司还是大公司，都需要进行人力数据分析，甚至前者更需要。由于小公司没有充足的资源去组建一个人力数据分析团队，所以它们需要另辟蹊径。大公司在进行人力数据分析时，通常会在前期对系统进行大量投入，并且组建一支由受过专业培训的、涵盖信息技术、行为科学和统计学领域的高学历人员组成的大型分析团队。很显然，大公司的人力数据分析之路既不适用于与我合作的B公司，也不适用于其他中小型公司。

> 不同的人对公司的规模大小有不同的定义。我对小公司的定义是员工人数少于250人的公司，对中型公司的定义是员工人数为250~2 000人的公司，对大公司的定义是员工人数在2 000人以上的公司。不同规模的公司面临不同的挑战，需要以不同的方式解决人力资源问题。

最初，我认为通过引入一套基本的人力资源指标和一个针对全体员工的年度文化调研，就可以满足B公司的人力数据分析需求。我向B公司提出了很多基于数据分析的有用的见解，但在具体赋能给B公司时，我发现人力资源部门的员工和公司管理者都无法学会我的方法，因为他们都不是数据科学家。在人力数据分析中，即使是最基本的数据分析工作，也需要具备大量的专业知识和投入大量的精力，不花费这些精力，很难上手相关的工作。而小公司的员工本身就已经处于满负荷状态了，也不精通4S，根本没有时间做这么多的数据分析工作。我之所以能做这些工作，是因为我有丰富的相关经验，但在小公司很难找到一个像我这样可以系统地学习人力数据分析的人，也不可能组建一个只做人力数据分析工作的团队。

快速成长的中小型公司所面临的特殊人力资源问题

对一家快速成长的中小型公司来说，其人力资源部门要比大公司人力资源部门忙得多。想象一下，一个正在成长的中小型公司可能在一年内规模扩大一倍，而这会带来大量的招聘工作和相关的重要人力资源工作，这些都要靠人力资源部门完成。

在中小型公司，人力资源部门的贡献对公司的成功至关重要；在大公司，人力资源部门的员工可能只需要像螺丝钉一样工作就行。在中小型公司，每次招聘都很重要；在大公司，一名员工、一项人力资源决策或一次招聘的影响力会被稀释。因此，相对于大公司，小公司的容错率更低。

此外，中小型公司的人力资源团队必须同时设计、落实和反复完善一系列令人头晕目眩的系统、流程、政策和实操，而大公司只需要在之前工作成果的基础上开展新工作就行。大公司不需要在一年内建立、实施或完善整个人力资源系统，但中小型公司的人力资源团队可能需要做这些工作。

中小型公司通常会从大公司的人力资源部门雇用一个人来领导自己的人力资源部门，希望能复制大公司成功的人力资源管理方法。然而，由于大公司的责任是分散的，从大公司雇用的人力资源专员可能并没有参与所有的人力资源系统、流程、政策和实操的设计和实施工作，甚至有可能他们了解的东西都不全面。中小型公司面临的难题是如何用更小的团队和更低的预算来设计和实施人力资源管理工作。完成这件事所需要的能力与在大公司人力资源部门任职所需要的能力截然不同。此外，中小型公司只依靠一个人根本无法轻而易举地从大公司复制一整套完整、成熟的人力资源管理方法。

因为中小型公司无法有效收集、分析和报告数百个指标，所以我决定找到几个与公司业绩息息相关、将员工价值与公司价值联系起来的关键指标，并简化这些指标的评估方式，让没有相关专业知识的人也能够进行操作。为了实现这一目标，我开始着手设计一个关键绩效指标（Key Performance Indicator, KPI），我设想它是一个由数个因素组成的综合指数，而这些因素的数据可以通过相对简单的问卷调研直接获取。总之，这个KPI不需要问数百个问题、收集数百个人力资源指标，也不需要高级数据科学家的帮助，就能实现人力数据分析在员工激活方面的价值评估。

我希望创建一个评估系统，可以将它归结为一个可索引的KPI，从而实现以下目的：

- 操作时切实可行；
- 易于一线管理人员掌握；
- 与员工绩效相关，有助于了解员工绩效；
- 与业务绩效相关，有助于了解与同一行业不同公司之间的相对绩效；
- 简化评估过程，问题的答案范围是确定的、方便选择的；
- 能提供给经理和人力资源部门用来追踪员工的业绩情况（最好按季度或按月）；
- 与他人和业务数据结合使用，可以做出更好的商业决策。

基于此，我提出了一个衡量指标——员工激活价值，它符合以上所有要求。

如何衡量员工激活价值

很多因素都会影响员工绩效，但我想找到一种方法来衡量能让所有员工都实现高绩效的最低条件。"员工激活价值"就是一个简化的方法，它直接聚焦影响绩效的"相关因素系统"。更重要的是，管理层很容易理解这一概念。

实现高绩效所需要的基本因素

从本质上讲，员工激活理论认为，一名员工或一个团队要想达到或超过预期的绩效，必须具备以下4个因素：

- 有能力执行被分派的工作；
- 对工作成果的好坏有一致的判断标准（达成共识）；
- 主动完成工作（有动力）；
- 拥有执行工作所需的支持。

如果缺少这4个因素中的任何一个，员工或团队都很难完成工作。

> 这4个因素是产生高绩效的必然条件，但这并不表示其他方面的事情不重要。很多事情都很重要，我提出这4个因素的目的只是将你对高绩效的理解难度降到最低。当你完全可以感知这4个因素是否被满足时，你就可以进一步控制它们，尝试确定是否还有其他因素影响高绩效。

下面详细阐述这4个员工激活因素。

能力（知识、技能和才能）

对"有能力"的最基本的诠释是掌握完成工作所必需的知识、技能和其他特征。能力是员工的个人素质，如技术知识、学习敏捷性、社交技能、情商和毅力等。

公司可以从两个方面提高员工的能力：招聘和培训。要记住，有些能力是不可能被培养出来的；有些能力可以培养，但需要花大量的时间和金钱。

对公司来说，提高员工能力的主要途径是，根据战略规划和岗位分析所确定的与工作绩效相关的任职标准，筛选出最合适的优秀人才。

有时，当处理好了其他激活因素时，对绩效至关重要的能力特质在实践中可能并不那么重要。相反，一个非常有能力的人如果没有得到其他方面的支持，很可能会惨遭失败。

> 如果员工不能以高水平的能力完成工作，那么他们是否能达成共识、是否有动力、是否能得到支持就不重要了。

共识

员工需要知道公司希望他们在什么情况下做什么事情，以及如何表现以实现公司的期待。

公司可以采取一些措施来提高员工的共识，如设定目标、评估绩效，以及加强高管、经理和员工之间的沟通。

> 如果个人、团队、管理者、领导者不对预期的目标达成共识，那么员工是否有能力、是否有动力、是否能得到支持就都不重要了。

动力

动力是指一个人做某件事情的愿望和意愿。

动力是个人偏好与工作、工作环境、公司文化、领导力、管理者、同事、奖励和激励相互作用的结果，这些因素会提高或降低人们执行工作的动力。

当公司能处理好其他因素时，员工自然而然就会被激活。公司可以采取许多措施来创造一个充满激励的环境，最重要的是招聘那些对公司理念和产品感兴趣的员工。当员工需要公司的帮助和支持时，公司要倾听他们的意见和想法。

> 如果不考虑其他因素，只激发员工的动力通常不会产生预期的效果。

> 如果员工没有动力去完成工作，那么他们是否能达成共识、是否有能力、是否能得到支持就都不重要了。

支持

支持不仅包括用于执行工作的特定工具，还包括任何其他必要的支持，如有权限获取相关资料、直属经理和队友能够提供帮助、拥有提高个人技能和知识的资源、拥有技术支持和良好的同事友情。

> 在评估支持的同时，评估工作环境和工作流程中是否有消极因素也很重要。例如，有些部门没有完成工作任务，团队或同事之间存在相互冲突的目标，导致绩效更高的员工受到惩罚或公司对其贡献视而不见。在消极因素的影响下，有时候给员工提供支持（如培训）可能是徒劳的。

> 如果没有提供执行工作所需的支持，那么员工是否能达成共识、是否有能力和是否有动力就都不重要了。

当你想了解公司通过员工的工作获得了什么价值时，你需要进行个人诊断或团队诊断，以获得能力、共识、动力和支持这4个因素的相关数据，从而了解是什么在阻碍员工实现高绩效，或者预测员工未来的绩效情况。

你已经大致了解了什么是员工激活及其在人力数据分析中的重要地位，接下来我将具体讲述员工激活的相关内容。

4个员工激活因素的计算原理

你可以借助一个简短的包含8个问题（每个问题的分值都是0~10分）的问卷，设计一个CAMS问卷，推断所有4个员工激活因素（变量）——能力（C）、共识（A）、动力（M）和支持（S）。

问卷设计

在分值方面，我采用0~10分的打分方式。

> 在设计分值时要注意，一共有11个分值选项（0分、1分、2分、3分、4分、5分、6分、7分、8分、9分、10分）。

CAMS问卷如表7-1所示。

表7-1 CAMS 问卷

CAMS 类别	视角	问题
共识	团队	我和我的同事对工作目标有明确的共识
	个人	我充分理解在我的岗位上做到高绩效和一般绩效之间的差别
能力	团队	我所在的团队拥有实现高绩效的能力
	个人	我拥有在本岗位上实现高绩效所需的能力
动力	团队	即使超出本岗位的工作职责范围，我的同事依然乐于在工作中相互提供支持

续表

CAMS 类别	视角	问题
动力	个人	我有动力去做更多的事情,以超过上级的最低期望
支持	团队	在本公司,只要工作有需要,我就能够获得来自他人的协同和支持
	个人	我能够获得工作所需的资源和工具

> 在表7-1中,第一列和第二列中标明了4个变量和2个视角,但在实际的调研问卷中只需列出8个问题和0~10分的分值选项即可。每个问题的所属变量不需要也不应该在实际的调研问卷中展示出来,这样可以避免答卷者考虑过度。在表7-1中标明4个变量和2个视角是为了方便你在后台了解数据归类情况,便于进行后续的数据分析。除了通过8个问题计算总体员工激活价值,你还可以就4个变量中的任何一个进行详细分析。

值得注意的是,调研问卷中所有的问题都使用肯定性陈述句,所以0~10分的打分结果相互之间是可以比较的。0是完全否定的回答,10是完全肯定的回答。这样做可以让数据分析变得更简单。

在本章,员工激活价值是基于对8个肯定性陈述句进行0~10分的打分计算的。如果出于各种原因,你使用了不同的打分方式,如1~5分或1~7分,或者添加、删除了一些陈述句,那么你需要在数据分析过程中考虑这些因素,你可能需要调整分值,或者对结果进行进一步的解释说明。

> 值得注意的是,每个变量中的两个问题都是相似的,只不过一个是从团队的视角提出的,另一个是从个人的视角提出的。用多种视角就相同的问题进行调研可以获得更有效的数据信息。每个问题如果只有一个特定的描述,可能会导致回答问题时带有理解偏差。采用不同提问视角的目的就是降低各种特定描述可能带来的偏差,让整体的分值比单个问题的分值更有效,更有参考价值。

计算CAMS指数

将问卷中8个问题的答案（0~10分）相加，你会得到一个0~80分的分值，这个分值被称为CAMS指数。

计算净激活价值

净激活价值是指对8个问题做出积极回答的人数。在这8个问题上给出积极回答的员工被视为"已激活"。

要计算净激活价值，需要根据得分对调研对象进行如下分类。

- 已激活：CAMS指数大于等于70。
- 存在风险：CAMS指数小于60。

分别统计处于"已激活"状态和"存在风险"的调研对象人数。

计算净激活比例

净激活比例用来计算已激活员工人数占公司所有员工人数的比例。计算公式为：

净激活比例=（公司员工总人数−存在风险的员工人数）÷（公司员工总人数）×100%

附加报告

虽然公司整体的CAMS指数和净激活比例是有价值的，但根据不同的变量进行进一步分析会更实用。你可以看到公司在4个变量上的具体情况，并且可以将数据进行横向比较。

可按照如下步骤进行进一步分析。

1. 计算不同细分项的平均CAMS指数。

> 细分方法有很多种，如按照部门、科室、主管、经理、岗位族群、岗位、岗位层级、地理位置、绩效、关键岗位或关键人才、性别等进行细分。有关细分的更多信息请参阅第4章和第5章。

2. 按细分项交叉统计CAMS指数（有关交叉表的更多信息请参阅第4章）。

3. 在进行多次问卷调研后，对每个细分项进行趋势分析。趋势分析会告诉你员工激活情况是越来越好还是越来越糟糕。

4. 交叉分析统计4个变量和8个问题中的每一个，以便提供更细节、更具体的反馈。

   我会特别关注能够提高CAMS指数的最佳条件，看看是否在能力、共识、动力、支持中的一个或某几个的组合方面存在问题。

5. 按照步骤1~4计算出净激活比例。

问卷调研管理

这份含有8个问题的问卷很短，你可以将它作为一种常规管理工具，按月或按季度进行调研，施测成本低，所获得的数据分析难度低，并且可以与其他数据结合起来进行进一步的相关分析。

此项问卷调研应该由第三方代理进行，在保密的同时，便于将这些数据与其他数据结合后进行分类并细化分析。

> 有些员工需要经过几次问卷调研后才敢放心且如实地作答。如果你以前从未做过类似的问卷调研，那就设身处地想一下，当员工不清楚为什么要做这件事、调研流程是什么、回答以后答案被用来做什么时，态度肯定会比较保守。当做了几次调研，员工熟悉了调研的过程，相信自己不会因为一些回答而被问责时，就会更加自如地参与调研。

虽然问卷调研会为了保证调研对象如实作答、结果可靠而保护调研对象的隐私，但你应该在后续的小组会议或一对一沟通中，让一部分感觉"安全"的员工有机会讨论和直接表达目前公司员工激活价值的4个变量的情况，并请他们提出解决建议。这种会议应保证参与者是自愿且积极参与的。

保密还是匿名

所有的调研邀请都应该向调研对象清楚地说明是谁在收集数据、数据是为谁收集的、出于什么目的，以及如何存储和使用数据。

在调研术语中，"匿名"表示调研结果根本不会与某个具体的人相关联，就像你设置了一个很大的投票箱，所有员工走过来并把自己的调研结果投进去，你永远不知道谁在问卷上写了什么。调研结果就在投票箱里，你只能把它们作为一个整体来分析，无法细分调研对象。

在调研术语中，"保密"表示调研结果可以与某个具体的人联系起来，以便进行数据管理和分析。然而，调研负责人（公司内部或外部的人）同意不将调研结果透露给任何人。管理员只汇总报告调研结果，最好的方法是雇用一个独立的第三方来管理调研结果。公司只获得第三方的汇总数据，不能获得单个个体的调研细节，因此公司的任何人都不可能看到个人调研结果。

第三方可以按照要求编辑数据、分析数据、生成数据报告，但必须保证向客户提供的数据能达到保护个人隐私这一要求。例如，无论如何细分，每个细分项下的人数最少都是3人，以保证无法将调研对象与调研结果一一对应。为了保险起见，很多公司规定各细分项下的人数至少是5人。在任何情况下，设置这些规则都是为了防止管理者、人力资源专员及其他人把消极的调研结果扣在某个特定的人头上。你应切实采用并在公司宣传这些规则，从而让调研对象大胆地给出如实的反馈，不必害怕公司会因他们的反馈而进行报复。

调研的最佳方法是让第三方采用保密的方式进行调研，这样做可以完全消除公司与员工的利益冲突，让员工大胆地给予真实的反馈，体现出调研的专业性。我将这一做法称为"第三方保密担保"。

调研分析

汇总了调研数据之后，你可以：

- 确定整家公司或某个特定细分项在4个变量中的哪些方面存在弱点（如果有的话）；
- 为管理人员提供一个可以贯穿整个业务的视角，使他们能够看到各部门、各团队之间的优势、劣势、风险和机会，以便让经理承担责任，一起解决问题；
- 根据所管理团队的活跃度评估管理者的表现，并根据该团队的情况提出建议；
- 确定阻碍员工激活的因素是否因团队而异，或者是否许多团队都出现了相同的问题；
- 将员工激活情况与其他调研、绩效或业务结果数据相关联（如果这些数据可以用的话）。

净激活价值——连接 ELV 与员工净激活百分比

在第6章，我介绍了CLV和ELV。CLV用于计算公司从与客户的未来关系中获得的全部收益。CLV可以让你从客户给公司带来长期收益的视角去看待获取和保留客户所耗费的成本。CLV允许公司将获取或保留一位客户可能的ROI与其预测的客户关系总价值进行比较。ELV和CLV很相似，是公司从财务视角进行员工管理分析的一种方法。

记住CLV和ELV之间的重要区别：当客户花钱时，公司会立即获得这笔钱的价值；当把钱花在员工身上时，公司不一定能获得这笔钱的价值，这取决于员工采取了什么行动。公司在员工身上花了钱但没有获得价值的情况是存在的，如员工领着工资却没有努力工作，为公司创造价值，或者他们努力了却没有实现公司的目标。由于ELV是变化的，具有不可预测性，所以你必须区别看待ELV和CLV。

前文提到，净激活比例（以下简称NA%）是一个指标，代表"已激活"员工占公司总人数的比例。净激活价值（Net Activated Value, NAV）

是将NA%和ELV结合在一起，它可以帮助你探索ELV。在本节，我将向你展示如何基于这个指标获得更多的洞察。

如果你将某个细分项下所有员工都被激活（NA%为100%）时估计的价值与该细分项当前的净激活比例下估计的价值进行比较，你就可以清楚地知道应该将时间和金钱花在哪里。如果将该细分项的ELV乘以当前的NA%，就得到了NAV。这一指标代表了该细分项下被激活的员工所产生的价值。NAV将ELV的理想值根据实际情况打折，原因是NAV考虑了并非所有员工都处于"已激活"状态，以及并非所有员工都能创造自己的全部价值。

NAV的计算公式如下：

细分项NAV=（细分项NA%）×（细分项ELV）

如表7-2所示，你可以比较3组细分项中哪组被激活后潜在价值更大，以此确定需要将注意力集中在哪里才能对业务产生最大的影响。

表7-2　3组细分项的NAV

单位：美元

岗位细分	细分项 NA%	细分项 ELV	细分项 NAV	潜在价值
细分项 1	95%	120 000 000	114 000 000	6 000 000
细分项 2	85%	90 000 000	76 500 000	13 500 000
细分项 3	80%	41 000 000	32 800 000	8 200 000

根据表7-2中显示的NAV和ELV信息，努力提高细分项2的NAV是对时间和资源的最佳投资。

> 请不要试图把NAV真的落实到财务数据管理工作中（这一点和ELV一样）。不要将这些数据与财务角度的真金白银放在一起比较。并不是所有的员工都有相同的价值，每名员工创造的价值也可能不同于预期价值，因此可以使用NAV这指标，将人才吸引、激活和保留等情况统一换算成金钱价值进行分析。计算ELV有助于你了解某个细分项可能产生的价值大小，计算NAV有助于你比较真实工作中员工的价值，了解如何提高员工价值。

> 如果某个细分项下的员工拿了工资却没有表现出最佳水平，公司就失去了一些价值。NAV有助于你在各种选项中找到优先考虑的重点，并使用统一的评估方法来记录员工价值的变化。

通过激活员工来影响业务

你可以以多种方式激活员工以影响业务。我在下面列出一些有效的方法，并深入探讨了每种方法。

- 为人力数据分析计划获得业务支持。
- 分析问题并设计解决方案。
- 支持管理者。
- 支持组织变革。

为人力数据分析计划获得业务支持

当我与公司合作时，我必须迅速在公司内部不同部门或职能的影响者和决策者之间，就我们试图通过人力数据分析来了解和改进的具体业务目标和工作成果达成共识。

一些业务部门认为人力数据分析可能会阻碍他们实现绩效目标，这种观点其实是"盲人摸象"。他们能看到的都是自己感兴趣的或熟悉的事物。有些人关注薪酬问题，有些人关注公司氛围和文化，有些人重视员工选拔，还有些人重视学习和发展。虽然在这么多不同的想法中进行协调很让人头疼，但这种多样化的视角对人力数据分析有所帮助。

当与大团队合作时，你可以在白板上绘制一个四因素激活模型，在适当的位置记下每个人的兴趣或关注点，并促进讨论，帮助大家理解这4个因素如何作为一个整体影响团队行为和工作结果。当你说明这4个因素将被用来定义你的分析方法时，大家很快就会清楚哪些人需要付出多少努力以保证数据分析工作成功进行，并了解处理所有潜在问题的解决方案。（可能正如你期望的那样，不是只有利益相关者或团队才能完成这项任务。）

> 通过使用四因素激活模型来解释这4个因素是如何结合在一起的，列举不同的例子（期望和动力相冲突），将所有参与者的观点收拢到这4个因素中，你将能够在目标及如何推进目标上获得更多的共识。

分析问题并设计解决方案

前文说过，大多数人力数据分析工作的第一步都是实施有关员工激活的问卷调研。调研结果可以用来进一步设计数据评估维度、额外调研工作（如有需要）和访谈等。

此外，对组织内部的方向性决策而言，四因素激活模型是有效的组织内部信息收集器。当有人想到了一个特定的"最佳实践"解决方案时，四因素激活模型可以用来判断这个解决方案的价值：如果这个解决方案针对某个因素进行了优化，而这个因素不是当前问题的关键所在，或者如果其他因素还没有被满足，那么该解决方案就不会给组织带来价值。你可以使用类似的讨论来管理风险，避免大家因盲目采用解决方案而获得糟糕的结果。在解决问题的初期引入四因素激活模型，有时可以帮助你将战略焦点转移到业务影响上。

当你针对某个解决方案提建议时——即使是针对一个简单的解决方案提建议，你也可以使用四因素激活模型来评估每个因素中的相关信息，并提出一个包含所有4个因素的综合解决方案。四因素激活模型可用来创建检查表，以确保你当前准备推出的干预措施不会漏掉任何一个因素。

支持管理者

基层管理人员往往喜欢这个简单实用的四因素激活模型，因为它理解起来很容易。你只需要花几小时就可以系统地向管理者介绍如何利用这些因素来评估影响团队和个人绩效的主要问题。

四因素激活模型还能够帮助管理者和员工开展绩效沟通。一旦管理者与员工就目标达成一致，管理者就可以利用被激活的4个因素对员工进行更好的管理，找到员工渴望的东西。

支持组织变革

四因素激活模型还有一个重要功能，那就是建立一种共同语言。尤其是当你必须与许多利益相关者达成共识时，共同语言就成了一项巨大的优势。四因素激活模型就如何支持绩效提供了一种基本语言，使公司不再拘泥于结果，而是专注于能产生更好的结果所需的条件。

第3部分

量化员工体验地图

在本部分，你将：

- 评估你的公司在人才吸引、人才激活与人才保留方面做得如何；
- 通过使用数据前瞻性地评估影响绩效的 4 个因素——能力、共识、动机和支持，提升员工价值；
- 掌握 5 个人力数据分析模型；
- 借助人力数据分析模型阐明、改进和传达你的数据分析过程及分析后的行动计划。

> 在本章，你将：
>
> - 从员工体验地图的视角理解员工体验；
> - 学会评估员工体验中关键接触点的影响力；
> - 创建一个评估框架以洞察并持续提升员工体验。

第 8 章

绘制员工体验地图

如果你想找一份用于评估人力资源绩效的材料，你会得到一张包含200多个潜在指标和至少同样数量的问题的清单（我就遇到过这种情况）。要启动涵盖这么多指标和问题的人力数据分析之旅，工作量相当大。就算完成了这一艰巨的任务，你仍然会感到困惑：在所有这些量表中，如何分辨好坏？需要注意什么？与其试图评估所有可能的指标，不如从更宏观的视角看待评估标准。为了指导这项工作，我提出了3A框架，如图8-1所示。

3A框架通过将关注范围缩小到3个广泛的人才主题，使人力数据分析的工作任务更加清晰。

- 人才吸引是评估公司获得所需高质量人才的吸引力的指标。换句话说，这一指标揭示了公司在吸引人才加入方面做得怎么样。
- 人才激活是评估高绩效员工和高绩效团队在公司中的比例的指标。换句话说，这一指标揭示了公司在激活员工更高效地工作方面做得怎么样。

- 人才流失是衡量公司对留住人才和允许人才退出的控制能力的指标。换句话说，这一指标揭示了公司在留住最得力的员工、劝退不合适的员工这方面做得怎么样。

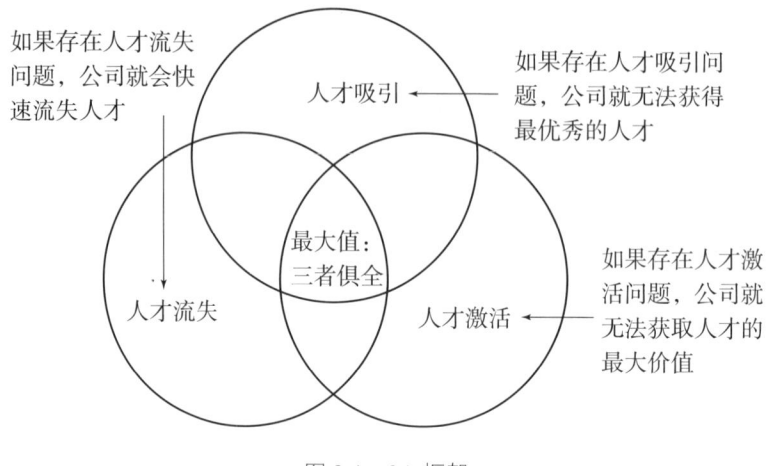

如果存在人才流失问题，公司就会快速流失人才

人才吸引

如果存在人才吸引问题，公司就无法获得最优秀的人才

最大值：三者俱全

人才流失

人才激活

如果存在人才激活问题，公司就无法获取人才的最大价值

图 8-1　3A 框架

在第9~11章，我将详细讲解3A框架，对每个人才主题分别进行更加深入的探索，并提供可以用于分析的评估示例。

在本章，我将整体介绍一下3A框架，它是许多评估的出发点，在连接众多评估结果中起到基础性作用。人才吸引、人才激活和人才保留是每家公司都必须解决的3个主要的人才管理问题，也是员工体验地图的主要阶段。所有员工在一家公司的就职旅程中都会经历吸引、激活和流失这3个阶段。本章不是从人力资源领域或人力资源系统流程的角度，而是从员工的角度帮助你了解公司是如何运作的。

我会在本章提供一种问卷调研的评估方法，以便你从应聘者和员工的角度来衡量公司在员工体验地图的不同阶段做得如何。

员工体验地图简介

员工体验地图的缘起

员工体验地图是一种可视化描述，涵盖了员工在一家公司工作的过程中经历的主要阶段和主要接触点：从他们意识到公司提供某一工作机会开始，到面试、入职的第一天，再到入职的第一年及之后的工作时间，直到他们离开这家公司。

员工体验地图的概念源于客户体验地图。客户体验地图记录了从客户接触公司的销售和营销开始，到客户真正与公司形成买卖关系从而实现客户目标，客户所经历的整个体验过程。

1999年，当时崭露头角的国际设计和营销公司IDEO首次提出了服务设计中的"客户体验地图"这一概念，当时IDEO将这一概念应用于亚齐拉高速铁路项目，用来描绘客户与铁路系统互动的体验及对铁路系统的感受。如今，市场营销中广泛使用客户体验地图作为分析、交流和改进服务的可视化工具。

客户体验地图的目标首先是定义关键客户群体选择产品或服务的路径，然后分解该路径的元素，以便更好地理解这些客户群体是如何找到并体验产品或服务的。这张地图涵盖了客户与公司之间的主要互动，即接触点，并记录了关键客户群体在接触点上不断变化的感受、动机和遇到的问题。客户体验地图可以将客户感知到的体验与公司对体验的规划进行比较，对公司理解客户的想法、解决问题、设计出满足甚至超越客户期待的更好的体验都很有帮助，从而让公司拥有更大的竞争优势。

客户体验地图的成功让许多人开始思考类似的方法是否能应用到员工体验中，答案是肯定的。下面我将展示如何为公司创建员工体验地图。

员工体验地图可以直观地显示员工在公司中经历了几个阶段、每个接触点的具体情况，并精确地反馈每个阶段的应聘者或员工的体验，甚至能让你一眼看出地图中的数据主要反映了什么问题。

员工体验地图的绘制步骤

第一步：下定义

如图8-2所示，你可以用3种不同的方法对员工在公司中经历的阶段进行分类并下定义。

员工体验地图

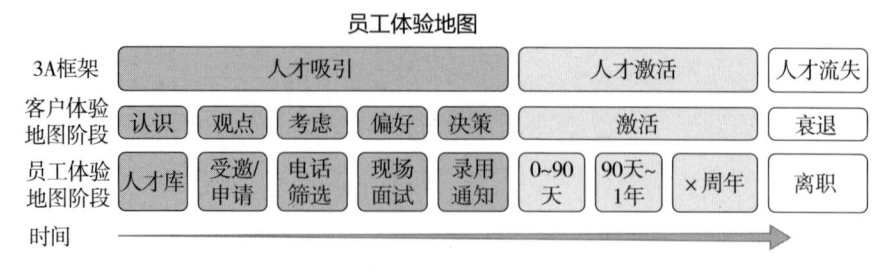

3A框架	人才吸引					人才激活			人才流失
客户体验地图阶段	认识	观点	考虑	偏好	决策	激活			衰退
员工体验地图阶段	人才库	受邀/申请	电话筛选	现场面试	录用通知	0~90天	90天~1年	×周年	离职
时间	→								

图 8-2 绘制员工体验地图第一步：下定义

在图8-2中，通过第一行，你可以看到整个3A框架是如何涵盖第三行员工体验地图中的各阶段的。第二行展示了在市场营销人员眼中，客户从对产品一无所知到与产品发生连接，再到最终衰落的全过程。第三行列出了员工雇用全过程中发生的所有活动。最下方的时间箭头展示了一个人从对公司一无所知到成为公司中有生产力的一员，再到最后离开公司的全过程。

员工体验地图应该涵盖员工在公司工作的整个经历——从他们在应聘过程中与公司的第一次接触到新员工入职培训，到入职满30天、90天和180天，到入职一周年，再到未来几周年，直到最后离职。

> 你的公司构建的招聘流程或员工体验阶段可能与图8-2中展示的内容略有不同，在此我只是举了一个通用的例子，你可以根据实际情况绘制属于你的公司的员工体验地图。

第二步：添加公司接触点

要为你的公司绘制员工体验地图，第二步是集思广益，找出公司和员工之间的所有接触点，看看有哪些机会可以影响应聘者或员工对公司的看法。

图8-3展示了不同员工体验阶段所包含的公司接触点示例。

通过将接触点连接到员工体验地图，你可以找出在员工体验的哪个环节投入资源会对员工的体验产生最大的影响。

员工体验地图

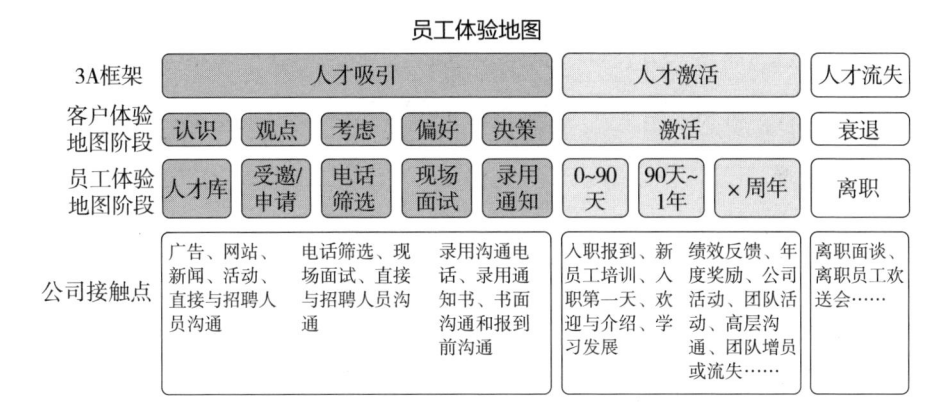

3A框架	人才吸引					人才激活			人才流失
客户体验地图阶段	认识	观点	考虑	偏好	决策	激活			衰退
员工体验地图阶段	人才库	受邀/申请	电话筛选	现场面试	录用通知	0~90天	90天~1年	×周年	离职
公司接触点	广告、网站、新闻、活动、直接与招聘人员沟通	电话筛选、现场面试、直接与招聘人员沟通			录用沟通电话、录用通知书、书面沟通和报到前沟通	入职报到、新员工培训、入职第一天、欢迎与介绍、学习发展	绩效反馈、年度奖励、公司活动、团队活动、高层沟通、团队增员或流失……		离职面谈、离职员工欢送会……

图 8-3　绘制员工体验地图第二步：添加公司接触点

第三步：决定如何评估员工体验地图的每个阶段

问卷调研有助于你了解员工真实的体验。通过分析问卷中的数据，你可以评估员工体验地图的每个阶段，看到一段时间内的员工体验平均值、范围和趋势，并按一定的细分项和阶段进行详细比较。调研数据可以记录员工在整个体验过程中经历的相关事件和具体的感受，你可以了解前期的事件和员工感受如何与后期的事件和员工感受相关联。通过分析，你就会认识到早期阶段的体验会对员工产生长期的影响，从而专注于改善早期阶段的员工体验。设计良好的调研问卷并与其他数据一起使用，可以帮助你看到许多你原本看不到的东西。

图8-4添加了调研问卷的名称，可以帮助你评估员工在每个阶段的感受和想法。

> 图8-4提供了一系列调研问卷的名称，你可以使用这些调研问卷来获得员工对每个阶段的反馈。我将在本章后面提供这些调研问卷使用的通用题目，你可以根据自己的偏好为调研问卷命名并修改相关题目的内容。

员工体验地图

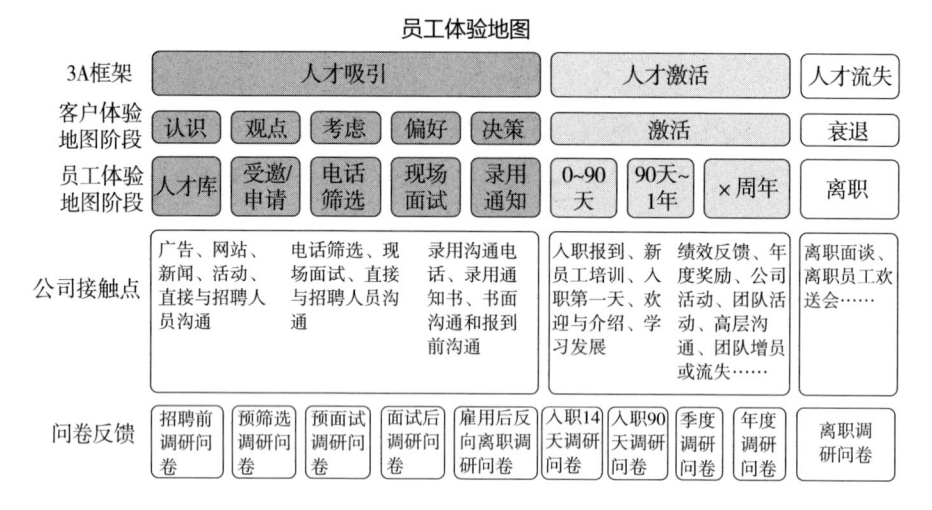

3A框架	人才吸引				人才激活			人才流失
客户体验地图阶段	认识	观点	考虑	偏好	决策	激活		衰退
员工体验地图阶段	人才库	受邀/申请	电话筛选	现场面试	录用通知	0~90天	90天~1年	×周年	离职
公司接触点	广告、网站、新闻、活动、直接与招聘人员沟通	电话筛选、现场面试、直接与招聘人员沟通	录用沟通电话、录用通知书、书面沟通和报到前沟通	入职报到、新员工培训、入职第一天、欢迎与介绍、学习发展	绩效反馈、年度奖励、公司活动、团队活动、高层沟通、团队增员或流失……	离职面谈、离职员工欢送会……
问卷反馈	招聘前调研问卷	预筛选调研问卷	预面试调研问卷	面试后调研问卷	雇用后反向离职调研问卷	入职14天调研问卷	入职90天调研问卷	季度调研问卷	年度调研问卷	离职调研问卷

图 8-4　绘制员工体验地图第三步：决定如何评估员工体验地图的每个阶段

第四步：添加系统中的数据

员工体验地图中的数据来源并不限于调研问卷。如图8-5所示的数据蓝图是员工体验地图中发生的事情的概念图。从系统中获得数据后，你只需做一点工作就可以将这些数据作为相关指标。与上述通过调研问卷收集的数据不同，这类数据是从应聘者管理系统或HRIS中获得的。从这些系统中获取详细数据后，你可以用不同的方式来表示每个阶段的员工总人数、每个阶段的员工流入与流出人数及各阶段的人员变动。

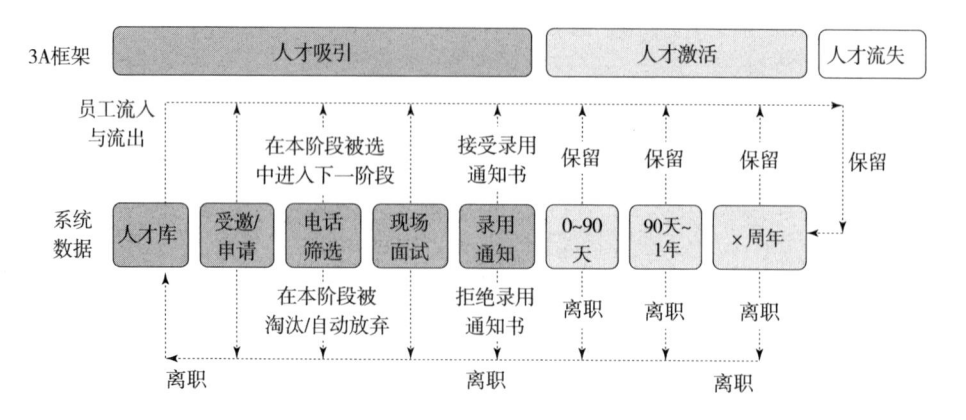

图 8-5　绘制员工体验地图第四步：添加系统中的数据

图8-5说明了员工如何从一个阶段移动到下一个阶段，并提供了可用于评估移动量的基本指标。你可以单独使用这些数据或联合其他数据一起量化地、相对客观地描绘员工体验地图的整体情况，而不再是凭借个人经验或小道消息。

如图8-6所示是绘制完成的员工体验地图的整体框架。

正如你在图8-6中看到的，员工体验地图可以让你看到不同的概念是如何关联且融合在一起的，这一点非常重要！我所举的例子（如从左到右的时间轴等细节）可以帮助你看到3A框架、客户体验地图各阶段、员工体验地图各阶段、公司接触点、调研反馈工具和系统反馈工具是如何结合在一起的。

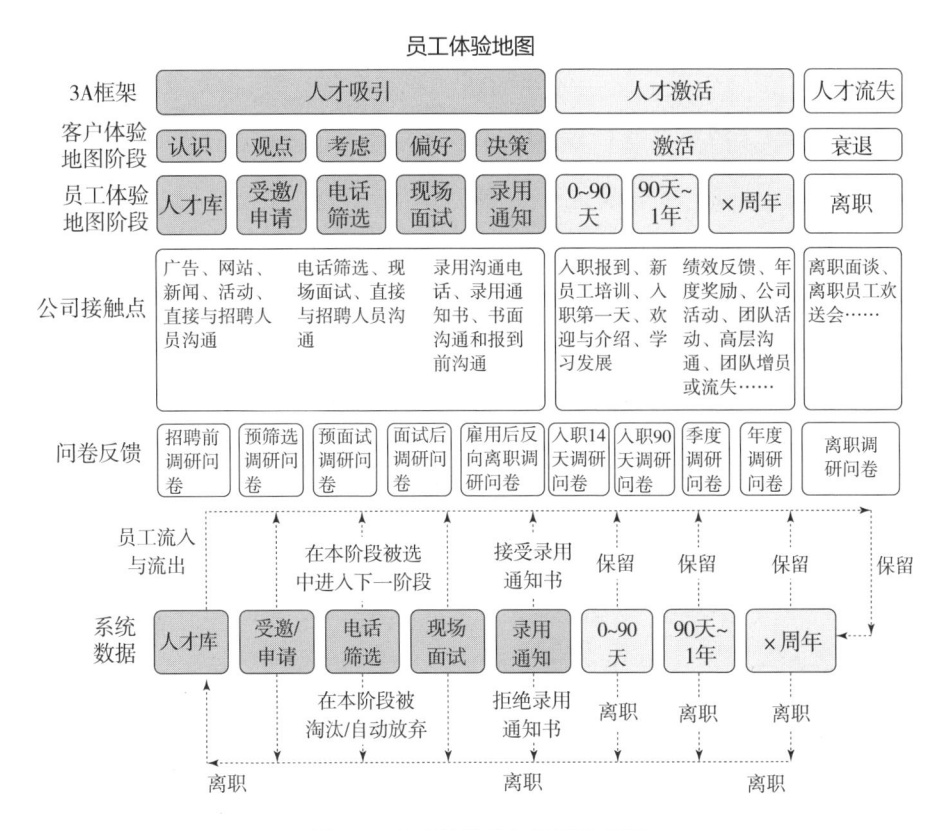

图 8-6　员工体验地图的整体框架

> 员工体验地图可供人力资源团队中的任何人使用，人力资源团队有责任定期对员工体验地图进行回顾和优化。我不得不说，因为不是所有人都参与了员工体验地图的绘制过程，所以回顾和优化会有点困难。即便如此，员工体验地图的价值还是很高的。

员工体验地图示例

如图8-7所示是员工体验地图的一个示例，虽然内容比较简单，但涵盖了从调研问卷和系统中获得的数据。

查看图8-7中新增的内容。在"问卷数据汇总"一行，你可以查看所有长条，以比较各个阶段的情况。每个阶段都有4个长条，代表每个季度的数据，因此你可以直观地看到情况是否随着时间的推移而变好。因为图8-7是一个简化版的员工体验地图，所以标签比较简洁。在实际应用中，你可以描述得更具体，如Q1-2021、Q2-2021、Q3-2021、Q4-2021。你也可以按其他的时间间隔进行分析，如两年一次或每年一次。

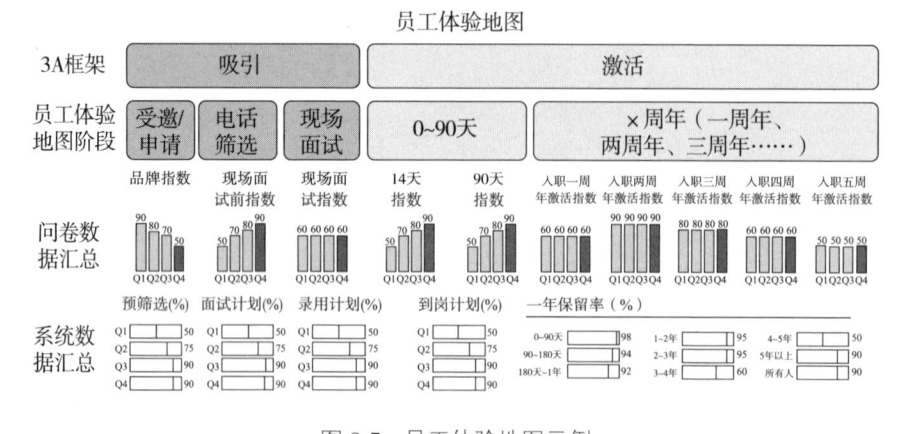

图 8-7 员工体验地图示例

"系统数据汇总"一行提供了一些系统内的数据和图表，你可以根据需要使用。在查看系统数据时，重点不是关注数字绝对值，而是关注目前数值与原计划数值之间的差距。因此在我举的例子中，图表中的指标反映的是每一阶段实现原计划的百分比。百分比反映的是现状与公司的原计划之间的差距，数值范围为0~100%，100%表示完美地实现了原计划。同时，这一行也有按季度汇总的数据，你可以看到公司是如何随着时间的推移而改进或变差的。同时，你也可以看到早期阶段计划未完成会影响后期其他阶段的计划，你可以根据地图快速追溯问题的源头。

最后一行的"12个月的保留率（%）"部分按照在职时长显示了12个月内保留员工的百分比。如果这是一组真实的数据，它们会告诉你，在哪个时期员工的离职率最高。通过查看入职一年内不同时期员工的保留情况，你可以找到并解决每个时期常见的特有问题，并为可避免的离职情况提前做好干预计划。

本章列举的图表内容相对简单，图表中的数据是虚构的，并不是为了传达我对数据的洞察，而是为了向你展示，可以设计和创建一个强大的仪表板，便于快速浏览员工体验地图中相关阶段的不同状况。

为什么要绘制员工体验地图

公司招聘员工的目的不是简单地雇用一个人完成工作，而是让这名员工尽可能长时间地为公司创建生产力，做出贡献。员工与雇主的关系不应该是一次性或不稳定的关系，而应该是一种"高成本—高价值"的关系，这种关系存在于员工工作的每一天，并且实时变化。

> 💡 请思考在员工体验地图中，随着时间的推移，公司采取的行动（或不作为）是如何影响员工的积极性和生产率的。

绘制员工体验地图的目的是，找到员工容易遇到挑战或对公司态度发生转变的关键点，并确定如何改进。这些关键点可能出现在最初的面试阶段，也可能出现在员工为公司工作的过程中。

如果仔细查看人力资源部门的各种指标，就会发现这些指标简直令人眼花缭乱，而且有些指标有不同的评估方法，甚至因为强调的事项不同，一些评估方法会相互冲突。

员工体验地图还可以通过提供一个将人力资源活动与员工体验相映射的单一框架，来统一公司内部不同且相互割裂的工作岗位。

每个人都有盲点。每个人都有很多事情要做，如果不加以控制，就会陷入自己的事情中，有时这会导致牺牲其他人甚至公司的利益。员工体验地图可以帮助你总览不同利益相关者的行动，引导这些利益相关者共同努力，提升员工体验。

> 除非你在一家非常小的公司工作，否则人力资源工作不会是只涉及一个知识领域的一个人的工作。在人力资源部门工作的人对公司的贡献是不同的。人力资源领域的专家团队是人力资源部门的专业团队，聚集了不同人力资源领域（如人才获取、薪酬、福利、员工关系、学习和发展、组织发展等）的专业工作。薪酬领域的专家不从事招聘相关的工作，招聘领域的专家不从事薪酬相关的工作，因此有时不同人力资源领域专家制定的政策、计划、流程可能存在方向上的不一致。人力数据分析能做的就是，帮助这些人力资源专家将他们所做的工作与一个总体目标联系在一起。

如何避免员工招聘和保留过程中的典型错误

错误无处不在，对吧？其实不一定。详细的员工体验地图的一个优点是，可以帮助你避免在员工招聘和保留过程中容易出现的典型错误。下面将从两个方面向你展示这些典型错误是如何发生的，以及员工体验地图如何帮助你捕捉到预警信号。

招聘人员

对招聘人员来说，最天然的激励方式是，迅速招到一个岗位的新员工，然后继续招聘下一个。招聘人员的绩效是以他们的招聘人数来衡量的，这种激励方式容易导致的问题是，只考虑招聘的员工人数而忽视了招聘的质量，即忽视了应聘者的经验是否符合岗位要求或是否匹配入职后的部门团队风格。企业需要招到人，招到高质量的人，并且降低新入职员工的流失率。如果不从整个员工体验地图的角度来衡量招聘人员的贡献，从长远来看，招聘人员可能会做对自己最有利、对应聘者或公司最不利的事情。

经理

对经理来说，最天然的激励方式是，尽可能地留住表现最好的员工，因为经理的绩效是以团队的绩效来衡量的。如果经理让最好的员工跳槽到另一个团队或升职，那么他们就不得不承担团队绩效损失的风险，甚至一些工作要重新起步。不让最好的员工离开自己的团队对经理来说是最有利的，但最终员工都希望自己的职业生涯进入下一阶段。当管理员工职业生涯的全部权力只掌握在这样的经理手中时，员工会发现要实现下一阶段的职业发展，最好的方式是离开这家公司。实际上，这种不必要的损失可以通过创建一个持续评估员工的在职状态并在正确的时间主动提供新的内部工作机会的机制来预防。如果没有一个完整的员工体验地图视角和一个全公司范围的评估系统，经理不会主动做出对公司或员工最有利的决策。最终，当员工离开公司时，公司和员工都会遭受损失。

考虑员工体验地图中不同阶段的员工体验的好处是，它提供了一个长期的视角来评估目前的行动和需要优先考虑的行动。如果你只从员工整体体验的角度考虑问题，而不是从不同细分阶段的员工体验的角度考虑问题，那么你可能会错过员工体验的不同阶段，绘制错误的员工体验地图。

为你的公司绘制员工体验地图

绘制员工体验地图听起来可能像一个模糊而艰难的旅程，但其实不一定。虽然将地图与数据对齐很重要，但没必要搞得太复杂。员工体验地图只需要包含必要的细节，以描绘不同的阶段、接触点、影响和员工的情绪反应，以帮助理解正在发生什么事情并推进相关行动。

准备工作

绘制员工体验地图的准备工作并不难。你首先需要做好以下几步。

1. 在公司选择一个关键岗位族群或一个部门。
2. 为该岗位族群的应聘者定义整个招聘流程的阶段或步骤，如对外通知、简历审核、电话筛选、现场面试1、现场面试2、发放录用通知书、接受录用通知书、入职等。
3. 为该岗位族群的应聘者定义关键接触点，如招聘人员发给应聘者的第一封电子邮件、招聘人员与应聘者的第一次电话交谈、招聘人员的后续电话沟通、应聘者来公司时的问候、面试、员工入职培训、入职第一天欢迎仪式、团队的欢迎仪式等。
4. 确定在每个关键接触点应聘者所经历的关键信息需求和问题，以及公司在每个关键接触点的信息需求。
5. 为每个阶段定义评估用的工具和评估指标。
6. 收集定量和定性数据。
7. 识别问题和机会。例如，在发放录用通知书阶段，应聘者可能除了工资高低，无法区分不同工作机会的优劣。
8. 确定谁负责对发现的每个问题或机会采取行动。许多工作可以结合起来进行，但必须有一个人负责指导这些工作。
9. 持续监控，以查看所采取的措施是否以预期的方式解决了问题并抓住了机会，而且发现了新的问题和机会。
10. 对公司的每个重要岗位、部门重复以上步骤。

通过以上10个步骤，你的员工体验地图框架就建好了。员工体验地图的成功与否取决于你如何填写该框架里的具体内容。你用来填充这个框架的最重要的元素当然是数据。所以是时候解决数据问题了，请仔细阅读下一部分。

获取数据

员工体验地图应该是基于描述应聘者和员工真实体验的数据绘制的，而不是基于想象的数据。以下是获取可靠信息以完善员工体验地图的一些方法。

- **走出办公室，近距离观察员工**。要改进你对员工体验的看法，重要的第一步是离开你的办公室，观察工作中的员工。你会发现别人想不到的问题，或者发现之前没有注意到的数据问题。你需要评估实际发生了什么，而不是评估人们所说的话或在系统中、以前的调研中积累的数据。
- **换位思考**。在一些公司，你可以贴身观察某个人的工作，或者在某个岗位上体验一天。在这个过程中可能会发生很多趣事，带来很多细节上的体验，从而促进你对公司员工工作的进一步理解和共鸣，帮助你理解好的工作是什么样的，以及从事这项工作的人是什么风格的。

> 💡 近距离观察员工可以创造面对面直接提问的机会。在员工熟悉的工作环境中提问，会让对方更自然、更真实地回答问题，你也可以更好地理解对方所说的事情。

- **进行利益相关者访谈**。当你想创建一个关键岗位族群的员工体验地图时，你需要进行一系列访谈。访谈员工、访谈他的直属经理、招聘人员和其他支持人员。你也可以访谈应聘者，问他们在应聘过程中的体验如何。你还可以采访已经离职的员工，许多人都愿意接你的电话，很乐意和你谈论当时什么是比较好的，什么是不合适的。

- **执行问卷调研**。在我的职业生涯中，我设计了很多员工问卷调研。根据我的经验，通过问卷调研来关注人们的集体观点，可提供以下帮助：①帮助我对于要回答的任何问题都有意义深远的贡献；②有助于我辨别引人注目的故事的价值；③与大多数其他分析方法相比，问卷调研实施和解释起来没那么复杂。

> 当你走出办公室，换位思考，对利益相关者进行访谈并且获得很多有趣的故事时，切记不要完全将这些故事作为最终的信息来源（一些好故事很有诱惑力，可能会把你带跑偏）。从更大的样本中收集数据来验证你的所见、所闻、所感很重要。以上提到的3种方法是打开思维的有效方式，并且在经过数据验证后，这些所见、所闻、所感能够帮助你更好地说服你的听众。你需要首先证实通过这3种方法收集的故事与系统中的数据具有一致性，然后才能用这些故事帮助你更好地向其他人阐述你所构建的员工体验地图。

- **查看系统中的数据**。你可以在目前运营的数据系统中获得并使用员工体验地图所需的大量数据，如ATS、HRIS、ERP系统或其他包含应聘者和员工信息的系统。

利用问卷调研了解员工体验地图

由于员工体验地图是围绕人们的经历展开的，所以关键是通过问卷调研来收集相关人员的反馈。在本节中，我为你提供了一些问卷调研的示例，你可以通过使用这些问卷将真实数据添加到你的员工体验地图中。

招聘前市场调研

从0到10分，你预计明年会认真考虑新工作机会的可能性有多大？
（0分=完全不可能；10分=极有可能）

如果可以的话，请描述一个你在工作中感受到真正快乐的时刻。

_____

如果可以的话，请描述任何阻碍你在当前职位上取得成功的因素。

_____

在你的下一次职业经历中，你会考虑哪3家顶级公司？

从以下名单中选3个。

_____公司（此处填写竞争对手的公司名称）

_____公司（此处填写竞争对手的公司名称）

_____公司（此处填写你的公司名称）

_____公司（此处填写竞争对手的公司名称）

_____公司（此处填写竞争对手的公司名称）

_____公司（此处填写其他行业的公司名称）

_____公司（此处填写其他行业的公司名称）

_____公司（此处填写其他行业的公司名称）

其他公司：_____

其他公司：_____

其他公司：_____

从0到10分，你考虑本公司工作机会的可能性有多大？（0分=完全不可能；10分=极有可能）

当你想到本公司的品牌和文化时，你会想到什么词（如果有的话）？请尽可能多地写出来。

_____

当你想到本公司的品牌和文化时，你会想到什么词（如果有的话）？在下列选项中选择你觉得合适的词。

_____

_____

（此处填写你的自定义词语列表，示例：傲慢的、保守的、创造性的、多样、友好的、有趣的、创新、聪明的、令人生畏的、高绩效的、专业的、专业性的、成功的、高傲的、传统的、值得信赖的、不诚信的。)

品牌曝光度调研

你用过本公司的产品和服务吗？

（是/否）（如果选"是"，详细信息：_____）

从0到10分，你对本公司有多熟悉？_____

（0分=完全不熟悉；10分=非常熟悉）

你参加过本公司主办的活动吗？

（是/否）（如果选"是"，详细信息：_____）

你认识在本公司工作的人吗？

（是/否）（如果选"是"，详细信息：_____）

你以前被本公司的招聘人员联系过吗？

（是/否）（如果选"是"，详细信息：_____）

你申请过本公司的工作吗？

（是/否）（如果选"是"，详细信息：_____）

信息渠道调研

你是通过什么渠道找到当前这份工作的？

_____

你关注哪些专业网站或博客？

_____

你定期阅读哪些期刊？

_____

你定期参加哪些专业协会或聚会小组？你用什么网站来了解或寻找工作机会？

_____

面试前调研问卷

请用1~5分表示你对以下陈述的认同程度（1分=非常不认同；2分=不认同；3分=既不认同也不反对；4分=认同；5分=非常认同）

招聘人员已经清晰定义了工作内容。（____分）

招聘人员描述了这份工作的独特之处。（____分）

招聘人员向我描述的工作机会很有吸引力。（____分）

关于目前的工作机会，我知道我需要知道的一切。（____分）

我对本公司的品牌和产品有清晰的了解。（____分）

本公司看起来有能力获得商业成功。（____分）

本公司与竞争对手相比，是一个有吸引力的工作场所。（____分）

我认为我的长期职业目标可以在本公司实现。（____分）

我很荣幸能为本公司工作。（____分）

从0到10分，你考虑本公司工作机会的可能性有多大？（____分）（0分=完全不可能；10分=极有可能）

当你想到本公司的品牌和文化时，你会想到哪些词（如果有的话）？尽量多列举一些。

_____

_____

面试后调研

请用1~5分表示你对以下陈述的认同程度。（1分=非常不认同；2分=不认同；3分=既不认同也不反对；4分=认同；5分=非常认同）

招聘人员给了我面试所需的信息。（____分）

面试官准时到场。（____分）

面试官让我感到受欢迎，也让我在面试中感到舒适。（____分）

面试官展现出了他对这次面试是有准备的。（____分）

面试官对我的工作很了解。（____分）

面试官对我很感兴趣和好奇。（____分）

面试官解释并应用了一种减少偏见的面试方法。（____分）

面试官对这份工作有现实的期望。（____分）

在面试中，我有机会充分描述我的独特之处。（____分）

贵公司的招聘流程比我在其他公司的经历要好很多。（____分）

对本公司的招聘流程，你有哪些改进建议？

_____

这个工作机会的哪些方面对你来说最有吸引力？这个工作机会的哪些方面是你所关心的？

_____

当你想到本公司的品牌和文化时，你会想到哪些词（如果有的话）？尽量多列举一些。

_____

雇用后反向离职调研

在加入本公司之前，你是否在其他公司工作过？（是/否）

如果选"否"，你是（从下列选项中选择）：

☐个人原因：照顾孩子或其他重要的人

☐个人原因：上学

☐个人原因：追求非物质利益

☐个人原因：其他

如果选"是"：

你上一家公司是同一行业的吗？（是/否）

你上一家公司的名称是什么？

_____

对比你之前的经历，在本公司中，你预计在以下几个方面会有所收获还是有所损失？请打分。（1分=损失很大；2分=损失一点；3分=既无

损失也无收获；4分=收获一点；5分=收获很多）

公司整体水平（＿＿＿分）

领导团队水平（＿＿＿分）

直属经理水平（＿＿＿分）

同事水平（＿＿＿分）

工作水平（＿＿＿分）

学习和发展机会（＿＿＿分）

目前提供的岗位层级（＿＿＿分）

长期职业机会（＿＿＿分）

预计1年的总薪酬价值（基础工资、奖金、股票）（＿＿＿分）

预计3~5年的总薪酬价值（基础工资、奖金、股票）（＿＿＿分）

福利（如医疗与退休保险等）（＿＿＿分）

额外待遇（如餐饮、健身等）（＿＿＿分）

总体来说，你认为自己离开上一家公司的原因是什么？（从下列选项中选择一个）

☐主要是与工作相关的原因，上一家公司有能力解决但未解决

☐主要是个人原因，上一家公司无力解决

☐个人原因：其他

如果可以的话，请描述一个你在工作中感受到真正快乐的时刻。

_____

如果可以的话，请描述阻碍你之前在本公司的岗位上取得成功的因素。

_____

请告诉我们导致你决定离开本公司的具体事件。

_____

你的上一家公司是否可以做些什么来留住你？（是/否）

请告诉我们你的上一家公司可以做些什么来留住你？

_____

入职14天调研

请用1~5分表示你对以下陈述的认同程度。（1分=非常不认同；2分=不认同；3分=既不认同也不反对；4分=认同；5分=非常认同）

我觉得受到了本公司同事的欢迎。（____分）

我获得了快速上手工作所需的所有信息和学习资源。（____分）

我获得了快速上手协作性工作所需的时间周期。（____分）

本公司的入职流程是经过精心设计的。（____分）

招聘人员在面试过程中给了我正确无误的信息。（____分）

本公司与竞争对手相比更有吸引力。（____分）

本公司可以做些什么来改进入职流程？

_____

本公司可以做些什么使新员工在上班的前几天体验更好？

_____

当想到本公司的品牌和文化时，你会想到什么词？请具体说明。（尽量多列举一些）

_____

_____

入职90天调研

请用1~5分表示你对以下陈述的认同程度。（1分=非常不认同；2分=不认同；3分=既不认同也不反对；4分=认同；5分=非常认同）

我觉得受到了本公司同事的欢迎。（____分）

我获得了快速上手工作所需的所有信息和学习资源。（____分）

我获得了快速上手协作性工作所需的时间周期。（____分）

本公司的入职流程是经过精心设计的。（____分）

招聘人员在面试过程中给了我准确的信息。（____分）

本公司与竞争对手相比更有吸引力。（____分）

我在接下来的12个月要做的工作是令人期待的。（＿＿＿分）

我具有发挥最佳工作水平的一切条件。（＿＿＿分）

我的经理正在和我一起努力，让我适应团队和新角色。（＿＿＿分）

我的经理正在帮助我，让我在工作中发挥优势。（＿＿＿分）

我很清楚在当前岗位上表现平平和表现优异的差别。（＿＿＿分）

我很清楚需要做什么才能在当前岗位上做出巨大的贡献。（＿＿＿分）

我有能力在当前岗位上做出巨大的贡献。（＿＿＿分）

为了在当前岗位上取得成功，我需要采取的行动是可以实现的，并且在我的控制范围之内。（＿＿＿分）

我真的很想在本公司完成出色的工作。（＿＿＿分）

为了在本公司获得成功，我愿意付出超出平均水平的巨大努力。（＿＿＿分）

我有取得成功所需的合作关系和相关支持。（＿＿＿分）

我有取得成功所需的资源和工具。（＿＿＿分）

本公司可以做些什么来改进入职流程？

_____

本公司可以做些什么来改进入职90天的工作体验？

_____

当你想到本公司的品牌和文化时，你会想到哪些词？（尽量多列举一些）

_____

_____

每季度调研

请用1~5分表示你对以下陈述的认同程度。（1分=非常不认同；2分=不认同；3分=既不认同也不反对；4分=认同；5分=非常认同）

我很清楚在当前岗位上表现平平和表现优异的差别。（＿＿＿分）

我很清楚需要做什么才能在当前岗位上做出巨大的贡献。（＿＿＿分）

我有能力在当前岗位上做出巨大的贡献。（____分）

为了在当前岗位上取得成功，我需要采取的行动是可以实现的，并且在我的控制范围之内。（____分）

我真的很想在本公司完成出色的工作。（____分）

为了在本公司取得成功，我愿意付出超出平均水平的巨大努力。（____分）

我有取得成功所需的合作关系和相关支持。（____分）

我有取得成功所需的资源和工具。（____分）

我的经理正在帮助我发展事业。（____分）

我的经理为团队传达了明确的目标。（____分）

我的经理定期给我可行的工作反馈。（____分）

我的经理避免对我进行细微管理。（____分）

我的经理总是对我表示关心。（____分）

我的经理让团队专注于优先事项，即使这意味着需要放弃有趣的项目或把不太重要的项目放在次要位置。（____分）

我的经理定期分享来自高层领导的相关信息。（____分）

在过去的6个月里，我的经理与我就我的职业发展进行了一次有意义的讨论。（____分）

我的经理具备有效管理我所需的专业知识。（____分）

我的经理能有效地做出艰难的决定。（____分）

我的经理能有效地在整个组织内进行协同合作。（____分）

我的经理重视我的观点，即使他不同意。（____分）

我会向别人推荐我的经理。（____分）

我愿意向别人推荐本公司。（____分）

我能回忆起过去3个月里我在工作中感受到真正快乐的一个时刻。（____分）

如果可以的话，请描述过去3个月里你在工作中感受到真正快乐的时刻。
_____

如果可以的话，请描述任何阻碍你在本公司取得成功的因素。
_____

每年度调研

请用1~5分表示你对以下陈述的认同程度。（1分=非常不认同；2分=不认同；3分=既不认同也不反对；4分=认同；5分=非常认同）

我很清楚在当前岗位上表现平平和表现优异的差别。（____分）

我很清楚需要做什么才能在当前岗位上做出巨大贡献。（____分）

我有能力在当前岗位上做出巨大的贡献。（____分）

为了在当前岗位上取得成功，我需要采取的行动是可以实现的，并且在我的控制范围之内。（____分）

我真的很想在本公司完成出色的工作。（____分）

为了在本公司取得成功，我愿意付出超出平均水平的巨大努力。（____分）

我有取得成功所需的合作关系和相关支持。（____分）

我有取得成功所需的资源和工具。（____分）

我的经理正在帮助我发展事业。（____分）

我的经理为团队传达了明确的目标。（____分）

我的经理定期给我可行的工作反馈。（____分）

我的经理避免对我进行细微管理。（____分）

我的经理总是对我表示关心。（____分）

我的经理让团队专注于优先事项，即使这意味着需要放弃有趣的项目或把不太重要的项目放在次要位置。（____分）

我的经理定期分享来自高层领导的相关信息。（____分）

在过去的六个月里，我的经理与我就我的职业发展进行了一次有意义的讨论。（____分）

我的经理具备有效管理我所需的专业知识。（____分）

我的经理能有效地做出艰难的决定。（____分）

我的经理能有效地在整个组织内进行协同合作。（____分）

我的经理重视我的观点，即使他不同意。（____分）

我会向别人推荐我的经理。（____分）

我想在未来的12~24个月内在本公司寻求职位晋升。（____分）

我愿意向别人推荐本公司。（____分）

我对12个月后仍在同岗位工作感到很高兴。（____分）

我能回忆起过去3个月里我在工作中感受到真正快乐的一个时刻。（____分）

我很自豪能为本公司工作。（____分）

我很适应本公司的文化。（____分）

我受到了本公司同事的鼓舞。（____分）

我在本公司的工作中找到了人生的意义。（____分）

我有机会在本公司做我最擅长的事情。（____分）

我有动力做比预期更多的事情来帮助我的同事取得成功。（____分）

我现在不想离开本公司。（____分）

如果可以的话，请描述过去3个月中你在工作中感受到真正快乐的时刻。

_____

既然你想在本公司工作，如果可以的话，请描述任何阻碍你取得成功的因素。

_____

关键人才离职调研

离开本公司后，你会为另一家公司工作吗？（是/否）

如果选"否"，你是（在下列选项中选择一个）：

☐ 个人原因：照顾孩子或其他重要的人

☐ 个人原因：上学

☐个人原因：追求非物质利益

☐个人原因：其他

如果选"是"，那么：

你的新工作是同行业的吗？（是/否）

你的新公司的名称是什么？

对比在本公司的工作，去新公司工作，你预计在以下几个方面会有所收获还是有所损失？请打分。（1分=损失很大；2分=损失一点；3分=既无损失也无收获；4分=收获一点；5分=收获很多。）

公司整体素质（＿＿＿分）

领导团队素质（＿＿＿分）

直属经理素质（＿＿＿分）

同事素质（＿＿＿分）

工作素质（＿＿＿分）

学习和发展机会（＿＿＿分）

职务级别（＿＿＿分）

长期职业发展机会（＿＿＿分）

预计第1年的总薪酬（含基础工资、奖金、股票）（＿＿＿分）

预计第3~5年的总薪酬（含基础工资、奖金、股票）（＿＿＿分）

福利（如医疗与退休保险等）（＿＿＿分）

额外津贴（如餐饮、健身等各项服务）（＿＿＿分）

总体来说，你认为离开本公司的原因是什么？（从下列选项中选择一个）

☐主要是与工作相关的原因，本公司有能力解决但未解决

☐主要是个人原因，本公司无力解决

☐个人原因：其他

如果可以的话，请描述一个你在本公司工作时感受到真正快乐的时刻。

如果可以的话，请描述阻碍你在本公司取得成功的因素。

_____

最近是否有一些事情影响了你离开本公司的决定？选择所有你觉得符合的选项。

☐ 与工作相关：你的直属经理的作为/不作为

☐ 与工作相关：公司领导团队的作为/不作为

☐ 与工作相关：所在部门同事的作为/不作为

☐ 与工作相关：其他部门同事的作为/不作为

☐ 与个人相关：个人健康、他人健康或孩子出生

☐ 与个人相关：其他重要的人的职业机会让你心动

☐ 与个人相关：你或其他重要的人已达到退休年龄

☐ 与工作相关：其他

☐ 与个人相关：其他

请告诉我们导致你决定离开本公司的具体事件。

_____

本公司是否可以做些什么来留住你？（是/否）

请告诉我们本公司可以做哪些事情来留住你。

_____

现在或将来本公司是否可以做些什么让你愿意回来工作？（是/否）

本公司需要做些什么让你愿意回来工作？

_____

让员工体验地图更有用

如果你愿意，你可以用我描述的员工体验地图示例，但不必被我的示例所限制。我鼓励你找到自己的方法，让你的员工体验地图在你的公司变得生动起来。以下是我给你的一些建议。

- 运用创造力，让员工体验地图变得更具相关性、更有趣。你不必

使用枯燥的流程图，也不必复制其他公司设计的员工体验地图。你可以从周围的环境中获得灵感，绘制专属于你公司的员工体验地图。例如，如果你在一家运输公司工作，那就以运输为主题绘制员工体验地图；如果你在一家生产制造公司工作，那就以生产制造为主题绘制员工体验地图。创意是无穷尽的。

> 💡 员工体验地图是否有效很可能取决于它在多大程度上抓住了公司领导、经理和员工的想象力，所以花点时间好好考虑一番是有好处的。

- 设计简单点，但别太简单。添加的步骤越多或视角越多，员工体验地图就会变得越复杂。尽量让它繁简得当，但是如果你有额外的数据，你可以创建几个不同的员工体验地图版本来展现相关的数据，这样在必要的时候你就可以查看不同的版本获得相关细节信息。
- 让员工体验地图之间具有互动性。创建一个员工体验地图的超链接版本，该版本允许你查看不同岗位族群的不同员工体验地图。如果你有大量数据，你可以根据需要深入查看更多图表和数据细节。
- 捕捉问题和机会并指定一个负责人。如果你没有从员工体验地图上发现问题和机会，不指派专人负责调研和优化，那么员工体验地图就毫无意义。

利用你获得的反馈来增加 ELV

在第6章，我讲述了ELV的目的和计算方式，下面简单复习一下。ELV是用于衡量一名普通员工在本公司工作周期内为公司带来的财务价值的指标。

你绘制员工体验地图的目的不仅是改善员工体验、让员工开心，更是增加ELV。

ELV可以通过以下3种方式增加。

- 通过满足员工的目标和需求，延长员工的在职时长（个人或部门平均值）。在3A框架中，该方式是通过关注人才流失问题来实现的。
- 随着时间的推移，通过提高绩效或增加关键人才的贡献，增加员工产生的价值（个人或部门平均值）。在3A框架中，该方式是通过关注人才激活问题来实现的。
- 留住高生产力价值员工，同时用高生产力价值员工取代低生产力价值员工。在3A框架中，该方式是通过关注人才流失问题来实现的。

所有这些方式都可以通过员工体验地图找到最相关的阶段，以帮助你集中精力采取行动进行优化。鉴于不同的员工群体会有不同的体验和不同的ELV潜力，你可以先绘制关键岗位和关键人才群体的员工体验地图，在时间允许的情况下再绘制其他人的员工体验地图。

> 在本章，你将：
>
> - 通过优化招聘流程和数据来提高公司对应聘者的吸引力；
> - 通过人才获取评估标准和流程优化来提高招聘决策的有效性；
> - 从数据分析中获得洞察。

第9章

人才吸引：量化人才获取工作

任何在产品和服务水平上想保持竞争力的公司都必须吸引并保留高生产力人才，让人才愿意在相关岗位上工作并发挥应有的价值。如果公司无法吸引一定数量的高质量人才，生产力就上不去，竞争力就会变弱。

人才吸引能力是指公司在一定目的的驱使下吸引人才的能力。人才吸引对公司业绩的重要性是显而易见的：为了发展，公司必须吸纳新人。公司当前和未来的成功取决于是否有能力获得足够数量和质量的人才来进行产品的设计、生产和销售。如果公司无法吸引主要业务经营所需的人才，那么其他管理策略都无法发挥作用。

人才获取

当一家公司刚刚起步时，人才获取这一工作往往由公司创始人来完成，或者由创业团队中的所有人共同分担。随着公司的发展，招聘需求变得更加复杂，最终公司必须雇人来专门负责招聘工作。组织中的这种高度专业化的角色被称为人事或招聘，演变到现在称为人才获取。

不管怎么称呼它，对一家正在成长中的公司来说，有几十人做这项工作并不稀奇。例如，在默克和谷歌等大型公司，有超过300名招聘人员。人才获取就像一块专门的业务。由于人才获取涉及的工作任务和活动很多，它的输入、活动和输出似乎很难被看到、管理和控制。

请注意，我用的是"似乎"一词。事实是，人才获取与销售或供应链管理一样，是一个以产量为导向的职能，只要有明确的输入（申请人）、明确的输出（雇用决定），以及开始和结束时间，就能找到衡量人才获取工作成功与否的方法。这里有一个经典的人才获取漏斗（见图9-1），在这个漏斗中，你将看到人才获取工作是如何从最初的一个很大的劳动力储备池中逐步筛选出最终少数几名应聘者的。

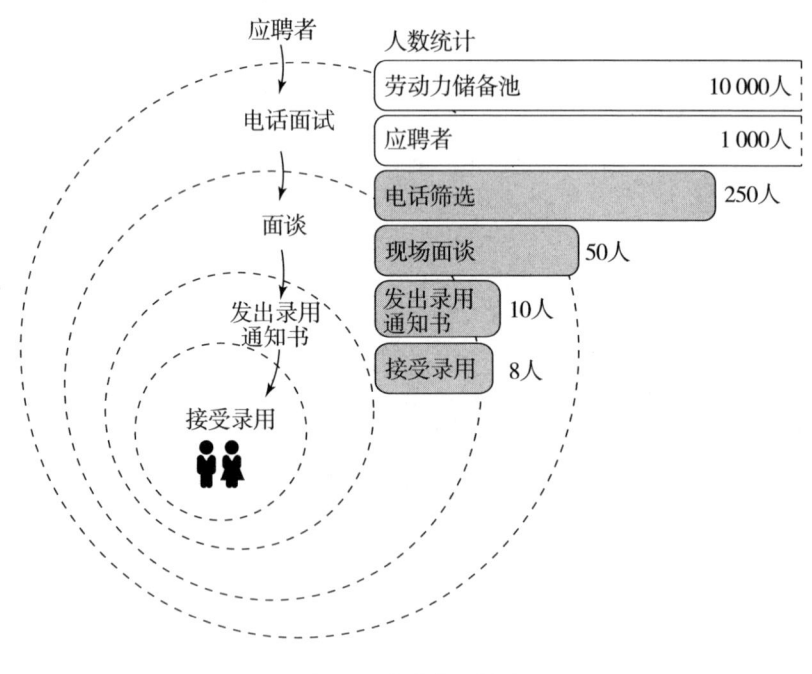

阶段	人数统计
劳动力储备池	10 000人
应聘者	1 000人
电话筛选	250人
现场面谈	50人
发出录用通知书	10人
接受录用	8人

图 9-1 人才获取漏斗

如图9-1所示，要招聘一个人，需要做很多工作，这些工作都需要被科学地管理。人才获取成功与否的衡量标准不应该局限于最终的招聘人数，你可以使用各种指标对其进行分析，以便更好地控制漏斗中的每个阶段。这些指标可以是数量、效率、速度、成本、质量及招聘过程中应聘者和招聘经理的感受等。

> 明确评估指标可以帮助你了解哪方面做得好、哪方面做得不好及为什么，并且可以让你知道如何优化以使招聘工作做得更好。有时候，这些指标还能够帮助你证明你做出的相关决策是合理的。

人才获取分析的意义

公司的日常运营涉及很多决策，不仅包括CEO的决策，还包括整个组织中每天做出的无数个决策。这些决策的总体质量决定了公司的成败。人才获取这项工作有助于推动公司做出好的决策。

正确的决策意味着提出正确的问题。例如，你如何吸引各个专业领域"最好"的应聘者加入你的公司？你如何确定什么是"最好"的？到哪里找到这些人？如何让他们同意离开其服务的公司，加入你的公司？你需要付出多少钱去雇用他们？到底是一开始就直接雇用能力强的人才，还是以相对低的成本雇用经验少的人，等待他们逐渐提高能力？当你做出招聘决策时，如何让别人相信你做出的是最好的选择？

能否正确回答这些问题决定了你的公司是聚集了一群不断追求卓越的优秀人才，还是聚集了一群试图混日子的乌合之众。数据分析可以帮助你系统地提高正确回答这些问题的机会，改进你的决策过程。那么，在人才获取方面，真正可以衡量和分析的是什么呢？

确定需要评估哪些方面

数据分析可以应用于人才获取的一系列决策中。以下示例显示了使用数据可以做出哪些更好的决策。

- 优先级。你应该把资源集中在哪些岗位和应聘者身上？你应该用什么样的优先级进行相关决策？你应该把多少资源合理分配到每个岗位和应聘者身上?

- 目标。你是应该优化人才获取流程,以提高招聘的速度、质量、成本和应聘者经验,还是在这几项之间取得平衡?
- 应聘者特征。在人才获取过程中,为了找到更匹配的员工,促进工作流程更高效,保持良好的公司文化,或者帮助直属经理解决目前团队中的某一问题,你应该青睐具有什么特征的应聘者?
- 选拔工具。你应该使用哪些人才选拔工具,用于筛选所有应聘者并为其评级?

  以下是一些常用的选拔工具。

  — 非结构化面试。在非结构化面试中,提问的内容和形式由面试官自行决定。

  — 结构化面试。结构化面试使用预先设定好的问题列表向每名应聘者提问。例如,情境面试不关注应聘者的个人特征或过往的工作经验,而是关注其胜任工作所需的行为表现。

  — 工作样本测试。工作样本测试用来评估应聘者在特定任务中的绩效和能力情况,包括绩效测试、情境测试、工作示例,以及评估特定任务的绩效和能力的现实工作预演。

  — 人格测试和诚信测试。这些测试可以评估应聘者具有某些特征或性格(如可靠性、合作性和安全意识)的程度,或者预测应聘者出现某些行为(如盗窃或旷工)的可能性。

  — 认知测试。这些测试可以评估应聘者的推理、记忆、计算和阅读理解能力,以及与岗位相关的专业知识。

  — 犯罪背景调查。通过犯罪背景调查可以了解应聘者是否有违法犯罪记录。

  — 信用调查。通过信用调查可以了解应聘者征信方面的历史信息。

  — 体能测试。体能测试用来衡量应聘者执行特定任务的身体素质及完成工作所需的力量和耐力。

— 体检。这类检查除了身体检查，还包含评估应聘者当前心理健康状况的心理测试。

— 资源。你应该如何将资源（金钱、时间、材料）在人才获取的战略和战术层面进行合理分配？你应该在哪里、什么时候在人才获取的渠道、技术、培训、激励、新的选拔工具和其他支持方面投入资源，以及投入哪些资源？

> 长期来看，所有这些人事决策都会随着时间的推移影响一家公司的成败。卓越的人才获取能力可以给公司带来竞争优势。如果你的公司每年有25%的员工流失率，并且人才获取能力低于行业平均水平，那么只需要两年，你的公司50%以上的员工整体水平都会低于行业平均水平。25%的员工流失率只是一个极端的例子，但即使只有10%的员工流失率，如果不提升招聘质量，任何公司都可能会在5~10年内从优秀沦落到低于行业平均水平。相反，在同样的情况下，如果获得了非常优秀的员工，公司就可以在短时间内迅速提升人才竞争力和公司竞争力。

用过程指标推动人才获取工作

正如前文所述，人才获取是一个投入和产出的过程。人才获取工作是获取输入（应聘者）从而产生输出（高质量的雇用行为）的全过程。

人才获取可以通过聚焦速度、成本、质量和经验这4个方面来评估、管理和改进。

在本节，我将根据人才获取的顺序，以倒叙的方式向你依次介绍人才获取阶段的评估方式。

回答招聘人数问题

人才获取的目标是招聘人才。有个简单的方法来衡量招聘工作成功与否——招聘人数。把人才"招到办公室"并不能代表你为招聘人才所付出的全部努力,你需要收集和分析更多的数据,才能理解雇用一个人需要付出哪些努力(如初始应聘者的人数、电话面试的人数、现场面试的人数和录用通知的人数)。

> 大多数高管只在乎你是否招到了他们期望的员工人数,并不关心你前期做了多少次电话面试。然而,为了更好地分析公司的人才获取能力,你必须评估这些前期活动的效果。人才获取的目标是招聘更多的人才,而不是做更多的无用功。你需要知道人才获取漏斗每个阶段的情况,这些数据可用于评估人才获取过程中每项活动的价值,以及在哪些阶段可以做得更高效。

要评估你在人才获取方面有多成功,应该了解公司在不同的时期都有哪些人员增长需求和目标。成功招聘了100人听起来不错,但如果公司当下需要你雇用200人来完成工作,那100人这个数量就不太够了。相反,如果公司只需要100人,而你却招聘了200人,这样的招聘工作也是不可取的。

解决这个问题的方法是,将招聘人数与公司招聘需求或招聘计划进行比较。你不能简单地看招聘人数,而要看你的人才获取团队是否招聘了足够的满足公司需求的人才。你需要在理解公司需求的人数的前提下理解招聘人数。

在本节,我将详细说明一些基本指标,以衡量人才获取的产出,因为它与员工人数和员工人数计划有关。

统计员工人数

"人数"有3个定义:

- 计算周期开始时的人数;
- 计算周期结束时的人数;
- 取计算周期开始和结束时人数的平均值。

> 在实际的招聘工作中，根据场景和分析目标的不同，你需要使用所有这3个定义和数值，后文会详细描述这部分内容。

在人力资源领域的数据世界，你可以找到各种各样奇怪的术语和定义，举例如下。

- 活跃人员。活跃人员是指在本次报告期间正在以某种形式为公司提供劳动与服务的人，他们在数据库中会有一条记录。
- 终止人员。终止人员在数据库中同样有记录，表示的是在本次报告期间不再为公司工作的人。
- 员工。员工是指与公司签订劳动合同，为公司工作，领取工资或薪水的人。公司可以控制员工做什么工作及如何做。

> 如果你每次都要基于以上条件去筛选和统计哪些人是公司员工，那么这项工作就会枯燥无味且容易出错。好消息是，很多成熟的公司都有HRIS，每名员工的详细信息都被记录在其中。因此，HRIS经常被称为员工记录系统，如果员工记录系统中没有某人的记录，那么这个人就不是公司的员工。
>
> 如果你的公司有劳务纠纷涉及判断"某人是否是公司员工"，HRIS就是最强有力的证据。

- 非员工。非员工是指为你的公司工作但非公司员工的人或机构。例如，一家公司向你的公司提供服务，这家公司就属于"非员工"机构；与你的公司签有合同的另一家公司的员工，也就是人们常说的"派遣人员"，属于"非员工"个人。临时工和董事会成员也是"非员工"的两个典型例子。员工与非员工之间的区别看起来很小，但很有必要，因为涉及法律问题和纳税问题。更复杂的是，随着时间的推移，一个人会以各种方式为公司提供服务，而HRIS会记录不同的工作类型和相应的变化过程。

我在这里只讨论员工和非员工，因为我感兴趣的是在特定的时期谁是员工、谁不是员工。由于非员工的分类有很多种，所以我建议你设定一个筛选员工的标准，从而高效地排除在特定时期属于其他分类的人，快速找到哪些人是员工。

> 我发现即使只是回答"今天有多少名员工"这种简单的问题，从特定的数据库中提取相关数据信息的过程也是复杂的，还要考虑许多重要的细节。我无法给出在数据库中进行查询的详细步骤，所以我尽可能地描述通用的做法，希望对你有参考价值。出于本次讨论的目的，假设你对"员工人数"的一切操作都是为了排除非员工，筛选出员工。下文提供了一些统计员工人数的公式，你可以从中找出适合你的公式。

期末人数的计算

当你以期末人数作为特定时期最后一天某一细分项的员工人数时，那么员工人数的计算公式就是：

{期末人数}=计数（[活跃].[员工].[细分项].[时期].[该时期的最后一天].[其他必要的限定条件]）

将该公式简化一下就是：

{期末人数}=计数（[细分项].[时期].[该时期的最后一天]）

（式中，期末人数为某细分项在某一时期的最后一天仍在岗的员工人数总和——译者注。）

我在公式中放入了[细分项]，你可以添加其他细节的限定条件，以便于统计和计算数据。你可以用[细分项]来包含你想添加的任何限定条件，以获得该细分条件下的员工人数。

表9-1演示了如何使用从HRIS中提取的原始数据，用上述公式计算期末人数表中的数据均为虚构的。我用{ }表示结果是一个记录集或一个数

值列表；用[ ]表示数据的过滤器或维度。过滤器中的基础数据和数值决定了输出的形式。根据公式计算期末人数后，可能取不到数值，也可能有一个数值或多个数值。

表9-1　期末人数：活跃员工清单（报告期间：2021年9月30日—10月31日）

日期	时期	工号	姓名	工作类型	状态	地区	其他信息
2021-09-30	2021-09	10006	乔治	员工	活跃	东部	
2021-09-30	2021-09	10007	罗纳德	员工	活跃	西部	
2021-09-30	2021-09	10008	巴克	员工	活跃	东部	
2021-10-31	2021-10	10006	乔治	员工	活跃	东部	
2021-10-31	2021-10	10008	罗纳德	员工	活跃	东部	
2021-10-31	2021-10	10009	比尔	员工	活跃	北部	

如果将期末人数定义为2021年10月最后一天东部地区的所有员工人数，那么期末人数的计算公式就是：

{期末人数}＝计数[细分项：地区＝东部].[时期＝2021-10].

[该时期的最后一天＝2021-10-31]

在这个公式中，我为每个过滤器都提供了一个不同的指令，当它们组合在一起之后，将产生所有符合过滤标准的记录信息和数据。

> 要确定特定日期的人数，必须考虑人员状态变化和相关日期。在不增加复杂度的情况下，一种方法是，为你想要查看的每个日期提取单独的报告。例如，你可以提取每天的报告、每个周末的报告或每个月月底的报告。有关每个人的其他详细信息可以添加在表格右侧的列中，如部门、经理、薪资、岗位类别、岗位或调研结果等。

下面介绍简写公式：

{期末人数}＝计数[细分项：地区＝东部].[时期＝2021-10].

[最后一天＝2021-10-31]

根据这个公式，在表9-1中的源数据中，只有乔治和巴克符合筛选条件，所以获得的结果值是2，计算公式及结果为：

{期末人数}=计数[细分项：地区= 东部].[时期=2021-10].

[该时期的最后一天=2021-10-31]

=2

因为结果可能是多个输出，要以不同的方式展现细分项和筛选条件，所以我建议以相对统一和有效的格式显示输出结果，如表9-2所示。

表9-2 期末人数：输出表（筛选条件：东部）

指标	细分维度	细分项	时期	日期	人数
期末人数	地区	东部	2021-10	2021-10-31	2

期初人数的计算

期初人数的统计方式和期末人数类似。因为示例是以月为单位的，所以计算期初人数就是提取每月第一天而不是最后一天的员工人数。当然也可以以一个季度作为周期，那期初可以是每个季度的第一天。如果以一年作为周期，那么期初可以是一年的第一天。

期初人数的计算公式为：

{期初人数}=计数[细分项：地区].[时期].[该时期的第一天]

平均人数的计算

前面提到了如何计算期末人数和期初人数，有时你可能还需要计算平均人数。事实上，平均人数是许多重要的人力资源指标（如离职率和招聘率）的分母。

计算平均人数的方法不止一种，不同方法的精确度和应用场景不同。一个基本的方法是，将期初人数和期末人数相加后除以2。更精确的方法是，在某个时期每天都计算细分项的人数，然后取该时期所有天数的人数的平均值，但这种做法增加了很多计算量，不太实用。折中的做法是，在某个时期以相等的间隔计算人数。例如，如果你正在计算一年的平均人数，你可以在一年中的每个周末、每个月月底或每个季度末计算人数，然后取平均值。

- **平均人数（基本）**。下面是一个简单的公式，用于计算所选时期内细分项的平均人数，计算方法是期初人数加期末人数后除以2。

  平均人数（基本）=（[细分分类].[时期].期初人数 +

  [细分项].[时期].期末人数）÷ 2

- **平均人数（每天）**。下面是一个简单的公式，用于通过计算每天的员工人数来计算所选时期细分项的平均人数。

  平均人数（每天）=（[细分项].第一天人数+[细分项].第二天人数+

  [细分项]第三天人数+……+[细分项].该时期

  最后一天的人数）÷ 该时期总天数

无论使用哪种计算方法，你最终都会得到所选时期每天的员工人数清单，然后把其加总取平均值。

在计算平均值时，你可以在数据集中添加一个计数变量。当要计数的内容满足条件时，计数变量的值为1；当要计数的内容不满足条件时，计数变量的值为0。在示例中，如果一个人在指定日期是在职员工，则计数变量为1；如果这个人在指定日期是不活跃的和/或不是员工，则计数变量为0。这样你的计算过程就变成了一个简单可重复的方法，对数据集中所有日期的计数变量求和，并简单地除以总的日期数。

> 在统计学中，分母为零的计数变量被称为伪变量。

如果你使用期初人数和期末人数计算平均人数（以月为单位），则要将每月第一天的人数和每月最后一天的人数求和取平均值。因为在一个月中你选择了两个不同的日期，即每个人都有两条记录，所以你需要对这两次记录的人数求和除以2。如果你以每天的人数为计算依据，则需要将每天的人数相加，然后除以这个月的总天数。

招聘人数的计算

顾名思义，招聘就是把人才从非员工变成员工的活动。要计算招聘人数，你需要提取一份所有在职员工和离职员工的列表，并计算给定细分项在某一时期内的员工人数。

计算招聘人数的简单公式如下：

$$招聘人数=计数[细分项].[时期].招聘人数$$

招聘率的计算

招聘率是某一时期的招聘人数与该时期平均人数的百分比。要计算招聘率，你需要用特定时期某一特定细分项的招聘人数除以同一时期同一细分项的平均人数，计算公式为：

$$招聘率=计数[细分项].[时期].招聘人数 \div [细分项].[时期].平均人数$$

图9-2给出了一个计算招聘率的示例。

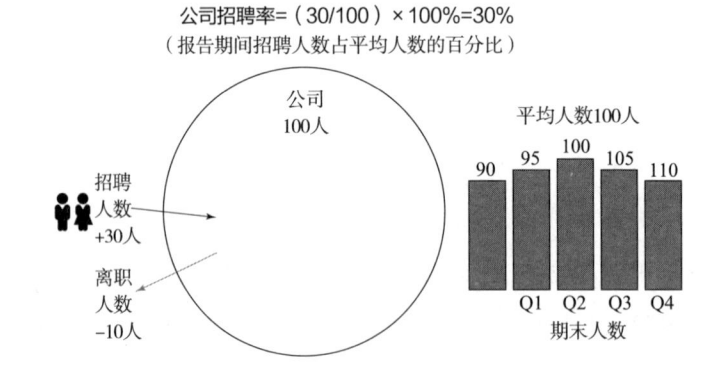

公司招聘率=（30/100）×100%=30%
（报告期间招聘人数占平均人数的百分比）

图 9-2 计算招聘率

增长人数

增长人数是指从期初到期末员工人数的增加情况。要计算增长人数，可以用给定时期给定细分项的期末人数减去期初人数，计算公式为：

$$增长人数=[细分项].[时期].期末人数-[细分项][时期].期初人数$$

人数增长率

人数增长率是指从期初到期末员工增长人数占期初人数的百分比。要计算人数增长率，可以用给定时期给定细分项的增长人数除以期初人数，计算公式为：

人数增长率=[细分项].[时期].增长人数÷[细分项].[时期].期初人数×100%

图9-3给出了一个计算人数增长率的示例。

A部门人数增长率=（0/50）×100%=0%
报告期间与期初人数的净变化
（本周期开始之日与上一个周期结束之日是同一天）

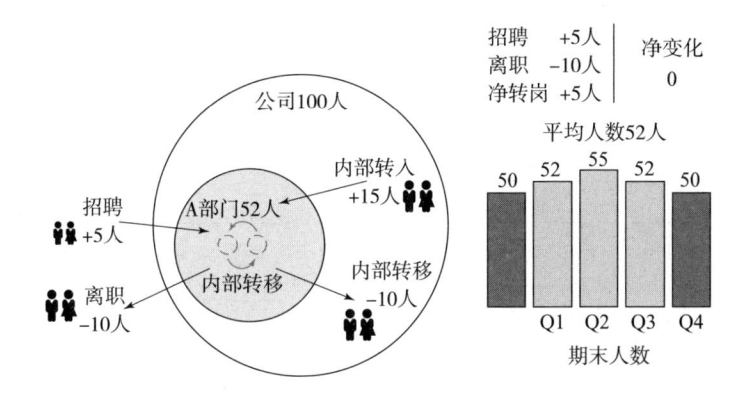

图 9-3　计算人数增长率

招聘计划达成率

大多数公司都有招聘计划，即在未来某个日期之前，希望有多少人加入公司。招聘计划达成率是指在某一时期招聘计划完成的百分比，计算公式为：

招聘计划达成率=[细分项].[时期].期末人数÷[细分项].[时期].计划的期末人数%

图9-4给出了一个计算招聘计划达成率的示例。

如果时间、金钱、招聘质量和员工经验都不是问题，那么你不需要在招聘人数上做这么多测算。然而，在实际工作中，招聘的速度、成本和质量都很重要，所以你需要评估除工作量外的更多指标。

招聘计划达成率（%）
（某岗位实际人数占计划人数的百分比）

	12月	1月	2月	3月	4月	5月	6月	7月	8月	9月	10月	11月
计划人数	300	320	340	360	380	400	420	440	460	480	500	520
实际人数	300	315	330	345	360	375	390	405	420	435	450	465
招聘计划达成率	100%	98%	97%	96%	95%	94%	93%	92%	91%	91%	90%	89%

招聘计划达成率 = 405 ÷ 440 × 100% = 92%

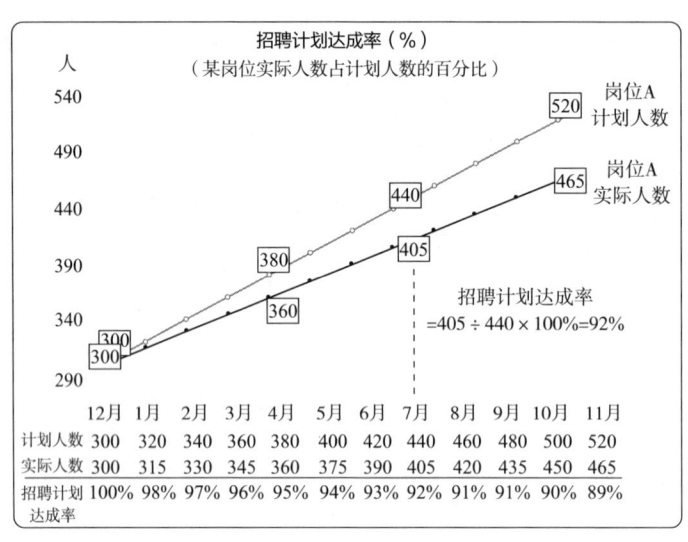

图 9-4　计算招聘计划达成率

回答招聘效率问题

你不可能只与应聘者通一次电话就决定给不给他发录用通知书。你会和很多人交谈，通过很多步骤来筛选应聘者名单，直到招到合适的人为止。

从一个重要筛选环节过滤到下一个重要筛选环节的有效性可以通过人才获取漏斗指标来衡量。下面将探讨这些指标。

邀请

邀请是指请申请人来应聘某一岗位。计算邀请人数，就是计算在指定时期某细分项发出应聘邀请的数量，计算公式为：

邀请人数 = 计数[细分项].[时期].邀请动作

应聘者

应聘者是指被认为可能适合从事某空缺岗位的人。应聘者人数的计算公式为：

应聘者人数 = 计数[细分项].[时期].应聘者

申请

申请是指应聘者正式申请应聘空缺职位的这一动作。计算申请人数，就是计算指定时期某细分项的申请者人数：

$$申请人数=计数[细分项].[时期].申请人$$

虽然"申请人"和"应聘者"这两个词经常视作同义词，但是在用于分析人才获取活动时两者是有差别的。任何被认为可能适合某岗位的人都是应聘者。如果你使用的是唯一标识符，则无论应聘者在你的公司申请过多少不同的岗位，应聘者的标识在人才获取数据库中都应该只有一条记录，而申请人标识就可能有多个，一个应聘者可能申请多个不同的岗位，每个申请都会产生一个唯一的申请人标识。

面试

参与招聘决策的人员通过电话或现场对应聘者进行正式的录用评估的过程就是面试。面试人数的计算公式为：

$$面试人数=计数[细分项].[时期].面试$$

录用通知书

当一名应聘者被选中从事某个岗位，公司就会发出录用通知书，邀请其加入公司。录用通知书发放数量的计算公式为：

$$录用通知书发放数量=计数[细分项].[时期].录用通知书$$

接受录用通知书

接受录用通知书是指应聘者接受录用通知书并决定入职。接受录用通知书人数的计算公式为：

$$接受录用通知书人数=计数[细分项].[时期].接受录用通知$$

漏斗通过率

漏斗通过率是指从一个筛选环节进入下一个筛选环节的申请人人数占该筛选环节申请人人数的百分比。其计算公式为：

$$漏斗通过率=[细分项].[时期].[第x+1筛选环节的申请人人数] \div [细分项].[时期].[第x筛选环节申请人人数] \times 100\%$$

漏斗未通过率

漏斗未通过率是指未从一个筛选环节进入下一个筛选环节的申请人人数占该筛选环节申请人人数的百分比。其计算公式为：

漏斗未通过率=[细分项].[时期].[第x筛选环节的申请人人数—第x+1筛选环节的申请人人数] ÷[细分项].[时期].[第x筛选环节申请人人数] ×100%

漏斗录用率

漏斗录用率是指申请人通过所有筛选环节最终接受录用通知书的申请人人数占申请人总人数的百分比。其计算公式为：

漏斗录用率=[细分项].[时期].接受录用通知书人数÷[细分项].[时期].申请人总人数×100%

图9-5给出了一个计算漏斗录用率的示例。

> 人才获取漏斗的相关指标可以帮助你在人才筛选过程中有效地控制应聘者人数。上一个环节筛选掉的应聘者越少，下一个环节需要筛选掉的应聘者就越多。如果你在漏斗顶部设置了过多的任职要求，那么应聘者人数可能一开始就很少，导致你很难成功招聘到所需人才。

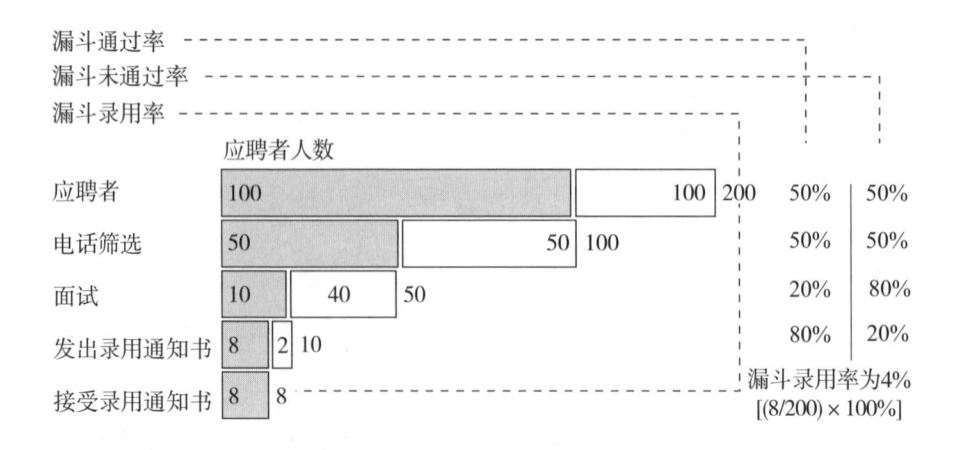

环节	应聘者人数		漏斗通过率	漏斗未通过率
应聘者	100	100 / 200	50%	50%
电话筛选	50	50 / 100	50%	50%
面试	10	40 / 50	20%	80%
发出录用通知书	8	2 / 10	80%	20%
接受录用通知书	8	8	漏斗录用率为4% [(8/200)×100%]	

图 9-5　计算漏斗录用率

如图9-6所示为两个漏斗。漏斗B付出了两倍于漏斗A的努力，最终得到了与漏斗A相同的录用率。因此，在人才获取的质量上，漏斗A远远优于漏斗B。

在漏斗A中，面试官从100名应聘者、50次电话筛选和25次面试中最终雇用了6名员工。在漏斗B中，面试官最终也雇用了6名员工，但比漏斗A多电话筛选了50人，多面试了25人。如果每次面试时间为1小时，并且每次面试中每名应聘者都必须与5位面试官面谈，那么公司在面试上就额外花费了125小时（25×5×1）的时间成本。如果面试官的平均工资是每小时50美元，那么漏斗B的这种低效操作至少让公司多花了6 250美元。

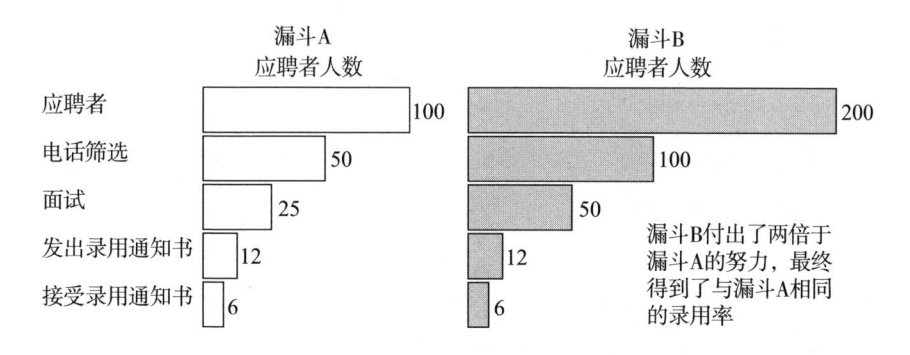

图9-6　两个漏斗的比较

更多的应聘者给了你更多的选择。但是，如果你做了更多的招聘工作，最终成功招聘的人数与更少的应聘者人数条件下相同，那么拥有更多的应聘者并不是一件好事。只有在更多的应聘者中招聘到更多的员工和/或招聘到更高质量的员工，你的额外付出才是合理的。

如果你怀疑自己处于漏斗B的状态，或者你比以前做了更多的工作或花费了更长的时间在人才招聘上，请考虑在电话筛选阶段提高筛选标准，以减少进入下一环节的应聘者人数。通过在更早的环节提高筛选标准，让更少的应聘者通过，从而在招聘后期选择素质更高的应聘者，这些应聘者中将有更多人有可能成为员工，从而提升你的招聘率。

计算漏斗指标时，你可以：

- 比较某一时期整个公司的漏斗，看看你是进步了还是退步了。
- 比较来自不同部门、地区、招聘人员或其他细分方式下的漏斗，看看能不能找到答案。
- 根据过去取得的成果，推导出需要做多少招聘工作才能在特定时期产生特定数量的新员工和/或预测当前漏斗在下一季度将产生多少新员工。

> 了解人才获取漏斗中正在发生的事情可以帮助你正确地平衡人数、时间、成本和质量，进而帮助你的公司在人才获取方面取得优势。

除了评估漏斗的形状和总体招聘量，你还可以使用漏斗指标来测量某段时期需要多少招聘人员、多少应聘者，以及需要做多少招聘工作才能完成招聘需求（见图9-7）。

人才获取效能
成功录用一名员工需要投入多少资源和精力

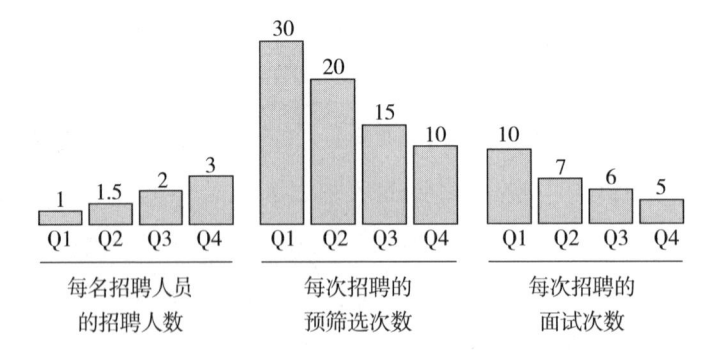

每名招聘人员的招聘人数	每次招聘的预筛选次数	每次招聘的面试次数
Q1: 1, Q2: 1.5, Q3: 2, Q4: 3	Q1: 30, Q2: 20, Q3: 15, Q4: 10	Q1: 10, Q2: 7, Q3: 6, Q4: 5

图 9-7 人才获取效能

每名招聘人员的平均招聘人数

你可以使用以下方法计算给定时期每名招聘人员的平均招聘人数：

每名招聘人员的平均招聘人数=[细分项].[时期].雇用人数÷[细分项].[时期].[招聘人员].[平均人数]

每次招聘的平均电话预筛选次数

以下是计算给定时期进行一次招聘所需的平均电话预筛选次数的公式：

$$每次招聘的平均电话预筛选次数 = [细分项].[时期].电话预筛选次数 \div [细分项].[时期].招聘次数$$

每次招聘的平均面试次数

在给定时期，每次招聘的平均面试次数的计算公式为：

$$每次招聘的平均面试次数 = [细分项].[时期].面试次数 \div [细分项].[时期].招聘次数$$

面试后录用比率

要计算给定时期面试后录用比率，可使用以下公式：

$$面试后录用比率 = [细分项].[时期]录用通知书发放数量 \div [细分项].[时期].面试次数$$

了解平均需要多少招聘人员、做多少招聘工作、多长时间才能产生一定数量的新员工非常重要，因为只有这样你才能知道如何增加或减少资源，以满足不断变化的招聘计划。

回答招聘速度问题

另一种观察漏斗的方法是，测量每份招聘需求从第一次开放申请到需求被满足的时间差（招聘周期），或者测量每名应聘者从开始申请岗位到他们成为员工的时间差（入职周期）。

招聘速度很重要，因为它：

- 可以使你的公司比招聘速度较慢的竞争对手（通常是大公司）更具优势，更快地获得人才。应聘者在招聘过程中每等待一天都是在增加他与另一家公司面谈的机会，这有可能导致你不得不在发放录用通知书环节与竞争对手进行竞争。但如果你招聘速度足够快，应聘者就不太可能在收到你的录用通知书之前收到其他公司的面试邀请。最坏的情况是，当你发出一份录用通知书时，应聘者手里还有另外两家公司的录用通知书。在这种情况下，应聘者选择你的概率就变成了1/3，这意味着你有可能不得不给应聘者更高的薪酬以吸引他入职。此外，如果你给这名应聘者的薪酬比你给在职员工的薪酬还高，那么在下一次年度调薪时，你可能还要提高在职员工的薪酬，以免薪酬"倒挂"引发更多问题。

- 可以向应聘者表明你在很认真地邀请他加入。招聘是一个简单的过程：应聘者与招聘人员沟通、做出选择。如果应聘者需要等待好几周才能得到录用消息，那么当他没得到消息时，他会认为你没打算录用他，而当他得到消息时，他会怀疑这次录用可能是你退而求其次的结果。快速的招聘流程能够带给应聘者好的体验，毕竟迅速得到自己想要的岗位是令人兴奋的。

- 可以为公司增加价值。你填补一个职位空缺所需的时间越短，职位空缺的时间就越短。职位长期空缺会降低生产率，给其他员工带来压力，增加他们离职的可能性。此外，如果你能更快地填补职位空缺，你就有更多精力去做其他事情，如招聘更多人或做更多其他的工作。

正如我前面提到的，你可以使用两个指标来衡量招聘时间：招聘周期和入职周期。此外，每个招聘环节（如申请、初筛、面试、发放录用通知书）平均耗费的时间也是可以统计分析的，这可以帮助你诊断在哪些环节损失了时间，从而缩短总体招聘周期。

招聘周期

招聘周期是指，为公司寻找和雇用一名新员工（或者说填补某一岗位空缺）所花费的平均时间，即从发布岗位空缺到有应聘者接受录用通知书这一过程所花费的时间。如果你的公司今天有一个岗位空缺,你需要多长时间才能完成招聘工作?招聘时长如何根据所招聘的岗位职能或等级的不同而变化?你需要准确回答这些问题。如果你无法回答,那就计算出你公司的招聘周期。其计算公式为:

招聘周期=总和.[时期].从发布岗位空缺到有应聘者接受录用通知书的时长÷[细分项].[时期].接受录用通知书的人数

图9-8给出了一个计算招聘周期的示例。

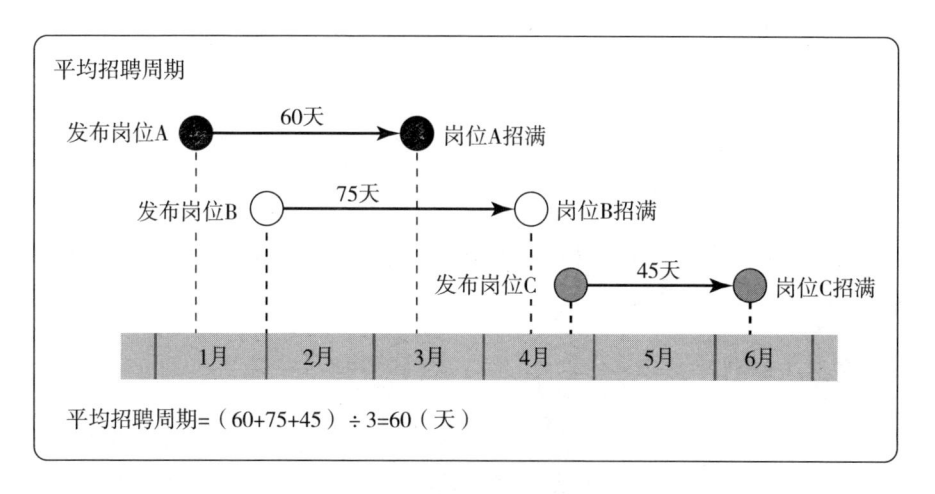

```
平均招聘周期
  发布岗位A ●——60天——→● 岗位A招满
  发布岗位B ○——75天———→○ 岗位B招满
              发布岗位C ◐——45天——→◐ 岗位C招满
   1月  2月  3月  4月  5月  6月
平均招聘周期=(60+75+45)÷3=60(天)
```

图 9-8 计算招聘周期

入职周期(应聘者角度)

入职周期(应聘者角度)是指,从人才获取动作开始到新员工正式工作的平均天数。换句话说,入职周期衡量的是从确定岗位招聘计划到计划完成所需的时间。

要计算入职周期(应聘者角度),需要计算从岗位招聘需求被批准日到新员工入职日的平均天数,计算公式为:

入职周期(应聘者角度)=总和.[细分项].[时期].每个岗位从发布岗位空缺到员工入职的天数÷[细分项].[时期].雇用人数

图9-9给出了一个计算入职周期(应聘者角度)的示例。

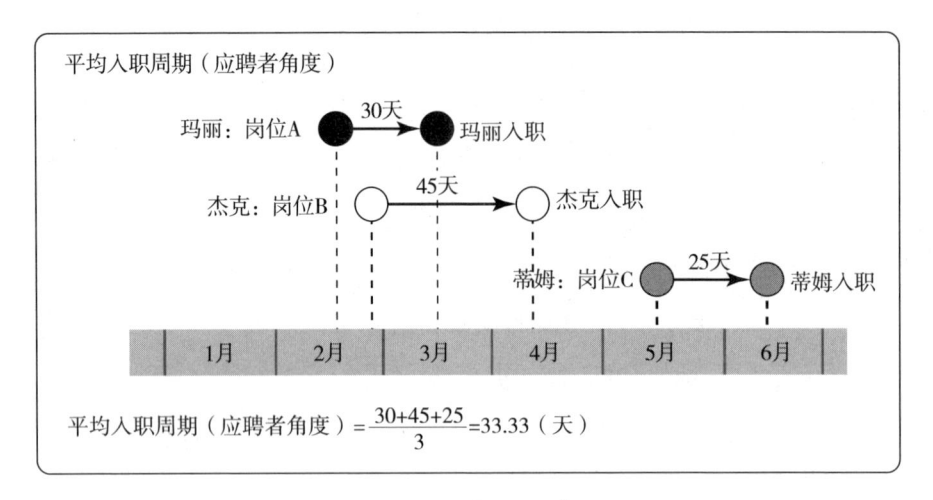

```
平均入职周期（应聘者角度）

  玛丽：岗位A ●──30天──→● 玛丽入职
  杰克：岗位B  ○──45天──→○ 杰克入职
          蒂姆：岗位C ●──25天──→● 蒂姆入职
  ┌────┬────┬────┬────┬────┬────┐
  │ 1月 │ 2月 │ 3月 │ 4月 │ 5月 │ 6月 │
  └────┴────┴────┴────┴────┴────┘

平均入职周期（应聘者角度）= (30+45+25)/3 = 33.33（天）
```

图 9-9　计算入职周期

招聘周期（应聘者角度）

招聘周期（应聘者角度）是指应聘者从申请岗位到正式入职的平均天数。

招聘周期（应聘者角度）=总和.[细分项].[时期].从申请岗位到正式入职的天数÷[细分项].[时期].雇用人数

> **让指标变得有意义**
>
> 指标本身并没有什么意义。雇用50名员工是好是坏，要看具体的情境和目标。例如，原来的计划是雇用10人、50人还是100人？目标不同，评判标准也不同。以下是将数据转化为有用的洞察的几种方法。
>
> - 将不同的细分项进行比较。比较不同细分项的相关数据可以帮助你发现什么是正常的，什么是异常的，什么样的表现是好的，什么样的表现是差的，以及如何优化。
>
>   假设你正在评估招聘周期，某个细分项的招聘周期是30天，其他几个细分项的招聘周期是55天，你可能不知道造成这一差异的原因，但通过对比，你至少知道30天的招聘周期是可以实现的。有了这一信息，你就可以对其他细分项的招聘周期指标提出更高的要求，直到它们也能达到30天的标准。

- 将某个指标与另一个对你来说重要的指标相关联。举例来说，如果你从事零售业务，你可以将招聘质量与客户满意度相关联，从而对公司的业绩进行统计分析。如果你很在意客户满意度，你可以试着分析入职周期与客户满意度之间的相关性，如正相关性、负相关性或无相关性，从而决定是否需要对入职周期进行优化。

- 对指标进行时间趋势分析。查看指标是如何随时间变化的，明确什么情况是正常的，什么情况是异常的。如果你发现相关指标比较稳定，你也没有遇到任何大问题，那你现在可能也没有什么好担心的。如果你发现某个指标的数据有所增加或减少，你可以结合目标来评估这一变化是好事还是坏事。如果你对此没有清晰的认识，建议你忽略这个指标——不要刻意使用一个你不理解的指标。

- 使用公开的人力资源指标基准数据库来与其他公司进行比较。当你想获得一些人力资源指标基准数据时，你可以求助于许多可信的付费来源。

  行业基准可以为你提供一个视角，帮助你了解本公司的数据与其他公司相比处于什么水平，但它不会告诉你公司的指标应该是什么。不同的公司拥有的数据也会有所不同，以下是不同公司之间可能存在的差异之处。

  — 规模不同。

  — 增长率不同。

  — 岗位职能占比不同。

  — 员工在职时长和年龄分布不同。

  所有这些因素都会影响指标，因此你不能直接对标其他公司的数据。其他公司正在努力实现的目标实际上可能并不适合你的公司，只能作为参考。

回答招聘成本问题

计算你为招聘花了多少钱是一次有价值的自我反省，可以帮助你有效地控制投入。在商业中，成本是一个特别重要的衡量标准。

了解你的总体招聘成本能够有效监控你是否从支出中获得了更高的生产率，或者你的支出是否随着每次的雇用而增加，从而确保你的投资能够获得足够的回报。

招聘成本的第一个也是最传统的衡量标准是单位招聘成本，接下来我会详细解释。

单位招聘成本

单位招聘成本是指为填补岗位空缺所付出的经济成本。填补一个岗位空缺绝不是一项固定不变的标准化任务，在计算实际单位招聘成本时有很多因素综合起作用。一般来说，可以将单位招聘成本分为以下两种类型。

- 内部成本。
  - 额外的管理成本（管理层额外参与招聘营销活动、面试和招聘讨论会所需的时间）。
  - 员工内推奖金。
  - 非工作成本（如办公室成本）。
  - 其他成本（如为了符合政府合规要求耗费的内部员工管理成本）。
  - 与人才获取相关的专职同事的人工成本（如工资、福利和培训）。
  - 招聘专员工资。
- 外部成本。
  - 广告和营销费用。
  - 背景调查、工作资格鉴定、药物检测和体检的相关费用。
  - 校园人才获取活动。

- 招聘网站开发和维护费用（如建立和维护招聘网站及保持网站内容及时更新的相关成本）。
- 咨询服务费用（包括平等就业机会咨询费用）。
- 或有费用。
- 移民开销。
- 招聘会和人才获取活动相关费用。
- 招聘流程外包费用（用于预筛选和评估应聘者）。
- 搬家津贴。
- 签字费。
- 社交媒体成本（规划和创建社交内容、与潜在客户互动所花费的时间，以及任何赞助内容的成本）。
- 技术成本，如付给专业招聘网站的招聘许可费、ATS费用、背景调查软件订阅费用、入职登记费用，以及支持人才获取的任何环节的其他技术成本（如使用一些新的人才搜寻工具的费用）。
- 第三方招聘费用。
- 差旅费。

这些招聘成本中的大部分都是综合累加的，并不是招聘单个员工的成本。要计算单位招聘成本，你需要将所有这些成本相加，然后除以招聘人数。这种累加的财务数据往往不会非常精确，会影响你计算单位招聘成本的精准性，从而影响你的洞察水平。用财务指标去估算单位招聘成本就如同伸出手去感受风力和风向，你会获得大致的感觉。

> 单位招聘成本没有考虑通过投资而增加的雇用人数或提高雇用质量所产生的价值，它只关注费用。

招聘 ROI

正如我在本章前面提到的，单位招聘成本是最传统、最常见的评估人才获取成本的指标。然而，它的问题是没有考虑填补不同类型岗位的难度，以及不同岗位所产生的价值。当缺乏这一视角时，你就不可能非常科学地解释单位招聘成本的变化。有时候单位招聘成本之所以增加，是因为正在招聘的岗位比其他岗位更难招到人、更有价值。

将招聘成本纳入价值范畴的一个新指标是招聘ROI。招聘ROI要求你首先估算与成本相关的所雇用员工的ELV。

计算单位招聘成本时，你可以将某一时期的所有人才获取成本除以该时期的雇用人数。计算招聘ROI时，你可以将某一时期所有雇用人才的ELV除以该时期所有人才获取成本。当使用招聘ROI指标时，你是在衡量招聘过程中每投入1美元为公司带来的价值。当使用单位招聘成本指标时，你是在衡量招聘过程中每投入1美元所产生的雇用人数。两者都是评估人才获取效率的标准，但显然招聘ROI更有价值。

招聘ROI是一个新概念，可以帮助你从员工为公司创造价值的角度来评估公司在人才获取方面的花费。在不同的时间周期，同一公司产生业绩回报的难度不同，不同的公司之间也有差异。如果你基于单位招聘成本来评估招聘绩效，而不考虑所雇用的人才带来的价值，那么当你在争取非常有价值的人才时，你可能会发现你的资源受到了不必要的限制，你在规定的时间内有效吸引和获取高质量应聘者的能力降低了。过去，评估招聘成本是基于雇用人数。然而，从岗位挑战或应聘者的质量角度看，不同岗位在人才获取环节面临的难度是不同的，因此单纯根据雇用人数来确定所耗费的招聘成本是不合适的。例如，招聘高管显然要比招聘普通员工付出更多成本，招聘技术人才显然要比招聘前台人员付出更多成本。好的做法是将资源与人才价值结合起来，专注于如何花费最少的时间和金钱产生更高质量的员工。

回答招聘质量问题

当你为公司招聘员工时，你愿意相信他们是你能招到的最好的员工，但在现实中，你不一定总能招到最好的员工。

为了检验是否招到了最好的员工，你必须看看未来会发生什么。当然这是不可能做到的，但你可以盘点过去，看看过去公司在招聘工作上是怎么做的、效果如何。你会发现很多成功和失败的案例。每个案例都可能有各自的特殊性，但是将所有案例综合在一起看，你可以得出总体的成功率和失败率，这可以用于评估招聘决策过程中招聘质量的好坏。

评估招聘质量很重要，在评估招聘质量时应遵循以下基本原则。

- 以长期的视角去评估大量招聘决策的成功率和失败率，不要看短期效果。
- 使用一种方法去有效地评估招聘决策的成败，区别于做出招聘决定的方法。
- 确定招聘成功和失败的定义，尤其要与人才的岗位绩效相关。
- 为每个岗位族群和级别开发评分规则，并划分出非常成功（高于平均水平的绩效）、中等成功（达到平均水平的绩效）和失败（低于平均水平的绩效）3个等级。传统的绩效评估方法比较主观，不能有效衡量招聘质量。拥有明确的量化的评分规则很重要，因为它能够帮助你更客观地评估招聘质量。

> 评分规则就是评分指南。打分制的评分规则为绩效评估提供了连贯的量化标准。评分规则可以让直属经理、员工和招聘人员按照同一个标准进行绩效沟通和绩效评估，否则这个过程就是难以捉摸的、复杂的或主观的。评分规则可用于自我评估、上级评估、同事评估、招聘决策和岗位要求说明。提出评分规则的目标是，在公司内部产生尽可能准确和公平的评估方式，并促进内部共识的达成。这种使用评分规则进行绩效评估和反馈的整个过程称为持续性评价或形成性评价。

使用关键行为事件技术

关键行为事件技术是一种用于捕捉关键行为事件的调查工具，关键行为事件是过去发生的涉及员工工作表现和工作能力的事件。考察关键行为事件的目的是,从员工过去的经历中评估其胜任目前及未来工作所必需的知识、技能、能力和其他特质（以下简称胜任力）,并帮助你考察那些能够区分高绩效和低绩效的知识、技能、能力。

胜任力代表成功履职所必需的特征,它是一个广义的概念,涵盖知识、技能、能力等诸多特质,包括天生的或后天形成的特质。

在此,建议你使用关键行为事件技术来制定一个评价标准,通过对员工入职90天的绩效进行评估来衡量招聘质量。如果你始终如一地应用这个评价标准,那么就可以衡量招聘质量的变化情况。

这个评价标准还可以用来开发有效的招聘前期评估工具,筛选应聘者,衡量工作表现,并支持绩效沟通工作。你可以通过将招聘前期的评分与工作绩效、同事反馈和客观生产力等指标联系在一起进行分析,对该评价标准进行持续评估和优化。

图9-10以行为锚定等级评分表的形式说明了"倾听能力"的评分标准。

这个示例提供了1~7分的能力分层描述。根据分层描述进行打分后,可将不同评估者的打分进行统计分析,以确定被评估者倾听能力的高低。想象一下,如果你被要求用1~7分来评价一个人的倾听能力,你怎么知道1分、3分和7分指的是什么？你可以猜测,但你的评判标准会和其他人不同。而行为锚定等级评分表提供的陈述句统一了评估标准,最大限度地保证了评判的可靠性。行为锚定等级评分表中的分层描述允许评估者根据自己的观察找到最能够描述被评估者倾听能力的陈述句,从而打分。这种评估倾听能力的方法比没有行为锚定等级评分的方法好很多。

使用关键行为事件技术的第一步是确定在某个岗位上影响绩效高低的因素,不同岗位上影响绩效高低的因素有所不同。第二步是开发行为锚定的等级和分层描述,以评估人才。一个岗位的胜任力包括几个因素,这几个因素有不同的分层等级。

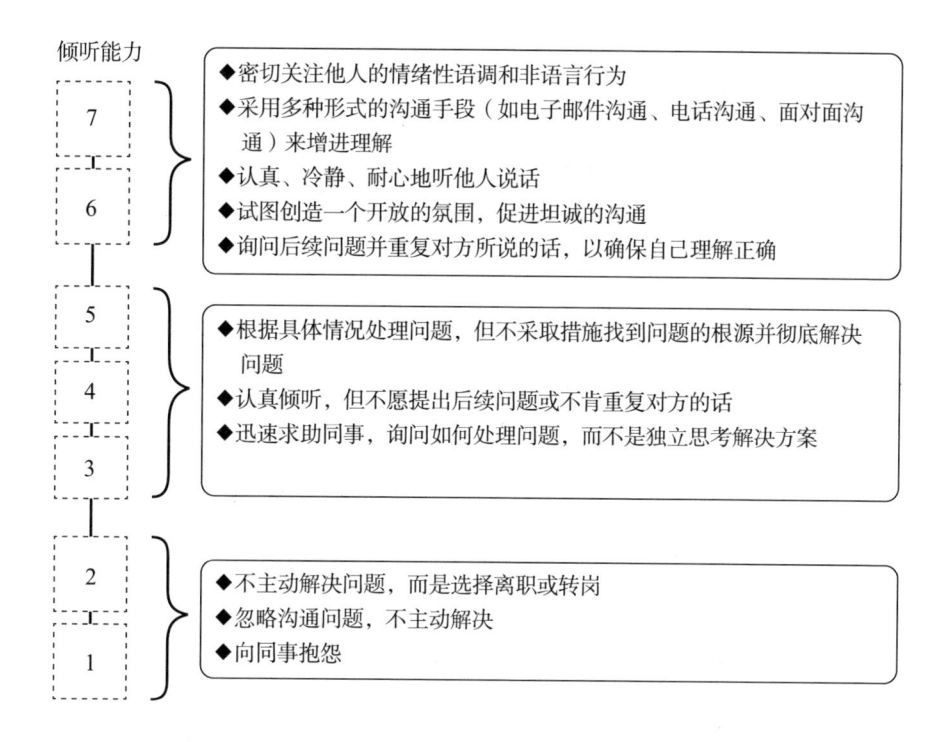

第9章 人才吸引：量化人才获取工作

倾听能力

7、6：
- ◆密切关注他人的情绪性语调和非语言行为
- ◆采用多种形式的沟通手段（如电子邮件沟通、电话沟通、面对面沟通）来增进理解
- ◆认真、冷静、耐心地听他人说话
- ◆试图创造一个开放的氛围，促进坦诚的沟通
- ◆询问后续问题并重复对方所说的话，以确保自己理解正确

5、4、3：
- ◆根据具体情况处理问题，但不采取措施找到问题的根源并彻底解决问题
- ◆认真倾听，但不愿提出后续问题或不肯重复对方的话
- ◆迅速求助同事，询问如何处理问题，而不是独立思考解决方案

2、1：
- ◆不主动解决问题，而是选择离职或转岗
- ◆忽略沟通问题，不主动解决
- ◆向同事抱怨

图 9-10　行为锚定等级评分表

你可以使用各种方法来获取关键行为事件，如面试、调查、书面报告和小组讨论。开发关键行为事件材料的人员可以是这个岗位的在岗人员、直属上级和其他了解这个岗位工作的人员（如客户、供应商、顾问和下属）。在获取关键行为事件时，要强调此次收集的信息不是为了评估参与人过去的或当前的绩效，而是为了制定评价标准，以便用它来识别产生高绩效的胜任力，从而在未来的人才获取过程中精准地找到拥有这些胜任力的优秀人才。因为这个标准是从优秀人才身上挖掘出的关键行为事件，所以用这个标准衡量人才对公司是有价值的。

在识别胜任力的过程中，所有的沟通都不应该是批判性的，否则你将得不到准确的信息。站在更高的角度看，使用关键行为事件技术涉及以下3个方面。

- 行为发生的环境。

- 行为本身。
- 行为的积极或消极后果。

这些关键行为事件通常代表了表现不佳和表现卓越的事例，并能够展示与行为和结果相关的个人特征。一个单独的行为事件没有多大价值，但是当你拥有几十个或几百个行为事件时，你就可以有效地识别最有可能产生好结果的行为模式。这些行为能够被制作成评估规则，用于批判地评估你观察到的相关人才的行为，确定其胜任力等级。

图9-11是使用关键行为事件技术开发行为锚定等级评分表的流程。

图9-11中描述的4个步骤只是一个概述。下面是如何执行关键行为事件技术及如何识别工作成功因素并创建相关行为锚定等级评分标准的详细描述。

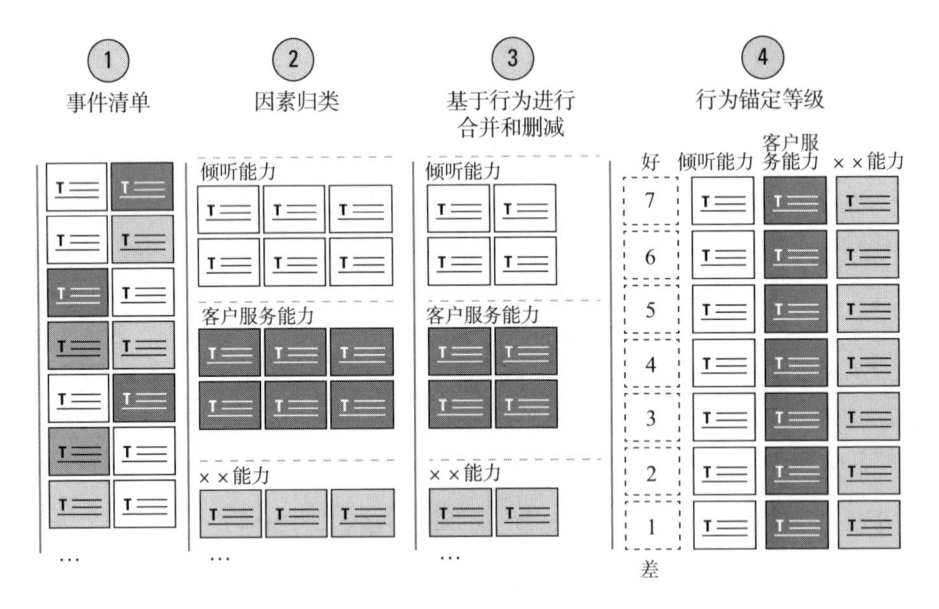

图 9-11 使用关键行为事件技术开发行为锚定等级评分表的流程

1. 建立主题专家小组。 以小组形式确定、邀请和召集主题专家。

2. 记录重大事件。 在完成项目介绍和破冰之后，让主题专家单独在表格或卡片上写出具体的积极和消极的绩效事件，并在表格或卡片的某个地方写下导致积极或消极体验的关键个人行为或特质。第一次写下的内容可能会很粗略。然后引导者阅读卡片上的每个场景事件，确认对事件和相关行为或胜任力的理解，并组织小组进行内容优化和提炼。

3. 将内容相似的卡片分组。 让主题专家将卡片归类，将内容相似的卡片放在一起，这样就初步得出了成功因素或失败因素。请主题专家进一步完善卡片内容，直到找到大家认为导致绩效卓越的核心因素及关于这些因素的描述。而卡片上呈现的就是这些因素的具体事例。

4. 将卡片排序。 将包含具体事例的卡片分成积极和消极两类，然后进一步按照1~7的等级排列卡片。将与高绩效相关的事例放在等级7的位置，将与低绩效相关的事例放在等级1的位置，将与一般绩效相关的事例合理地放置在中间适当的位置。

> 💡 你可以对等级进行修改，如1~3、1~5或1~10，具体取决于你有多少素材。

你可以通过不同的方式完成这项排序任务，可以让每个人单独完成，也可以组织小组成员一起完成。我的建议是请每个主题专家先独自打分，然后把所有人的分值加总取平均值。如果大家对部分卡片的位置有很大的分歧，可以组织小组进行讨论，找出原因，就这些卡片的位置达成共识。

> 💡 如果有些事例在等级上无法达成共识，最好排除它们。

5. 填补空白的等级。 当所有卡片分组并分等级排序完毕后，你需要查看哪些等级还没有对应的行为事件。你需要请主题专家补充行为事件到空白的等级中，可以联系上下等级的行为事件进行思考，以使整张"拼图"完整。填补空白等级后，请再检查一下是否还有什么遗漏。

6. 审视因素等级。 请主题专家再一次审查已排序完成的等级，根据你想应用的岗位来评估该等级的相关性和准确性。

7. 保存会议内容。 你可以拍照或安排一位会议支持人员记录每个因素、每张行为事件卡片及卡片的相应位置。最终，你会得到一张清晰的因素等级表，表中包含清晰的事例，你可以用这张表来收集未参会人员的意见，基于他们的反馈反复调优。如果利益相关者在某些事例的等级评定上存在较大的分歧，那么最好的方式是删除不能达成一致的事例，保留达成共识的事例。

8. 最终确定一个行为锚定等级评分表，用于评估和进行数据分析。 在仔细检查了因素等级表之后，你就有了一个完整的评估框架，它代表了行为与绩效之间的关系。完成上述步骤1~7后，你将拥有一系列因素及这些因素对应的等级，每个等级都有一个事例，以帮助评估人员决定给予相关人员怎样的等级评价结果。

应将各种因素的得分合并成一个综合指数。例如，如果有3个因素，每个因素的等级都是1~7，那么最终每个人的得分都是0~21分。

> 你可以将行为锚定等级评分表应用于多种场合。例如，你可以在某个岗位面试流程结束之后使用行为锚定等级评分表对每名应聘者进行评分，即面试官必须根据应聘者对自己过去的相关能力及相关行为的描述来评估应聘者。你也可以使用行为锚定等级评分表来衡量目前在岗员工的工作绩效，即直属经理或其他评估人要根据他们观察到的某名员工的日常工作行为来评估他的工作绩效。

衡量招聘质量的最佳方法是，使用行为锚定等级评分表对招聘后员工的实际在职表现进行观察。你可以在面试过程中使用行为锚定等级评分表建立一个初步的招聘质量评估标准，但更好的评估标准是应聘者入职后实际的工作表现。你可以把新员工入职前的评估结果与其入职后的绩效评估结果联系起来，这样你就可以持续评估在面试过程中所使用的指标的整体预测能力，以及行为锚定等级评分表中每个细分项的评估标准的合理性。

> 如果你在面试过程中评估了一些与工作绩效无关的东西，那你就应该删除相关的评估维度。相反，如果你在面试过程中没有衡量某些与工作绩效相关的东西，那你就应该添加相关的评估维度。

选择将人们放在行为锚定等级评分表的哪个位置往往是一种主观行为，但是使用关键行为事件技术可以帮助你开发锚定点，提供基于客观经验的一致参考。

使用关键行为事件技术开发的行为锚定等级评分表有助于你将定性信息量化，从而与其他数据结合起来进行分析。行为锚定等级评分表永远不会完美，但总比没有要好。通过反复使用和分析，行为锚定等级评分表还可以不断优化。

> 量化人才获取的目的是评估人才获取流程的设计水平和招聘决策的质量。本章介绍的所有技术都是为这一目的服务的。让技术为你服务吧！

> 在本章，你将：
> - 绘制出对业务有效的模式；
> - 借助模型理清思路；
> - 借助模型激活更多的员工；
> - 使用数据来验证有关人才的模糊想法。

第 10 章

人才激活：识别高绩效员工的方法

如果人类是机器人，你只需要雇用他们，他们就会为你做任何设定好的事情。机器人在任何时候都是高效的，所以你知道你花在机器人身上的每分钱都会得到一定的回报。然而，作为人类的员工终究不是机器人。员工可以在上班期间什么都不做，或者只做最低限度的工作，又或者想方设法帮助公司运转得更好。员工可以帮助你战胜竞争对手，也可以拖垮你。人才激活分析可以让你充分发挥员工潜能，更好地管理员工。

如果你正在分析一台机器，你只需要理解这台机器的基本参数，就可以几乎完美地理解、预测和控制机器的行为。遗憾的是，或者说幸运的是，要控制人类行为并不容易。人类会对自己的行为做出独立自主的选择，因此人类的行为更难理解和预测。但这并不是说人类的行为完全是随机的，不能被分析或预测。一些可辨别的模式会帮助你了解人类的行为并做出预测，你只需要了解人类的行为是如何被影响的。

> 预测人类行为的模型基本上是概率性的，而不是确定性的。它们假设可能发生的事情，而不是必然发生的事情。

如果你想理解、预测和影响员工的行为，你需要让员工行为的不太可见的影响通过数据变得更加可见。

分析前因后果

人力数据分析的目标是理解因果关系，这样当你采取一项行动时，你可以为公司和员工创造效益。正如语言是人类交流的起点一样，人力数据分析也需要一个起点。如图10-1所示的ABC框架就是这个起点。

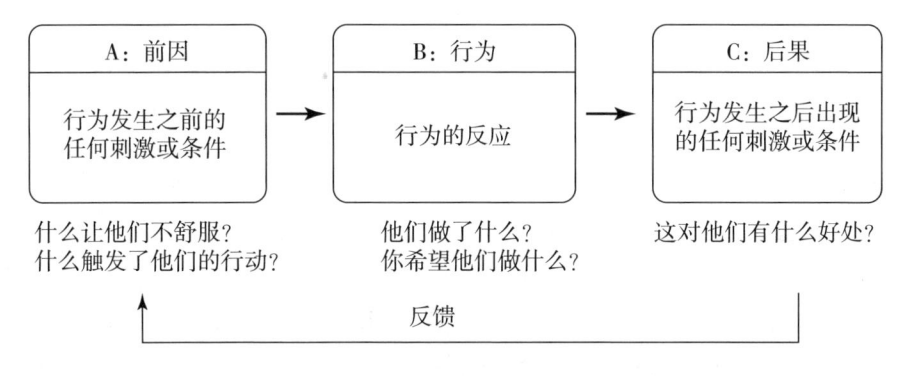

```
┌─────────────┐     ┌─────────────┐     ┌─────────────┐
│   A：前因    │     │   B：行为    │     │   C：后果    │
│             │ ──▶ │             │ ──▶ │             │
│ 行为发生之前的│     │  行为的反应  │     │行为发生之后出现│
│ 任何刺激或条件│     │             │     │ 的任何刺激或条件│
└─────────────┘     └─────────────┘     └─────────────┘
 什么让他们不舒服？   他们做了什么？      这对他们有什么好处？
 什么触发了他们的行动？ 你希望他们做什么？
        ▲                                        │
        └────────────────── 反馈 ─────────────────┘
```

图 10-1　ABC 框架

- 前因：在观察到的行为和/或结果发生之前的可测量因素。前因可以是可衡量的公司状况，如企业文化或组织氛围；也可以是旨在刺激某些行为或结果的具体计划或政策。
- 行为：衡量一个人或一群人对特定的前因、某种刺激或缺乏某种刺激的反应方式。
- 后果：行为直接导致的结果。ABC 框架的目标是提出一些可以用数据测试的行为理论，这些理论会产生一些特定测量和分析计划供你使用。

> 每种行为都会产生公司和个人层面的后果，这些后果对个人和集体行为有不同的影响。公司层面的后果是分散在许多人身上的，其对个人行为的影响要小于个人层面的后果。个人层面的后果可以强化或阻碍个人行为。有效的管理可以使公司层面和个人层面的后果保持一致。

你无法管理看不到的东西，数据有助于你发现盲点。ABC框架是一个与组织行为理论相关的启发式工具，你可以将它作为一个起点，开发科学的方法来检验你的理论并（最终）利用数据分析改进你管理人才的方式方法。为了用数据来检验理论，你必须将行为、导致行为的条件及与行为相关的结果以可测量的方式进行编码。当你把ABC框架中的3个部分都量化之后，你就可以应用数学知识来验证你的理论是否正确。通过这种方式，将ABC框架作为起点，可以帮助你确定最佳行动方案以便影响相关行为，进而达到你想要的结果。

ABC框架实践

假设有这样一个场景：在一家繁忙的商店，一名顾客愤怒地指责收银员算错了一件商品的价格。顾客要求收银员检查商品的价格，但收银员坚持认为价格是正确的。顾客要求解决这个问题，收银员觉得顾客在无理取闹，浪费了后面排队的人的时间。之后，收银员打电话到办公室让一名同事去核对价格，结果发现价格是正确的，但商品放错了地方。这时候，顾客更加愤怒，他把手里的商品往收银台一推，气冲冲地走出了商店。排队等候的其他顾客对这种延误颇为恼火。

下面用ABC框架来分析这种情况。首先，顾客用愤怒的语气要求员工核对价格。这是一个关键的先因，尽管还有很多其他原因，如东西放错了地方。收银员的反应是固执和生气——这在零售行业是一种错误的行为。最好的做法就是承认误会，同时以较低的价格将商品卖给顾客，或者为顾客指出了问题而给予奖励。如果没有这些，一个关心的回应也可能缓和这种紧张的状态。错误行为导致的后果是：商店失去了这个特殊的订单，可能永远失去了这名顾客，而且破坏了其他顾客的购物体验。这对任何人来说都不是一次愉快的经历。有些人会说，"这就是工作"或"这就是零售"。然而，并不是所有的商店都会遇到这种情况，也并不是所有的收银员都是这种处理方式，有些收银员能更加熟练地处理这些情况。他们是怎么做到的？

这种情况是先因，但如果让我分析这个问题，我会退后一步，想想其他不太明显的前因。例如，这家商店的员工配比是否恰当？社会上是否存在一种普遍的文化和期望，认为收银员会欢迎顾客并做出积极回应？这是一名热情的员工，还是这名员工认为收银员和管理层之间的关系有争议？是否有政策允许收银员在一定的价格范围内自己做决定？这种政策使用的频率是多少？招聘收银员时是否有考虑"性格冷静"这一特质？商店里不同类型商品的变化范围和变化百分比是多少？收银员是否有规定的行为准则？是不是有很多人做了好的行为示范？员工是否接受过如何与难缠的顾客打交道的培训？其他员工是否表现出了预期的行为？这里是一个可以让员工每天都快乐地工作的地方，还是如同人间炼狱？

> "人间炼狱"是一个专业术语，指的是工作场所很像但丁的《地狱篇》中描述的地狱。如果你感觉自己正遭受着被灼烧般的痛苦，那么你就准确理解了人间炼狱的含义。

通常情况下，公司对待员工的方式和员工的行为后果是统一的。例如，不恰当的行为是否有社会或纪律方面的惩罚？好的行为会得到奖励吗？公司是有员工培养计划，还是只把收银员当作不重要的临时工？是否有员工利润分成？公司和管理者是否与员工合作，为他们的工作创造一个有吸引力的使命和愿景，从而让员工意识到自己的行动会对社会或他人的生活带来更大的影响？你可以在脑海中想象一家商店，商店里的前因和行为会给每个人带来更好的结果。也许你曾经有过这样的经历，与上面那家商店的经历差别很明显，不是吗？

根据观察到的行为进行推断

这个社会上到处都充满了各种各样的前因、行为和后果。前因驱动后果，后果反过来又建立新的前因。很多时候，行为的每次发生似乎都是独立和随机的，因此有人认为驱动行为的大部分因素都是不可知的，这种观点显然是错误的。人力数据分析的一个主要目标是增加集体和个人意识的广度和深度。

乔哈里窗是一个启发式的说明，可以帮助人们思考信息如何在自己和他人之间发生变化，从而看到其中的含义。乔哈里窗在企业中常被用作一种启发式工具来解释为何获取反馈对企业的成功至关重要。

哲学家查尔斯·汉迪对乔哈里窗做了一些改动，并称之为"乔哈里房子"（见图10-2）。他把乔哈里窗的4个窗格重新组合成一个有4个房间的房子。1号房间是你和其他人看到的关于你的一部分；2号房间包含了其他人看到但你没有意识到的方面；3号房间是你知道但对其他人隐藏的私人空间；4号房间是你潜意识的一部分，你和其他人都看不到。乔哈里房间的理念是：尽管你对自己和周围世界的理解并不完美，但提升你的理解还是有一些好处的。你在人力数据分析中测量和报告的因素，主要通过提供对你的认知范围之外的事物的反馈来提供价值。换句话说，就是改变每个房间的大小。你正在建造一个不同的乔哈里房子。

> 有时候，你可以使用定期收集的数据来创建集体和个人的反馈。在其他情况下，没有现成的测量方法，你需要开发新的测量方法。根据我的经验，最好的人力数据分析团队和分析师更加偏向于开发新的测量方法，而不是采用其他人都在使用的方法。他们会提出创造性的方法来衡量事物，形成自己的优势。复杂的数学

> 计算可以借助软件完成，所以你在数学上并不会犯多少错误。不过，你在数据录入软件和解释结果的过程中可能会犯错误。

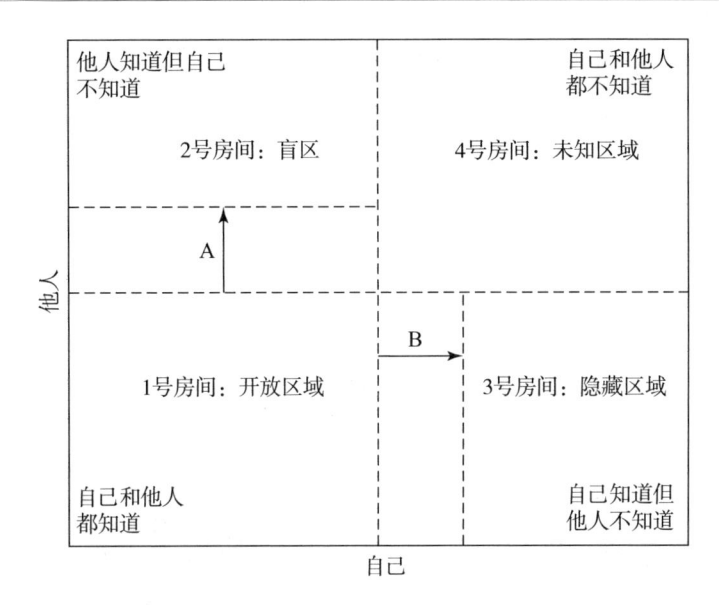

```
他人知道但自己              自己和他人
不知道                      都不知道

  2号房间：盲区            4号房间：未知区域


         A

              B

  1号房间：开放区域        3号房间：隐藏区域


自己和他人                  自己知道但
都知道                      他人不知道
```

图 10-2　乔哈里房子

正如我在本节开头所说的，ABC框架的目标是，提出你可以测试的具体理论，这些理论将指导具体的测量和分析。如果能清楚地表达你关于前因、行为和后果的理论，你就已经创建了一个可以用数学方法来测量你的理论的蓝图。为了提供清晰的理论并加以组织，你可以使用下面介绍的几种模型。

5 种模型介绍

模型是对物体（事物）及其组成部分的抽象表示，用来帮助人们理解或模拟现实。"模型"这个术语有很多应用，所以我在这部分花了一些时间来描述不同的模型，这些模型都可以应用于人力数据分析。

我从最容易理解的物理模型开始举例说明。例如，一名建筑师可以搭建一座建筑物的物理模型，在真正施工前传递和测试大家对未来建筑物的想法。每个人都可以看到模型并表达自己的想法，建筑师可以借此获得大家的反馈。这个物理模型本身去除了不必要的细节和材料，可以等到决定采纳该模型之后，再添加细节和材料。

概念模型是用于连接或组织思想的抽象概念，通常用图表或数学符号来表示。虽然概念模型比物理模型更加抽象，但它和物理模型的作用是一样的——都是为那些你不能拿在手里的东西创建的。模型可以帮助你看到你无法触摸或感觉到的东西。你在商业策略和应用行为科学方面所使用的模型都是概念性的。图10-3是一个概念模型的示例。

服务–利润价值链

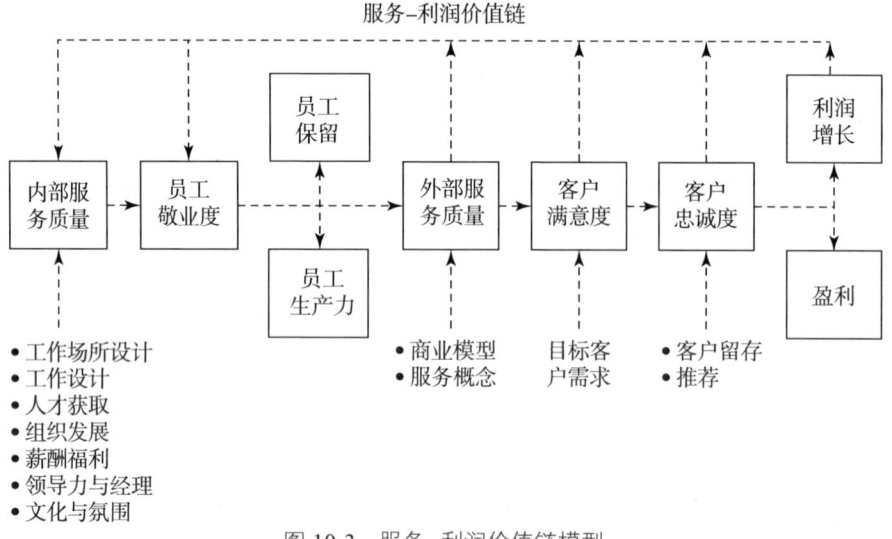

```
                       员工
                       保留
                        ↕
内部服务  →  员工      →  外部服务  →  客户   →  客户    →  利润
质量       敬业度        质量       满意度    忠诚度      增长
                        ↕                                  
                       员工                                盈利
                       生产力
```

- 工作场所设计
- 工作设计
- 人才获取
- 组织发展
- 薪酬福利
- 领导力与经理
- 文化与氛围

• 商业模型　　目标客　　• 客户留存
• 服务概念　　户需求　　• 推荐

图 10-3　服务–利润价值链模型

服务–利润价值链模型从更高层面阐述了有关零售公司的重要前因、行为和后果的研究观点。这是一种用于沟通重要的抽象概念的方式，以便首先引起他人的注意，然后形成进一步的分析和验证计划。尽管这种模型可能对零售公司有用，但每家公司创造价值和利润的方式各不相同——有时采用其他公司的战略，有时采用某些相当独特的方式。

> 服务–利润价值链模型并不是"模型"这一术语的唯一形式。正如我在本节开头提到的，"模型"有许多形式，这可能会令人困惑。在接下来的部分我将分别阐述商业中最重要的几种概念模型的形式。

商业模型

商业模型是描述公司如何创造价值的框架，或者正如管理理论家彼得·德鲁克所说，商业模型只是"一种企业理论"。

商业模型是一种概念模型，它描述并展示了公司赚取利润的基本结构，这种结构可以与其他公司赚取利润的方式进行对比。这些概念模型描述了业务的要素，包括问题焦点、目标客户（市场）、独特的价值主张、渠道、创收方法、潜在市场规模（预估目标客户市场）、预估成本、预估收入，以及任何实际业务差异化优势。

通常情况下，商业上的巨大成功得益于应用创新的商业模型，如福特（流水线生产）、麦当劳（快餐）、亚马逊（电子商务）和奈飞（流媒体）。每种全新的商业模型都有前因和后果，这些前因和后果影响公司与人合作的方式，即公司利用人来创造利润的方式，也就是公司的人力资源管理方式。在当时的历史背景下，像福特和麦当劳这样的公司所做的人力资源决定是非同寻常的。只是随着时间的推移，它们所采用的方法逐渐淡化为一种普遍的经验，以至于它们的创新在现在看来并不引人注目。

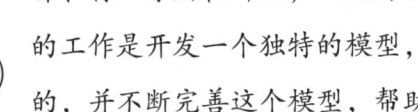

> 商业模型决定了不同的公司需要什么样的人才、人才如何开展工作、将人才用在哪里，以及为什么人才很重要等。人力数据分析的工作是开发一个独特的模型，展现人才是如何传递价值给客户的，并不断完善这个模型，帮助人才在有限的时间和资源下不断提高客户满意度。你可以提出模型的相关理论并进行测试，发现问题后不断改进模型。

科学模型

科学模型是一种概念模型，它描述和表示了一个物理对象或过程的科学理论的组件结构、关系、行为和其他观点。科学模型是对复杂现实的抽象和简化。为了方便理解，这些模型有时用数学表达式表示，有时用图表表示。

著名的能量守恒定律 $e=mc^2$ 是描述"太空运转"这一科学理论的数学表达式。人们先提出了这一理论，经过数学提炼和实验验证，形成了这一表达式。它是抽象的，但已经被应用于一些具体任务，如太空旅行、制造大爆炸、研发利用能源的方法等。

科学理论的质量可以通过理论方面的数学模型（理论数学模型）与可重复实验的数学结果（实验测量结果）的吻合程度来评估。理论数学模型和实验测量结果之间的不一致往往会产生重要发现，更好的理论就是基于细微的差别发展起来的。

数学/统计模型

数学/统计模型是一种概念模型，它以方程式、图表、散点图、树状图和其他元素来描述和表示现实世界的数学结构、关系、行为和其他观点。数学/统计模型是对更复杂的现实世界中的现象的抽象和简化。数学模型有多种形式，包括动力系统、统计模型、微积分或博弈论。

利用数学/统计模型，你可以使用数据来影响业务决策。以火箭制造商为例。在设计新发动机时，制造商首先要设计一个数学模型，并在计算机上进行模拟，而不是直接制造价值数百万美元的火箭，然后为了测试而将其炸毁。如果你学到知识的唯一方法就是炸毁火箭，那你学习的成本太高了。在通过数学模型解决了大多数错误之后，你可以在现实世界进行火箭测试。最后，在发射了真正的火箭后，你还可以继续收集数据，看看火箭的表现是否如预期的那样，并根据实际数据调整你的模型。

像这样例子还有很多，如实施一些新招聘方式、新培训计划、新薪酬支付方式、新福利计划，在此之前你都应该做一些基本的数学测试，以确保你不会"炸毁"你的公司。如果一家公司对人力资源决策的建模不够充分，或者不知道如何管理人才的工作动机，就很容易在市场竞争中失败。

数据模型

数据模型是描述和表示信息系统中数据元素的组件结构、关系、行为和其他视图的概念图或其他技术语言，这些组件结构、关系、行为和其他视图可以表示真实世界中的对象或过程。数据模型是对复杂数据关系的抽象和简化。

利用数据模型，你将真正深入研究具体的细节。数据模型可以帮助软件工程师、测试人员、技术编辑、IT工作者、分析师、业务用户和其他利益相关者更好地形成涉及数据与数据之间相互作用关系的通用数据定义，并加以应用。有了这个通用的数据定义，你可以让以下几个方面的工作变得更容易：

- 系统设计；
- 对数据库、数据存储库和报告应用程序进行有效的管理；
- 多个利益相关者使用同一种方式分析数据；
- 包含常见模块的多个信息系统的集成。

数据模型的第一阶段是概念性的。数据需求最初是一组独立于技术的概念规范。例如，一个数据模型可以指定数据元素代表一个主要对象，该主要对象由数据元素组成并与其他对象相关联，如图10-4所示。

在该示例中，一个员工对象由相关的数据元素组成，如职位名称、工作地点、入职日期和经理。员工数据元素可以与其他系统中的元素相关联，如记录在销售系统中的客户、产品和订单。

那些彰显了具体数据元素、各数据元素的性质及它们如何相互关联的概念模型，可以转换为逻辑数据模型，该模型记录了可以在数据库中实现的数据结构，如实体、属性、关系或表。逻辑数据模型描述了数据库的语义，由特定的数据操作表示，无论它们是表与列、面向对象的类、XML标记还是其他项。一个逻辑数据模型的实现可能需要多个子模型。

薪酬级别

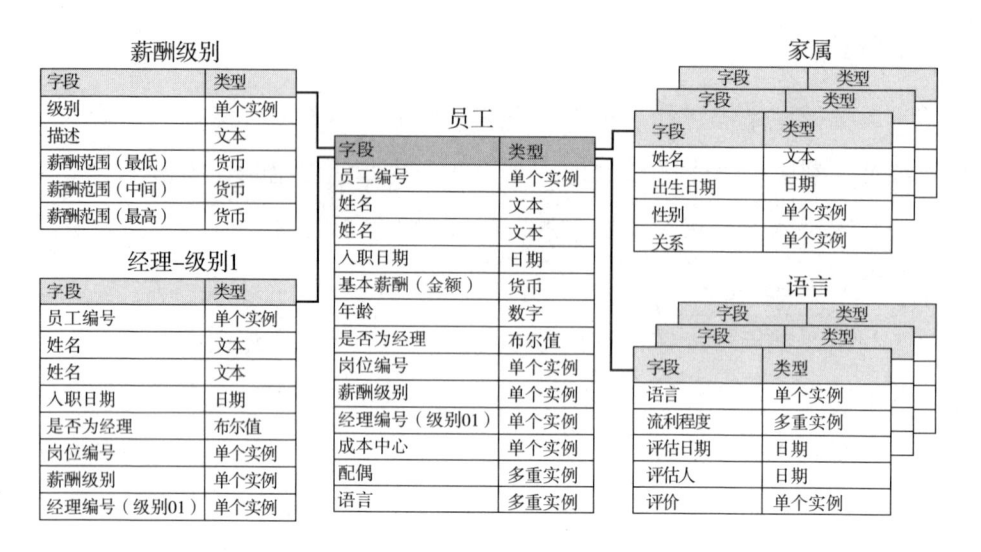

字段	类型
级别	单个实例
描述	文本
薪酬范围（最低）	货币
薪酬范围（中间）	货币
薪酬范围（最高）	货币

经理-级别1

字段	类型
员工编号	单个实例
姓名	文本
入职日期	日期
是否为经理	布尔值
岗位编号	单个实例
薪酬级别	单个实例
经理编号（级别01）	单个实例

员工

字段	类型
员工编号	单个实例
姓名	文本
姓名	文本
入职日期	日期
基本薪酬（金额）	货币
年龄	数字
是否为经理	布尔值
岗位编号	单个实例
薪酬级别	单个实例
经理编号（级别01）	单个实例
成本中心	单个实例
配偶	多重实例
语言	多重实例

家属

字段	类型
姓名	文本
出生日期	日期
性别	单个实例
关系	单个实例

语言

字段	类型
语言	单个实例
流利程度	多重实例
评估日期	日期
评估人	日期
评价	单个实例

图 10-4　人力资源数据模型的一小部分

　　数据建模的最后一步是将逻辑数据模型转换为物理数据模型，该模型将数据组织成满足访问、速度和其他情境需求的物理资产。物理数据模型描述了将数据存储在服务器、分区、CPU、表空间等的物理方法。

系统模型

　　系统建模是指使用模型来进行概念化和构建商业信息系统。

　　在商业信息系统和IT开发中，系统建模有多重含义。它可以与以下几项内容有关：

- 使用模型来概念化和设计系统；
- 在系统使用方面进行跨学科研究；
- 系统模拟，如系统动力学；
- 任何具体的系统建模语言。

　　图10-5展示了在大型公司的人力数据分析环境中可能连接的所有系统和数据库。当公司着手建立一个自动化的人力数据分析工作流时，需要借助这些系统，图10-5给出了这些系统的简化的概念图。

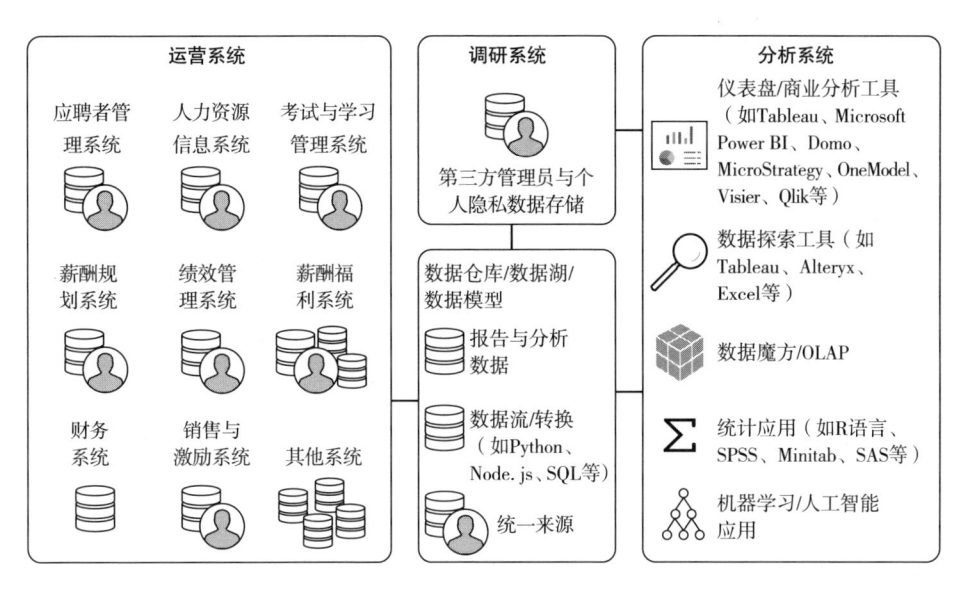

图 10-5　简化的系统示例

> **将模型拆分并重新组合**
>
> 要从整体上思考并模块化地处理模型。模型允许对各部件进行独立设计和操作，同时为你观察所有的部件是如何组合在一起的提供了足够的视角。
>
> 把商业模型、科学模型、数学/统计模型、数据模型和系统模型都牢记在心，因为这5种模型可以独立地理解和管理。系统可以在不影响科学模型和商业模型的情况下进行改变。存储技术的改变不会影响数据模型或科学模型。数据表/列结构可以在不影响其他任何东西的情况下改变。
>
> 这种独立性并非在任何情况下、在任何模型之间都存在。科学模型的变化总是会产生影响，必须在数据和系统模型层面加以解决。而使用模型可以更方便地观察这些影响。

> 一种常见的系统建模类型是功能建模，它使用了如功能流程图这样特定的技术。这些图解模型可以与需求相关联，并在广度或深度上得到扩展。作为功能建模的替代品，另一种类型的系统建模是体系结构建模，它使用系统体系结构对系统的结构、行为和其他视图进行概念上的建模。业务流程建模标记法是一种图形表示，用于指定工作流中的整个业务流程。从这个意义上说，业务流程建模标记法也可以被视为一种系统建模语言。

评估模型的优势和局限

模型的主要目标是传达其所代表的元素系统的基本关系和功能，因此不涉及不必要的细节。

模型的优势有：

- 通过对各元素的组织来增强对各元素系统的理解；
- 使用通用语言促进利益相关者之间的有效沟通；
- 记录对象系统以备将来参考并提供协作手段；
- 研究不同元素的影响，预测行为并测试想法；
- 为分析师提供一个框架来完成他们的工作，同时也为从业者提供解决问题和将影响可视化的工具。

虽然模型提供了很多便利，但也有很多局限，如：

- 模型并不是对现实的完美演示，有时候会忽略一些东西；
- 如果其他人不熟悉某个模型，他们会觉得这个模型不好用，让他们工作进展缓慢；
- 一个动态系统（如人）的模型会随着时间的推移而改变——你的工作永远做不完。
- 模型并不是通用的，一个模型可能不适用于不同的情况、行业、公司和地点。

> 从模型的局限中可以得到的最重要的见解是，模型需要针对不同的情况进行创建、验证和重建。

举个例子，假设一家宠物零售公司发现家里养有5只或5只以上宠物的应聘者成为优秀员工的可能性很高。有了这些信息，在招聘前的筛选过程中，你可能会问应聘者养了多少只宠物，目的是衡量这一信息是否在绩效预测模型中起重要作用。这里的重点是，同样的问题并不能预测其他公司的成功，如电子产品零售公司。其他公司依靠这些信息做出的雇用决定可能是错误的。此外，收集这些信息会浪费你的时间，并妨碍你收集其他更有用的信息。

你不可能从一个普通的数据集中得到一个独特的模型。你需要知道一种能够帮助你确定收集哪些数据的方法。收集哪些数据是由理论模型决定的。如果没有这个模型，你可以应用的数据量会无穷大，这显然是行不通的。这意味着你必须为不同的业务创建不同的数据集。当然，所有的公司都有一些常规数据（如员工花名册、离职名单和招聘记录），但是如果没有科学理论帮助你确定其他数据，这些常见数据并不会为你提供重要业务问题的答案。人力数据分析是创造性活动，而不是常规活动。

要想获得独特的洞察，需要为特定的业务设计具体的科学模型，这需要收集特定的数据。当你有了正确的数据之后，分析就成了简单的例行公事。要想确定将哪些新数据添加到模型中以获得新洞察，不能用系统来解决，因为你需要的所有数据尚未被存储于现有系统中。认识到这一点，你的工作重点将从系统和统计转移到设计科学模型和数据收集工具来填充这些模型上。科学模型的设计必须优先于所有其他系统和数据，否则你的一切努力终将失败。认识到这一点，你的工作重点将从最初的系统和数据治理转移到为每个业务开发一个精心设计的科学模型所需的对话和行动上，这个模型会告诉你需要什么数据，这些数据的形式是什么，以及需要进行什么分析。

高效地使用模型

就像建筑工地的施工图一样，模型是一系列活动的设计蓝图，这些活动旨在组合成一个完整的产品。蓝图允许在不同地方工作的人知道该做什么、在哪里做，同时也为人们彼此之间的交流提供了基础。

想象一下建造房子这项工作。只有等某些活动都做完了，你才能进行另一些活动。例如，只有在基础工作完成后，你才能开始搭建框架。只有框架搭建好了，你才能安装电气系统。只有电气系统安装到位并核验通过，你才能完成墙面工作。每个部件都必须做好，并最终完全组合在一起，房子才能建造好。蓝图提供了结构，项目计划提供了秩序。模型在人力数据分析方面提供了同样的指导。

当你关注人力资源专业人士谈论他们在人力数据分析方面遇到的困难时，你会听到很多以"如果"开头的言论：

- 如果我们把所有的数据都放在一个地方，那么我们就可以做人力数据分析了；
- 如果我们进行了更好的数据管理，那么我们就会有更好的数据，人力数据分析工作最终就会奏效；
- 如果我们雇用一个能够用我们的数据来讲故事的人，那么我们将更加有效地使用数据；
- 如果高管不急于在没有数据的情况下做出决定就好了。

如果你已经开始了构建系统的漫长旅程，并使用数据完成了所有这些工作，却在工作即将结束时遇到一个或多个这样的"如果"声明，你的工作就会停滞不前，而且你会发现自己已经浪费了许多金钱和时间。最终你将不得不重新开始。

在一个面向系统的人力数据分析工作流程中，如果做到以下几点，那你就取得了成功：

- 使用相关数据构建系统；
- 进行数据质量监控，以确保数据"干净"；
- 提取所有相关数据并将其加入系统；
- 已经为你的分析构造了数据集；
- 可以将数据中的洞察应用到你独特的商业环境中；
- 在这一切工作做完之后，将这种洞察迎合那些能够采取行动的人的需求。

每个"只有……才"语句都包含了一个可能导致总体失败的意外事件。意外事件的绝对数量表明这个工作系统成功的可能性非常小，尤其是当你正在解决一个从未有人解决过而且可能不同于其他任何公司的问题时。

使用我开发的一种名为"精益人员分析"的人力数据分析方法，你可以按照不同的顺序工作以减少风险和资源浪费——这种顺序可以将更大的风险推迟到整个过程的后期。只有在完成当前一步所有工作后你才能进入下一步，这会增加整个工作系统的预期价值。

精益人员分析工作流程与面向系统的人力数据分析工作流程正好相反，如图10-6所示。

在面向系统的人力数据分析工作流程中，你首先从系统开始，向右推导与特定业务相关的洞察。然后你试图找到人们来倾听他们的想法。如果你能够使系统的工作流程更有效率，或者如果你能够更好地可视化数据，那么你将得到更好的结果。如果你一开始就没有从系统中获得有价值的洞察，那么整个前提都是有缺陷的，你无法通过分析来找到一开始被你遗漏的东西。因此，面向系统的人力数据分析工作流程能够更好地帮助你有效地从现有的数据中生成指标，而不是产生新的洞察。

面向系统的人力数据分析工作流程

```
┌─────────┐   ┌─────────┐   ┌─────────┐   ┌─────────┐   ┌─────────┐
│ ① 系统模 │ → │ ② 数据模 │ → │ ③ 统计模 │ → │ ④ 科学模 │ → │ ⑤ 商业模 │
│   型匹配 │   │   型匹配 │   │   型匹配 │   │   型匹配 │   │   型匹配 │
└─────────┘   └─────────┘   └─────────┘   └─────────┘   └─────────┘
   系统开发         数据开发              理论开发
```

精益人员分析工作流程

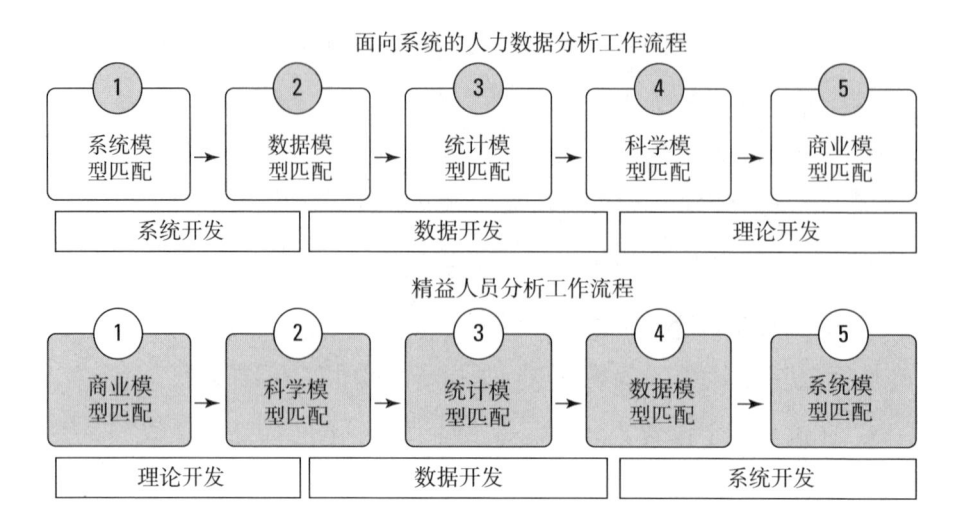

```
┌─────────┐   ┌─────────┐   ┌─────────┐   ┌─────────┐   ┌─────────┐
│ ① 商业模 │ → │ ② 科学模 │ → │ ③ 统计模 │ → │ ④ 数据模 │ → │ ⑤ 系统模 │
│   型匹配 │   │   型匹配 │   │   型匹配 │   │   型匹配 │   │   型匹配 │
└─────────┘   └─────────┘   └─────────┘   └─────────┘   └─────────┘
   理论开发              数据开发              系统开发
```

图 10-6　两种人力数据分析工作流程对比

> 在以洞察为导向的人力数据分析工作流程中，应按照不同的顺序进行分析。以下是我的建议分析顺序。
> 1. 定义公司商业模型。
> 2. 在定义中加入一个科学模型来说明你是如何思考人们与商业模型建立联系的。
> 3. 收集相关数据。
> 4. 创建一个统计模型。
> 5. 创建一个长期的系统模型，将相关信息系统化，供日常持续使用。

> 首先，也是最关键的一步，你必须学习公司独特的商业模型。只有这样，你才能理解人们是如何与这种商业模型建立联系的。

当你得出了一个关于人们的前因和行为与公司如何让顾客满意之间的关系的理论之后，你就可以用数据来检验这个理论是否正确。当你知道什么是有用的、什么是无用的，你就可以改变模型。你可能希望以尽可能灵活和低廉的方式收集新的评估数据并进行新的分析工作。问卷调研工具很便宜，是这个阶段的绝佳选择。

在你提出了一份报告或一项分析，提供了其他人认为有用的反馈之后，你可以通过将正在进行的数据收集、处理和交付工作系统化，将其置于由固定系统表示的固定数据模型中，从而提高工作效率。系统模型一开始是一个概念模型，你可以用它来与技术合作伙伴传递数据流。最终，这个概念模型将用于编写物理数据流程、数据库或系统结构。

从通用人才模型开始

每家公司都是不同的，每个人都是独一无二的。你需要清楚自己的位置，借助通用的导航系统确认自己走在正确的道路上，否则你只会绕圈子。

NAV是人才管理的通用指南。如果你希望提高经营业绩，以价值为导向总能指引你走向正确的方向。

NAV背后的原理很简单：当员工被激活时，你将从他们身上获得商业价值；当他们没有被激活时，你从他们身上得不到任何价值。你可以把所有的员工都想象成装有提示灯的取款机，正常工作的取款机的灯是亮的。如果你想要更多的钱，那就要修理那些灯没有亮起来的取款机。这个道理很明显，不是吗？不明显的是为什么有些修理方法不起作用，以及是否存在任何一致的失败模式。为此，你需要进行一些测量。

激活员工

人们的价值创造发动机要么开启（激活），要么关闭（不激活），作为技术人员，你的工作就是弄清楚如何让尽可能多的发动机运转起来。

你想知道的是是否有一个通用的模式。机器是否在某个特定的位置被破坏了？是特定型号的机器吗？机器内部的哪个部分坏了？机器在坏掉之前运转了多久？机器出现故障之前发生了什么？让这个问题变得更复杂的一个因素是存在不同的情况：一台机器因缺少机油而停止运转，并不意味着所有的机器停止运转都是因为缺少机油。

> 你永远无法知道所有能让特定的人做特定的事的要素，但是很幸运，那不是你的目标。你的目标是了解员工持续为公司创造价值所必需的最低条件。尽管许多事情对员工都有益，如免费的午餐和背部按摩，但你需要知道什么是员工创造价值的绝对必要条件，并且首先掌握这一点。在这些能让员工创造价值的基本要素正常工作之后，你可以在免费午餐和背部按摩上下功夫。

无论你想出什么创造性的解决方案，它们都必须满足员工这台"人工机器"产生价值所必需的4个最低条件：能力（Capability）、共识（Alignment）、动机（Motivation）和支持（Support），简称（CAMS）。如果每个条件都被激活，员工创造的价值要么等于你付给他们的工资，要么是工资的好几倍。

图10-7显示了在ABC框架中的一种CAMS模型。

在图10-7中，CAMS位于"前因"栏的第二列，这意味着它会影响"行为"和"后果"两部分。例如，该模型表明，CAMS（前因）应该与工作质量和工作强度行为的测量相关，而这些测量应该与其他下游的后果（如工作绩效和生产力的测量）相关。

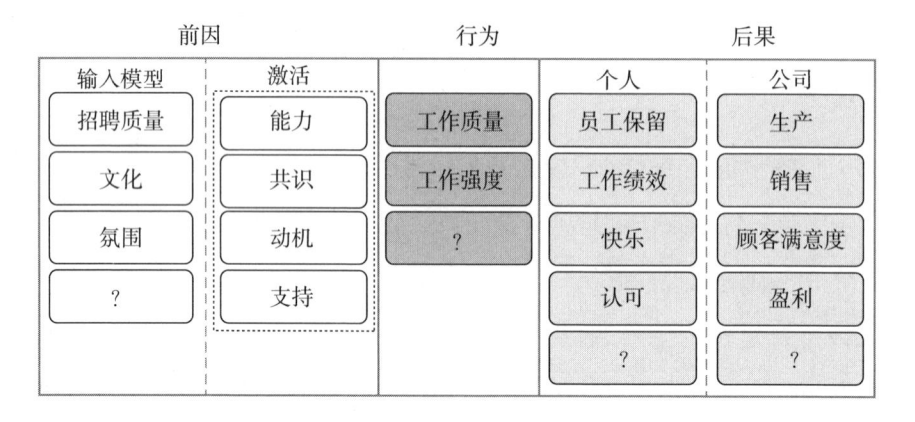

前因		行为	后果	
输入模型	激活		个人	公司
招聘质量	能力	工作质量	员工保留	生产
文化	共识	工作强度	工作绩效	销售
氛围	动机	?	快乐	顾客满意度
?	支持		认可	盈利
			?	?

图 10-7　CAMS 模型示例

你可以借助一个简短的包含8个问题的问卷（每个问题都使用0~10评分法）推断出所有4个激活变量——能力、共识、动机和支持。这8个问题中都隐含了一个理论，那就是个人成功至少需要满足4个条件：

- 对目标达成共识；
- 拥有完成目标的能力；
- 拥有完成目标的动机；
- 获得支持。

缺少以上4个条件中的任何一个都会导致绩效下降。

设计调研问卷

设计一些陈述句，并提供"认同"和"不认同"两个选项，以此评估4个最低必要条件是否存在。陈述句主要围绕能力、共识、动机和支持这4个变量进行设计，使用0~10分的李克特量表对认同程度打分。

> 💡 在设置分值时要注意，一共有11个分值选项（0分、1分、2分、3分、4分、5分、6分、7分、8分、9分、10分）。

问卷中的所有陈述都是正面的，因此0~10的打分可以被统一解释为：0分——非常不认同该陈述，10分——非常认同该陈述。

关于CAMS问卷示例可参阅本书第7章。

> 💡 在实际调研中，你只需要列出陈述句和0~10分量表。为了方便你阅读，我已经在CAMS问卷（见第7章表7-1）中的前两列对每个陈述句进行了分类。你在设计调研问卷时，也应该将每个陈述句分类。

虽然问卷调研是为了征求个人意见，但是为了方便后续的报告，你可以按照单位（如岗位、团队、部门、公司等）将问题进行划分，对各团队进行评估和持续调整。

如图10-8所示为员工激活调研问卷中的一些题目，展示了如何根据调研对象对一系列陈述句的认同程度进行打分来创建简单的指数。（图10-8

中截取的是关于"共识"和"能力"的调研问题，调研对象的打分被合并换算为每个维度的指数。）

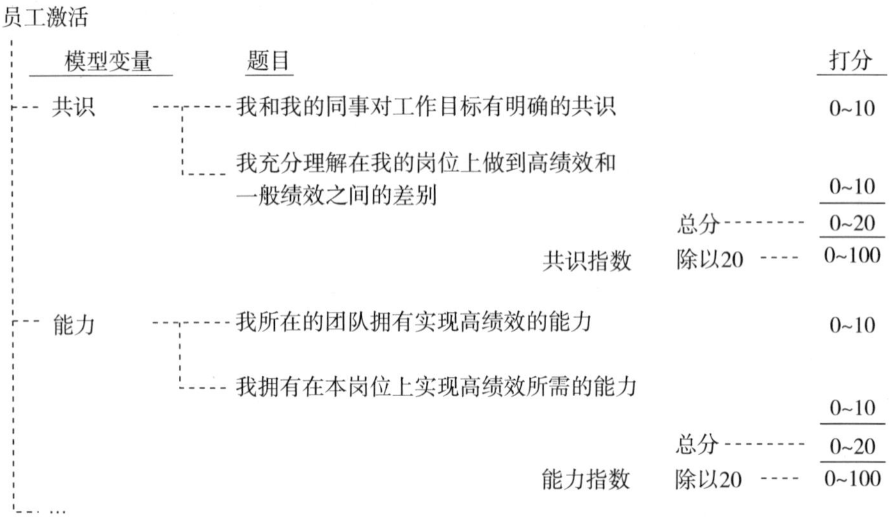

```
员工激活
 │
 ├── 模型变量        题目                                              打分
 │
 ├── 共识 ─┬──── 我和我的同事对工作目标有明确的共识                    0~10
 │        │
 │        └──── 我充分理解在我的岗位上做到高绩效和
 │              一般绩效之间的差别                                    0~10
 │                                              总分 ------           0~20
 │                                          共识指数  除以20 ----    0~100
 │
 └── 能力 ─┬──── 我所在的团队拥有实现高绩效的能力                     0~10
          │
          └──── 我拥有在本岗位上实现高绩效所需的能力                 0~10
                                                总分 ------          0~20
                                            能力指数  除以20 ----   0~100
```

图 10-8　员工激活调研问卷中的问题示例

在图10-8中，每个问卷题目的分数都是0~10分，每个问卷题目分数的加总就是每个变量的得分。在图10-8中，每个变量都有两个陈述句。把两个陈述句的分数加在一起，除以可能的分数总数量（图10-8中有20个分数），将得到的值乘以100，就可以得到0~100的指数值。使用这种方法，调研数据库中每个调研对象的单个CAMS变量的指数得分都是0~100。

> 调研内容不同，后续的分析就不同。如果你正在调研与"能力"相关的问题，那么我建议的后续分析同你调研的与"动机""支持""共识"相关的问题就会完全不同。

模型的理念是组织所有的题目，这样你就不会在调研中不加选择地添加问题，或者基于其他人正在做的事情而添加问题。添加的调研题目应该可以帮助你学习与你要解决的问题相关的内容。如果没有一个概念模型来组织这些题目，那么你将从一大堆模糊的人力概念开始，并收集大量的数据，最后你都不知道这些数据对你来说意味着什么，也不知道如何处理这些数据。你已经问了一大堆问题，但你并不清楚这些问题的答案及你所关心的行为与后果之间的关系，也不清楚你是否在无数个可能的问题中提出了适当的问题。

在下一节，我将通过展示模型来巩固一些商业中比较常见的模糊的概念，这些模型可以帮助你将模糊的概念转变为可量化的度量。我使用这些概念模型是为了说明问题，你可以找到或创造更多概念模型。

使用模型来澄清有关人力的模糊概念

一个有关人力的模糊概念是组织文化（通常被定义为"企业人格"），包括共同的价值观、信仰和影响组织成员行为的不成文规则。文化是从人类学中借鉴而来的一个概念，在人类学中，文化被定义为知识、信仰、艺术、道德、法律、习俗等人类群体之间通过社会学习传播的共同特征。公司的员工是更广泛的社会文化背景（地区、宗教、国家、种族、社区）的一部分，也是他们工作地点所属的特定社会文化背景的一部分。

> 在任何普遍意义上，公司文化都不能用好坏或对错来评判。此外，某种公司文化可能适合或不适合某个特定的地区、市场或时期，也可能不是你所期望的那样。重要的是现状和人们的期望之间的差异。

文化也许没有普遍意义上的好坏之分，但有强弱之分，并造成相应的影响。强文化是人们能够清楚地理解和表达的文化。弱文化是人们难以定义、理解或解释的文化。强文化的好处在于人们的行为和决策始终如一，因为他们在一套共同的期望和价值观上达成了一致。拥有强文化的公司就像润滑良好的机器一样运转，几乎不需要说什么，每个人都知道该怎么做。相反，在弱文化中，人们对公司的期望和价值观很少达成共识和认同，这意味着公司必须通过广泛的指令、规则和官僚主义来管控人才。

培养强文化的好处有：

- 给志同道合的人们一个留在公司的理由；
- 让公司更好地实现愿景、使命和目标；
- 获得更大的员工内在动力和忠诚度；
- 增强公司各部门之间的凝聚力；
- 促进公司内部的一致性和协调努力；
- 塑造员工在工作中的行为，减少官僚主义，使公司更有效率地运营。

> 你可以通过访谈、实地观察或调研来量化组织文化。相比访谈和实地考察，调研在人力数据分析中更有效率和作用。

文化一致性模型

关于组织文化的研究有很多，研究者们提出了许多不同的文化测量方法。这里我将分享一种方法——文化一致性模型。如果其他方法可以实现你的目的，你也可以用其他方法。

图10-9展示了在组织文化评估工具（Organizational Culture Assessment Instrument，OCAI）中作为变量来测量的一些高阶概念。OCAI是由密歇根大学的罗伯特·奎恩教授和金·卡梅伦教授开发的一个被广泛认可的工具，用于评估当前主要的组织文化。图中左侧显示的主要OCAI变量（如主导特征、领导风格、战略重点、管理风格等）代表了一系列态度、行为和后果的先因。

在OCAI中，文化的测量方法与大多数其他因素的测量方法略有不同。由于文化并没有普遍意义上的好坏之分，OCAI是通过测量当前状态和预期状态之间的差异来评估文化的，我将这个概念称为"一致性"。图10-10展示了如何评估主导特征的一致性（OCAI中包含的6个变量之一）。

常用的文化一致性模型

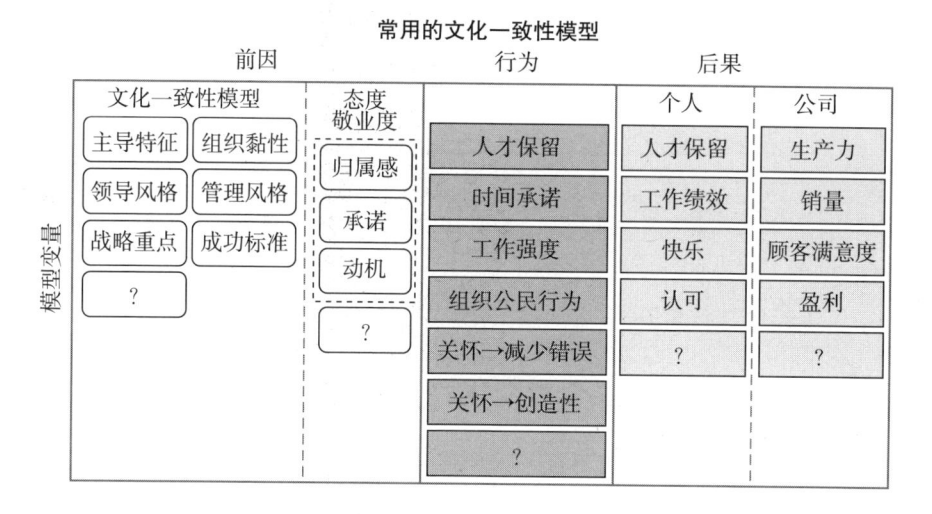

前因		行为	后果	
文化一致性模型	态度敬业度		个人	公司
主导特征　组织黏性	归属感	人才保留	人才保留	生产力
领导风格　管理风格	承诺	时间承诺	工作绩效	销量
战略重点　成功标准	动机	工作强度	快乐	顾客满意度
?	?	组织公民行为	认可	盈利
		关怀→减少错误	?	?
		关怀→创造性		
		?		

图 10-9　OCAI 文化一致性模型

调研问卷指引示例

按照陈述句与公司现状的相符程度，将100分分配给以下4个陈述句。与公司现状最符合的陈述句应给最高分。在完成"目前"一列的同时，你需要对"预期"一列打分，即你认为公司要想在5年内取得成功，需要在每个题目上获得几分。每列分数合计100分

文化一致性
模型变量
主导特征

	目前 0~100	预期 0~100	一致性
组织是一个非常人性化的地方。这里像家庭的延伸，人们经常彼此分享	------	------	计算绝对差异
组织是一个充满活力和创业精神的地方。人们喜欢冒险和承担风险	0~100	0~100	
组织非常注重结果，唯一的目标就是完成工作。人们非常喜欢竞争，追求成就	0~100	0~100	差异总分
组织管控很严，强调秩序。人们受正规的程序约束			
每列总分100	100	100	0~200
除以200			0~100

图 10-10　OCAI 对主导特征一致性的打分示例

在OCAI中，调研对象将比对每个陈述句与他们在公司看到或感受到的现状相符的程度，将100分分配给4个陈述句，陈述句与公司现状相符程度越高，分数越高。OCAI应确保这4个陈述句的总分是100分。调研对象被要求做两项调研，一项是现状调研，一项是预期调研。这些都是分

级、并排的栏。之后你可以用一致性来计算调研对象对当前状态的评分与对期望状态的评分之间的差异。将OCAI中包含的6个变量分别进行一致性评估，完成后计算总分。

> 你可以用数学方法衡量每个调研对象的目前状态和期望状态之间的一致性，也可以衡量整体或部分调研对象之间的一致性。所有这些一致性数据都可以用于其他模型。

组织氛围模型

组织文化和组织氛围是两个相似的概念，经常互换使用，但两者有明显的差异。文化和氛围都描述了一家公司和影响这家公司的行为，但文化定义了公司无处不在的、深刻的和稳定的方面，而氛围则更多地来自那些人们不太认同的、变化更频繁的观念。换句话说，氛围受文化的影响，而文化不受氛围的影响。

组织氛围是对人们在特定时间和环境下对组织生活的看法、态度和感受的衡量。使用调研来量化组织氛围，通常首先将各种经验或想法列为一系列陈述，然后衡量公司与这些陈述的相符程度。

调研可以尝试从宏观角度考虑，如"×××公司是一个非常棒的工作场所"，也可以尝试测量组织氛围的一些特定概念领域，如创新氛围、安全氛围或包容性氛围。后一种方法认为氛围可以包含多个维度，每个维度又包含多个项目，这些项目塑造了人们对整体和局部的看法。

一个常见的创新氛围调研项目测试的是"员工可以自由地向老板表达他们的想法"和"员工并不害怕在这里冒险"。但是，并不存在一个通用的调研项目集或所有研究人员都可以用来测量组织氛围的项目集。虽然有些项目会出现在大多数调研中，但你也会看到基于研究人员或咨询顾问特殊兴趣的调研中或多或少地出现了一些其他项目。

图10-11展示了在组织氛围评估工具（Organizational Climate Instrument，OCI）中作为变量来测量的一些高阶概念。OCI是由比德尔·亨特和

M.D.芒福德开发的。图中左侧显示的主要氛围概念（如使命清晰度、自主性、组织整合度等）代表了一系列态度、行为和后果的先因。这些态度、行为和后果在理论上至少部分受到氛围的影响。

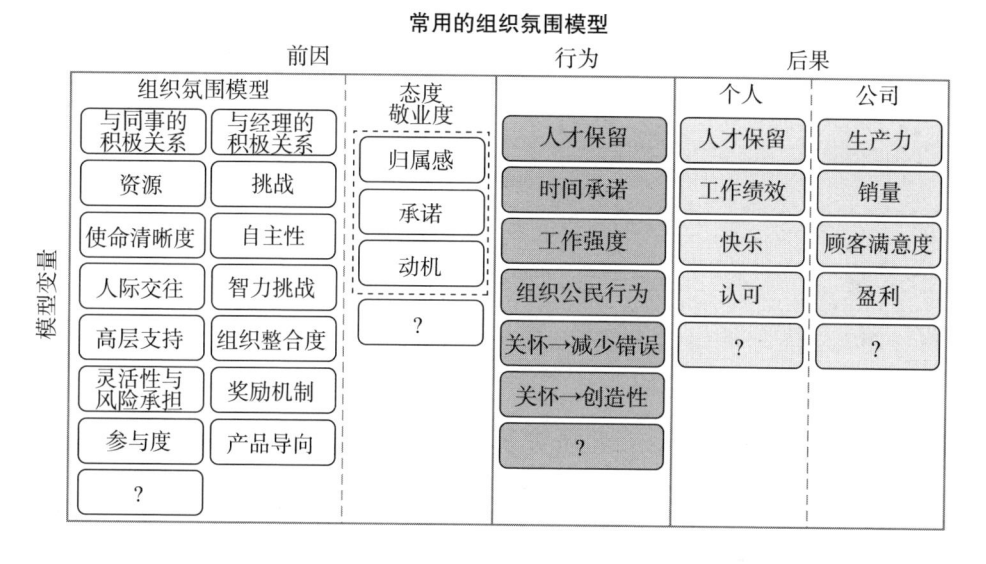

常用的组织氛围模型

前因			行为	后果	
组织氛围模型		态度敬业度		个人	公司
与同事的积极关系	与经理的积极关系	归属感	人才保留	人才保留	生产力
资源	挑战	承诺	时间承诺	工作绩效	销量
使命清晰度	自主性	动机	工作强度	快乐	顾客满意度
人际交往	智力挑战	?	组织公民行为	认可	盈利
高层支持	组织整合度		关怀→减少错误	?	?
灵活性与风险承担	奖励机制		关怀→创造性		
参与度	产品导向		?		
?					

（模型变量）

图 10-11　OCI 模型

组织氛围模型调研工具比组织文化调研工具更容易打分，因为前者是围绕对一系列正面陈述的认同程度设计的。图10-12从组织氛围调研问卷中选取了一小部分题目，展示了如何采用李克特量表的打分方式来创建一个简单的指数。调研对象需要打分，最后将分值合并成一个指数。

> 李克特量表是一种调查研究问题回答量表，以其发明者——心理学家伦西斯·李克特的名字命名。当使用李克特量表时，调研对象需要在一系列陈述的认同-不认同评定量表上选择自己的认同程度。该量表一般设置如下几个选项：
> - 非常不认同；
> - 不认同；
> - 既不认同也不反对（中立）；
> - 认同；
> - 非常认同。

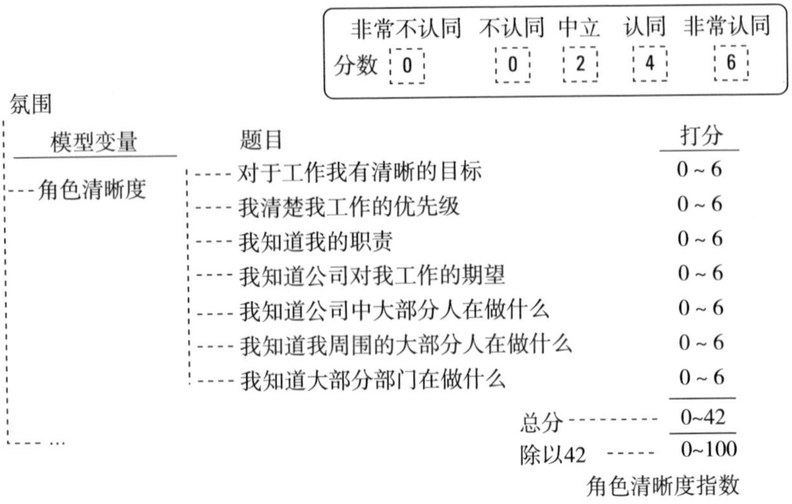

```
                          非常不认同  不认同  中立  认同  非常认同
                          分数  0        0     2    4    6

氛围
   模型变量           题目                              打分
   ---角色清晰度  ----对于工作我有清晰的目标              0~6
              ----我清楚我工作的优先级                  0~6
              ----我知道我的职责                       0~6
              ----我知道公司对我工作的期望              0~6
              ----我知道公司中大部分人在做什么           0~6
              ----我知道我周围的大部分人在做什么         0~6
              ----我知道大部分部门在做什么              0~6
                                       总分 ------ 0~42
                                       除以42 ----- 0~100
                                              角色清晰度指数
```

图 10-12　组织氛围模型打分示例

如图10-12所示，在对氛围调研问卷进行打分时，非常不认同和不认同为0分，中立为2分，认同为4分，非常认同为6分。所有题目的得分加总就是调研问卷的得分，再将这个得分除以问卷最高分。例如，在图10-12中有7道题目，每道题目的最高分是6分，所以问卷最高分是42（7×6）分。将问卷得分除以问卷最高分，最终将得到一个0~1的百分数，再乘以100，就得到了一个0~100的数值。使用这种方法，调研数据库中的每个调研对象在调研问卷的每个变量上都将得到一个0~100的数值。

> 当你为调研问卷中的题目打分时，你将获得对每个题目的回答、每个变量的指数及每个调研对象在所有问题上的综合指数。所有这些数据都可以通过使用唯一的员工标识符相关联，或者与其他前因、行为和后果数据相关联。唯一标识符可以是员工编号和电子邮箱。

> 在这里，你需要将数据作为一个整体来查看、分析和报告，而不是聚焦在个别员工的详细回答上。如果员工怀疑他们的个人答案会被管理层仔细审查，他们可能会给出管理层希望听到的答案，而不是说出真相。然而，为了进行数据管理和分析，你必须保留这种个人层面的详细信息和唯一标识符，这样你就可以将这些数据与其他包含相关前因、行为和后果的数据集结合在一起做进一步分析。由于个人数据具有敏感性，你应该与第三方合作进行这项调研，这样你既可以收集敏感的调研数据，也可以向员工保证调研的保密性或匿名性。

但是，如果调研是完全匿名的，你就无法将结果与个人联系起来。这意味着你不能使用ABC框架中的数据链接到调研之外的任何其他数据源。因此，在我看来，完全匿名的调研是不值得做的。

员工敬业度模型

员工敬业度是深入理解和定量描述公司与员工之间关系本质的一个基本概念。尽管敬业度的定义可能因人而异，但我对"敬业的员工"的定义是：对公司忠诚，对工作充满热情，并愿意为公司利益采取积极行动。员工敬业度与员工满意度的不同之处在于，员工敬业度衡量的不只是员工的满意度，还包括员工是否有动力为公司做出努力。你可以想象一名高薪员工，只要公司允许他留下，他就会坚持留在公司，但他留在公司可能只是为了保住工作，并不会为公司付出任何额外的努力。因为敬业意味着为了公司的利益付出额外的个人自发性努力的动机。因此，拥有高员工敬业度的公司一般会比那些拥有低员工敬业度的公司表现得更好。

图10-13展示了在员工敬业度模型中作为变量来测量的一些高阶概念。这些变量在图中左侧第二列，包括归属感、承诺、动机等，文化和

氛围等其他因素在左侧第一列，因为这些被认为会影响员工敬业度。图中右侧是一系列态度、行为和后果，理论上受员工敬业度的影响。

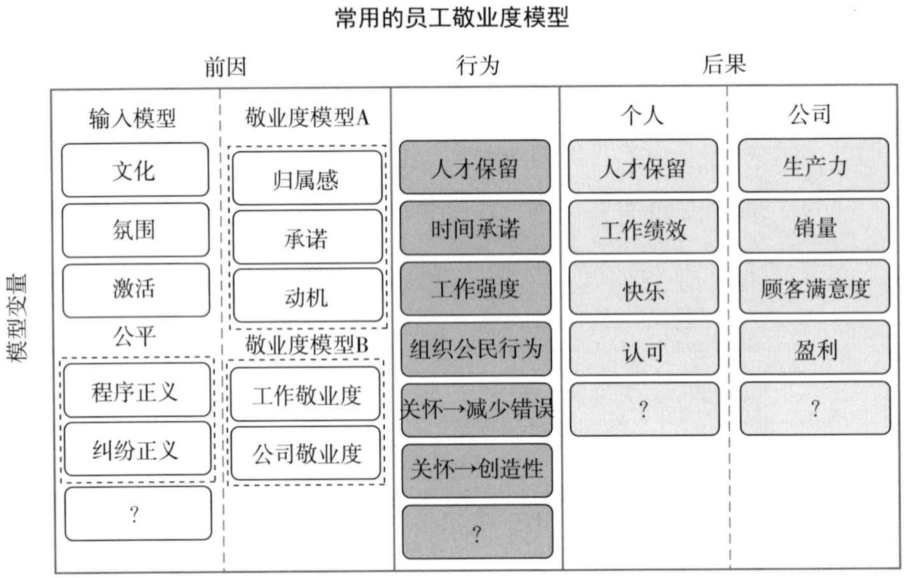

常用的员工敬业度模型

前因		行为	后果	
输入模型	敬业度模型A		个人	公司
文化	归属感	人才保留	人才保留	生产力
氛围	承诺	时间承诺	工作绩效	销量
激活	动机	工作强度	快乐	顾客满意度
公平	敬业度模型B	组织公民行为	认可	盈利
程序正义	工作敬业度	关怀→减少错误	?	?
纠纷正义	公司敬业度	关怀→创造性		
?		?		

（模型变量）

图 10-13　员工敬业度模型

当你比较图10-14和图10-15时，你可以看到不止一种方法可以实际测量员工敬业度。

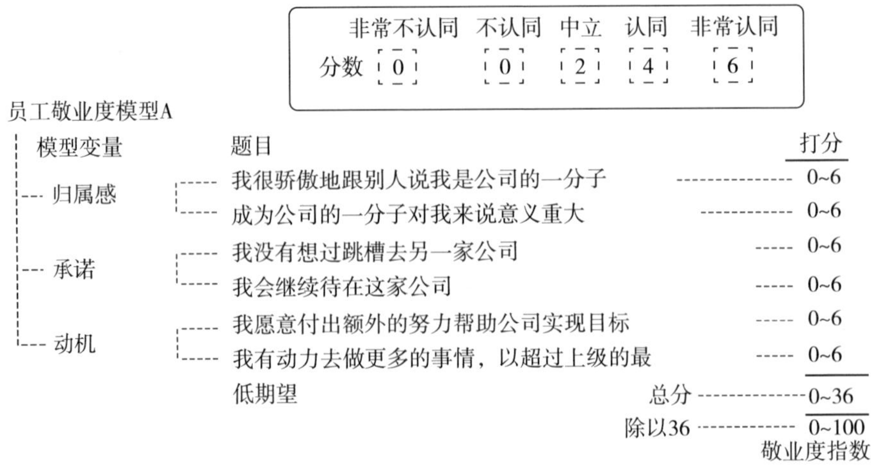

	非常不认同	不认同	中立	认同	非常认同
分数	0	0	2	4	6

员工敬业度模型A

模型变量	题目	打分
归属感	我很骄傲地跟别人说我是公司的一分子	0~6
	成为公司的一分子对我来说意义重大	0~6
承诺	我没有想过跳槽去另一家公司	0~6
	我会继续待在这家公司	0~6
动机	我愿意付出额外的努力帮助公司实现目标	0~6
	我有动力去做更多的事情，以超过上级的最低期望	0~6
	总分	0~36
	除以36	0~100 敬业度指数

图 10-14　员工敬业度模型 A 打分示例

如图10-14所示的员工敬业度模型测量了3个概念——归属感、承诺和动机,并将它们合并成一个被称为"敬业度"的复合变量。其他研究人员倾向于将归属感、承诺和动机等概念作为单独的度量,并单独测量它们的各个组成部分(见图10-15)。

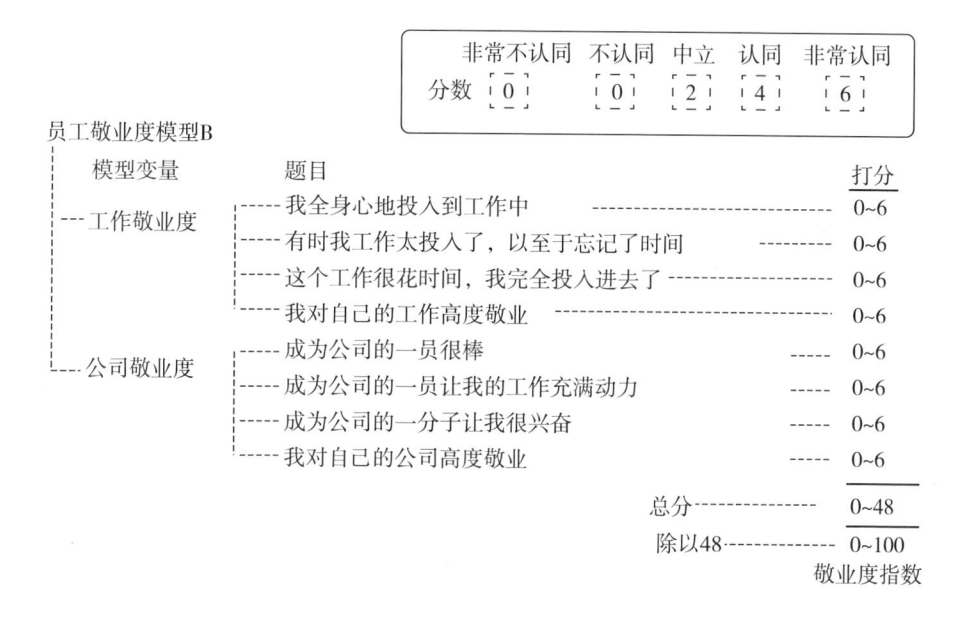

```
                          非常不认同 不认同 中立 认同 非常认同
                     分数  [ 0 ]    [ 0 ]  [ 2 ] [ 4 ] [ 6 ]

员工敬业度模型B
  模型变量         题目                              打分
  ─工作敬业度    ─我全身心地投入到工作中 ─────────── 0~6
                 ─有时我工作太投入了,以至于忘记了时间 ─ 0~6
                 ─这个工作很花时间,我完全投入进去了 ── 0~6
                 ─我对自己的工作高度敬业 ──────────  0~6
  ─公司敬业度    ─成为公司的一员很棒 ─────────────  0~6
                 ─成为公司的一员让我的工作充满动力 ──  0~6
                 ─成为公司的一分子让我很兴奋 ──────   0~6
                 ─我对自己的公司高度敬业 ──────────  0~6
                                         总分──────  0~48
                                         除以48─────  0~100
                                                    敬业度指数
```

图 10-15　员工敬业度模型 B 打分示例

在图10-14和图10-15中,不同的研究人员在如何测量各个概念和将它们表示为变量方面做出了迥然不同的选择。这不仅适用于员工敬业度,也适用于所有的推理科学。我提出这一点是为了说明人力数据分析工作的一个重要内容是决定你想使用什么方法来评估一个变量,并检验你选择的测量方法是否可靠有效。(这里的"有效"意味着它真的可以测量你想测量的东西。)

分析学的伟大之处在于,你可以通过测试来决定什么方法能最好地实现目标。把所有的东西分成几部分,将它们组合,删除或添加一部分,直到找到最适合你要回答的问题的组合。在你知道什么最有效之后,如果你愿意,你可以向全世界分享这些信息,也可以保守这个秘密。你不会是第一个这样做的人。一切由你决定!

> 在本章，你将：
>
> - 学会如何评估人才流失情况；
> - 学会如何评估人才承诺；
> - 小心求证人才为何会离开；
> - 获得离职调研的样本问卷。

第11章

人才流失：量化分析员工承诺与流失

人才流失是指员工离开一家公司去其他公司工作或寻求其他新的工作机会。人才流失率是指特定时期离开公司的员工占总员工的百分比（有些人会用其他术语来指代人才流失率，如解雇率和离职率，它们的意思都是一样的）。

如果你认为人才流失是无法控制的，那你就错了。要创建一家高于同行业平均水平的公司，你必须做好3件事：①雇用有能力的高效员工；②提升这些员工的绩效水平；③留住高绩效员工持续为你工作。本章将教你如何做好第三件事。

寻找、选出、获得员工并使其达到高水平绩效需要付出巨大的努力。考虑到所有的因素，替换一名员工的成本可能超过该员工一年的工资，而失去关键岗位上高绩效水平员工的代价可能是这名员工年薪的2~3倍。这就是为什么HR总爱讨论人才流失和保留的话题。从HR的绩效考核关键指标之一是"人才流失"这一点可以看出，管理人才流失对公司很重要，这是衡量一家公司在完成业务目标方面有多成功的标准之一。

尽管控制人才流失对HR和高管都很重要，但大多数试图降低人才流失率的策略都是基于一些模糊的信息，而不是可衡量的数据。许多人力资源部门都在努力控制公司的人才流失率，最后却发现人才流失率要么毫无改善，要么忽高忽低，毫无规律可言。高管们在不断尝试，HR也一直将人才流失率视为关键绩效指标之一，定期汇报情况，但所有人的努力最终并未对人才流失率产生显著的影响。

事实上，有大量可收集的数据可以用来更好地了解和控制人才流失情况。你可以通过分析数据来检验关于人才流失原因的各种假设，而不需要再依靠那些毫无根据的信息。有了这些新数据，高管和HR可以停止过往的无效努力，有精力采取真正有效的行动来改善人才流失情况。

在本章，我会指出关于人才流失常见的错误观念，告诉你如何正确地思考人才流失现象，以及如何使用数据分析来衡量和控制人员流失。

对人才流失的常见错误观念

缺乏证据的信息会导致公司的高层领导产生错误的观念，从而制定错误的人才保留策略。关于人才流失最常见的错误观念总结如下。

- 人才流失率只和直线经理或公司做了什么 / 做错了什么有关。
- 员工离开公司只是因为某件事情不好，只有一个原因。
- 所有岗位的人才流失带来的影响都是一样的。
- 所有的人才流失情况都应该努力避免。
- 不同团队的人才流失率可以直接比较。
- 可以通过通用的、一劳永逸的方式控制人才流失。

基于错误观念的人才保留策略既耗费人力、财力，又无效。人力数据分析的目的是通过确定原因、行为和后果之间在统计学上的显著关系来提供有实质性证据的优化建议。下面我将一一阐述如何举出证据，消除你对人才流失的错误观念。

错误观念1：人才流失率只和直线经理或公司做了什么/做错了什么有关

循证观点：

- 其他公司做什么或不做什么同样重要，也会影响人才流失率。
- 人们可获得的工作机会的多少、外部发展机会的多少，也会影响人才流失率。
- 经济和就业市场至关重要。

错误观念2：员工离开公司只是因为某件事情不好，只有一个原因

循证观点：

- 员工离开公司的原因是多元的，往往不是单一的。这和人的寿命一样，增寿和减寿的原因有很多，不同因素朝不同的方向共同作用。但有很多因素会影响人才流失并不代表无法分析和控制这些因素。你可以使用多元回归模型来确定每个变量对人才流失的作用，该模型可以包含你想验证的所有变量，你可以查看每个变量对人才流失的影响程度。
- 有些离职原因并非表面上看到的那么简单，往往有更深层次的原因，因此只简单地问员工"为什么离职"是不够的。如果员工只给你一个答案，这个答案可能是真正原因之一，也可能根本不是。数据分析还可以帮助你发现一些变量，从分析中可以看出这些变量明明提高了员工流失率，但员工自己根本没有在离职面谈中提到甚至没有意识到这些变量。

错误观念3：所有岗位的人才流失带来的影响都是一样的

循证观点：

- 与低级别岗位的人才流失相比，高级别岗位的人才流失对公司绩效的影响更大。

- 公司独特的产品或服务价值主张决定了某些岗位更具有战略价值，这些岗位的人才流失比一般岗位的人才流失对公司业绩的影响更大。
- 高绩效员工的流失比一般绩效或低绩效员工的流失影响更大。

错误观念4：所有的人才流失情况都应该努力避免

循证观点：

- 一定程度的人才流失有利于引进有活力的新鲜血液，并为组织内部的工作调动创造机会。
- 大多数公司都拥有基于绩效的工资制度和基于潜力的人才继任计划，这些机制可以降低高绩效员工的离职率，同时提高低绩效员工的流失率。如果公司想采取行动计划避免所有员工的流失，这本身就与基于绩效的工资制度和基于潜力的人才继任计划完全冲突。
- 比起努力降低总体的人才离职率，更有价值的是有针对性地控制不同岗位的人才离职率。例如，对于你希望留住高绩效员工的重要岗位，你应努力让其离职率低于平均水平；对于你认为可以适当优化人才数量和质量的岗位，可以允许其离职率高于平均水平。

错误观念5：不同团队的人才流失率可以直接比较

循证观点：

- 某些岗位的人才流失率总是高于其他岗位。例如，一些可替代性大的岗位，如收银员、客户服务代表或销售代表，其平均人才流失率显著高于专业性更强或技术要求更高的岗位。
- 不同工龄（0~1年、1~3年、3~5年、5年以上等）的人、不同地域的人，每年的人才流失率会非常不同。
- 不考虑岗位、地域或工龄等因素而直接比较不同团队的人才流失率是不公平的，因为这些因素对人才流失的影响力有时候比你认为的可控因素的影响力大得多。

错误观念6：可以通过通用的、一劳永逸的方式控制人才流失

循证观点：

- 有针对性的干预是最有效的。
- 对有的人来说，在公司内部获得适时的晋升是一个有效的挽留工具；对有的人来说，高于市场平均水平的薪酬可能是唯一可行的挽留策略；对有的人来说，提高直属经理的管理能力或在团队层面提供组织支持会让他考虑继续留下来。最有效的减少人才流失的方式就是分析每个个体/细分群体最可能的底层需求和离职的根本原因，提出有针对性的干预措施。
- 与通用的解决方案相比，有针对性的干预可以更好地集中资源，取得更好的结果。

如果你问100个人"是什么促使你离职"，你可能会听到一些最常见的解释：对薪酬不满意、对工作不满意、缺乏晋升机会、职业倦怠，或者是对直属经理不满意。这些因素都会导致员工离职。

最近的一些研究表明，关键的工作事件或生活变动也会在员工的离职决定中发挥作用，有时甚至是员工离职的导火索。例如，错失计划内的晋升机会、公司合并、配偶异地工作、孩子出生或期权认购价格远高于预期等，这些关键的工作事件或生活变动往往会被忽略。如果你没有在数据分析中将它们考虑进去，那么你的分析可能是有失偏颇的。

> 虽然以上提到的人才流失原因都是有可能发生的，但是泛泛列举这些原因毫无意义。人力数据分析需要使用数据来洞察不同公司、团队和个人的流失风险点，明确哪些行动可以有效减少人才流失，而不是泛泛而谈、没有重点。

> **从人才战略的角度思考人才流失问题**
>
> 在人才数据分析出现之前，大多数公司的人才战略归根结底都是尽一切可能留住尽可能多的员工。
>
> 过去，许多医生认为新鲜的空气和"放血"是治疗疾病的有效方法，而今天他们有了更加聚焦的、更加以数据为驱动的研究方法。人才流失问题也是如此。
>
> 如今，在人力数据分析的帮助下，你能够更仔细地衡量人才流失问题，制定更科学的人才战略和行动策略。通过对人才流失进行数据分析，你可以确定哪些员工群体的流失风险最高，并更加专注于那些可以减少人才流失的有效策略，采取行动并衡量行动带来的效果。

如何评估人才流失情况

要分析人才流失情况，首先必须有一个可量化的评估标准。如果你需要计算你所在组织的人才离职率，请继续阅读下去。

每次评估都始于一个有效的定义和一个数学计算方法。以下介绍了如何定义人才离职和人才离职率的基本组成部分。离职者是曾经为公司工作但现在不再为公司工作的人。要计算流失人数，你需要确定某个特定时期所有现任和前任员工的名单，以便计算离职人数和离职率。

大多数HRIS都有一个系统预先配置好的离职列表，该列表可以提供指定期间离职的所有员工名单，以及这些员工的一些基本情况，如员工编号、入职日期、职务、直属经理、部门、住址、基本工资和性别等。如果你不知道如何获得这个列表，可以向IT部门或人力资源信息技术团队寻求帮助。

离职率的简写公式如下：

$$离职率=计数[细分项].[期间].离职人数 \times 100\%$$

假设你想知道2021年有多少名数据分析师离职，就可以用以下方式计算离职率：如果员工离职日期等于或晚于2021年1月1日且早于2022年1月1日，岗位等于"数据分析师"，则计入数量；如果没有，则不计入数量。

你可以使用Excel中的if-then语句或任何编程语言来实现这一计数：2021年1月1日至2022年1月1日为时期，时期= [2021]；"数据分析师"是岗位，岗位代表了细分项，细分项 = [数据分析师]。

使用我刚才提到的简写公式，你可以实现以下操作：

数据分析师离职率=计数[数据分析师].[2021].离职人数 × 100%

实际上，你可以对所有相关职务和相应的时期采用此操作，为图表或可视化仪表盘输出准备数据集。

你还可以将此数据集作为其他更复杂的复合度量的基本输入，这些复合度量将多个度量与更多运算符组合在一起计算，下一节将讨论这个概念。

计算离职率

如果将离职率简单地进行数值比较，你肯定会认为离职率高的部门比离职率低的部门差。但其实由于各个部门的员工人数不同和具体情况不同，直接比较离职率的高低没有任何意义。

拿A组和B组来举例，在某一时期，A组有100人，B组有50人。如果A组和B组都有10人离职，那么A组的离职率是10%，B组是20%。虽然B组的离职率是A组的两倍，但其实离职的人数是一样的。

也可以拿A组两个时期的离职率进行比较。例如，第一个时期A组有100人，离职了10人；第二个时期A组人员规模扩大到200人，离职了20人，离职人数变多了，那么离职率变高了吗？并没有，尽管第二个时期的绝对离职人数更多，但无论哪个阶段的离职率都是10%。（第一个时期离职率=10÷100×100%=10%，第二个时期离职率=20÷200×100%= 10%。）

> 在大多数情况下，离职率是一个比离职人数更有用的数字。

> 只有把离职人数与时期、部门规模放在一起考虑，你才能够比较不同部门的离职情况。计算离职率的最佳方法就是将指定时期的离职人数除以同一时期内同一细分项的平均人数，用百分比的形式呈现计算结果。离职率的计算公式为：
>
> 离职率=[细分项].[时期].离职人数÷[细分项].[时期].平均人数×100%

图11-1展示了如何计算离职率。

数据分析师离职率 =62÷526.38×100%=11.8%
（报告期间离职人数占平均人数的百分比）

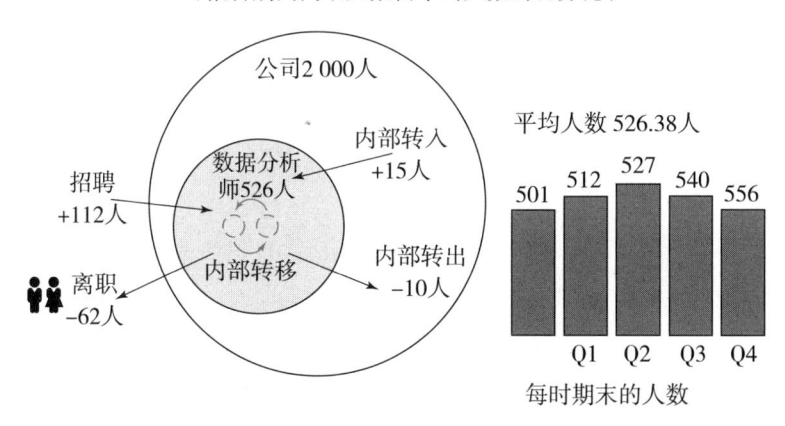

图 11-1　计算离职率

为了计算离职率，你需要统计某一时期某个部门的离职总人数，然后用该部门的离职人数除以该时期的平均人数。

计算年度离职率

如果你知道一年中某个时期的离职人数，就可以使用以下公式推断出当年总体的离职情况，即年度离职率：

年度离职率=年初至今的离职率×（12÷月数）

这个公式很好地解决了无法将一年中某个时期的离职率与全年其他时期

的离职率进行比较的难题，"年化"让某个时期的离职率变得更有意义。

> 当然，年化只是一个基本的预测，基于一年中某个时期的年化来推测真实的年度离职率可能忽视了离职的季节性变化这一情况，忽视了可能正在发生的离职人数增加或减少的现象。年度离职率公式不是一个完美的预测公式，但它依然可以帮助你将你拥有的数据与历史年度数据或其他以年度为基准的数据进行比较。当然，年度离职率还有其他更严格的预测方法。

按离职类型细化离职率

不是所有的离职情况都一样。当员工的离职被记录在HRIS中时，系统会要求管理员输入一些关于离职情况的分类，我称之为离职类型。离职类型的分类维度有很多，可以是单一维度，也可以是复合维度，具体根据公司和所需的数据分析精度不同而不同。

下面列举了一些最常用的离职类型分类。

- 自愿离职。如果员工自愿离开公司，则离职是自愿的。
- 非自愿离职。如果员工离开公司不是他们自愿的选择，而是公司的决定，那么离职就是非自愿的。非自愿离职的原因可能是员工在重组或裁员过程中被解雇了。所有的离职要么是自愿的，要么是非自愿的。

> 如果你想了解员工人数的变化，以便进行精准的核算或预测，那么你在计算离职率时应该包括所有自愿与非自愿离职情况。如果你想具体了解员工是否在"反对公司"，那么你需要特别关注系统中编码为"自愿离职"的情况，排除所有非自愿离职的情况。如果把自愿和非自愿离职情况混在一起分析，你的结论可能会有失偏颇。

- 可避免的自愿离职。如果员工自愿离开公司，并且公司本可以采取措施有效留住员工，那么你可以将这种离职标记为"可避免的

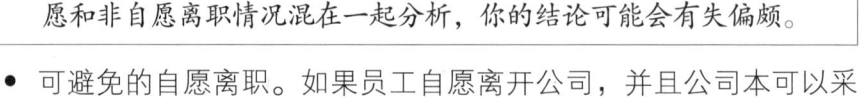

自愿离职"。

- 不可避免的自愿离职。如果员工离开公司，并且离职原因与公司能够控制的因素完全无关，那么这种离职就是不可避免的。例如，一名员工因为配偶在另一个城市工作，他也要去那个城市，因此不得不离开公司，这种离职就是不可避免的。不可避免的自愿离职原因还有求学、照顾生病的亲人或抚养孩子等。

> 为了区分可避免与不可避免的自愿离职，你需要在员工提交辞职申请时了解他的离职原因，不一定需要了解所有的细节，但你至少需要知道这个人是否因为公司无法控制的原因而离开。

- 不需要惋惜的自愿离职。如果员工自愿离职，并且在离职时其绩效评分低于平均水平，则该员工的离职是不需要惋惜的。你不会后悔失去这个人，因为你可以用一个表现更好的人来代替他，并有机会提高这个岗位的工作产出。（如果员工离职时没有绩效评分，最好在数据分析中将其默认为"令人惋惜的"。）
- 令人惋惜的自愿离职。如果员工自愿离开公司，并且在离职时其绩效评分为平均水平或高于平均水平，则该员工的离职是令人惋惜的。

> 判断员工的自愿离职是否为令人惋惜的自愿离职，并不是看管理者冷酷与否，而是看员工的绩效数据。对公司和员工最有利的是，随着时间的推移，公司保留了高比例的高绩效员工，并创建能让其他员工取得更好的绩效的环境。每家公司都希望有一个低水平的"令人惋惜的自愿离职"数据，因为这一数据代表公司发展得越来越好，而不是越来越糟。如果没有这一数据，就无法知道公司是在往好的方向发展还是在往糟糕的方向发展。

什么是不可避免的自愿离职

负责进行"可避免的自愿离职"或"不可避免的自愿离职"分类的人必须掌握一些离职信息,并基于这些信息对离职类型做出判断。我建议你使用特定的评判标准,我使用的简化的规则框架如下所示。

1. 这个人离职是为了换工作还是休息?(□换工作 □休息)

如果是为了休息,那么离职是不可避免的。如果是为了换工作,则继续回答下一题。

2. 如果是换工作,是要搬家吗?(□搬家 □不搬家)

3. 如果是搬家,更接近以下哪种情况?

A)这个人因为工作以外的原因搬到了另一个城市。

B)这个人搬到另一个城市,因为她接受了一份新工作。

如果选A,那就是不可避免的自愿离职。如果选B,那就是可以避免的自愿离职。

可避免或不可避免似乎取决于一个神秘的细节,它关系到你计划使用自愿离职率作为KPI,还是计划设计一个预测模型。举个例子,将两名经理进行比较。这两名经理手下都有10名员工,并且都有两名员工自愿离职,都有20%的自愿离职率,但是其中一方有两个不可避免的自愿离职,另一方有两个可以避免的自愿离职,那么这两个自愿离职率的意义就不同了。这意味着一名经理有20%的可避免自愿离职率,另一名经理有0%的可避免自愿离职率。这种区别对你来说似乎微不足道,但对这两名经理来说并不是,尤其是当你根据员工离职情况来评估经理的表现时。可避免和不可避免之间的区别也可以提高预测模型的准确性。如果设计一个模型来预测可避免的自愿离职,设计另一个模型来预测不可避免的自愿离职,然后将这两个模型放入一个整体离职模型,会比一开始无差别地对待所有类型的离职要好得多。

在这两种情况下,你都可以对不可避免的自愿离职进行建模。对"用脚投票的人"(对公司心怀不满的人)最好的衡量指标是可避免的自愿离职率。这种谨慎的区分将提高你的KPI,并减少预测模型中的错误。

计算不同离职类型的离职率

实际上，当按离职类型甚至离职类型的组合计算离职率时，你只需要筛选你想要的数据范围，然后以相同的方式计算离职率即可。可使用以下公式计算不同离职类型的离职率：

离职率=[时期].[细分项].[离职类型].离职人数÷[时期].[细分项].平均人数×100%

如果用图11-1中的例子计算数据分析师的离职率，则计算公式如下：

离职率=[2021].[数据分析师].[自愿].离职人数÷[2021].[数据分析师].平均人数×100%

如果2021年有62名数据分析师离职，其中只有35名的离职类型是自愿离职，则数据分析师2021年的自愿离职率为：

自愿离职率=35÷526.38×100%=6.7%

这一数字意味着2021年有6.7%的数据分析师出于自愿离开了公司。

进一步细分以获得深度洞察

细分就是指根据某些共同特征将员工进一步分成不同的组。这个过程非常影响人才数据分析结果的质量。如果细分得太粗，结论可能没有任何意义。如果细分得太细，一个指标可能会出现很多数据和解读方式，导致数据报告过于冗长，无效信息太多。

正确地对数据集进行细分，能让你的数据分析报告展示富有洞察力的内容，并成功吸引客户的注意力。你可以将离职率按照部门、职级、职位、在职时长、地域、人口结构、心理因素或任何其他有意义的维度进行细分。

图11-2展示了一些常见的员工细分方法。

员工细分

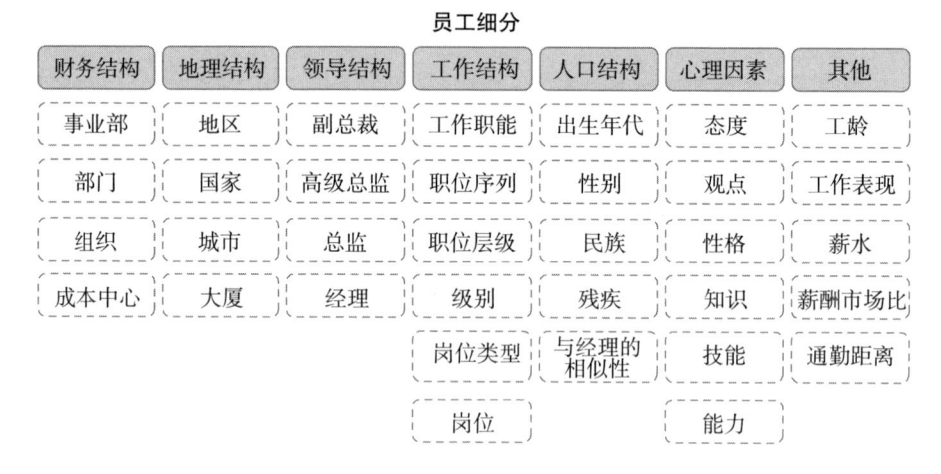

财务结构	地理结构	领导结构	工作结构	人口结构	心理因素	其他
事业部	地区	副总裁	工作职能	出生年代	态度	工龄
部门	国家	高级总监	职位序列	性别	观点	工作表现
组织	城市	总监	职位层级	民族	性格	薪水
成本中心	大厦	经理	级别	残疾	知识	薪酬市场比
			岗位类型	与经理的相似性	技能	通勤距离
			岗位		能力	

图 11-2　员工细分方法

没有细分，就无法确定目标群体。细分可以让你了解公司特定领域的情况，而不是笼统地关注公司全貌。细分还有以下几个优势。

- 量身定制的仪表板。通过细分，你可以向不同的受众展现个性化的分析报告，而不是笼统的指标特征。当你专注于特定的群体、特征和特性时，你更有可能把高管关注的、认为重要的和该做的事情放在首位。

- 基于数据证据识别进一步的研究机会。数据分析师可以按细分项研究离职率，然后将其与公司平均水平或预测基准进行比较，以了解该细分项有多不正常（离职率高或低）。与平均水平有较大的统计学差异的细分项就是极好的研究对象。

- 更有效的人才保留策略。简单地说，细分可以帮助你更好地了解员工的需求，避免对所有人"一视同仁"，这样能让你更有效地采取干预措施。

- 资源的有效利用。有了细分，你就不用广撒网地影响每个人。细分有助于降低成本，提高资源的有效性，可以让你把资源、金钱、时间和精力集中在最有价值的领域和问题上，有针对性地满足他人的需求，而不是对所有人都进行泛化处理。

通过细分员工自愿离职率，你能发现什么呢？

通过细分，你可能会了解到，女性和男性的离职率一样，或者女性比男性更有可能离职，在这两种情况下，你采取的人才保留策略会截然不同。此外，当你发现差异时，你还可以进一步调查造成差异的原因。

通过细分，你可能会了解到，从时间维度看，公司的员工入职后第一年的平均自愿离职率为10%，第二年为5%，第三年为20%，随后每年都为5%。当你有了这些信息之后，就可以尝试推动一些干预行动。例如，在员工入职第二年年末，与员工沟通其在公司内部的下一个职业机会，从而更好地留住他。

通过细分，你可能会了解到，无论直属经理是谁，无论在哪个时期，无论公司的整体人才流失率是多少，销售代表的平均自愿离职率都是数据分析师的两倍，如前者是20%，后者是10%，这个差异不会因为直属经理的不同、时期的不同或公司整体离职率的不同而发生变化。有了这些信息，你就知道以后没必要再将这两项数据进行统计和比较了。

通过细分，你可能会了解到，那些在问卷中"我知道我在公司的下一步职业发展"这一题目上表示"认同"的人，在未来12个月内离职的可能性比表示"不认同"的人更低。

通过细分，你可能会了解到，从事相似工作但报酬相差很大的人在离职率上并没有很大的差异。

计算人才保留率

就如同硬币有A面和B面一样，人才保留率是离职率的另一面。保留率是指一段时间内员工留在公司的百分比。要真正理解、预测和控制人才流失，不仅要分析人才为什么离开，还要分析人才为什么留下来。可以肯定的是，如果能提高人才保留率，那人才流失情况也会相应地有所改善。虽然人才保留率和离职率非常相似，但在某些情况下，人才保留率是一个比离职率更好的指标。

与大多数指标一样，计算人才保留率的方法不止一种。最容易掌握的方法是使用其他你已经知道如何计算的指标：

[细分项].[时期].{期初人数}=指定时期的第一天该部门的员工人数

[细分项].[时期].{期末人数}=指定时期的最后一天该部门的员工人数

[细分项].[时期].{新雇用人数}=指定时期该部门新雇用的员工人数

一般来说，最好从整个分析中剔除内部轮岗的人数，否则可能会给分析增加不必要的复杂性。

简易的人才保留率计算公式如下所示：

人才保留率=（[细分项].[时期].{期末人数}—[细分项].[时期].{新雇用人数}）÷[部门].[时期].期初人数×100%

要计算某个部门的人才保留率，首先要计算指定时期结束时细分部门的人数，将其减去指定时期新入职的人数，然后将结果除以指定时期开始时细分部门的人数，最后将结果乘以100%。

评估承诺

你可以通过一定的方法来了解目前的员工状况，知道为了降低人才流失率可以在哪些方面努力，而不必等到员工真正离开公司才开始后悔。

"承诺"是员工对公司的一种心理依恋。一般来说，拥有承诺的员工能感觉到自己与公司的紧密联系，他会觉得自己的目标与公司的目标是一致的。因此，拥有承诺的员工对公司更忠诚，离开公司的可能性更小。简而言之，承诺是对员工和公司之间联系的衡量方式。

组织行为学家发现了许多关于承诺的定义及评估承诺的调研量表。科学家还证明，这些基于调研的承诺评估标准可以预测员工的实际工作行为，如人才流失、组织公民行为和工作表现。

在本节中，我选择了10道题目来帮助你评估承诺，你应该用李克特量表来表达你的看法（有关李克特量表的更多信息，请查阅第12章）。这些问题可以一起使用，也可以拆开使用，当然包含大量项目的数值往往比只包含单一项目的数值更有价值，因为综合指数涵盖了更广泛的问题，可以更有效地预测员工未来的行为。

李克特量表的评分范围是：非常不认同、不认同、既不认同也不反对、认同、非常认同。

以下是问卷题目。对于每项陈述，调研对象通过从李克特量表中选择一个评分来表明他们对该陈述的认同程度。

- 我很高兴成为＿＿＿＿＿＿公司的一员。
- ＿＿＿＿＿＿公司有我坚信并致力于实现的使命。
- ＿＿＿＿＿＿公司对我来说有很大的个人意义。
- 我很乐意在＿＿＿＿＿＿公司度过我的余生。
- 我喜欢和公司以外的人讨论＿＿＿＿＿＿公司。
- 我觉得自己是＿＿＿＿＿＿公司的"家庭成员"。
- 我对＿＿＿＿＿＿公司有很强烈的归属感。
- 对我来说，现在离开＿＿＿＿＿＿公司是非常困难的，即使我想离开。
- 我觉得我欠＿＿＿＿＿＿公司很多，因为它为我付出了很多。
- ＿＿＿＿＿＿公司对待我的方式值得我对其忠诚。

承诺指数评分

以上每个题目都可以得到一个李克特量表的分值，也可以将几个题目的得分合并成为一个综合分值。例如，如果你在调研问卷中使用了所有这10道题目，就可以将承诺指数定义为10个项目的分值总和。

其中，1分表示非常不认同，2分表示不认同，3分表示既不认同也不反对，4分表示认同，5分表示非常认同。应用这种方法，调研对象最终会得到一个10~50分的承诺指数评分。

承诺类型

可以将承诺指数的得分进一步分为以下3类。

- 高：得分40~50分。
- 不确定：得分30~39分。
- 低：得分低于30分。

评估留任意愿

直接评估留任意愿虽然不如评估以上10道题目可靠，但也可以让你直接了解员工的打算。以下这道题目也可以使用李克特量表来评估：我愿意在这家公司继续工作至少一年。

研究发现，对"留任意愿"这个题目的回答与未来一年的离职情况存在强相关性。留任意愿不是一个完美的预测因素，但它可以很好地对各部门的离职情况进行一个大概的预测。在一个部门，这道题目的分值越低，未来的离职人员就有可能越多，这意味着你需要采取行动进行干预。

> "留任意愿"这个指标确实有一些内在的缺陷，毕竟大多数员工都不知道未来一年会发生什么，即便他们目前没有离职的打算，但以后可能会有。这项指标可以帮助你预测那些正在计划离职的员工的想法和他们可能会采取的离职动作。然而，如果没有令人满意的新工作机会，这些人可能一年以后依然在职。
>
> 这些内在缺陷可以帮助你了解如何分析问题和预测离职率。至少你知道了离职情况的发生既要个人有离职想法，又要外部有合适的机会。因此，你需要了解员工想要什么，以及外部HR给他们打电话的可能性有多大。我举这个例子是想告诉你，在进行数据分析时要全面理解和定义问题，以便合理地收集和建模数据。

评估承诺指数和留任意愿的益处

将承诺指数和留任意愿用于比较不同部门的情况很有帮助，你可以提前识别哪些部门未来可能会出现高离职率，并采取行动。你可以随着时间的推移对承诺指数和留任意愿进行趋势分析，以了解离职风险是提高了还是降低了。

虽然不是所有高承诺员工都会留下，所有低承诺员工都会离职，但是如果你对比调研数据，就会发现一年前的承诺和一年内的实际离职率存在强相关性，低承诺员工离职的可能性是平均水平的2~3倍，高承诺员工离职的可能性是平均水平的20%~30%。如果你的公司的平均离职率是10%，那么低承诺员工的离职率可能是30%或更高，高承诺员工的离职率可能是5%或更低。试着在调研中收集承诺数据，并尝试进行这种分析吧！我和许多其他专业人士的研究都证实了这样一件事：承诺指数和留任意愿在预测员工离职行为方面是有效的。它可能不是预测离职可能性的唯一因素，但一定是有用的因素。

最后，如果你已经在一项年度调研中纳入了承诺指数和留任意愿的相关题目，并要求员工对一系列其他主题（如直属经理、薪酬、高管团队、公司前景等）发表意见和想法，你可以将这些主题与承诺进行相关性分析，找到高承诺员工和低承诺员工之间区别最大的主题得分，看看哪几项最能解释承诺的高低。虽然相关性并不意味着因果关系，但那些与承诺指数和留任意愿相关的主题可以帮助你识别员工离职或留任的关键驱动因素（关于如何进行关键驱动因素分析，请阅读本书第14章）。

> 你可能会怀疑员工是否会诚实地回答你提出的任何问题。对此，你可以采取一些做法鼓励员工在调研中向你提供准确的信息。一个最有效的做法是请第三方机构进行调研，第三方机构能够帮助你收集敏感信息，并向你的员工保证严格执行保密义务。

理解人才为什么离职

"街灯效应"（也称为"醉鬼搜查原理"）是一种观察偏差，当人们在视线最好的地方寻找某样东西时，就会出现这种偏差。这源自在数据专业人士之间流传的一个故事。

一个警察看到一个醉汉在路灯下寻找东西，就问他丢了什么。醉汉说他丢了钥匙，于是他们一起在路灯下找。几分钟后，警察问醉汉是否确定在这里丢了钥匙，醉汉回答说："不是的，我在公园里丢了钥匙。"警察问："那你为什么在这里找？"醉汉回答说："因为这里有灯光。"

新手数据分析师分析员工流失情况与这个故事类似。通常，数据分析师被要求分析员工流失情况，告诉他们的上级数据是否有问题，是什么原因导致的，以及该如何采取行动。遗憾的是，除非事先仔细考虑需要收集哪些相关数据，否则这些新手数据分析师就会像故事中的醉汉一样，在有灯光的地方寻找不可能找到的钥匙。

在下一节中，我将分享离职调研中经常出现的问题，讨论在离职调研中需要收集哪些信息，并提供一个离职调研范例。

创建一份优秀的离职调研问卷

离职调研是在员工离开公司之前你对他的最后一次提问机会。离职调研可以帮助你对员工的离职情况进行分类，了解竞争对手如何赢得了你的员工，并明确你可以做些什么来更好地留住员工。如果你真的想控制人才流失，就需要做离职调研。遗憾的是，很多离职调研工作做得都很糟糕，没有多少公司能好好利用离职调研。在本节中，我将说明离职调研中存在的误区，为你提供一个更有效的离职调研工具。表11-1列出了离职调研中经常出现的问题。

表 11-1 离职调研中经常出现的问题

	问题	详述
1	问卷回应率很低	• 大多数公司在离职调研中，问卷回应率都不到 30%。在这种情况下，问卷呈现出的员工离职原因更多的是"未知"（70%） • 你的执行力很差：调研没有在员工离职时及时跟进 • 这项调研显然是业余的，缺乏专业的第三方机构执行和保密管理，缺乏严肃性
2	公司缺乏保密性	• 缺乏专业的第三方机构来保证可信度 • 有时候你问员工离职原因，他们往往不太愿意表达真实的想法。他们可能会想："为什么要破罐子破摔呢？""我有了答案，但事已至此，我也不想再多说什么了。" • 如果你让第三方机构为你收集数据，并且对方保证只与公司共享整体的数据而非个人的详细回答，那么人们会觉得说出自己的想法很安全
3	糟糕的问卷设计：你的提问有逻辑上的错误，会影响回答的质量	• 许多离职调研问卷都不是由专业人员设计的，因此它们在逻辑上有错误，这会影响调研对象的反应。常见的错误例子是问"你为什么离开"，然后提供一些选项，这些选项往往互相重叠，或者有些重要因素没有被放到选项中，或者将问题设置成了单选题，而事实上离职涉及的因素有很多。此外，有些离职原因是无法直接描述出来的
4	糟糕的问卷设计：你没有提出必要的问题来获得最重要的信息	• 很多提问都比"你为什么要离开"更重要，更有价值，而这些提问往往被忽略了。例如，"你要去哪里""你是什么时候决定离开的""是否有任何重大事件影响了你的决定" • 在离职调研问卷设计中犯的最大错误是有些事情你没提问，而这个错误是无法挽救的
5	你把想挽留的人和不想挽留的人的离职调研数据混在一起，看不清真相	• 你有想挽留的员工，也有根本不介意其离开的员工。如果不区分这两者，你选择的数据会把你拉向错误的方向，或者让你根本没有方向。例如，低绩效员工在离职时提出他是因为薪酬问题或与经理的关系而离开的，事实上对于他的离职你完全不介意。如果你把这些原因与你希望挽留的人告知你的原因混在一起分析，那么你就会对如何采取行动挽留值得挽留的人这件事更加摸不着头脑 • 收集数据是可以的，但是你应该对不同的人使用不同的指标，这样你就可以在分析数据时区分这些不同的离职类型
6	在数据分析和结果解释上犯错	• 一个常见的错误是只基于离职调研问卷中的数据来解释离职的原因，而不考虑参考标准。在脱离参考标准的情况下分析离职数据，解释人才离职的原因，其实是存在严重的逻辑缺陷的。好的分析是比较在任者和离职者对相同调研问题的回答有何不同

离职调研问卷示例

针对表11-1中描述的问题，我在下面展示了一个精心构建的更有效的离职调研问卷示例。该示例不能解决表11-1中描述的某些问题，如不能解决问题6。该示例的设计旨在帮助你在员工离职时收集一些数据，并避开表11-1中提到的逻辑缺陷。无论如何，你都要对你从离职调研中获得的信息持怀疑态度。离职调研是你收集和分析更广泛的数据的一个重要途径，可用于验证各类假设。你的逻辑和数学计算同样重要（或者说前者更重要）。如果从一个好的模型开始，尽可能把握机会收集数据，独立地查看每个数据源并小心地分析求证，你就会得到更好、更精准的答案。

> 使用该离职调研问卷时请在"_____公司"处填写你所在公司的名称。

以下是帮助你获得所需信息的一份离职调研问卷示例。

离职调研问卷示例

离开_____公司后，你会为另一家公司工作吗？ ☐是 ☐否

如果选"否"，你会：

☐ 在家照顾孩子或其他重要的人

☐ 上学

☐ 从政

☐ 其他：_____

如果选"是"，那么：

- 你的新工作是同行业的吗？ ☐是 ☐否
- 你的新公司的名称是什么？

对于你的新公司，你预计在以下几个方面会有所不同？（请按1~5分打分：1分表示比现在差很多；2分表示比现在差一点；3分表示和现在一

样；4分表示比现在好一点；5分表示比现在好很多。）

- 公司整体素质：_____分
- 领导团队素质：_____分
- 直属经理素质：_____分
- 同事素质：_____分
- 工作素质：_____分
- 学习和发展机会：_____分
- 职务级别：_____分
- 长期职业发展机会：_____分
- 预计第1年总薪酬（含基本工资、奖金、股票）：_____分
- 预计第3~5年总薪酬（含基本工资、奖金、股票）：_____分
- 福利（如医疗与退休保险等）：_____分
- 额外待遇（如餐饮、健身等）：_____分

总体来说，你会如何描述你离开_____公司的决定？（选择一个）

☐ 主要是与工作相关的原因，是_____公司能力范围内可以解决的。

☐ 主要是个人原因，_____公司无法解决。

请描述你在_____公司工作时感受到真正快乐的一个时刻。

_____

请描述你在_____公司遇到的阻碍你取得成功的事情，越多越好。

_____

_____

近期是否有任何事件直接导致你产生了留在/离开_____公司的想法？（请选择）

☐ 与工作相关：直属经理的作为/不作为

☐ 与工作相关：公司领导团队的作为/不作为

☐ 与工作相关：所在部门同事的作为/不作为

- 与工作相关：其他部门同事的作为/不作为
- 与个人相关：个人健康、他人健康或孩子出生
- 与个人相关：其他重要的人的职业机会让你心动
- 与个人相关：你或其他重要人员已达到退休年龄
- 与工作相关：其他_____
- 与个人相关：其他_____

请告诉我们导致你决定离开_____公司的事件。

_____

_____公司是否可以做些什么来留住你？ □是 □否

如果选"是"，请告诉我们_____公司可以做哪些事来留住你？

_____公司现在或将来是否可以做些什么让你愿意回来工作？ □是 □否

如果选"是"，_____公司需要做些什么才能让你愿意回来工作？

第4部分

利用科学和统计学改进人力数据分析计划

在本部分，你将：

- 通过问卷调研获取并利用群体智慧；
- 使用关键驱动因素分析找出重点；
- 使用多元回归分析解决多元问题；
- 了解如何逐步进行更好的预测；
- 设计实验以产生新的知识并以此推动变革；
- 了解如何应用相关性、趋势分析、指数平滑法、多元回归和 T 检验等统计方法。

> 在本章，你将：
> - 确定并评估你想量化的模糊概念；
> - 设计和管理问卷调研以得到高质量的数据和高回应率；
> - 学习问卷调研基础知识，避免常见的调研陷阱。

第12章

使用问卷调研来评估你的模糊概念

问卷调研是指设计一个或一组问题，让隐藏在人们大脑中的东西成为可知的数据。态度、信念、价值观、观点、偏好和其他认知原本是无法描述和无从考证的，它们原本对数学、科学或人力数据分析毫无用处，但在问卷调研的帮助下，它们能够被以数据的形式获取。换句话说，问卷调研可以帮助你将模糊的概念转换成数据，对它们进行分析。问卷调研允许你把模糊的概念与更具体的、可观察的事情联系起来，如个人和群体的行为和结果。为此，数百年来，问卷调研一直是心理学、社会学和政治学等领域用于研究的基本工具，在市场营销等新兴领域也应用了数十年。因此，毫无疑问，问卷调研对人力数据分析也很重要。

如果管理得当，员工调研和相关的反馈工具是判断员工内心想法的好工具，它们可以帮助你确定员工的想法、观点与他们的行为、结果之间的关系。基于这些观察结果，你可以了解相关细节可能带来的影响，从而采取正确的行动来改变集体行为并预测未来的结果。一份设计得很好的问卷调研可以对人们头脑中的想法产生独特的洞察。这些洞察可以引导你采取有意义的干预行动，从而驱动人才在公司实现集体成功。然而，当问卷调研设计得很糟糕，调研过程执行得也很糟糕时，这样的调研反而可能会使员工产生调研疲劳，削弱其对公司的信任和承诺，与你的预期背道而驰。

借助问卷调研发现群体智慧

詹姆斯·苏洛维茨基在其《群体智慧》一书中指出，基于集体信息的聚合做出的决策比集体中任何一个成员单独做出的决策都要更好。

群体智慧的前提是，在适当的条件下，群体可以非常聪明，对事情的整体判断往往比群体中那个最聪明的人更准确。最简单的例子就是让一群人猜罐子里有多少颗软糖。

假设你有一罐密封好的软糖，你问一个群体罐子里有多少颗软糖，取群体中所有人的预测值的平均值为群体预测值，最终得出的预测数字往往和实际数字很接近，误差为3%~5%。群体预测值往往比95%的个体预测值更准确。虽然有一两个人可能会在一段时间内看上去猜得很准，但是在大多数情况下，依然是群体的猜测比几乎所有个人的猜测都更准确。

虽然这个"猜软糖"活动听起来不太实际，但有趣的是，你可以在更复杂、更有用的情况下看到类似的情况。如果你观察赛马场上马的赔率，你会发现投注者群体几乎完美地预测了每匹马获胜的可能性。从某种意义上说，赛马场上的投注者群体准确地预测了未来。

再思考一下谷歌公司，该公司依靠网络上的群体智慧来寻找那些拥有最高价值的信息的网站。谷歌公司在这方面做得很好，因为这个被人们称为"万维网"的无组织模式集聚了很多人的努力，这种类似大数据的方式对于在混乱中找到秩序是非常有用的。

对群体智慧的研究通常认为，由于群体用取平均数的方法消除了个体的"噪声"，因此它优于个体独立的判断。换句话说，为了让群体智慧发挥作用，你必须能够在规避群体从众心理的前提下捕捉到群体中个体的数据信息，然后进行统一分析。当群体决策由拥有不同意见和意识形态的人共同做出时，群体也倾向于做出更好的决定，同时我建议用尽可能量化的方式去获取群体数据，如问卷调研。

群体智慧这一概念表明，如果人们混乱的思想能够被组织起来，并且能够被放在一起进行分析，那么即使主观上有缺陷的信息也有很大的预测价值。请注意，这种方式只有经过精心的设计和实施，才能帮助公司更好地使用群体智慧。

问卷调研方法与工具

如果你认为问卷调研在公司中只有一种用途，就是公司满意度调研，那你就大错特错了，问卷调研可以用于公司的方方面面。

问卷调研可以用来量化以往定性的想法，确定这些想法在群体中的占比，比较一部分人与另一部分人或整体的差异性，以及识别这些想法随着时间的推移而发生的变化。当定性的想法被问卷调研量化后，这些评估结果可以在数学上相互关联，并与其他结果相关联。尽管主观意见可能是对的或错的、准确的或不准确的、精确的或不精确的，但它是个体表达的真实数据，因此对人力数据分析来说，它无疑是一个新的数据点。新的数据点在解释或预测现象方面的有效程度需要你通过实践去检验和提升。

> 关于为什么使用问卷调研产生的数据、使用问卷调研可以描述哪些概念、使用什么样的问卷调研来评估不同的内容，以及如何实施问卷调研以产生与人才相关的数据，答案是有无限的可能性。在本章，我将分享一些关键的问卷调研类型、用途和注意事项，以此来激发你对未来实施问卷调研工作的无穷想象力。

多种类型的问卷调研方法

员工问卷调研可以被设计用来获取许多不同类型或类别的信息。以下列出了9种类型的信息，并提供了可以用李克特量表进行计分的相关的问卷题目示例。

- 意识。意识是人们对一种情况或事实的认知或感知。举例如下。
  — 我对公司本季度的优先事项有清晰的理解。
  — 我很清楚别人对我下个季度的工作期望。
- 态度。态度是通过对某些特定对象的评价表达出来的一种心理倾向，并带有一定程度的赞成或不赞成。这些特定对象可以是一个人、一群人、一个想法或一个物理对象。态度是由一系列复杂的认知因素相互作用而形成的，如思想、价值观、信仰和对先前经历的感知。态度可以刻画出个体的特征，并且可以影响个体的思想和行为。同时，思想和行为也可以反过来改变或增强个体现有的态度。举例如下。
  — 我经常受到公司同事的鼓舞。
  — 我有动力完成本职工作范围之外的事情。
- 信念。信念是一个人关于这个世界的观念——主观上坚信一个物体具有特定的属性，或者一个行动将导致特定的结果。信念可以顽强地抵制改变，即使面对强有力的证据。举例如下。
  — 总体来说，我认为我能在公司实现职业目标。

— 我有机会在公司做我最擅长的工作。
- **意图**。意图是一个人下定决心或决定要做的事情。举例如下。
  — 我打算一年后还为本公司工作。
  — 如果我有自己做决策的空间，我将在3年后为××公司工作。
- **行为**。行为是一个人做事的方式，尤其是对他人做事的方式。举例如下。
  — 我的经理定期给我切实可行的反馈。
  — 在过去的6个月，我的经理和我就我的职业发展进行了一次有意义的讨论。
- **价值观**。价值观是人们努力追求的理想、指导原则或总体目标。举例如下。
  — 公司的价值观和目标与我的价值观和目标是一致的。
  — 我在工作中找到了个人意义。
- **情感**。情感是一种感觉。有时候，人们对情感的定义与观点或态度类似。举例如下。
  — 我很自豪地告诉其他人我为公司工作。
  — 我能回忆起在过去3个月里的某个时刻，我在工作中感受到了真正的幸福。
- **观点**。观点是对一些事物形成的主观想法或判断，这些想法或判断不一定基于事实或知识。一个人的观点有点像一张图片，换句话说，就是这个人脑海中对事物的印象。这张图片可能是模糊的，也可能是清晰的；可能是一个特写镜头，也可能是一个全景；可能是准确的，也可能是扭曲的；可能是完整的，也可能只是事物的一部分。每个人看待事物的方式都不同。当人们缺乏信息时，就会倾向于根据自己的想法填充这张图片。举例如下。
  — 公司似乎有望在接下来的3~5年取得成功。

— 我有获得成功所需的资源和工具。
- 偏好。偏好是指人们更喜欢某个选择而不是其他选择，尽管也有例外。你可以通过询问一系列对比鲜明的权衡问题来了解员工的偏好，然后从你得到的回答中推断出员工如何对每个选项进行排序。举例如下。
  — 我更倾向于公司在养老保险中投入更多资金，而不是增加医疗保险费。
  — 我更倾向于公司把更多的资金投放在员工技术学习和发展项目上，而不是放在一年一度的公司年会上。

尽管这些简单的例子很有启发性，但还远远不够，你必须决定你想评估什么，想用什么题目去评估，以及为什么使用这些题目，然后你才能将这些题目设计成问卷调研进行施测，从而收集、分析数据。接下来我会告诉你具体怎么做。

了解问卷调研工具

除了可以从问卷调研中获得各种心理或社会信息，在设计问卷调研时，你还可以选择与人相关的重点领域。如果你认为年度员工调研是收集员工数据的唯一方法，那么你就是在自我设限，这就好比你站在雪山上，把一条腿绑住，打算只用另一条腿滑下山坡，这太困难了。

以下是一些可以用来衡量员工体验旅程和人员运营的各种类型的问卷调研示例。

员工体验旅程：基于时间和背景的深度挖掘

- 招聘前的市场问卷调研。
- 现场面试前的应聘者问卷调研。
- 现场面试后的应聘者问卷调研。
- 雇用后反向离职问卷调研。

- 入职14天问卷调研。
- 入职90天问卷调研。
- 年度员工问卷调研。
- 季度员工问卷调研。
- 离职调研。

人员运营反馈：聚焦主题的深度挖掘

- 招聘人员反馈。
- 面试团队反馈。
- 人才招聘流程反馈。
- 公司招聘页面反馈。
- 新员工入职培训反馈。
- 入职第一天反馈。
- 经理反馈。
- 入职过程反馈。
- 公司员工内网反馈。
- 职业发展过程反馈。
- 学习和发展反馈。
- 人才管理流程反馈。
- 多样性反馈。
- 设施反馈。

从问卷调研开始

在过去的十多年中，在新技术和新服务合作伙伴的推动下，出现了大量的新型反馈工具。现在到处都提倡提供与获得反馈，各个地方都充斥着问卷调研、民意调研、评论和公开渠道，工作场所也不例外。在公司内部，像"调查猴子"（Survey Monkey）这样廉价的在线工具使公司里的任何人都可以随时向公司内部的其他人提问。事实上，我认为这种方式在公司中有点过度使用了。

除了增加对结构化调研工具的使用，今天的员工还会使用其他非结构化反馈渠道。他们会在匿名雇主评级网站或行业博客、微博、朋友圈、知乎等网站或社交平台上发表评论，表达自己对公司的真实看法。即使一些工具在设计时根本没有考虑反馈功能，如一般的协作增效工具，也可以作为一种反馈渠道，允许个人向他人或公司提供反馈，这也可以为人力数据分析提供支持。

这对人力数据分析工作来说是一个令人兴奋的消息，但是更多的渠道不等于更好的数据信息。没有结构化的反馈就是噪声，没有目的的噪声是一种最糟糕的噪声。当你听到这种刺耳的噪声时，唯一的想法就是找到噪声源，消灭它！

当然，我说这些并不是要否定非结构化反馈方式的价值和人们对它日益增长的热情。只是在紧跟潮流之前，你应该先学习一些基础的问卷调研知识，这就是本章所提供的核心内容。尽管反馈渠道和信息选择是丰富多样的，但是如何判断信息和数据的好与坏、有用与无用，其关键原则是不变的。你可以学习完基础知识后再进行创新。

设计问卷调研

明确和沟通调研目标与学习目标是成功进行问卷调研的第一步。除了定义期望的调研目标，你还需要详细说明在获得所需的相关信息后将如何使用它们。如果你从一开始就对这些事项没有清晰的规划，你的调研工作就会变得漫无目的，甚至是在浪费调研对象的时间。所有的设计都是从确定你想改变什么和为什么改变开始的。确定这一点之后，接下来就是一个持续推进的过程，先仔细地定义你的假设，然后根据收集的证据确定接受、拒绝或修改假设。

可以将整个人力数据分析——所有这些数据科学——归结为由你（或你雇用的数据分析师）负责进行的一系列整合研究活动。正如你所看到的，你可以把这个过程总结成一个找到以下问题的正确答案的过程。

- 你想改变什么？
- 你能评估你想改变的东西吗？怎么评估？
- 还有什么因素会影响它？怎样才能同时测量这些因素？
- 在衡量了与你有关的结果和你认为可能重要的事情之后，你能将它们联系起来并推断出这种关系的方向和强度吗？
- 你能从一个评估标准中预测出另一个评估标准吗？
- 你能否推断出一种因果关系，从而获得控制你所关心的结果所需的信息？
- 你能够通过改变一个或多个因素来影响你关注的结果吗？

这些问题清楚地表明，仅调研人们对你自己关心的概念（如员工幸福感、员工敬业度或员工文化）的看法并衡量他们的反应是不够的。当然，你可以将研究目标简单地定义为努力测量这些概念，将完成调研过程视为成功，但其实你做得还远远不够，这些测量结果本身留下了许多重要的问题没有得到解答。即使只是完成"让一个模糊的、以前不可知的概念变得可量化评估"这项工作，你也需要弄清楚这些评估因素与公司其他重要业绩成果之间的关系，以及如何控制这些因素，否则你的工作就是在浪费时间。

> 你能从问卷调研工作或任何分析项目中得到什么，取决于你的问卷设计。一个糟糕的设计很难让你获得有价值的东西；一个高质量的设计意味着你获得洞察的机会更大，从而推动公司向前发展。

使用模型

观察事物并对事物进行解读是人类的本能。这是人类生存的基础。然而，在日常生活中，人们往往会忽视使用观察和解读这两个本能。人力数据分析可以帮助你有意识地观察员工，并对你观察到的情况进行解读，从而采取有效的行动。

人力数据分析是"检视"公司的人力问题，而不是依靠所谓的"第六感"进行武断的推测。人力数据分析的目标是观察和解读群体之间的重复模式，不是试图解释特定个人的动机，所以避免了基于个体的偏见和谬误。人力数据分析侧重于按照不同的变量将人们细分为不同的群体，如按照工作经验、教育背景、性格、态度、智力、薪酬、岗位类型、在职时长、性别、种族、年龄等进行细分，从而在这些变量中发现模型。

模型可以帮助你更好地理解和解读人力数据分析中评估的东西。模型可以是表达变量之间映射关系的一个综合概念图，并以图片、数学公式或可验证的理论性描述的形式展现出来。模型可以非常详细和复杂，也可以只是一个简单的假设，如"员工工作越快乐，其工作就越高效"。

在这种变量的概念映射中隐含着一种可验证的理论，通过对可测量的、可从系统或问卷调研中收集的信息进行数学测试，这种理论得以验证。如果你要测量这个假设，必须首先定义你所说的"快乐""高效""员工"是什么意思。在定义了必要的术语之后，你还需要弄清楚如何度量它们。通过仔细定义术语和明确度量工具，你就成功地设计了一项问卷调研。这些步骤是你研究、设计问卷调研的基础，并决定了你能得到一个什么样的结果。

将模糊的想法概念化

概念化是指识别和澄清概念的过程。概念是指你和其他人对事物本质的想法。例如，管理学和人力资源领域常用的"满意度""承诺""参与度""幸福""多样性""包容性"等词，它们都是什么意思呢？以多样性为例，你认为多样性是指按性别和种族评估劳动力的构成，还是指人们心中根深蒂固的偏见、歧视及相应的行为？是职场中存在的各种包容和排斥，还是说以上几件事情都和多样性有关？你是否关注哪些因素影响了多样性，是性别、种族、年龄、残疾与否、社会经济地位、经济背景、性格、价值观吗？如果你想创建一个可行的研究计划和测量框架，你需要将相关的想法概念化，否则你只是在谈论一个很模糊的想法，很难获得他人的理解和共识。

将概念"操作"为度量

概念化要求将测量的想法加以澄清，"操作化"是构建实际具体的测量方法的过程。我所说的操作化，是指为了实现对概念的测量而必需的操作方法。所有人力数据分析工作都依赖抽象概念的操作化，以达到分析的目的。操作化的创造力和水平很大程度上取决于人力数据分析师的综合素质，这也是很多调研效果差异很大的原因。

例如，对"员工承诺"这一概念的一种操作化方法是使用标准的5分量表，要求员工回答对调研问卷上的题目的认同程度（如"我可能从现在起3年内一直为这家公司工作"）。另一种操作化方法是使用7分量表要求员工回答同样的问题。还有一种操作化方法是提供几个与员工承诺相关的陈述，要求员工主观地描述他们对这几个陈述的认同程度，然后将答案汇总并量化为一个指数。

> 尽管每个单一的陈述都可能与你想评估的核心概念有偏差，但通过对一系列陈述的量化评估，你可以更好地掌握员工对该概念的整体观点。

> 尽管你有许多不同的方法来提出调研问题，但在构建调研问卷时，我建议你对所有调研问题都使用相同的计分方式，这样做有以下几个重要的好处。
>
> - 如果使用不同的计分方式，从数学上评估和比较数据就有点困难。
> - 如果要求调研对象只使用一种计分方式回答问题，那么他们会更少出错。
> - 最重要的是，如果你想评估某个方面的内容，你只需要简单地提出一个或多个相关的陈述，然后让调研对象回答认同程度，就可以方便且快速地收集人们的看法。这种做法可广泛应用于各种主题的调研。

设计指数（计分方式）

将复杂的观点直观地呈现出来的重要工具之一是指数，或者说计分方式。计分方式是指通过对一系列相关陈述以相同（在某些情况下不同）的权重进行打分来衡量调研对象的态度。通过多个角度的衡量，将得到的数据转化为一个指数，你不仅可以更准确地了解调研对象的感受，还可以确定他们的感受有多强烈。

例如，要想评估公司员工的承诺，你可以使用多个经过精心设计的题目和一种计分方式来整体评估员工的承诺，举例如下。

- 我坚信_____公司的目标和目的可以实现。
- 我非常适合_____公司的文化。
- 我很自豪地告诉其他人我为_____公司工作。
- 如果另一家公司给我提供类似的职位，薪水和福利也相当，我还是会留在这里。
- 目前我还没有考虑过离开_____公司。

- 我希望1年后还能为_____公司工作。
- 我希望5年后还能为_____公司工作，我很乐意在_____公司度过余生。

如果使用李克特量表，那么上面每个问题的分数都是1~5分，整个承诺指数的分值范围是8~40。

> 乍一看，你似乎在以几种不同的方式问同一个问题，从而获得某个指数，但相对于只通过一道题目获得某个指数，前者有以下几个重要的优势。
>
> - 结构良好的指数比根据单一的测量方法得到的指数更精确。尽管优秀的问卷调研设计坚持一次只能测量一样东西，但是你想测量的概念往往没有清晰且明确的单一指数。相比单项数据不能精准地提供变量的特征，使用多项数据汇总形成的指数可以提供更全面、更准确和更可靠的变量特征。
>
> - 通常你希望或需要分析几个不同概念之间的关系，但是如果只有少量类别的度量，可能无法提供清晰的关系变化范围。在这种情况下，一个由几项数据组成的指数可能会提供你所需要的关系变化。例如，一个有5个选项的问题有5个可能的分值，那么10个分别有5个选项的问题就有40个可能的分值。后者比前者好得多，特别是当你的其他变量也有更大的分值范围时。

> 你可以根据某些验证结果的独立相关性自行设定合理的计分方式。这意味着，使用同样的10个问题，你可以得到超过40个分值的指数范围。
>
> - 员工满意度、承诺或敬业度这些衡量员工情感的指数，已被证明比任何单项指数都更有助于预测员工离职等情况。

- 指数是很直观的问卷调研结果摘要，实现了使用一个数值对某个概念进行简要总结的目的，同时保留了对所有个别项目的具体得分进行进一步分析和解释的权利。这意味着，在向他人呈现你的结果时，与其一上来就报告所有细节的得分，不如先将指数作为一个单一的度量标准来总结报告。一个指数要比多个复杂的数字更容易让人快速读懂、掌握和使用。

创建指数时，需要遵循以下4个简单的步骤。

1. 确定一个聚焦于单一概念的研究问题。

2. 生成一系列在不同维度或强度上与概念相关的认同或不认同的陈述。这样做的目的不是创建最终的指数，而是测试相关陈述是否可被包含在关于这个概念的问卷中。

3. 创建一个测试小组来测试你提出的所有陈述性题目，以便获得对所有题目的调研回复，并从测试对象那里获得其对每个题目的主观反馈。你应该结合主观反馈和数据分析来选出最好的题目，放在最终的问卷中。第一次测试时，你应该问10个人是否在回答题目时发现有任何模糊或混淆的地方。你还应该主动要求测试对象解释他们是如何理解每个题目的。这些对话虽然是主观的，但是可以帮助你看到之前可能忽视的问题。

4. 最后完成陈述性题目的修改并将它们组合成一份问卷，决定给予每个问题相同的权重，或者根据一些合理的数学逻辑为每个问题分配不同的权重。

检验效度和信度

在采用一种评估方法进行评估之后，你的工作还远远没有完成。你仍然需要把你获得的评估结果与采用其他评估方法获得的评估结果进行比较，其他评估结果可能会佐证也可能会推翻你当前的假设和评估结果。例如，如果你在评估员工承诺，那么你有必要根据实际的员工保留/离职情况或应聘者推荐指数来再次验证你评估的员工承诺结果。有差异性的评估指标，特别是客观的评估指标，允许你随着时间的推移不断测试、验证和提高评估方法的准确性。如果其他评估方法都证明当前你对员工承诺采用的主要评估方法是不可靠的，那么你需要改进这个评估方法。如果你的调整不起作用，是时候放弃这一评估方法了。

设计问卷调研时的注意事项

以下是一份在问卷调研中应该做和不应该做的事项清单。

- 避免道听途说。多设置一些以第一人称陈述的题目，或者在某些情况下问一些其他特定人群可观察到的行为。不要让调研对象猜测"公司"或"文化"，或者猜测不明身份的人的想法和动机。别担心——你仍然可以衡量"公司"和"文化"等抽象概念，但你需要用第一手的观察或经验来框定每个题目，让每个人都能做出回答，然后将这些回答集合起来以描述更大的集体概念，而不是让个人去猜测。
- 避免使用复合句或有双重含义的题目。换句话说，避免将两个或两个以上的主题合并到一个题目中。
- 避免重复和引导性题目。这意味着你不应该使用会引发强烈的正面或负面联想的术语。如果你的陈述暗示你希望调研对象意识到他最好选择你想要的答案，那么他就有可能选择你想要的答案——不管这个答案是否正确地描述了他的观点。
- 避免不必要的干扰。注意题目的分组和分页设计，研究表明这会改变人们的回答方式。题目陈述要简朴、审慎、前后一致。
- 避免使用容易带来数据分析挑战的问卷题目或计分方式。在整个调研过程中，建议你使用同一种计分方式，并且尽可能确保不同分值之间的间隔长度是相同的。

- 使用选项数量为奇数的计分方式（如3、5、7、11）。选项数量为奇数允许调研对象选择中立选项。一些调研设计试图强迫调研对象做出"非此即彼"的艰难选择，但研究表明，这可能会使调研对象感到沮丧，并忽视了对方持有中立意见的情况。
- 你可以出于某种目的要求调研对象对问卷中的多个题目进行排序，但是这种方法应谨慎使用，因为调研对象很难完成，也很容易出错。如果你的目标是找出一系列陈述的相对顺序，可以用其他方法来确定，如根据调研对象的评分进行推断，可使用李克特量表。
- 保持题目之间的平衡。在设计问卷的各部分时，尽可能使各部分包含的问题数量相同，字数相近，计分方式相同。
- 题目的表达尽可能简短、清晰、简单。删掉过度概括、过度专业和过度强调的表达。
- 评估每个题目的重要性。剔除不重要的调研问题，只保留与公司重要业绩相关的题目。如果题目以前没有被测量过，至少选择那些与你打算推动的结果有明确理论关系的题目。
- 评估词汇。使用人们在日常交谈中经常使用的词汇和短语。限制使用生僻词语，让即使第一次参与调研的人也能读懂问题。删掉模棱两可的词汇。
- 测试问题。如果可以，尝试在问卷中包含一些可以独立验证其目的的项目。
- 计时。提前测试以保证问卷可以在20分钟内完成。
- 计划在保密样本规模限制的参数范围内，使用尽可能小的分析单位报告调研结果。当然，你也可以基于数据提供更高级别的综合报告，或者提供细分项的进一步报告。报告的专业性和广度与创造性的分析相结合，可以帮助你实现更大的影响。

> 你迟早会意识到：
> - 评估任何事情都有多种方法；
> - 对于不同的评估任务，不同的方法有不同的优劣势。

> 经常有人建议减少员工调研中题目的数量，以提高问卷调研的回应率。我自己的研究和个人经验都证明，这个建议是错误的。在对照研究中，回应率几乎不受问卷调研或以前完成的问卷调研中题目数量的影响。不管题目有多少，只要是在合理的范围内，调研对象就有可能完成调研。研究表明，一系列其他因素尤其是高管支持程度和沟通水平对回应率的影响更大。

管理问卷调研流程

拥有丰富的人、财、物资源的大公司可以选择建立自己的调研与数据分析技术团队、支持团队。而大多数中小型公司通常会在市场上选择一些现有的调研产品和服务。目前有大量的公司提供员工调研服务，从高端的咨询公司到自助服务软件。除了提供最新的调研技术，调研公司还可以提供行业数据对比、市场对标、细分领域的报告、深入的数据分析及其他调研支持，如内部沟通模板、培训和调研实施建议等。在购买这些五花八门的服务之前，最重要的一点是确保你选择的调研公司拥有适当的基础系统设施、文档资源库和内部专家，以保证调研涉及的员工数据的安全性和保密性。

保证员工调研的保密性

保密是指在进行个人调研时需要调研对象填写与个人身份相关的基础信息，但调研者会为其保密，不会公布个人信息，只会公布群体性特征。通常的做法是将调研数据的收集和分析工作外包给第三方机构，以方便问卷调研的管理，同时提供保密性。这一惯例允许第三方机构链接其他类型的员工数据，这有助于将结果转化为洞察，同时保护个人身份和员工信任。

为了对个人信息进行保密，报告一般会以团队为单位呈现。最好的做法是强制规定只有拥有5名以上成员的团队才能出具报告。在大多数情况下，出具报告的标准还有必须收集5份以上的答卷。

一些公司希望将报告范围扩大到更广泛的管理者群体，因此将出具报告的标准设定为部门人员数量至少为5人，但对收集的答卷数量不做规定。例如，我在谷歌公司开展调研工作时，就用了双重标准。①该部门必须有5名或5名以上员工；②该部门必须提交3份或3份以上答卷。我与Jawbone公司合作时也使用了同样的标准。我之所以在这两家公司使用这一标准，是因为我想在确保保密的情况下得到更多的团队报告。如果不这样做，按照最基本的要求（必须收集5份答卷），那么大多数团队负责人都无法得到一份报告，因为一个5人团队需要达到100%的答卷率才能出具报告。

当涉及保密问题时，你有以下几种选择。

- 有明确的例外情况的保密。拥有专门的人力数据分析团队的公司越来越有可能收集上述机密数据，同时调研对象的个人详细信息的访问权限只赋予人力数据分析团队中特定的可信任的成员，以便进行统一的数据管理和分析。这一点需要在员工问卷调研中予以说明。如果有权限查看个人详细信息和答卷信息的相关人员是一人多岗，如他们在其他人力资源或管理岗位任职，那么你赋予他访问权限就是在自找麻烦。

- 完全匿名。匿名，顾名思义，就是指调研对象的个人身份被隐藏起来。匿名的目的是让人们不可能追查到某个特定的人说了什么，这样调研对象就会更放心地说出自己的想法。尽管这样做的初衷是值得敬佩的，但这种特殊的做法极大地限制了你将收到的反馈与其他员工数据联系起来从而将其转化为更深层次的洞察的能力。在某些特殊情况下，问卷调研可能需要匿名，但在我看来，匿名不是人力数据分析的一个好选择，特别是当你可以雇用第三方机构时。

匿名制造的问题远比它能解决的问题多。一个常见的例子是，同一名员工可能会重复提交答卷，从而操纵整个调研结果，如试图让某名经理被解雇。在某种情况下，可能会出现员工答卷时错误地将自己分配到不属于他的组。别意外，这种情况时有发生。例如，当经理得到调研结果时，她发现明明自己的团队只有12人，但在报告中显示总共收到15份答卷。这些错误会破坏调研过程的完整性，导致问卷调研的有效性被质疑。这些错误是没有办法弥补的，很有可能导致公司花费几个月实施的项目和每个调研对象的时间都被浪费了。

> 如果你认为员工对表达他们的想法有所顾虑，我强烈建议你采纳我在本节开头给出的建议：选择一个第三方机构，让其帮助你在数据保密的基础上收集员工的反馈数据。

确保问卷调研的回应率

回应率是指对问卷调研做出回应的人的百分比。如果你将问卷发给1 000人，有700人回复了，那么你这次调研的整体回应率就是70%。

如果你想了解某一信息，其实你不需要得到95%的回应率就能获得95%的真实情况。民意测验的基本原理是（实际上所有现代科学的基本原理都是），如果你随机选择一个群体，就可以通过这个小样本的回应，从数学上预测一个大群体的回应。一般来说，你需要的调研样本比你想象中的少得多。

> 记住一个重要的假设：随机。如果调研对象的回应存在某种模式，也就是说调研对象不是完全随机选取的，那么你所有的努力都会白费。通常，在较小的数据范围中很难识别这个模式，因此，你要尝试获得尽量高的回应率，从而让你的调研结果具有更大的普遍性。

高回应率的决定因素

你知道吗？一项选民调研的回应率仅为4%，一位美国参议员曾经这样评论这一数值："对于这种类型的调研，4%是一个相对较高的回应率。"虽然客户满意度调研的回应率超过15%就算非常成功了，但是在人力数据分析部门，这样的回应率会让你很快失去工作。

那么，什么是好的回应率？这一标准要视情况而定。如果必须给出一个答案，我认为60%的回应率对人力数据分析和报告来说就足够了，70%以上的回应率是良好，80%以上的回应率是优秀。请记住，这几个百分比只是几个粗略的标准，事实上没有系统性的回复偏差远比高回应率重要。

> 对于哪些因素能够提高员工对问卷调研的回应率，有很多说法。根据我在许多公司实施员工调研项目的经验，能提高回应率的一个核心的因素是，员工都渴望提供反馈。在这种情况下，你不需要恳求他们提供反馈，只要尽可能支持他们更方便、更好地回答问卷就行了。也就是说，如果你想要一个特别高的回应率，那么在员工有意愿的前提下，你只需要尽可能让回答问卷的过程变得更容易和更顺畅就行了。

研究对高回应率最有影响的因素

如果你想得到超高的回应率，那就确保自己做到以下几点。

- 高质量的沟通。问卷调研中的所有内容都要传达一种使命感、专业精神和诚信态度。强调参与调研对公司的价值，在问卷调研中加入彰显公司独特文化的内容，你就有可能获得高回应率。

- 保密。使用专业的第三方机构，让员工安心。清楚地说明规则："这并不是针对你个人的调研。"你应该让员工知道老板或人力资源部门不会盯着个人的具体数据信息，而且不会因为员工的负面回答而将其开除。你必须让员工相信他们的数据不会被单独挑出来，而且他们的反馈意见将被认真对待。

- 真诚地关注结果。当公司内部的重要人物对员工说"我想听听你的反馈，这对我很重要"时，员工调研的回应率就会显著提高。来自第三方机构或公司HR的信息往往只能保证回应率及格，当你真正想要的是高回应率时，你可以这么设计——让员工正常接收来自第三方机构或公司HR部门主管的调研提醒，但在员工收到这些信息之前和之后，必须让他们收到来自公司其他相关重要人员（如公司创始人、CEO、部门主管、经理甚至分析师）对问卷调研的看法。让员工知道公司内部有一个重要人物对这次调研负责并关注调研结果，这会使他们更积极、更认真地回答问卷。

> 如果你使用第三方机构，可以让其与公司的IT部门合作，从公司特定人员那里发出邀请和提醒（当然要在得到他们许可的情况下）。如果公司的领导愿意在调研开始之前、调研期间和调研结束之后自行发送信息给员工，也是有帮助的。你应该制订一个适当的沟通计划，这样每条信息都是独一无二的、个性化的，并且涵盖了所需的重要内容。

- 重复提醒。一次调研邀请是不够的。你可能认为人们是故意忽略你的电子邮件，但实际上他们只是很忙。他们认为自己过一会儿就能回复邮件，但事实上他们很快就会忘记。重复提醒是重新获得人们注意力的重要方式。

> 除了显而易见的电子邮件提醒，在餐厅张贴海报、摆放桌卡、使用大厅和电梯里的屏幕、在桌子上放便利贴、在工作日历上安排时间等，都是很有用的提醒技巧。发挥你的创造力！

- 高质量的调研设计。没有什么比一个设计不当的调研项目更糟糕了，这种调研是以一种非专业的方式开展的，而且是由那些显然不知道自己在做什么的人来执行的。一次调研机会就这样被浪费了，更严重的后果是这有可能导致人们厌烦问卷调研。如果你不懂如何进行问卷调研，那就不要随意发挥，请寻求专业人士的帮助。

- 让回应变得富有竞争力和趣味性。一个经过验证的观察是，只要让高管公开展示他们的回应率，就能提高所有团队的回应率。除了创造透明的、间接的竞争精神，提高趣味性也很有效，它表明公司内部的沟通并不枯燥。我钦佩那些愿意通过与其他高管竞争来激励员工的高管。此外，无论如何，请设置一些调研奖品，如聚餐、运动会、门票或公开的表扬。

> ⚠ 鼓励竞争是有好处的，但是在获得调研结果这一方面绝不允许管理者之间进行恶性竞争。我的意思是，员工永远不应该被以哄骗、骚扰或威胁的方式来回答问卷。例如，不要说"嘿，兄弟，请给我打5分"之类的话。首先，这种话很俗气。其次，它破坏了整个调研的价值。我知道有些公司甚至会因为经理以这种方式影响调研结果而解雇他们。希望你永远不会采取这种方式。无论如何，你要让每个人都清楚，这项调研不是一场比拼个人是否受欢迎的竞赛，快去投票吧！剩下的就交给观众。

- 建立良好的调研信用，做正确的事情，并采取行动。谷歌公司的第一次员工调研达到了55%的回应率，第二次达到了65%的回应率，第三次达到了75%的回应率——回应率不断提高。在调研工作中赢得员工的信任需要几年的时间，但这是值得的。要有耐心，始终记住要做正确的事情。

> 是的，你确实希望尽你所能地与员工进行沟通，这样你就可以获得足够高的回应率来进行相关分析。尽管如此，你要对真正的目标保持清醒的认识，你的调研最终是为了获得一些对公司有益的洞察，而不是单纯为了获得高回应率。

为有效的调研沟通做计划

现在市面上到处都是糟糕的问卷调研工具。由于人们已经接受了这么多糟糕的调研，因此，要想吸引人们的注意力，激发他们积极参与并说服他们相信这次调研值得他们花费时间和精力，其实很困难。一个全面的、深思熟虑的、引人入胜的沟通计划会对你的调研工作有所帮助。所有你为设定目标所做的准备工作现在都会派上用场：谁、什么事、什么时候、为什么。现在你只需要从调研对象的角度来思考这一点。

很多人在回答问卷之前都会问一个问题："这对我有什么好处？"这也是你必须回答的问题。为什么人们要参与你的问卷调研？如果你能很好地识别调研计划的拥护者，并让他们参与到问卷设计过程中来，那么你就更容易提出有吸引力的价值主张，并能争取其他有影响力的人来提出调研要求。要做到这些，单凭HR部门的电子邮件和调研工具的通知是不够的。你需要招募"大人物"。记住，要将你的沟通计划设计得个性化，并争取所有人的支持。

在调研邀请函的开头，应该明确调研涉及的利害关系。你需要回答调研对象提出的以下问题。

- 这项调研是关于什么的？
- 谁想知道这个信息？
- 他们为什么想知道这个信息？
- 为什么我会被选中（如果这是一个样本）？

- 这有多重要？
- 这会很困难吗？
- 这需要多长时间？
- 这是匿名的、机密的，还是什么样的？我会被认出来吗？
- 我能安全地分享我的意见吗？如何保证安全性？
- 这项调研将用于什么目的？
- 这对我有什么好处？
- 什么时候提交答卷？

下面是一份调研邀请函示例。

迈克：

您好！

我想邀请您参加×××调研，以帮助我们更多地了解您作为×××公司员工的体验。我们每年都做这项调研，以了解你在这里工作的感受、公司哪些方面已经有所改善，以及哪些方面可以变得更好。×××公司是一个非常特别的地方，我们希望在成长过程中保持这种独特性。您的反馈将有助于指导我们的决策，帮助我们评估现状和思考改善的方向，以便我们能够作为一家公司共同前进。

要参加本次调研，请点击此处（附相关文件的链接）。

本次调研预计用时5~10分钟。

请放心，您的答复是完全保密的。我们已经委托一个独立的第三方员工调研机构来代表公司进行这项调研。他们的工作将按照我们公司的《人力数据分析实施守则》（附相关文件的链接）进行。

如果您对本次调研有任何问题，请发送电子邮件至survey@xyz.com或访问×××网站（附网站链接）。

我们非常重视您的反馈，希望您能抽出时间参与本次调研。

×××

20××年××月××日

比较调研数据

要比较调研数据，你需要参考一些外部基准。一个合理的比较点是看看同一领域其他公司的具体情况。这就要求你了解其他公司收集的对同一个或类似问题的回答情况。调研公司和其他咨询公司出于销售产品的目的，都很乐意提供这样的基准。此外，它们也可以用这些基准来了解你的公司与其他公司的对比情况。敬业度指数70是好还是坏？答案是"不确定"。然而，如果你能确定这一数值在所有公司的调研数据中处于前30%的位置，那么从一定程度上说，敬业度指数70是相当不错的。

了解你公司的员工情况相对于你的竞争对手或头部公司处于什么位置，可以让你得到重要的反馈，尤其是在薪酬和福利方面。显然，所有公司都希望拥有更多的优质人才，并了解这些人才在行业内处于什么水平。

外部基准非常有用，但你也需要考虑以下这些限制。

- 外部基准不够全面、即时。大型咨询公司因为拥有最好的品牌客户而永远留住客户的日子已经一去不复返了。如今，很难找到一家咨询公司拥有某个行业所有顶尖公司的数据。如果有咨询公司声称自己拥有所有顶尖公司的数据，你只需要问一些探索性的问题，就会揭穿它们的谎言。例如，一些咨询公司使用5年滚动平均数，这使得它们可以将旧数据作为新数据进行推销。如今，对发展自己独特文化的追求，加上投资、技术和分析方面的进步，很多公司都在不断提高自身生成和收集信息的能力。因此，那些曾经与德勤和普华永道签订了长达10年合同的顶级品牌公司，现在都纷纷脱离咨询公司，转而自己收集数据。

- 外部基准不具有普遍的适用性。世界上没有适用于所有人的目标。在当今世界，公司目标是变化的和特有的。换句话说，让谷歌公司变得伟大的举措并不一定适用于其他公司。参考外部基准是可以的，甚至是明智的，而且相关数据越多越好。但是，不要把这些外部基准作为你公司的目标。如果你这样做了，你也许会达到目标，但也会忽略那些对你来说真正重要的事情。

一个更好的方法是，无论你的公司是否领先于其他公司，你都致力于改进与你公司想实现的结果相关的关键指数。假设你公司的创新指数与外部基准相符，但是工作与生活的平衡指数明显低于正常水平，你建议在哪些方面采取行动？我希望你回答"这要看情况"。如果创新文化是让你的公司与众不同的必要因素，也是人才为你的公司工作的关键动力，而他们的字典里甚至都没有"工作与生活的平衡"这几个字，那么专注于提高工作与生活的平衡指数对你的公司来说可能是一项糟糕的决定。

- 虚荣心导致的测量误差。即使你的公司领先于所有的外部基准，你也不能满足于已有的荣誉。在当今快速变化的世界，自满是一件危险的事情。你要始终寻求改进，并使用一定时期的外部基准来定位自己。

  有一个打败虚荣心的好方法。多年来，我在不同的公司做员工调研，我注意到一个重要的规律：新员工几乎总是比老员工更热情、更积极地回答调研问题。这似乎是一种自然现象，符合人性。如果你将你的公司与其他公司进行比较，或者将你的公司内部的各个部门进行相互比较，那些有新员工的部门的得分具有明显的优势。然而，随着人才在公司中成长速度的放缓和在职时长的增加，这一分数就下降了。人们很容易给出与他们在新员工阶段截然不同的观点。例如，"公司在有些方面是完全错误的！""这些资深经理正在搞垮公司！"这一类的归因是很危险的。其实经理可能并没有人们想象得那么好或那么坏。因此，将调研结果中的数据直接进行对比是不合适的，你应该经常问自己这样一个问题："我是否对不同的细分项进行了公平的比较？"例如，你不能将一个新员工人数占总人数50%的团队与一个新员工人数占总人数10%的团队直接进行比较。如果你这样做了，很明显前者的团队经理就是"最佳经理"，甚至你不需要看数据就知道。

因此，你需要一个相对参照点来解释任何数据（尤其是调研数据），但这个相对参照点不一定是外部基准。其他参照点包括以下几个。

- 比较某细分项当前的得分和以前的得分（趋势）：该细分项的相关数据是有所改善、没变化，还是变得更糟？
- 比较某细分项的得分和公司的平均值：该细分项的得分是高于、等于还是低于公司的平均值？
- 比较某细分项的得分与所有细分项的得分（位置）：该细分项的得分在所有细分项中处于什么位置？在高位、中位还是低位？
- 比较当前得分与目标值（目标）：当前得分与目标值相比如何？这个目标可以由高管决定，也可以从以前的调研结果中推导出来。

> 在本章，你将：
> - 发现数据关系；
> - 确认关键事项；
> - 为需要改进的事项排优先级。

第 13 章

确定相关事项的优先级

在本书中，你会发现许多测量方法（度量标准和调研问题），它们都是为了发掘你本来看不到的信息而设计的。也许有一天你会想："在得到所有这些数据之后，我该如何处理它们？"或者"我怎样才能意识到所有这些问题，并且用符合公司品牌和文化的方式做好每件事情？"好消息是你不需要什么都擅长——你只需要擅长那些你决定优先考虑的事情。

关键驱动因素分析（Key Driver Analysis，KDA）是一种数据工具，你可以用它来确定哪些事情需要较高的优先级，确定哪些变化会对你想要的结果产生最大的影响。作为一项强大的技术，KDA可以帮助你理解在调研中发现的数据，还可以帮助你的公司优先考虑人力数据分析和人力资源方面的工作。

> 在工作中，你不需要详尽地列出需要改进的所有事情——你只需要列出可以改进的重要事情。当涉及调研数据时，KDA对于探索许多问题和快速找到少数几个重要的问题是很有用的。

在本章，我将先向你展示一个KDA的例子，然后介绍创建KDA的步骤。

处理数据流

有关"分析"的定义各不相同，但可以肯定的是，每个人都认同分析的目标是使用数据来产生比数据本身更有价值的东西。在不同的情况下，"更有价值的东西"是不同的。有时候，它可能是一种新的决策方式、一项本来不可能的新洞察、一个问题的新解决方案，或者其他一些新的优势。无论它是什么，都可以进一步说，人力数据分析和任何其他分析都一样。这里的主要区别是，人力数据分析是通过人（所有商业价值的原始来源）利用人力数据来产生新价值的。用来创造价值的员工数据可以有多种形式。

- 指标。你可以收集到超过100种不同指标的技术性定义，你可以用它们来衡量公司与人力有关的不同方面，如员工在公司内外部流动的评估指标、组织形态评估指标、薪酬评估指标、福利、多样性、学习、绩效分配等。
- 问卷调研。你也可以收集到超过100个不同问卷调研的题目示例，你可以将它们用在你的问卷调研中。这些题目可以被看作独立的度量标准，也可以被看作上述指标的一部分。
- 细分项。在本书的第4章，我介绍了一些划分人力资源数据的选项，不过我没有涵盖所有的选项。在很多情况下，通过一个小小的头脑风暴，你就可以很容易地识别出超过100种不同的方法来划分上述指标或调研题目。每种细分方法都可能包含两个到数百个细分项。

- 除了上述3种基本类型的员工数据（指标、问卷调研和细分项），还有很多方法可以用来分析人力数据。简单来说，有以下5种基础分析类型可供你使用：①在一个特定的时间观察一个特定的度量；②观察一个特定的度量随着时间的推移发生的变化；③通过细分来观察一个特定的度量；④观察两个度量之间的关系；⑤观察结果度量中出现的变化或差异是可以通过许多其他度量解释的。

你可以将上述几种员工数据进行组合，从而得出更多数据。例如，如果把指标和调研题目结合在一起，你会得到200个（100＋100）结果；如果把100个度量乘以5种基础分析类型，你会得到1 000个（200×5）结果；如果你做了1 000次这样的事情，并应用了500个细分项，你得到的结果数量将多达2 702 882 409 454 365 695 156 146 936 259 752 754 615 200 844 654 828 700 739 287 510 662 542 870 552 219 389 861 248 392 450 237 016 536 260 608 502 154 610 480 220 975 005 067 991 754 989 421 969 951 847 542 366 548 426 375 126 060 850 215 461 048 022 097 500 506 799 175 498 942 196 951 847 542 366 548 426 375 173 335 616 246 407 973 788 734 436 457 416 111 949 760 457 104 498 575 628 788 051 460 097 335 616 246 407 973 788 734 364 574 161 119 497 604 571 044 985 756 287 880 514 600 994 219 426 752 366 915 856 603 136 862 602 484 428 109 296 905 863 799 821 216 320个。

好大的输出量啊！使用更好的数据可视化技术让这些结果"讲好故事"是一个不错的主意，但是你将有许多不同的故事需要整理。如果人力数据分析的目标不是产生更多的活动，而是让每项活动都产生更大的价值，那么问题来了：你如何知道这么多可能的活动和结果中哪个能提供最大的价值？

因为人力数据分析的目标是尽可能地从数据中提取价值，所以速度、学习和专注是必不可少的。你知道速度很重要——时间总是流逝得很快；你也知道学习很重要，尤其是对于拥有数据的人。但是有些事情没有得到你足够的关注，那就是"专注"。

为此，你可以使用KDA，因为KDA的唯一目的就是使用员工调研数据来探索一些度量题目（驱动因素）与一些特定的态度、行为或其他后果（预期结果）之间的关系。一个特定的态度、行为或其他后果可以是一个KPI。为了保持术语的正确性，我将在下文介绍两种调研的设计与分析方法，你应该同时使用这两种方法。

两种调研的设计与分析方法

实际上有两种不同类型的调研：KPI调研和KDA调研。你应该同时使用这两种类型的调研，或者至少知道你在什么时候该使用哪种，以及为什么要使用那种。

KPI调研

KPI调研的主要目的是评估在实现预定目标方面的持续成功。你可以通过要求调研对象表达他们对一个或一系列陈述的认同程度来实现这一目的。如果你想用一系列陈述作为KPI，它们应该被合并成一个指数。为了确保调研对象广泛参与调研，KPI调研应该有一个具体的焦点。这意味着KPI调研应该聚焦于少数几个问题，如设置10个或更少的调研题目。从KPI调研的定义就能看出，该方法适用于要求快速、重复、低成本、持续进行的调研。

KPI调研主要用于报告总体和细分项的趋势，比较不同细分项的差距，提供将KPI调研收集的数据与同一细分项在同一段时间内的其他经营和业务指标联系起来的基础。

> 一个KPI可以在一项只关注该KPI的调研中被评估，也可以被添加到一项更广泛的调研中，与其他KPI一起被评估。选择独立对一个KPI进行评估而不是将其作为更广泛的调研的一部分是有特定原因的。我将在下一节讨论更广泛的调研目的。

KDA调研

在一项KDA调研中，调研的主要目的是了解在许多不同的调研题目中，哪个最能解释或预测公司关心的某个特定的KPI。虽然KPI是KDA调研的重点目标，但不要将KPI调研的目的、设计和分析与KDA调研混淆，两者虽然一起使用，但完全不同。

与许多人的想法相反，在一项员工调研中纳入这么多题目并不是为了评估员工对这些题目的相对意见，而是为了评估题目差异的相对强度，以解释或预测某些行为或结果的差异。在调研中设计这么多问题，并不是因为调研中的所有问题都是员工的KPI，它们只是你用来评估KPI的KDA。

KDA的主要分析方法是相关性。KPI是因变量（y），所有其他调研题目都是自变量（x）。可以将你在调研之外收集的KPI（如员工自然流失率、绩效、客户满意度、销售额、发车正点率等）加入KDA数据集。也可以对调研中使用的KPI进行测量。例如，敬业度指数、承诺指数、留任意愿、团队效率和员工净推荐分数是调研中常用的KPI，人们经常为了更好地评估而将它们与其他调研题目一起收集。

在分析了KDA中的调研题目以确定哪些题目对解释（或预测）KPI最重要、哪些最不重要后，在下一次KDA调研中应该做相应的修改，删除那些对解释（或预测）KPI没有什么价值的调研题目，从而腾出空间来测试新的调研题目。新加入的调研题目可能比删除的旧调研题目更有价值。

与KDA相反，KPI度量应该随着时间的推移而保持一致。KPI调研用来评估你已经知道的东西；KDA调研则用来学习你还不知道的新东西。学习新事物需要进行实验。引入新的KDA度量应该以理论的进步为指导。

KDA调研的频率要低于KPI调研，但是前者包含更多的调研题目，因此你可以确定哪些措施最有可能影响KPI度量。在确定了一系列高优先级的措施之后，可以使用对照组和实验组来测试这些措施对KPI的影响。如果在应用某项措施之后KPI没有变化，那就说明这项措施是无效的，你必须重新检查你的KDA数据，或者使用新的措施重新进行KDA调研。如果KDA识别的相关问题被成功解决了，那么你将在KPI度量中看到一些变化，这表明你应该在公司全面、系统地实施这些成功的措施。

使用KDA评估调研数据

KDA很重要，因为它可以将对调研题目表示不认同的百分比及调研题目与KPI的相关性结合到一个分析中。如表13-1所示是一个按认同度从低到高排列的员工调研题目的完整列表示例。

表 13-1 员工调研题目的完整列表示例（认同百分比从低到高排列）

因素	调研题目	认同百分比	不认同百分比
公司	_____ 公司基于使命和价值观做运营决策	31%	69%
公司	_____ 公司有明确的目标	32%	68%
领导力	_____ 公司领导团队基于理性和数据进行决策	34%	66%
领导力	_____ 公司领导团队提供了用于决策的清晰的信息	35%	65%
领导力	_____ 公司领导团队创建了"敢于说出不同意见"的文化	39%	61%
薪酬福利	_____ 公司薪资待遇不错或比其他公司要好	42%	58%
领导力	_____ 公司领导团队重视人文关怀	45%	55%
敬业指数	我打算继续为 _____ 公司工作3年	47%	53%
职业发展	我了解自己在 _____ 公司可能的职业发展路径	48%	52%

续表

因素	调研题目	认同百分比	不认同百分比
公司	我相信_____公司有战略和产品规划	49%	51%
同事	其他团队把公司需求置于个人需求之上	52%	48%
公司	_____公司重视多元观点	53%	47%
同事	每次开完会我们都会形成清晰的决策和行动计划	57%	43%
薪酬福利	_____公司福利不错或比其他公司要好	57%	43%
敬业指数	我认为_____公司为最佳工作场所	58%	42%
公司	我能感受到_____公司重视我的想法	58%	42%
职业发展	我能在_____公司看到自己未来的机会	59%	41%
敬业指数	如果其他公司提供给我同等的职位，我会继续待在这里	66%	34%
同事	我有一个关系亲近的同事	71%	29%
同事	我目前的团队架构可以让我高效地工作	72%	28%
敬业指数	我打算继续为_____公司工作一年	72%	28%
同事	我的团队有明确的目标	74%	26%
同事	当出现错误时，同事们不会一味地相互指责，而是努力纠正错误	74%	26%
公司	_____公司重视创新	76%	24%
工作	在过去的3个月，我知道公司/上级对我的工作期待	77%	23%
经理	在过去的3个月，经理和我聊过我的进步	79%	21%
经理	我的经理给我提供了清晰的反馈以帮助我做决策	81%	19%
经理	我的经理很高效	83%	17%
经理	我的经理基于理性和数据进行决策	83%	17%
同事	我的团队很高效	85%	15%
经理	我的经理创建了"敢于说出不同意见"的文化	85%	15%
同事	我的团队把团队需求置于个人需求之上	85%	15%
工作	我在_____公司的工作很重要	86%	14%

续表

因素	调研题目	认同百分比	不认同百分比
公司	_____公司正在开发能提高顾客生活质量的产品	87%	13%
经理	我的经理重视人文关怀	88%	12%
敬业指数	我很自豪地跟他人说我在_____公司工作	89%	11%
敬业指数	我会给周围信任的朋友或熟人推荐_____公司的产品	92%	8%
敬业指数	我时常为_____公司的成功付出额外的努力	94%	6%
敬业指数	我时常在本职工作之外为团队出力，帮助团队获得成功	94%	6%

表13-2显示了表13-1中前10项和后10项数据。

表13-1和表13-2是看待员工调研数据的常见方式。认同百分比是表达"认同"或"非常认同"的员工占所有员工人数的百分比。不认同百分比则恰恰相反。在这个例子中，你可以在调研数据中看到该公司遇到了一些困难。你应该关注那些不认同百分比最大的调研题目。

这引出了分析相同调研数据集的另一种方法：相关性。简而言之，相关性是两个或多个事物之间的相互关系。稍后我将在KDA中使用相关性，但首先我想展示相关性的输出是什么样子的。

表13-2 员工调研题目列表（前10项和后10项）

因素	调研题目	认同百分比	不认同百分比
公司	_____公司基于使命和价值观做运营决策	31%	69%
公司	_____公司有明确的目标	32%	68%
领导力	_____公司领导团队基于理性和数据进行决策	34%	66%
领导力	_____公司领导团队提供了用于决策的清晰的信息	35%	65%
领导力	_____公司领导团队创建了"敢于说出不同意见"的文化	39%	61%
薪酬福利	_____公司薪资待遇不错或比其他公司要好	42%	58%

续表

因素	调研题目	认同百分比	不认同百分比
领导力	_____公司领导团队重视人文关怀	45%	55%
敬业指数	我打算继续为_____公司工作3年	47%	53%
职业发展	我了解自己在_____公司可能的职业发展路径	48%	52%
公司	我相信_____公司有战略和产品规划	49%	51%
同事	我的团队很高效	85%	15%
经理	我的经理创建了"敢于说出不同意见"的文化	85%	15%
同事	我的团队把团队需求置于个人需求之上	85%	15%
工作	我在_____公司的工作很重要	86%	14%
公司	_____公司正在开发能提高顾客生活质量的产品	87%	13%
经理	我的经理重视人文关怀	88%	12%
敬业指数	我很自豪地跟他人说我在_____公司工作	89%	11%
敬业指数	我会向周围信任的朋友或熟人推荐_____公司的产品	92%	8%
敬业指数	我时常为_____公司的成功付出额外的努力	94%	6%
敬业指数	我时常在本职工作之外为团队出力，帮助团队获得成功	94%	6%

我为自己的调研设定了一项任务：在调研的所有问题中，我想了解哪些问题与留任意愿最相关（留任意愿是我在调研中包含的一个KPI）。我用来衡量留任意愿的调研题目是："我打算继续为_____公司工作一年。"记住，相关性是衡量两个变量之间关系的统计指标。在如表13-3所示的例子中，因变量y是留任意愿，x是调研题目，每个调研题目的相关性计算都以留任意愿为目标。

在表13-3中，右列中的数字代表了皮尔逊相关系数，也称皮尔逊积矩相关系数、双变量相关系数或相关系数。相关系数用来衡量两个变量x和y

之间的线性相关性，用0~1表示。

表 13-3　员工调研题目与留任意愿的相关性

因素	调研题目	与留任意愿的相关性
敬业指数	我认可 _____ 公司为最佳工作场所	0.56
职业发展	我能在 _____ 公司看到自己未来的机会	0.47
领导力	_____ 公司领导团队重视人文关怀	0.45
公司	_____ 公司重视创新	0.42
工作	在过去的 3 个月，我知道公司/上级对我的工作期待	0.41
领导力	_____ 公司领导团队创建了"敢于说出不同意见"的文化	0.40
公司	我相信 _____ 公司有战略和产品规划	0.40
职业发展	我了解自己在 _____ 公司可能的职业发展路径	0.40
经理	我的经理很高效	0.39
同事	我有一个关系亲近的同事	0.39
敬业指数	我很自豪地跟他人说我在 _____ 公司工作	0.38
公司	_____ 公司重视多元观点	0.38
领导力	_____ 公司领导团队提供了用于决策的清晰的信息	0.37
经理	我的经理基于理性和数据进行决策	0.36
领导力	_____ 公司领导团队基于理性和数据进行决策	0.35
工作	我在 _____ 公司的工作很重要	0.35
敬业指数	我会向周围信任的朋友或熟人推荐 _____ 公司的产品	0.30
同事	我目前的团队架构可以让我高效地工作	0.30
公司	_____ 公司基于使命和价值观做运营决策	0.28
公司	_____ 公司有明确的目标	0.27
经理	在过去的 3 个月，经理和我聊过我的进步	0.27
同事	我的团队有明确的目标	0.27
公司	_____ 公司正在开发能提高顾客生活质量的产品	0.26
薪酬福利	_____ 公司薪资待遇不错或比其他公司要好	0.24
经理	我的经理给我提供了清晰的反馈以帮助我做决策	0.22
同事	我的团队很高效	0.22
公司	我能感受到 _____ 公司重视我的想法	0.19

续表

因素	调研题目	与留任意愿的相关性
经理	我的经理重视人文关怀	0.17
同事	每次开完会我们都会形成清晰的决策和行动计划	0.16
敬业指数	我时常在本职工作之外为团队出力,帮助团队获得成功	0.16
经理	我的经理创建了"敢于说出不同意见"的文化	0.16
同事	其他团队把公司需求置于个人需求之上	0.16
同事	我的团队把团队需求置于个人需求之上	0.15
薪酬福利	_____ 公司福利不错或比其他公司要好	0.14
敬业指数	我时常为 _____ 公司的成功付出额外的努力	0.12
同事	当出现错误时,同事们不会一味地相互指责,而是努力纠正错误	0.03

虽然相关性并不代表因果关系,但相关系数越大,说明这些变量的影响越大,这至少表明它们之间有可能存在因果关系。相关系数越小,这种可能性就越小。

如表13-4所示是员工调研题目示例中与留任意愿相关且相关性最大和最小的几个调研题目。

表 13-4　员工调研题目(与留任意愿的相关性最大和最小的几项)

因素	调研题目	与留任意愿的相关性
敬业指数	我认可 _____ 公司为最佳工作场所	0.56
职业发展	我能在 _____ 公司看到自己未来的机会	0.47
领导力	_____ 公司领导团队重视人文关怀	0.45
公司	_____ 公司重视创新	0.42
工作	在过去的3个月,我知道公司/上级对我的工作期待	0.41
领导力	_____ 公司领导团队创建了"敢于说出不同意见"的文化	0.40
公司	我相信 _____ 公司有战略和产品规划	0.40
职业发展	我了解自己在 _____ 公司可能的职业发展路径	0.40
经理	我的经理很高效	0.39

续表

因素	调研题目	与留任意愿的相关性
同事	我有一个关系亲近的同事	0.39
公司	我能感受到_____公司重视我的想法	0.19
经理	我的经理重视人文关怀	0.17
同事	每次开完会我们都会形成清晰的决策和行动计划	0.16
敬业指数	我时常在本职工作之外为团队出力，帮助团队获得成功	0.16
经理	我的经理创建了"敢于说出不同意见"的文化	0.16
同事	其他团队把公司需求置于个人需求之上	0.16
同事	我的团队把团队需求置于个人需求之上	0.15
薪酬福利	_____公司福利不错或比其他公司要好	0.14
敬业指数	我时常为_____公司的成功付出额外的努力	0.12
同事	当出现错误时，同事们不会一味地相互指责，而是努力纠正错误	0.03

在表13-4中，"我认为_____公司为最佳工作场所"是与"我打算继续为_____公司工作一年"最相关的调研题目，这一点很明显，但这并没有给你带来多少启发。不过没关系，因为这个调研题目后面的调研题目是"我了解自己在_____公司可能的发展路径"，还有其他一些调研题目。帮助员工看到自己在公司的未来机会比让整家公司变得更好要实际一些。在任何情况下，你都可以在这个列表的顶部看到许多非常实际的关注领域。如果你的目标是让员工在公司待得更久，那么你首先要做好列表中的前几项工作。

你可以从表13-4的结果中得出结论：如果一名员工在前10个调研题目中给其中一个打了低分，那么他在留任意愿的评估中分数就可能较低；反之亦然。

> 有了这份相关性报告，你就能知道，如果你真的关心人才保留问题，最应该关注哪些调研题目。然而，这份报告并没有告诉你公司在这些调研题目上做得有多好。为了了解这一点，你需要知道认同度评分，但这个评分显示在另一份报告中。把两者放在一起分析是不错的方法——KDA恰好能做到这一点。我将在下面讨论相关内容。

请允许我强调一点：如果你选择了另一个与留任意愿相关的KPI，那么你会得到另一个不同顺序的调研题目列表，如表13-5所示，这里我将KPI定义为"团队效能"。

表13-5中的员工调研题目列表与表13-4不同，但这并不意味着其中一个是对的，另一个是错的。它只表明被你定义为KPI的那些内容很重要，并且这必然会驱动你采取某些行动（如果你的决定是基于列表中的内容做出的）。

在确定了你选择的目标必然会通过KDA来驱动优先级的选择这一点之后，让我们回到最初的"留任意愿"这一重点，并将所有的内容放在一起（见表13-6）。

表13-6提供了一部分调研题目的认同程度与留任意愿的关系的综合视图。为了让你更清楚地看到我在做什么，我在表中对列表进行了筛选，否则这个列表可能包括所有40个调研题目的排名。

表 13-5 员工调研题目列表（调研题目与团队效能的相关性——前几项）

因素	调研题目	与团队效能的相关性
同事	我的团队把团队需求置于个人需求之上	0.50
经理	我的经理很高效	0.38
同事	我目前的团队架构可以让我高效地工作	0.37
经理	我的经理基于理性和数据进行决策	0.34
同事	我的团队有明确的目标	0.32

续表

因素	调研题目	与团队效能的相关性
经理	我的经理给我提供了清晰的反馈以帮助我做决策	0.32
经理	我的经理创建了"敢于说出不同意见"的文化	0.29
经理	在过去的 3 个月，我的经理和我聊过我的进步	0.29
同事	每次开完会我们都会形成清晰的决策和行动计划	0.27
同事	当出现错误时，同事们不会一味地相互指责，而是努力纠正错误	0.25
工作	在过去的 3 个月，我知道公司/上级对我的工作期待	0.24
敬业指数	我认为 _____ 公司为最佳工作场所	0.23
经理	我的经理重视人文关怀	0.23
同事	其他团队把公司需求置于个人需求之上	0.21
敬业指数	如果其他公司提供给我同等的职位，我会继续待在这里	0.19
敬业指数	我打算继续为 _____ 公司工作 3 年	0.18
职业发展	我能在 _____ 公司看到自己未来的机会	0.18
领导力	_____ 公司领导团队提供了用于决策的清晰的信息	0.17
公司	_____ 公司重视多元观点	0.15
领导力	_____ 公司领导团队创建了"敢于说出不同意见"的文化	0.15
领导力	_____ 公司领导团队基于理性和数据进行决策	0.15
职业发展	我了解自己在 _____ 公司可能的职业发展路径	0.15
敬业指数	我打算继续为 _____ 公司工作一年	0.15
公司	_____ 公司基于使命和价值观做运营决策	0.15
领导力	_____ 公司领导团队重视人文关怀	0.13
公司	我相信 _____ 公司有战略和产品规划	0.13
公司	_____ 公司重视创新	0.13
敬业指数	我会向周围信任的朋友或熟人推荐 _____ 公司的产品	0.12
公司	_____ 公司有明确的目标	0.12
公司	_____ 公司正在开发能提高顾客生活质量的产品	0.12
薪酬福利	_____ 公司薪资待遇不错或比其他公司要好	0.12
敬业指数	我很自豪地跟他人说我在 _____ 公司工作	0.11
敬业指数	我时常为 _____ 公司的成功付出额外的努力	0.10

续表

因素	调研题目	与团队效能的相关性
公司	我能感受到_____公司重视我的想法	0.10
敬业指数	我时常在本职工作之外为团队出力，帮助团队获得成功	0.09
薪酬福利	_____公司福利不错或比其他公司要好	0.09
工作	我在_____公司的工作很重要	0.08
同事	我有一个关系亲近的同事	0.08

表13-6 按照重要性排列的员工调研题目

因子	对留任意愿的重要性排名前10和后10的题目	不认同百分比	与留任意愿的相关性	留任意愿的重要性
领导力	_____公司领导团队重视人文关怀	55%	0.45	2451
领导力	_____公司领导团队提供了用于决策的清晰的信息	65%	0.37	2432
领导力	_____公司领导团队创建了"敢于说出不同意见"的文化	61%	0.40	2430
敬业指数	我认为_____公司为最佳工作场所	42%	0.56	2373
领导力	_____公司领导团队基于理性和数据进行决策	66%	0.35	2336
职业发展	我了解自己在_____公司可能的职业发展路径	52%	0.40	2077
公司	我相信_____公司有战略和产品规划	51%	0.40	2027
公司	_____公司基于使命和价值观做运营决策	69%	0.28	1950
职业发展	我能在_____公司看到自己未来的机会	41%	0.47	1934
公司	_____公司有明确的目标	68%	0.27	1873
薪酬福利	_____公司薪资待遇不错或比其他公司要好	58%	0.24	1367
公司	我能感受到_____公司重视我的想法	42%	0.19	776
薪酬福利	_____公司福利不错或比其他公司要好	43%	0.14	608

续表

因子	对留任意愿的重要性排名前 10 和后 10 的题目	不认同百分比	与留任意愿的相关性	留任意愿的重要性
工作	在过去的 3 个月，我知道公司/上级对我的工作期待	21%	0.27	569
工作	我在 _____ 公司的工作很重要	14%	0.35	486
经理	我的经理给我提供了清晰的反馈以帮助我做决策	19%	0.22	432
公司	_____ 公司正在开发能提高顾客生活质量的产品	13%	0.26	338
同事	我的团队很高效	15%	0.22	335
同事	我的团队把团队需求置于个人需求之上	15%	0.15	214
经理	我的经理重视人文关怀	12%	0.17	194

表13-6中的第三列显示了对题目做出"不认同"回应的人占总人数的百分比。第四列显示了题目与留任意愿的相关性。最后一列"留任意愿的重要性"是我创建的一个计算指标，用来将题目的认同度和相关性结合起来。"留任意愿的重要性"这一列中的数值没有绝对意义，它只用于给题目排序。

那么，表13-6揭示了什么信息呢？很明显，在人才保留方面，该公司存在一些严重的领导力问题，需要进行反省、纠正和沟通。这些问题可能会影响员工向其他人推荐公司的积极性。在这份列表中，下一个最可行的调研题目是关于未来的机会和公司可能的职业发展路径的清晰度。最后，为了实现公司的使命，建立一种更强烈的同事情谊和团队合作意识不会有什么坏处。

> 表13.6中提到的几项与领导力、未来的机会、职业发展路径和公司使命有关的调研题目所反映的问题，如果能得到改善或解决，将比列表底部的那些调研题目更有可能产生影响。尽管列表底部的调研题目总体上看起来不错，但是把重点放在这些调研题目上只会分散人们对数据揭示的最重要问题的注意力。

最后，我想详细说明一下我是如何计算留任意愿的重要性的。图13-1显示了我在Excel的公式栏中使用的公式：=（F22 * 100）*（E22 * 100）。要将Excel中的数据变成相关的文字信息，需要把相关系数乘以不认同百分比（除非两者都是以分数显示的），所以我必须先把它们转换成整数，在执行这个操作之前，E列和F列的数字都要乘以100。

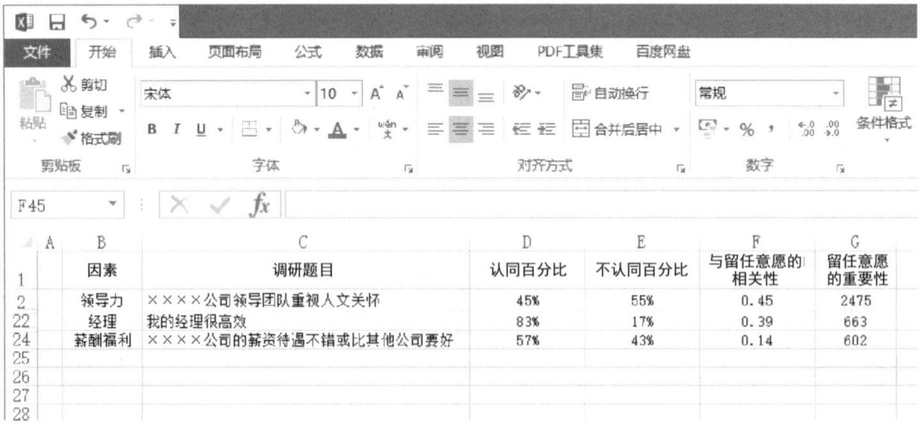

	A	B	C	D	E	F	G
1		因素	调研题目	认同百分比	不认同百分比	与留任意愿的相关性	留任意愿的重要性
2		领导力	××××公司领导团队重视人文关怀	45%	55%	0.45	2475
22		经理	我的经理很高效	83%	17%	0.39	663
24		薪酬福利	××××公司的薪资待遇不错或比其他公司要好	57%	43%	0.14	602

图 13-1　如何计算留任意愿的重要性

分析 KDA 结果

图13-2展示了一个典型的KDA象限，这是显示KDA结果的首选方法。这张特殊的信息图可以让你看到两个相交的信息点：一系列调研题目与留任意愿的相关性和调研问题认同百分百。图中展示了如何将调研题目划分为以下3个不同的类别。

- 需要改善的弱势调研题目：高重要性（0.37）和低认同百分比（35%）使得高管沟通处于KDA矩阵的右下象限。
- 需要保持的优势调研题目：在矩阵的右上象限可以看到公司荣誉感的高重要性（0.39）和高认同百分比（89%）。
- 可以忽略的调研题目：在其他调研题目中既有"认同"的回答，也有"不认同"的回答，但是这些调研题目与留任意愿无关，可以忽略。

> 一般来说，你会希望尝试一系列评估来发现最重要的因素（任何影响所选择的客观结果或KPI的因素）。KDA的新人才战略侧重于根据结果的影响力而不是活动的数量来评估你的投入。KDA可以帮助你更好地认识到应该把精力集中在哪里，这样你就可以得到你想要的结果。

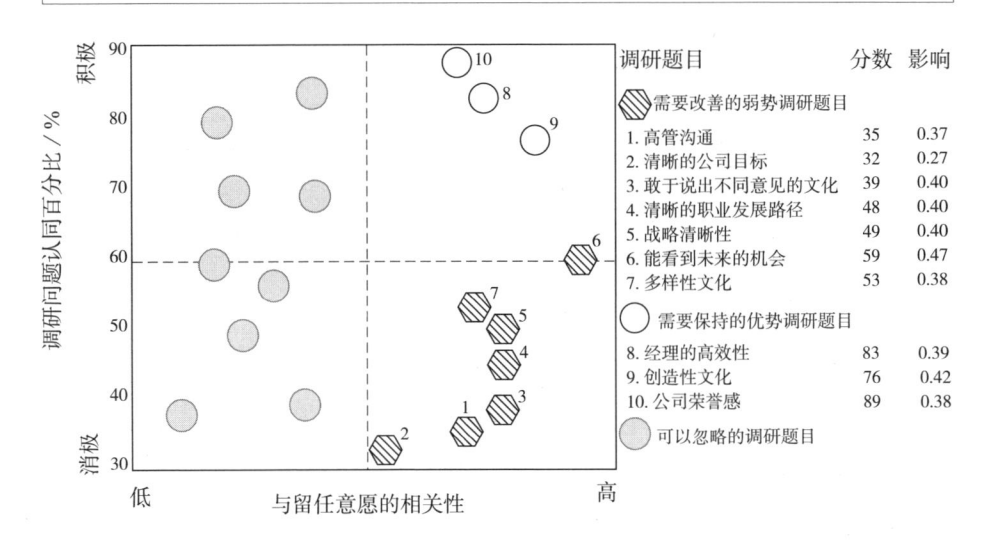

调研题目	分数	影响
需要改善的弱势调研题目		
1. 高管沟通	35	0.37
2. 清晰的公司目标	32	0.27
3. 敢于说出不同意见的文化	39	0.40
4. 清晰的职业发展路径	48	0.40
5. 战略清晰性	49	0.40
6. 能看到未来的机会	59	0.47
7. 多样性文化	53	0.38
需要保持的优势调研题目		
8. 经理的高效性	83	0.39
9. 创造性文化	76	0.42
10. 公司荣誉感	89	0.38
可以忽略的调研题目		

图 13-2　留任意愿关键驱动报告

列出 KDA 大纲

好了，KDA的示例我已经讲完了，现在轮到你进行实际操作了。下面是执行KDA的详细步骤。

1. 确定你想理解、预测或推动的KPI。

    以下是一些例子。

    - 什么吸引了应聘者入职我们公司？
    - 什么驱动了员工的幸福感？
    - 什么驱动了员工的敬业精神？
    - 什么驱动了个人绩效？
    - 什么驱动了团队绩效？
    - 什么驱动了员工的承诺？
    - 什么决定了员工留任或离职的可能性？
    - 什么驱动了员工留下或离职？

2. 找到或创建一个能够衡量你想理解、预测或推动的KPI的标准。如果是衡量一种态度，如员工的幸福感、敬业度或承诺，那么你需要设计一个调研指数。如果是衡量其他东西，如实际的绩效表现或离职情况，那么你需要从所有可能的地方获取数据，如HRIS。

3. 获取数据。大多数KDA都是从调研中收集的大量数据开始的，这些数据是员工对其在公司工作情况的一系列陈述的认同程度，以及对KPI的测量，如满意度、承诺和参与度。

4. 如果所有数据并不在一个数据集中，那就把它们放在一个数据集中。

5. 将数据放入统计应用程序（如Minitab、R、SPSS、STATA或STATISTICA）或Excel中，并进行皮尔逊相关系数分析。

6. 将员工对每个调研题目的回应和你想改变（增加或减少）的KPI结果相关联，得出它们之间的关系。衡量相关性的目标是建立潜在驱动因素（态度和行为）与后果（员工流失率、顾客满意度、销量或对组织公民意识和绩效的度量）之间关系的强度。

7. 根据关系的强度，确定重要的因素并对它们的重要性排序。你可以使用相关系数对数据进行绘图和排序。

8. 在此过程中，根据细分项计算回答"认同"的人数百分比或平均值，以确定分值最低的细分项。

   当你分析调研数据时，在某些情况下，你可能会报告百分比。你要记住这些信息，把它们与相关系数结合起来绘制和分类你的数据。

9. 构建可视化象限、模型和其他工具，将你的发现展示给其他人，并计划相应的行动来影响预期的结果。为了帮助你聚焦那些会产生最大影响的行动，请考虑每个驱动因素与关键结果之间关系的相对强度，以及公司或部门当前在该驱动因素上的表现。

学习相关性的所有细节

当你第一次使用数据集时，先将数据可视化、看到数据的形状是很有帮助的。你可以用许多不同的方式来将数据可视化。如何可视化取决于你正在处理的数据和你试图回答的问题。在KDA中，你的目标是理解两个或更多变量之间的关键联系。考虑到这个目标，我建议你使用散点图来查看两个变量之间的关系。本节将向你展示具体的做法。

可视化两个变量之间的关系

你可以将两个变量之间的关键联系用散点图表示出来。散点图可以用来获得关于两个变量之间是否存在关系的第一印象，并可用来观察这种关系的方向和强度。

图13-3展示了某公司的员工敬业度指数和员工感受到的公司支持度指数之间的关系。

图13-3中的点代表了接受调研的183名员工的敬业度指数及其感知到的公司支持度指数，这些数据是通过让这183名员工同时完成一份包含多个问题的调研问卷获得的。

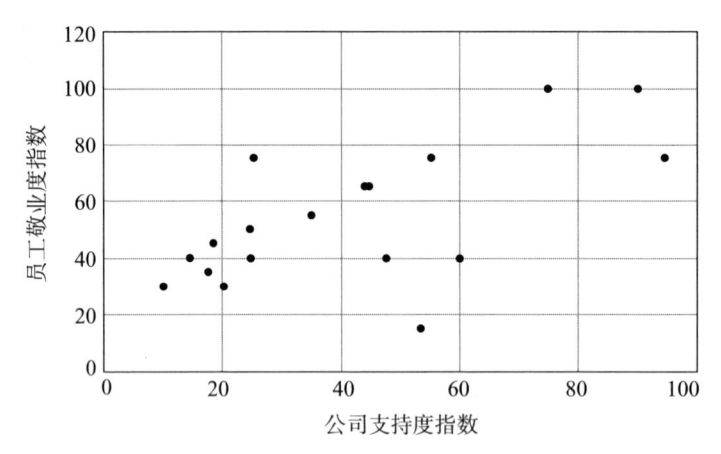

图 13-3　某公司员工敬业度指数和公司支持度指数之间的关系

- 横轴（x轴）表示员工感知到的公司支持度指数，范围为0~100。
- 纵轴（y轴）表示员工的敬业度指数，范围为0~100。

如图13-4所示也是一个展示员工敬业度指数与公司支持度指数之间关系的散点图，其中箭头A指向一个个体，该个体在感知到的公司支持度指数上的得分为20，在敬业度指数上的得分为30；箭头B指向另一个个体，该个体在感知到的公司支持度指数上的得分为58，在敬业度指数上的得分为80。

随着公司支持度指数的增加，员工敬业度指数也随之增加。换句话说，当x增加时，y倾向于增加。通过这一点，你可以推断出两个变量之间存在正相关。

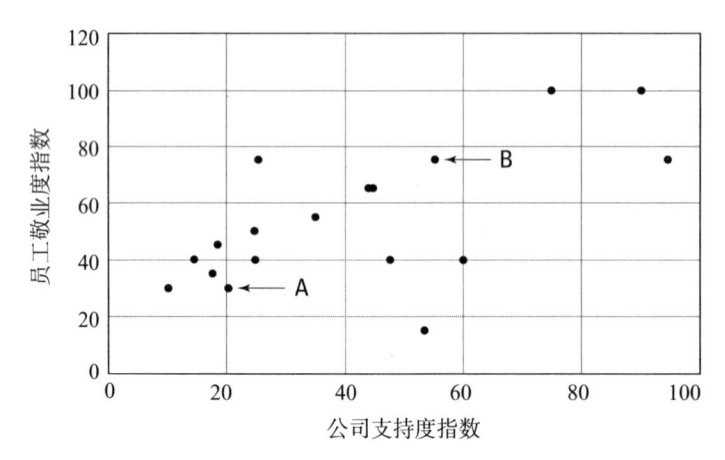

图 13-4　不同的公司支持度指数对员工敬业度指数的影响

量化关系的强度

你可以使用皮尔逊相关系数来量化两个变量之间关系的强度,其结果称为相关系数,用 r 表示。相关性可用于量化任何两个变量之间的关系(在本示例中,我用的是公司支持度指数和员工敬业度指数两个变量)。

r 的值在 -1 (表示存在完全负相关)和 1 (表示存在完全正相关)之间变化。图 13-5 展示了 3 个正相关的散点图示例、3 个负相关的散点图示例及 1 个不相关的散点图示例(没有关系意味着 $r = 0$)。

两个变量之间的相关性意味着它们一起移动。两个变量之间的相关性可以让你根据一个变量的位置来预测另一个变量的位置。相关性离 1 或 -1 越远,你基于一个变量预测另一个变量的误差就越大。

想想一对一辈子都在一起跳舞的情侣。当其中一个舞伴跳舞时,另一个舞伴知道该去哪里,反之亦然。如果相关系数是 1,那么这对情侣的移动方式如同他们是同一个人。相关系数与 1 的距离越远,他们的舞蹈动作就越混乱。

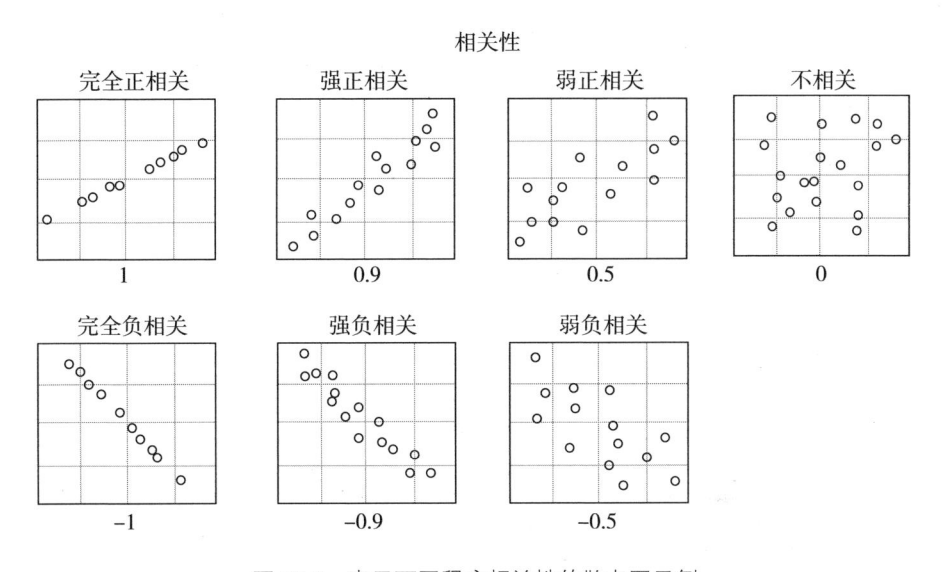

图 13-5 表示不同程度相关性的散点图示例

在Excel中计算相关性

你可以使用各种统计应用程序来计算两个变量之间的相关性（其中有些软件需要付费，如Minitab、R、SPSS、Stat Lab），但通常你只需使用Excel即可满足需要。下面是具体操作步骤。

1. 在Excel中按行和列设置好数据。为每个变量设置一列，再为员工编号设置一列。每一行应该代表同一名员工在两个变量上的数据：公司支持度指数和员工敬业度指数。如图13-6所示是数据集的一部分，你可以看到21名员工及每名员工的公司支持度指数和敬业度指数得分。

员工	公司支持度指数	员工敬业度指数	相关性
1	35	55	0.5363185
2	44	65	
3	55	75	
4	60	40	
5	54	15	
6	18	35	
7	95	75	
8	75	100	
9	25	40	
10	48	40	
11	25	5	
12	19	45	
13	25	75	
14	90	100	
15	15	40	
16	10	30	
17	20	30	
18	45	65	
19	55	75	
20	60	40	
21	54	15	

图 13-6　在 Excel 中设置好数据

在处理数据时，一定要使用员工编号。如果你以后想引入其他数据或找到一些方法来检查你的数据，员工编号会很有用。有时候人们会在数据集中输入员工姓名，但不如员工编号好用，原因有很多，如名字的写法可能有很多、可能会出现重名、名字可能涉及个人隐私等。人们会对电脑上谁都可见的与他们的姓名相关的个人数据感到不舒服。当我处理数据时，如果我需要使用这些数据来完成工作，并查看某个人的信息，但又不希望我的数据集冒着泄露任何个人隐私的风险，我就会使用员工编号，建议你也使用员工编号。

2. 在任何单元格中，输入"= 个人"，并在半括号"（"后面按照以下步骤输入相关数据。

3. 选择第一个变量的所有值。我使用的公司支持度指数显示在C列，数据范围是C4~C24。

4. 输入逗号并选择第二个变量的所有值。我使用的员工敬业度指数显示在D列，数据范围是D4~D24。

   一定要为两个变量选择相同数量的值。

5. 输入右括号"）"，然后按Enter键获得相关性。

根据图13-6中的数据得出的相关性是0.536 318 5，正如图13-3中的散点图所示，公司支持度指数和员工敬业度指数之间存在正相关。

解释相关性的强度

在计算出相关性后，需要解释这个相关性的强度。换句话说，当$r = 0.54$时，公司支持度指数和员工敬业度指数之间的相关性到底意味着什么？

相关性并不意味着因果关系

你可能听过一句话："相关不代表因果。"意思是一个变量与另一个变量相关并不意味着一个变量是由另一个变量决定的。举个例子，你在犯罪现场发现了两个人（一个黑发，一个金发），但这并不意味着他们都有罪，有很多种可能性：

- 黑发的家伙是罪犯，金发的家伙是受害者；
- 金发的家伙是罪犯，黑发的家伙是受害者；
- 两人都是罪犯；
- 两人都不是罪犯。

在犯罪现场发现他们在一起是这个故事的重要组成部分，但在证明他们有罪之前，所有的当事人都是无罪的。

仅凭相关性是不可能确定因果关系的。相关性所能做的就是帮助你看到变量之间的关系，并为你指明正确的方向。为了确定因果关系，你需要使用其他方法。关于这部分内容，可参阅第16章。

尽管相关性不能确定因果关系，但可以帮助你理解数据。研究员雅各布·科恩在行为科学研究中检验了相关性，并提供了以下指南。

- 弱相关：$r=0.10$。
- 中度相关：$r=0.30$。
- 强相关：$r=0.50$。

如果你想得到一个关于如何解释相关系数的通用指南，科恩的方案比大多数方案都要好。

在二元变量之间建立关联

在人力数据分析中，你经常会遇到这样的二元数据：是/否、高绩效/其他、来自大学/其他、留下/离开、少数/多数。理解二元变量之间的关联就像理解多元变量之间的关联一样，你只需要稍微改变一下。

例如，如果你预测员工在入职后第一年的离职率，那么所有员工都可以被归类为符合或不符合这一条件，如"是的，他们在入职后第一年就离开了公司"（1）或"不，他们没有在入职后第一年离开公司"（0）。当然，你不会单独考虑这个问题，而会结合其他数据来看看其他条件是如何保持一致的。举一个简单的例子，图13-7在员工离职数据中增加了两个额外的因素——应届毕业生和有经验的员工。在每列中，如果符合对应的条件，标记为1；如果不符合，标记为0。

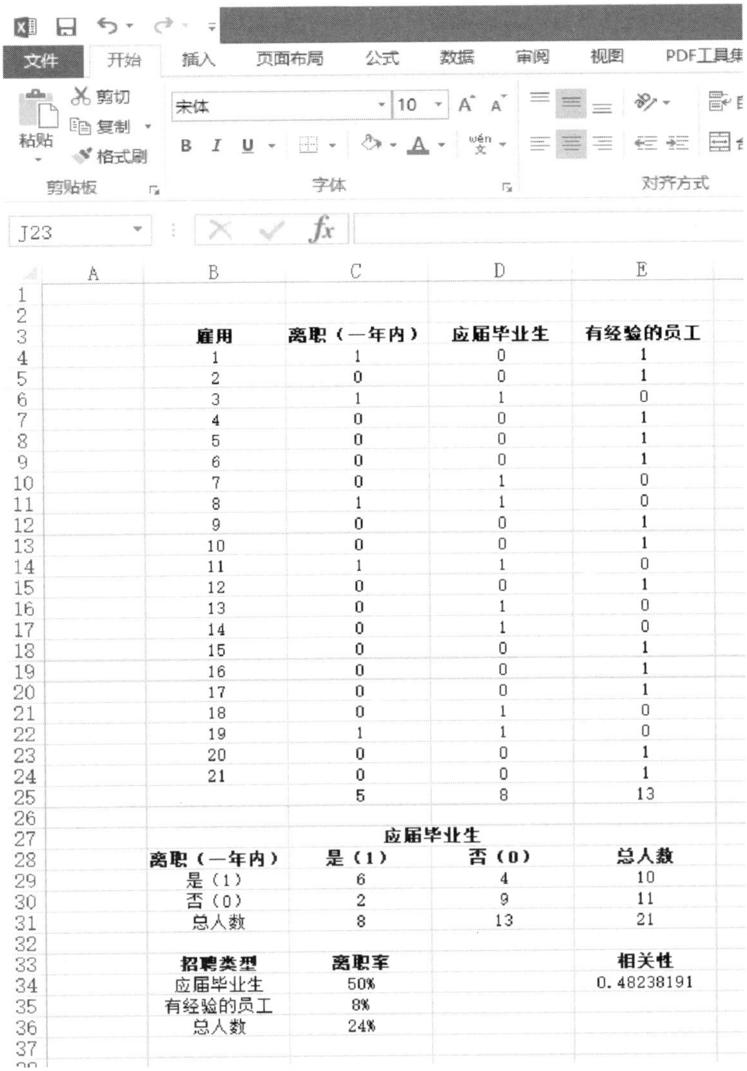

	A	B	C	D	E
3		雇用	离职（一年内）	应届毕业生	有经验的员工
4		1	1	0	1
5		2	0	0	1
6		3	1	1	0
7		4	0	0	1
8		5	0	0	1
9		6	0	0	1
10		7	0	1	0
11		8	1	1	0
12		9	0	0	1
13		10	0	0	1
14		11	0	1	0
15		12	0	0	1
16		13	0	1	0
17		14	0	1	0
18		15	0	0	1
19		16	0	0	1
20		17	0	0	1
21		18	0	1	0
22		19	1	1	0
23		20	0	0	1
24		21	0	0	1
25			5	8	13

		应届毕业生		
离职（一年内）	是（1）	否（0）	总人数
是（1）	6	4	10
否（0）	2	9	11
总人数	8	13	21

招聘类型	离职率		相关性
应届毕业生	50%		0.48238191
有经验的员工	8%		
总人数	24%		

图 13-7　员工入职第一年离职率与招聘特征

分析所有这些变量之间的关联的最简单方法是将你的数据放在图13-7中，然后利用Excel或其他统计应用程序来计算相关系数。你可以解释二元变量之间的关联，就像你解释连续变量的相关系数一样。

计算任意两个特征或条件之间的关联，请遵循以下步骤。

1. 在Excel中计算任职满一年并满足其他变量条件的新员工人数。例如，在下面的表格中，我统计了那些在入职后第一年离职的来自校招渠道的新员工（应届毕业生）人数，以及那些在入职后第一年离职的有经验的员工人数。我还统计了那些在入职后第一年没有离职的员工人数。

应届毕业生

离职	是（1）	否（0）
是（1）	6	4
否（0）	2	9

应届毕业生

离职	是（1）	否（0）
是（1）	a	b
否（0）	c	d

注意a、b、c和d在表格中的位置。

2. 为了确定二元变量之间的相关性，可使用下面的公式：

$$\Phi = ad - bc \div \sqrt{(a+b)(c+d)(a+c)(b+d)}$$

二元变量之间的相关性称为phi，它由希腊符号Φ表示

$$\Phi = (6 \times 9 - 4 \times 2) \div \sqrt{(6+4)(2+9)(6+2)(4+9)}$$
$$\Phi = 46 \div \sqrt{11\,440} = 0.429$$

在这个例子中，入职后第一年离职的员工和应届毕业生之间的相关性约为0.43。

用最小二乘法回归结论

通过数据绘制直线的方法有很多种，最小二乘分析是一种数学方法，它可以缩短你绘制的直线与散点图中的每个点之间的距离。散点图是这些直线的基础。这种分析可以手工完成，也可以使用流行的统计应

用程序（如Minitab、R、SAS、SPSS或Excel）完成。

图13-8展示了使用来自图13-3的公司支持度指数和员工敬业度指数的散点图绘制的最小二乘回归线。

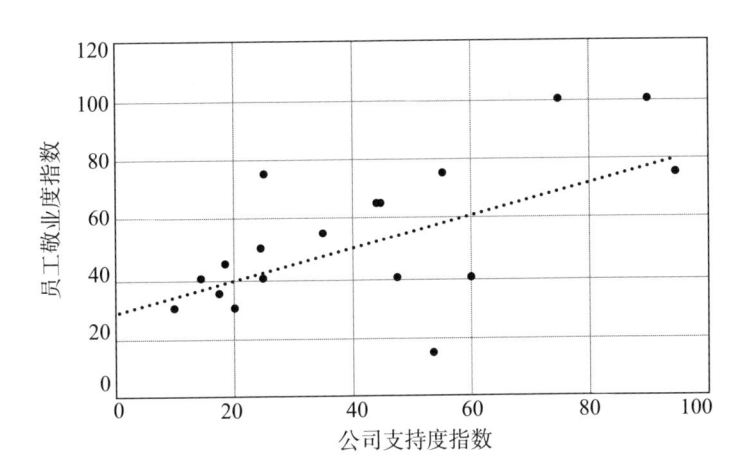

图 13-8　最小二乘回归线

利用软件所做的数学计算，可以给出最小二乘回归线的方程式：

$$员工敬业度指数 = 0.5395 \times 公司支持度指数 + 28.37$$

该方程式的一般形式为 $y = b_0 + b_1 x + e$，其中y是因变量（员工敬业度指数）的预测值，b_0（y截距）是直线与y轴交叉（或截距）的位置，b_1是代表预测直线的斜率，x代表预测变量的特定值（公司支持度指数），e代表预测中包含的不可避免的误差。

在Excel中创建回归方程式

要使用 Excel创建回归方程式，请遵循以下步骤。

1. 在 Excel 表格的空白处插入一个散点图和你的数据。打开Excel，在"插入"选项卡下找到散点图图标。
2. 选择x轴（水平）和y轴（垂直）数据。把你想预测的内容放在y轴上。员工敬业度指数放在B栏，公司支持度指数放在C栏。现在你就有了一个散点图。

3. 右键单击散点图上的任意点,选择"添加趋势线"选项,打开"设置趋势线格式"窗格,如图13-9所示。

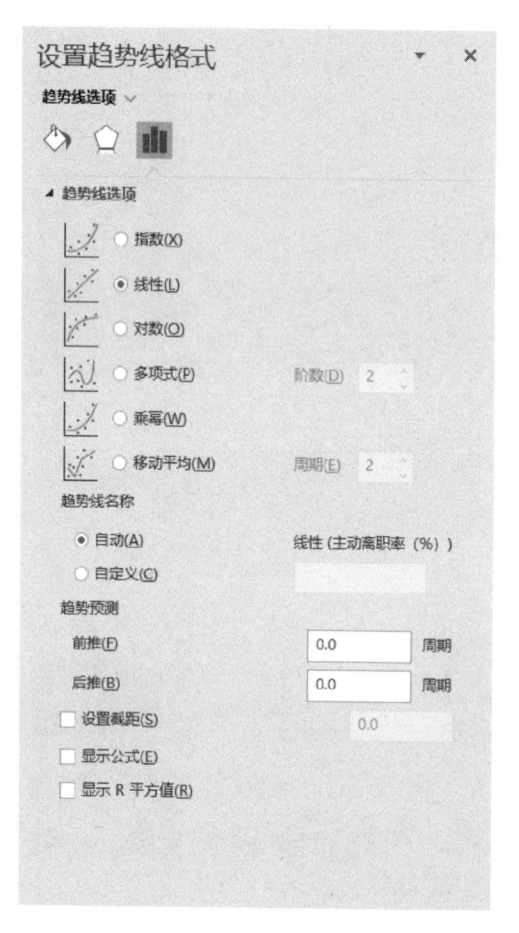

图 13-9 在趋势线上添加回归方程式和 r^2 值

4. 如有必要,请在"趋势线选项"选区勾选"显示公式"和"显示R平方值"复选框。

Excel 添加趋势线的特性默认为线性,如果你希望显示与数据相对应的线性趋势线,那正合适。如果你有其他的期望,或者想尝试非线性形式,可以试试菜单栏中提供的其他选项。

如图13-10所示,现在你有了一个带有趋势线、方程和r^2值的散点

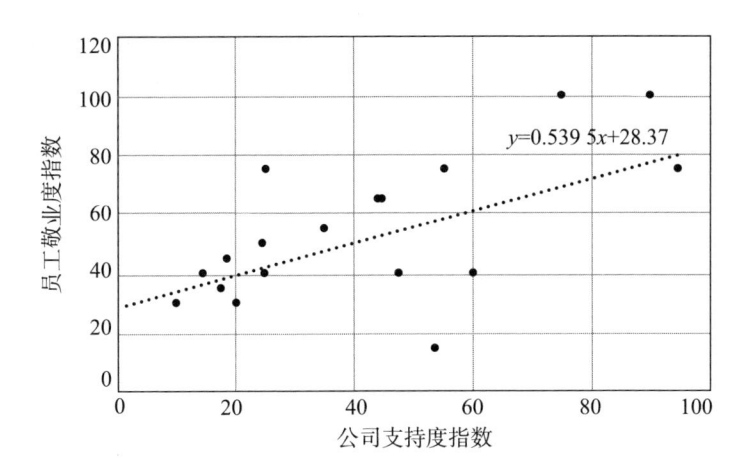

图。回归方程式是 $y = 0.539\ 5x + 28.37$。

图 13-10　在 Excel 中计算的散点图、回归线和方程式

r^2：决定系数

r^2，也称决定系数，是一个计算值，是回归分析的标准输出。它可以告诉你最佳拟合曲线与数据的实际吻合程度。在你得到相关系数 r 之后，r^2 可以通过简单地将相关系数自身相乘（平方）来计算得出。r^2 是由自变量解释的因变量中方差的比例。较高的 r^2 表示自变量 x 中的差异可以很好地解释因变量 y 中的差异。接近 0 的 r^2 意味着结果是模型中所包含的数据无法解释的。

例如，$r = 0.5$，则 $r^2 = 0.5^2 = 0.25$，即相关性变成了 0.25。注意，r^2 通常表示为百分比（在这个例子中是 25%）。正如你所看到的，即使强相关性 $r \geq 0.5$，仍然可以解释变量之间的少量差异。

较低的 r^2 值可能表明你在分析中遗漏了重要的变量，对此，建议你添加新的数据或新的调研题目。

尽管高 r^2 值并不一定意味着你已经测量了所有重要的东西，但它可以告诉你，你是否已经做了足够合理的工作来理解正在发生的事情，并做出一个合理的预测。

r^2用于统计模型，其主要目的是预测未来的结果或根据其他相关信息检验假设。它根据模型所解释的结果总方差的百分比来衡量模型对观察到的结果的"复现"程度。该方程式将数据集中的预测分数与实际分数进行比较。决定系数是两者的平方。

计算数据相关性的注意事项

计算数据相关性要注意以下3个因素。

- **范围限制**。两个变量之间的相关性可能很低，因为你测量的其中一个变量的范围比另一个变量的范围要窄。
- **缺失的"第三个变量"问题**。通常情况是，有一个你根本没有测量的变量实际上影响了你正在测量的几个变量。你所测量的两个变量看起来是相互关联的，或者是相互作用的，但实际上缺失的第三个变量才是更重要的。

  例如，犯罪数据似乎与冰淇淋的销量有关。在你把当地的冰淇淋店查封之前，你可能需要了解这样一个事实：犯罪和冰淇淋消费都与缺失的第三个变量——温度有关，也就是说夏天的犯罪率更高。甚至还可能缺少了第四个变量——年轻人的自由时间。
- **非线性**。变量之间的关系必须是线性的，也就是说，变量之间的关系需要在某种程度上遵循一条线。如果关系是一条向下或向上的曲线，线性相关或回归方程式将无法正确地描述这种关系。

提高你的 KDA 能力

至此，你已经完成了你的第一个KDA。现在要做什么？为你的下一个KDA做好准备。这里有一些方法可以让你的下一个KDA做得更好。

删除多余的调研题目

删除与其他调研题目有同样的平均分或认同百分比且相关性≥0.70的调研题目。

例如，在某次调研中，我以很多不同的方式询问了员工关于领导力和管理的问题。我希望将问题具体化，但结果发现员工并不在乎细微的差别。员工只是以同样的方式认同或不认同这些陈述。他们要么认为经理很好，要么不这么认为。你必须通过另一种方式了解细微的差别。既然如此，如果使用两个调研题目就能得到自己想要的结果，那为什么要设计10个调研题目呢？你可以去掉其他8个调研题目。

应用多元回归

多元回归的原理和相关性类似，但使用了不同的方法。如果你还不熟悉多元回归，请参阅本书第14章。这里做一个简要介绍。

多元回归分析通过检验多个变量输入（问卷调研题目）和一个KPI（y）之间的相关性来确定调研题目的最佳组合，并按照每个调研题目的相对贡献来解释选定的KPI。

多元回归背后的思想是，它提供了一个计算输出的综合方法，告诉你所有的组合变量x（可将其称为你的模型）如何预测变量y——是通过调整r^2值和/或F统计量计算出来的。调整r^2值给出了你的模型所解释的方差比例，它粗略地表明了你对KPI的理解程度。如果你的模型只解释了变量y中10%的方差，那么你的模型还有很多工作要做。（你可以通过修改你的理论和增加更多的调研题目来改进模型。）如果你已经解释了变量y中60%或更多的方差，那么你的模型确实做得很好，你可以考虑告诉大家这一点。

多元回归的输出还可以告诉你每个变量x在多大程度上有助于你理解KPI（相对来说），以及你是否可以明确每个变量x对KPI贡献的大小。多元回归把所有这些都放在了一个简洁的表中，你可以称之为"系数表"。

你可以在第14章学到更多关于多元回归分析的知识。现在，你想知道每个调研题目是否具有统计学显著性——你想知道p统计量（也称为p值）。在你完成多元回归分析之后，应该用多元回归系数表中的系数（用字母b表示）来替换上面使用的相关系数（用字母r表示）。

综上所述，多元回归分析的结果给了你一个机会去删除那些不那么重要的调研题目。现在你可以删除任何多元回归显示在统计学上并不显著的调研题目，同时用一个更好的系数（用字母b表示）代替你之前使用的相关系数（用字母r表示）。

修改你的理论模型，并创建新的调研题目，将其添加到下一次调研中。考虑到这一点，如果你有1 000个可能的调研题目可以添加，而你在第一次调研时选择了50个，那么你错过了950次将好题目添加到调研中的机会。

如何知道你是否设计了正确的调研题目？根据本章所述，最好的调研题目取决于你选择的KPI，所以首先你需要按顺序获得这些KPI。先测量KPI，完成KDA。接下来，你的多元回归分析的调整r^2值提供了一个线索：如果你遗漏了一两个重要因素，则调整r^2值越大，你就越接近成功；调整r^2值越小，你越可能需要重新来过。

如何得到正确的调研题目？关于哪些调研题目应该或不应该包含在调研中的观点可能准确，也可能不准确。关于调研中应该涵盖哪些题目的普遍假设，可能会也可能不会帮助公司获得最终想要的结果。无论对调研题目的审查是有意的还是无意的，调研题目的选择总会存在偏见，这种偏见反映在问卷调研分析和随后的其他分析中。其他人会看到你没有看到的东西，反之亦然。你能做的就是在理论的指导下，通过试错，与他人不断讨论，不断完善相关模型。你可以查阅第10章，了解更多关于模型的内容，相关讨论可能会启发你做出更多探索。

> 在本章，你将：
>
> - 学习用数据进行多元线性回归分析；
> - 学习使用 Excel 和 SPSS 完成多元回归分析；
> - 解释多元回归分析输出的结果。

第 14 章

利用多元回归分析对人力资源数据进行建模

如果你要去一个从未去过的地方进行一次伟大的冒险，而且你可以带上一样东西，你会带什么？我不知道你会选择什么，但如果让我选，我会带多元回归，一种用来解释一个连续因变量（y）和两个或更多独立变量（x_1，x_2，$x_3\cdots$）之间关系的线性回归形式。

为什么我这么相信多元回归？如果将人力数据分析比作一次通往未知的伟大旅行，你需要轻装上路，那么多元回归是一个很好的工具。它是丛林中的大砍刀，是海洋中的救生衣，是北极的点火器。它可能不是你在这次旅行中所需要的唯一东西，但是一旦你熟悉了它，就再也离不开它。

了解线性回归

当涉及人力数据分析时，多元回归是一个绝佳的工具。多元回归是一种绝妙的多用途统计工具，它有很多突出的优势。其中最突出的优势是能够看到一个变量对另一个变量的影响，同时控制许多其他变量的影响。人是复杂的，仅用两个变量（x和y）很难充分解释人的行为。

接下来我会先介绍简单的二元线性回归，因为如果你想了解包括多元回归分析在内的所有线性回归分析的本质，有一些重要的事情需要知道，而一个简单的二元线性回归将使这些重要的事情更容易被理解。一旦你理解了这些重要的东西，就可以继续进行多元回归了。

图14-1使用线性回归描述了工作效能与员工敬业度的相关性。本章将以此为例讲述相关内容。

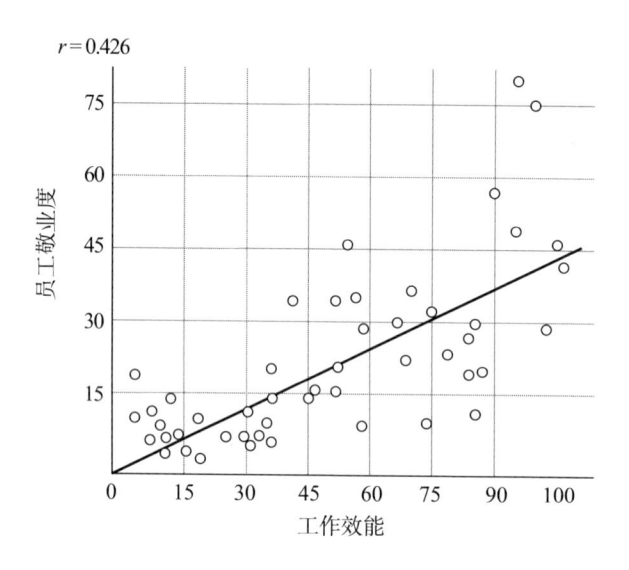

$r = 0.426$

图 14-1　工作效能与员工敬业度的相关性

也可以将这个线性回归描述为一个等式：$y = b_0 + b_1(x)$。其中，y表示纵轴上的数字；x表示横轴上的数字；b_0表示y截距，即你绘制的直线与纵轴相交的点；b_1表示直线的数学斜率。斜率就像一座小山。有些山比其他的山更陡峭，你必须上升或下降，这取决于你从哪里开始、要去哪里。从数学角度看斜率的方法是计算变量y随着变量x的单位变化而产生的单位变化。

如果你遵循了我刚才描述的步骤，那么你将得到{敬业度} = $b_0 + b_1$（{工作效能}）。要预测员工敬业度，你只需要知道工作效能在图14-1中的哪个位置，然后将工作效能乘以b_1，再加上b_0。作为一种速记的数学表达式，线性回归可以让你辛辛苦苦记录的信息变得更简洁，也可以让你更容易地将信息传递给其他人或供自己日后使用。

> 曾几何时，人们需要人工计算线性回归。现在，你不必再这样做了，你有值得信赖的朋友——Excel或其他能帮助你计算线性回归的统计应用程序。我把图表、线条和一些数学知识拿出来讲，是因为它们有助于你了解自己的目标及目标是如何与外部世界联系起来的，这样当统计应用程序输出一些东西时，你就能更好地理解它们的意义。

图14-1显示了一个变量（工作效能）和另一个变量（员工敬业度）之间的关系。换句话说，这是一个二元变量的线性回归。你对这种关系的理解是否有用取决于你想做什么，但在你做任何事之前，你必须首先能够用数学方法描述这种关系。如果你现在知道了工作效能和员工敬业度有关联，你就知道它们是如何相互作用的。假设你想调整员工敬业度，那么你的下一个任务可能是尝试改变工作效能，然后看看员工敬业度会发生什么变化。

如果你知道的不只是每名员工的工作效能，会怎样？换句话说，如果你还测量了每名员工对经理的看法（经理效能），以及员工对公司的看法（公司效能），会怎样？你也可以使用这些信息！如果可以将经理效能、公司效能和工作效能组合在一个数学公式中，那么与单独使用工作效能相比，你可能会对员工敬业度有更准确的估计。你可以把经理效能和公司效能也看作帮助你预测或解释员工敬业度的工具。虽然你现在还不知道它们之间的因果关系，但是你可以学到足够多的知识去了解它们是如何一起发生变动的，然后开始分析。

当你使用多个独立变量时，这叫作多元回归。如果说线性回归是你日常使用的基本刀具，那么多元回归就是一把瑞士军刀——一个由不同的刀片、剪刀甚至牙签组成的实用刀具套装。在多元回归中，你会发现多个b_0系数。然而，由于有许多独立变量，你无法在一张纸上同时展示这么多维度的散点图。因此，你可以使用数学公式来表达。你需要做的就是写下一个简单的公式：

$$y = a + b_1x_1 + b_2x_2 + \cdots + b_nx_n$$

因此，对于前面提到的员工敬业度，可使用以下公式计算：

$$员工敬业度 = a + b_1 \times 工作效能 + b_2 \times 公司效能 + b_3 \times 经理效能$$

你可以测量变量的整体拟合度和每个变量的系数。系数用来表示字母/数字的组合（b_1，b_2，b_3），它代表变量的乘数，以得到预测的员工敬业度分数的单位变化。字母b代表beta或beta-weight。我不会详细介绍在多元回归方程中求系数的所有数学表达式，因为这些内容很枯燥、很复杂。相反，我会直接用Excel或任何其他统计应用程序来教你如何得到你想要的答案。

在你继续前进之前，这里有一些事情要记住。

- 你可以设定任意数量的变量x。我在上文列举的例子中使用了4个变量。

- 基础的线性回归和多元回归是建立在一定的重要假设之上的。假设听起来可能有些枯燥乏味，但是如果它们被打破了，你就会得到错误的答案。在本章，我从多元回归中有用且有趣的"操作指南"部分开始，但如果你没有学过统计学，而且这是你第一次使用回归，那么你应该向数据专家、行为学专家或统计学专家寻求指导，以帮助你走上正确的道路，给你提供建议，并验证你的分析结果。

掌握多元回归分析：鸟瞰图

在构建了包含所有要测试的变量的数据集之后，你可以在任何统计应用程序（如R、SPSS、SAS、Stata、STATISTICA）甚至在Excel中进行多元回归。

在深入研究任何特定应用程序菜单栏的操作细节之前，请先阅读下面这个关于如何进行多元回归的概述。

1. 确定你想包含在模型中的独立变量，无论你想理解或预测什么样的因变量。在员工敬业度的例子中，我希望你能够关注员工对某些关键就业特征的感知与员工敬业度评估结果之间的关系。

2. 使用员工系统和/或问卷调研来收集定量研究所需的信息数据。如果你已经把这些测量数据存储在某个地方，不要搁置，立马去做。

3. 将数据汇总在一起，导入R、SPSS、SAS、Stata、STATISTICA、Excel或任何其他统计应用程序，然后根据因变量的性质选择适当的回归方程。

使用统计应用程序生成一些汇总表作为输出，其中的表格不仅显示了自变量的总体组合在解释因变量方面的统计学显著性，而且显示了每个自变量贡献的统计学显著性大小。

> 这些输出类似于相关系数，但与相关系数不同，这些b系数（之前讨论过b_0、b_1、b_2、b_3）考虑了其他变量，因此它们代表了模型中每个变量的独立效应。

4. 在你确信这个模型有效之后，使用b系数来构建数学模型、感知模型和其他概念工具，这些工具有助于将你的分析结果展示给其他人并与他们一起规划你的下一步行动。

就这么简单！下面我用Excel中的10个步骤向你展示如何做到这一点。也许你是那种对多元回归不感兴趣的人，尤其是对Excel不感兴趣，但没关系，你很快就能掌握它。通过学习本章，你会发现一些看上去很复杂的人力数据分析，其实可以通过执行4~10个简单的步骤来实现，一共大约5分钟，成本不到1 000元/年。怎么样？是不是很简单？

让我来解释一下。人力数据分析的真正工作是定义需要解决的问题，确定弄清楚哪些内容会对你解决问题有所启发，制定一个你认为重要的概念模型，设计一种获取数据的方法来评估这些特定的概念，然后将它们集中在一个你可以执行统计应用程序的文件夹中，只有这样，你才能单击"开始分析"按钮。我提到的所有工作都必须在你将数据输入Excel（或其他统计应用程序）之前完成。人力数据分析的真正工作是建立数据和解释结果，因此我在本书中会花大部分时间讲这些主题。

> 多元回归是Excel加载项分析工具库中的一个选项，但并非所有版本的Excel都拥有该功能。Excel在处理数据的可访问性和公开性方面非常出色，但它缺乏其他统计软件包中包含的一些强大功能。例如，Excel中的"回归"功能可以处理具有连续因变量的多元回归，但是它不支持Logistic回归，而Logistic回归对二元因变量（1，0）来说是必要的，如员工离职情况。如果你使用二元Logistic模型来分析与员工流失相关的变量，那么你将离职作为因变量，将所有员工分类为1或0，如1代表离职，0代表留任。你也许可以在某些时候使用Excel，但是如果你需要做大量的统计工作，那你最终需要使用其他统计应用程序来提高分析能力。

用 Excel 做多元回归

虽然我喜欢在更高级的统计应用程序中进行更高级的统计工作，但在本节中，我将展示如何使用Excel做多元回归，因为我很确定你的电脑中有Excel。

下面是你在Excel中需要做的事情。

1. 将需要处理的数据放入Excel工作表中，并用变量名称对列进行标记。如图14-2所示的工作表使用了员工敬业度、工作效能、经理效能、公司效能这几个变量。

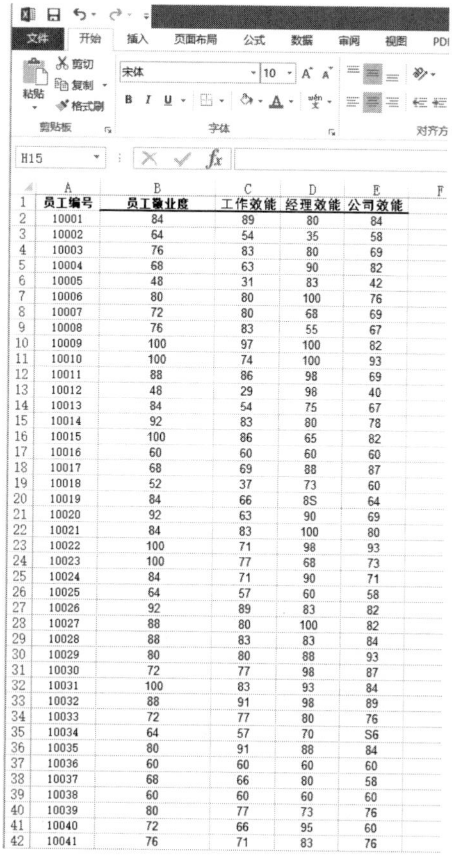

员工编号	员工敬业度	工作效能	经理效能	公司效能
10001	84	89	80	84
10002	64	54	35	58
10003	76	83	80	69
10004	68	63	90	82
10005	48	31	83	42
10006	80	80	100	76
10007	72	80	68	69
10008	76	83	55	67
10009	100	97	100	82
10010	100	74	100	93
10011	88	86	98	69
10012	48	29	98	40
10013	84	54	75	67
10014	92	83	80	78
10015	100	86	65	82
10016	60	60	60	60
10017	68	69	88	87
10018	52	37	73	60
10019	84	66	8S	64
10020	92	63	90	69
10021	84	83	100	80
10022	100	71	98	93
10023	100	77	68	73
10024	84	71	90	71
10025	64	57	60	58
10026	92	89	83	82
10027	88	80	100	82
10028	88	83	83	84
10029	80	80	88	93
10030	72	77	98	87
10031	100	83	93	84
10032	88	91	98	89
10033	72	77	80	76
10034	64	57	70	S6
10035	80	91	88	84
10036	60	60	60	60
10037	68	66	80	58
10038	60	60	60	60
10039	80	77	73	76
10040	72	66	95	60
10041	76	71	83	76

图 14-2　员工敬业度、工作效能、经理效能和公司效能 4 个变量的数据集

2. 如果你尚未添加分析工具库，请先添加。在工作表中选择“文件—选项—加载项”菜单命令。

3. 在右侧的“加载项”对话框中，选择“分析工具库”选项，然后单击“确定”按钮。

4. 单击菜单栏中的“数据”选项卡。现在你应该可以看到菜单栏右侧的“Data Analysis”按钮。

5. 单击“Data Analysis”按钮，打开“Data Analysis”对话框，如图14-3所示。

6. 在“Data Analysis”对话框中，选择“Regression”选项，然后单

击"OK"按钮，打开如图14-4所示的"Regression"对话框。

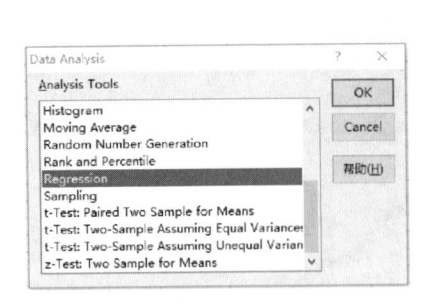

图 14-3 "Data Analysis"对话框　　图 14-4 "Regression"对话框

7. 在标记 *y* 和 *x* 值之后，在"Input Y Range"文本框中指定包含因变量的单元格范围，然后在"Input X Range"文本框中指定包含自变量的单元格范围。

> 如果列标题中包含变量名称，并且这些列标题是已经指定的观察范围的一部分，请确保勾选"Labels"复选框。

8. 在对话框中单击你希望Excel在回归输出中提供的任何附加选项（该步骤可选）。例如，你可以勾选"Confidence Level"复选框，并输入一个值，那么Excel将根据输入的内容自动计算相应的置信度。如果你不知道如何执行第8步，那就忽略这一步。

9. 在"Output options"选项组中，为回归分析结果选择一个输出区域。我通常在这里使用默认值——New Worksheet Ply，将结果显示在一张新的工作表中。

10. 快速检查整个"Regression"对话框，确保填写了所有需要的输出选项，然后单击"OK"按钮。

Excel回归分析工具会自动提供来自多元回归的一系列汇总统计数据。图14-5显示了Excel回归分析工具应用于样本数据集时的输出。

不要被这些晦涩难懂的术语吓到。我会在下文提供更多关于这些术语的定义和具体用法。

回归统计表包括复相关系数（Multiple R）、决定系数（r^2）、标准误差和观测值。

方差分析（ANOVA）表包括自由度、平方和值、均方值、F值和F值显著性等信息。

在方差分析表的下面，系数表提供了根据数据计算的回归线的信息，包括回归系数、标准误差、t值和概率值（p值），以及自变量的相关信息。

如果你选择了"Regression"对话框中的"散点图"选项，Excel会使用简单的散点图绘制出一些回归数据。

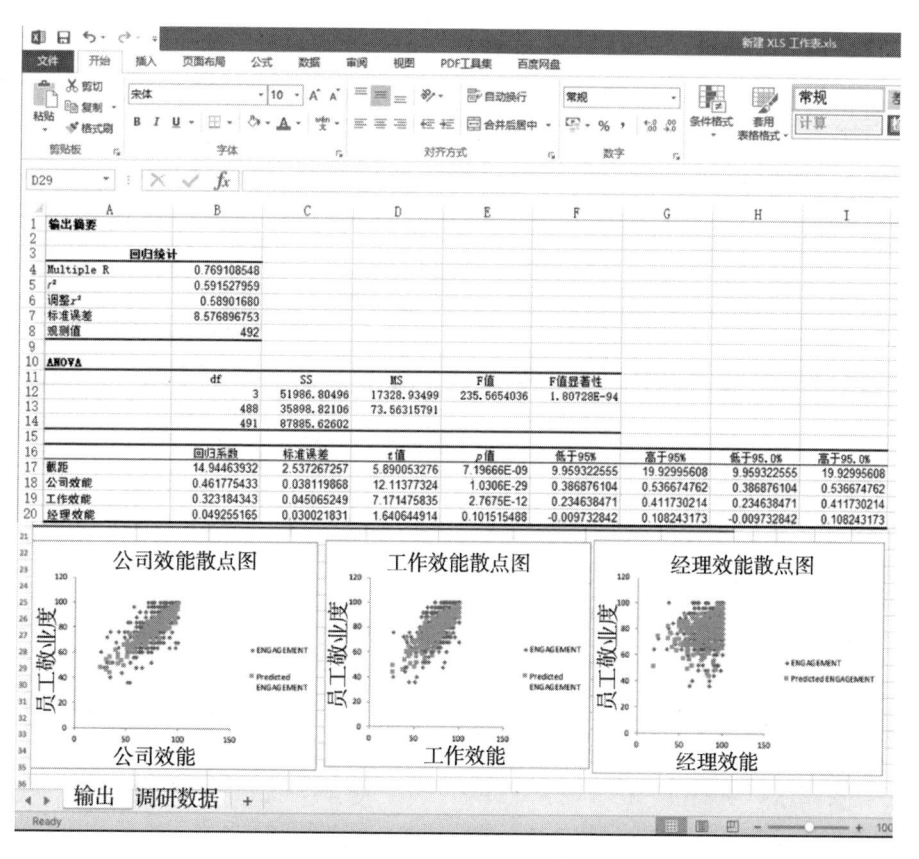

图 14-5　Excel 回归分析工具应用于样本数据集时的输出

解释多元回归的输出结果

正如我在本章前面解释的那样，多元回归被用来理解多个自变量（x_1，x_2，x_3…）在统计学上与一个因变量（y）之间的关系及其关系的强度。这个强大的统计工具能够帮助你同时做以下几件事情：

- 用数学方法描述多个自变量（x_1，x_2，x_3…）和一个因变量（y）之间的关系；
- 从数学上确定整体模型在解释或预测因变量（y）行为方面的优劣；
- 从数学上分离出每个自变量（x_1，x_2，x_3…）对因变量（y）的独立贡献。

这就是你要做的工作，但是一些用来解释多元回归结果的术语可能会让你感到难以理解。为了降低难度，在本节中，我将通过定义一些术语和解释一些逻辑，介绍标准的多元回归可能输出的结果和内容。

回归统计

在用于多元回归的Excel输出中，首先看到的是带有标题"回归统计"的表。这个表提供了分析概览。实际上，它展示了你使用的模型有多优秀。更详细地说，它回答了这个问题："y的变化中有多大的比例是由分析中包含的多个变量x解释的？"

Multiple R

在"回归统计"表的第一行，是Multiple R。总体来说，Multiple R可以告诉你，你创建的数据集有多好。从技术上讲，Multiple R是相关系数的绝对值，基本上没有负的相关系数。

图14-5中的Multiple R值为0.769，表明使用的模型包括变量"公司效能""工作效能""经理效能"，可以很好地创建与"员工敬业度"相关的线性方程。因为这个值接近1，说明模型非常优秀。

> 相关系数是衡量两个变量之间关联程度的指标。在这种情况下，两个关联的变量分别是模型回归线的位置（Excel在图表中所有点画的线）和Excel用来定位线的点。相关系数的数值范围为−1~+1，但由于Multiple R是相关系数的绝对值，因此范围只能为0~1。

r^2

r^2是一个计算变量，它表示自变量（x_1，x_2，x_3…）对因变量（y）方差的解释程度。换句话说，r^2可以告诉你，如果你知道自变量x的位置，那么你在预测因变量y的位置方面会有多擅长。与Multiple R一样，r^2值的范围为0~1。事实上，r^2是Multiple R的平方。

回到本章一开始的示例，员工敬业度的单位变化受到多种因素的影响，包括工作、公司、经理、同事、薪酬，也许还有其他因素。如果你知道所有影响员工敬业度的因素，那么r^2就是1，这意味着如果你拥有所有重要的自变量，就可以完美地预测员工敬业度，没有遗漏方差或误差。在本章的示例中，你只知道3件事：公司效能、工作效能和经理效能，并不知道其他因素。r^2告诉你，当这3个自变量组合在一个模型中时，它们可以解释大约60%（0.59）的员工敬业度方差，剩下的40%是错误的，或者是你还不知道的事情。

> r^2值的范围为0~1。r^2越接近1，自变量x在预测因变量y方面就越准确。你也可以说r^2代表y中由数据集中的x解释的方差百分比。r^2值的好坏取决于上下文，但你可以说0.30比0好、0.50比0好、0.70比0.50好等。

如果r^2值是一个抽象的计算值，你还可以查看ANOVA表，它是大多数统计应用程序生成的多元回归的另一个输出。与r^2一样，ANOVA表也提供了关于特定数据集中x和y的预测性能的统计信息。我会在后文告诉你更多关于ANOVA的信息。

调整r^2

调整r^2是多元回归特有的计算值。当你的分析中有多个因变量时，计算出来的r^2值会出现意外波动。调整r^2是r^2的一个调整版本，它删除了由于模型中变量数量的增加而造成的意外波动。调整r^2只有在新条件对模型的改进超过预期的情况下才会增加。当预测器对模型的改进小于偶然的预期时，它就会降低。

在本章的示例中，调整r^2值是0.589，非常接近r^2值0.591，表明由于模型中变量数量的增加而造成的意外波动是微不足道的。回想一下，你只使用了3个变量。如果添加97个其他变量，r^2值可能意外地高于它本来的值。此时，最好使用调整r^2，因为它消除了这个波动的问题。统计输出提供了这两种功能，所以你可以看到发生了什么，然后调整你的数据集输入，并在需要时再次运行。

标准误差

你可以在表中找到标准误差，就在调整r^2下面。标准误差也可以简单地用字母S表示。调整r^2和S都提供了对模型运行性能的评估，但S是从误差角度评估的。S表示观测到的y值到回归线的平均距离，简言之，S是模型中所有单个y预测值的平均误差。S通过使用变量y的单位，可以很方便地告诉你回归模型的平均错误程度。值越小越好，因为越小的值表明实际的y观测值越接近拟合线，即y预测值。

在本章的示例中（见图14-5），对员工敬业度预测的S是8.58，这意味着当你使用一个人的公司效能、工作效能和经理效能来预测他的敬业度水平时，你预测的值平均偏离了8.6个员工敬业度单位。你在0~100的范围内测量了员工敬业度，所以你预测的平均偏差约为9%。因此，如果你使用已知的3个变量来估计一名员工可能的敬业度得分为70，那么他真正的敬业度得分应为61~79。模型越好，这个范围就越接近真实值。

方差分析（ANOVA）

在Excel回归的输出中，"回归统计"表的下面是ANOVA表。这个表为你提供了另一种方式来思考你在多元回归模型中选择的变量x如何解释变量y。方差分析表提供了变量y（在数据集中的所有单个观测值）的总变化在解释部分和未解释部分的细分。

回归平方和（SS回归）是由回归线解释的变化，残差平方和（SS残差）是未解释的因变量的变化。

> 大多数的ANOVA表都可以在统计学资料中找到。出于你的目的，你可能不需要知道所有的细节。我希望你留意ANOVA表右上角的F值显著性。这是对你模型中整个方差分析的总结。

F值显著性

你可以在ANOVA表中的右侧看到F值显著性，它对应一个计算值。要理解这个计算值的含义，最简单的方法是将其视为回归模型错误并需要丢弃的概率。F值显著性越小越好。（仔细看，因为Excel使用的是科学记数法，所以如果F值显著性太大或太小，小数位会超过12个。如果数字小于0，则指数前面有一个负号。）

你可以在图14-5的示例中看到，F值显著性是如此之小，以至于Excel不得不使用科学记数法（1.80728E-94）。无论出于何种目的，这个非常小的F值显著性表明结果是错误的并且需要被丢弃的概率几乎为零。如果你已经运行一个模型几个月了，现在得到了这样一个数字，那么你可以与同事和老板一起庆祝成功了。

从技术上讲，F值显著性是零假设被拒绝的概率。零假设是统计学教授捉弄学生的一个有趣的小游戏，以让学生保持警惕。零假设是一个默认的立场，即变量x和变量y之间没有关系。因为在这个例子中变量x和变量y之间没有关系的概率是非常小的，所以你可以说这个模型在统计学上是显著的。

> F值显著性在解释上与p值相似，我将在后文讨论p值。两者的区别在于，F值显著性是整个模型的显著性检验，而p值是每次对每个变量的显著性检验。

系数表

在继续查看汇总的过程中，你会看到一个表，该表提供了多元回归模型中包含的每个变量x的汇总统计信息（如果你使用列标签作为变量，你会看到这些名字作为表的一部分）。系数表会告诉你模型中哪些变量x具有统计学意义，也会告诉你它们对变量y的独立影响，同时控制模型中其他变量的影响。

正如预期的那样，在多元回归方程中会有多个变量x（这就是为什么它被称为"多元"）。

回想一下多元线性回归模型的基本数学形式$y=a+b_1x_1+b_2x_2+\cdots+b_nx_n$。在系数表中，你会发现截距值对应回归方程中的$a$。你还会找到对应每个变量x的b值的系数值。如果在回归方程中插入未来某一点上每个变量x所需要或期望的数值，然后进行运算，那么它会输出一个代表预测的未来y的数字。

要查看的第一个汇总统计数据是系数，这可以在表的第二列找到。在截距值后面，模型中的每个变量都会有一个值，代表每个变量x的单位变化中变量y的单位变化。值越大，变量x的单位变化对变量y的影响就越大。因此，每个变量x系数的相对值表示每个变量x相对于其他所有变量x对变量y的相对影响。你可以根据变量x的系数值来排列它们对变量y的影响。

> 我刚才所说的关于系数的一切都有一个前提假设，那就是你所比较的所有变量在统计学上都是显著的。如果一个变量在统计学上不显著，那么系数的大小就无关紧要了。如果一个变量没有统计学意义，你应该忽略它，或者从你的模型中删除它。

由此产生的多元回归方程的一个独特特征是，它可以用来预测事物。在运行多元回归分析之后，你可以使用变量 x 系数的输出在公式中预测每个变量 x 的变化可能会对变量 y 产生多大的影响。方程使用回归系数（$b_1, b_2, b_3 \cdots$）对应这些变量 x。得到这些细节之后，你可以简单地将得到的变量 x 数据代入方程中，实现对变量 y 的预测。

确定哪些变量 x 具有统计学显著性

要确定哪些 x 变量具有统计学显著性，应该查看 p 值。p 值与 F 值很相似，两者的区别在于，p 值反映每个变量的统计学显著性水平，而 F 值代表整个模型的统计学显著性。p 值可以告诉你估计的系数有多大的概率是错误的。p 值范围为 0~1。p 值越小越好，因为 p 值越小，出错的概率就越小。通常，如果 p 值小于 0.05，那么就认为 p 值有统计学显著性——表明系数不是偶然得到的结果的可信度有 95%。根据具体情况，你可能决定使用其他阈值，如 0.1 或 0.01，这取决于你希望对所分析的内容承担多大的风险。

> p 值代表每个变量的统计学显著性，这个变量是否有任何实际意义可以通过系数值来评估。相对于其他系数，p 值越大，x 值的变化所对应的 y 值的变化就越大，它的实际意义也就越大。然而，一个不具有统计学显著性的大的 p 值应该被完全忽略，因为缺乏统计学显著性表明这个值很可能是偶然得到的结果。换句话说，p 值越大不一定越好，只有 p 值越大且统计学显著性越大才越好。

确定特定的相关性表能告诉你什么

回顾图14-5，多元回归模型表明员工敬业度依赖公司效能和工作效能，而经理效能没有产生重大影响。

如果某名员工的公司效能评分为50，工作效能评分为50，那么你可以预测该员工的敬业度评分为53.94，即：

$$员工敬业度评分 = 14.94 + 0.46 \times 50 + 0.32 \times 50 = 53.94$$

如果另一名员工的公司效能评分为100，工作效能评分为100，那么你可以预期该员工的敬业度评分为92.94，即：

$$员工敬业度评分 = 14.94 + 0.46 \times 100 + 0.32 \times 100 = 92.94$$

解释特定的截距

截距值为14.94，表示如果员工对公司效能和工作效能的评分同时为0，那么员工敬业度评分将为14.94。这是因为当公司效能和工作效能的评分同时为0时，它们的相对贡献就为0，而任何一个系数值乘以0都等于0，因此只剩下14.94的截距值，即：

$$员工敬业度评分 = 14.94 + 0.46 \times 0 + 0.32 \times 0 = 14.94$$

如果你为这个线性方程画一条线，那么14.94就是这条线与y轴相交的位置。

解释特定的系数

公司效能的系数为0.46，表示公司效能每增加一个单位，员工敬业度就增加0.46个单位。

工作效能的系数为0.32，表示工作效能每增加一个单位，员工敬业度就增加0.32个单位。

在图14-5的例子中，两个具有统计学显著性的系数都为正值。理论上，一个系数可能有一个负值。如果变量的系数为负值，那么变量x中每增加一个单位，员工敬业度将减少对应系数的值。

在本章的示例中只有3个变量x。如果在多元回归模型中有20个变量x，那么系数表就会更大。在多元回归输出中，你会看到每个变量x的系数值。这些系数的解释是一样的。

解释特定的 p 值

回想一下，p值是变量x的相应系数不可靠的概率，因此p值可能是0。

公司效能的p值为1.0306E-29，这是一个非常小的数字的科学记数法。由于这个数字小于0.05（统计学显著性临界值），你可以拒绝公司效能对员工敬业度没有影响的零假设。也就是说，公司效能具有统计学显著性。

工作效能的p值为2.7675E-12，这也是一个非常小的数字的科学记数法。由于这个数字小于0.05，因此你可以拒绝工作效能对员工敬业度没有影响的零假设。也就是说，工作效能具有统计学显著性。

经理效能的p值为0.101，大于0.05，因此你不能拒绝经理效能对员工敬业度没有影响的零假设。也就是说，基本上，经理效能没有统计学显著性。

Excel 之外的统计应用程序

你刚刚学会了如何在Excel中计算多元线性回归。我不知道你是怎么想的，但是我认为你能在Excel中做这么高级的事情是非常棒的。

Excel用于统计的优点是很便宜，你可以很容易地在网上找到大量的帮助，如果你已经在Excel中做了其他工作，它可能会为你提供一个舒适的过渡。

Excel用于统计的缺点是，它不具备你可能想应用的所有统计方法，而且不像专门为统计构建的应用程序那样具备很多内置函数和漂亮的统计工具。坦率地说，与其他为统计而构建的应用程序相比，Excel只提供了一套基本功能。

我建议你尽可能一直使用Excel，直到你试图实现的目标超出Excel的能力时再去购买专业的统计软件。一个你可能想尝试但不支持Excel的统计模型是Logistic回归。Logistic回归是用来分析或预测二元结果（一个非此即彼的结果）的工具，如某人明年是留任还是离职。Excel中没有Logistic回归选项，但是几乎所有的统计应用程序中都有该选项，如R、SPSS、SAS、Stata、JMP。因为你已经学会了如何在Excel中进行多元线性回归，所以我想继续向你展示如何在统计应用程序中进行Logistic回归，以SPSS为例。

> 你可以从网上免费下载许多统计应用程序。即使是SPSS这样昂贵的统计应用程序，单次购买费用也不到1 500美元。

咨询统计学专业人士的意见

当你选择使用多元回归分析数据时，一定要检查以确保你想分析的数据可以使用多元回归进行分析。缺少重要的假设会阻碍你实现目标。最糟糕的情况是，你可能会得到一个结果，但是由于缺少一个重要的假设，多元回归可能会使你相信一些根本不正确的事情。

检查假设在技术上并不困难，也不费时间。你只需要了解统计学术语，并对细节给予大量关注。运行一些初步的统计程序，查看一些散点图，分析之后在应用程序中单击多个按钮，这并不会占用你太多的时间，困难的是你必须首先知道你在寻找什么。

围绕你使用的统计分析类型所做的最重要决定和对输出的解释通常来自数据专家、行为学专家或数学专业人士。如果你不具备这方面的知识，你应该咨询专业人士，帮助你检查假设，解决你遇到的问题，不断检查你的工作直到你完全适应为止。如果你做好了所有的准备工作和后续工作，那么你只需要获得这些专家几小时的帮助就足够了（他们给出的建议的价值远远超过你花的钱）。

> 在分析数据时，如果有一个或多个所需的假设没有得到满足，不要感到惊讶。在处理真实数据时，这种情况并不少见。不要让这些情况阻止你——在统计学专家的帮助下，你总会找到解决这些问题的方法。

在 SPSS 中做二元 Logistic 回归

Logistic 回归模型是一种针对二元结果的特殊回归工具。在这个意义上，Logistic 回归模型就像一个普通的多元回归，除了变量 y 是一个二元的条件——要么开（1），要么关（0）。

二元因变量的一个例子是员工离职，其结果只有两种可能——要么留任，要么离职。二元结果可以通过观察入职一年内的员工是否离开公司来决定。如果员工在入职一年内离开了公司，那么该变量记为1；如果员工在入职一年后留任了，那么该变量记为0。选项是二元的：对于所有相关的员工，变量 y "离职"只能是1或0。

以下是在SPSS统计应用程序中完成二元Logistic回归分析的步骤。

1. 在使用 SPSS 之前先设置相关数据，将要处理的数据单独放在Excel中，并用变量名对列进行标记。

    如图14-6所示，数据集中包含了"EXIT_DUMMY""职能部门""岗位级别""在职时长类别""在职时长（年）"5个变量，以及14个其他变量（Q1~Q14）。

2. 打开SPSS，导入已设置好数据的Excel，然后命名保存。具体操作方法是：选择"文件—导入数据—Excel"菜单命令，选中已设置好数据的Excel，单击"打开"按钮。之后，系统将打开"读取Excel文件"对话框，如图14-7所示。图中显示了你选择的Excel中的部分数据集及一些选项。一般来说，你可以直接单击"确定"按钮，但我建议你快速检查一下该对话框，以确保一切都符合你的要求。

图 14-6　在 Excel 中标记列

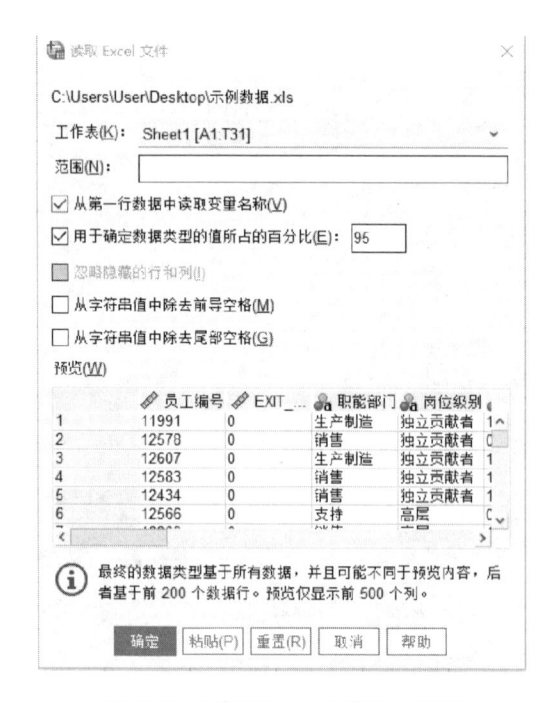

图 14-7　"读取 Excel 文件"对话框

3. 单击"确定"按钮，打开"IBM SPSS Statistics 数据编辑器"工作表，如图14-8所示。

第14章　利用多元回归分析对人力资源数据进行建模　**329**

在该工作表中，首行显示变量名，变量名下面是相关的数据，就像在Excel中一样。请注意，在该页面底部，"数据视图"选项卡以加粗字体显示。单击"变量视图"选项卡，你可以在此检查SPSS中每个变量的数据类型，并根据需要在此处更改数据类型。

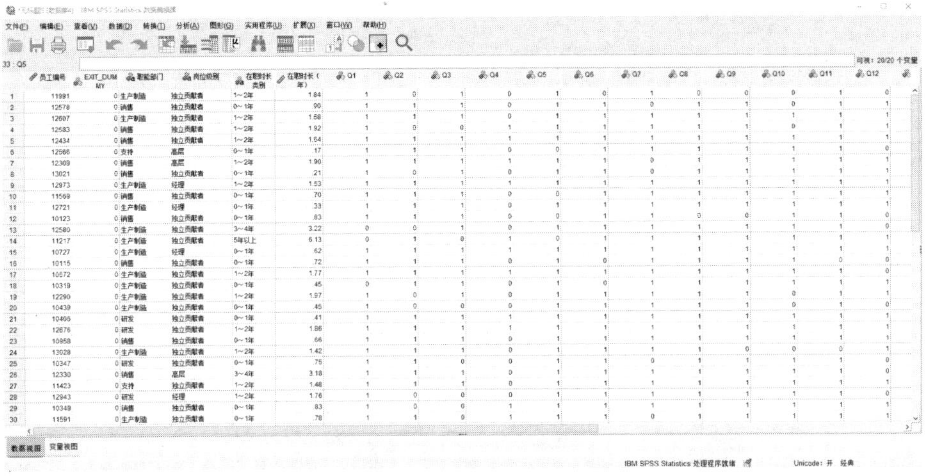

图 14-8　"IBM SPSS Statistics 数据编辑器"工作表

4. 在数据编辑器页面，选择"分析—回归—二元Logistic"菜单命令，如图14-9所示。

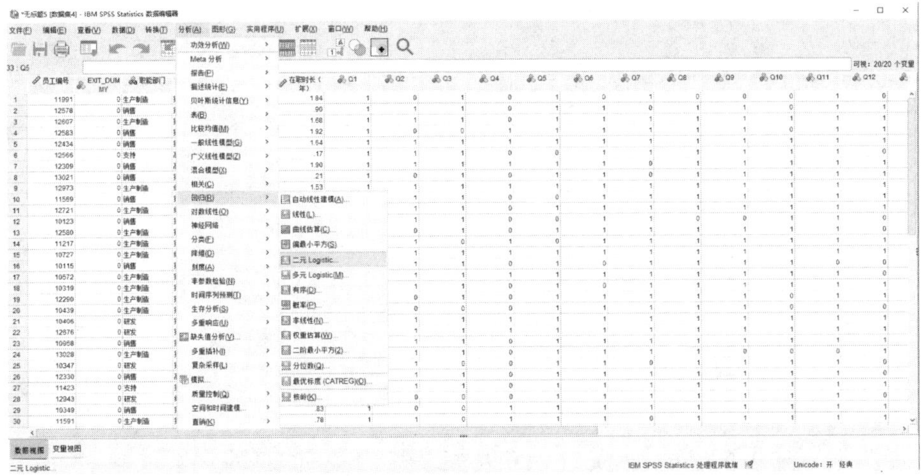

图 14-9　选择"分析—回归—二元 Logistic"菜单命令

打开"Logistic 回归"对话框，如图14-10所示。

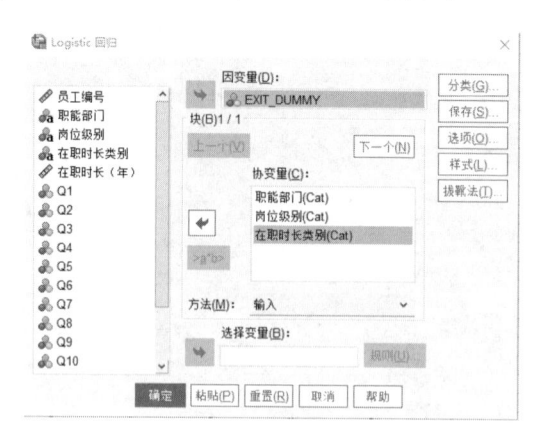

图 14-10 "Logistic 回归"对话框

5. 在对话框左侧的列表中，标识自变量和因变量的名称。选中列表中的一个变量（或同时选中多个变量）之后，使用箭头图标将选定的变量移动到"协变量"列表框中。

> 在默认情况下，SPSS使用输入方法进行多元回归。如果你对不同的回归方法有所了解，并且想改成其他方法，那么你就可以更改；否则，请保持默认设置。同样的建议也适用于这个对话框中的其他选项。你不需要输入一个选择变量，如果你没有选择，系统会默认设置。

至此，你已经准备好运行Logistic 回归模型了。但是，接下来我想阐述"Logistic 回归"对话框中几个可用的按钮，你可以利用它们对之后接收到的输出内容进行有用的修改。

6. 在"Logistic 回归"对话框中单击"保存"按钮，打开"Logistic回归：保存"对话框，如图14-11所示。勾选"概率"和"组成员"复选框。这些选项将向数据集添加列，这些列将为每条记录添加二元结果的概率和最可能的结果类别。虽然你可以用这个输出做很多不同的事情，但是更有用的任务之一是将预测的结果值与实际值进行比较。你可以使用这种策略来尝试识别模式，这些模式可能有助于解释模型能够预测或无法预测的情况。

7. 在"Logistic 回归：保存"对话框中检查一下其他你可能感兴趣的选项，具体取决于你的统计敏锐度。当然，这些选项都不是必需的，你只需要知道它们是用来做什么的。

图 14-11 "Logistic 回归：保存"对话框

8. 检查之后，单击"继续"按钮，返回"Logistic 回归"对话框。

9. 在"Logistic 回归"对话框中，单击"选项"按钮，打开"Logistic 回归：选项"对话框，如图14-12所示。

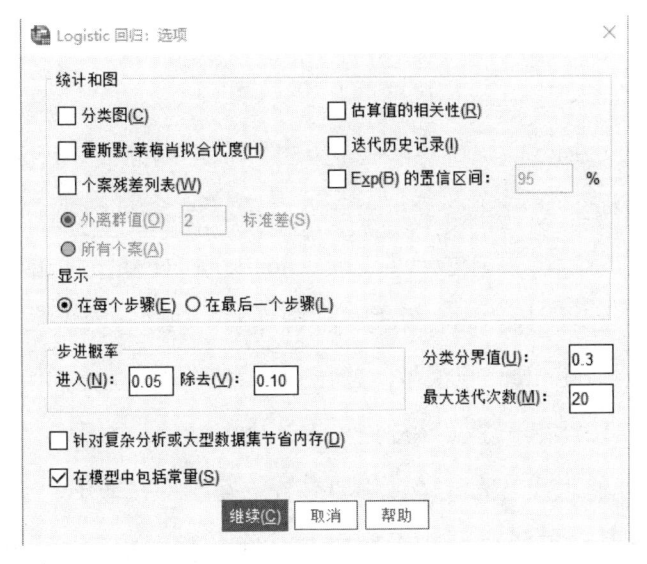

图 14-12 "Logistic 回归：选项"对话框

10. 浏览这些选项，并单击你希望SPSS在回归输出中提供的所有附加选项（该步骤为可选步骤）。

例如，如果你勾选"Exp（B）的置信区间"复选框并输入所需的置信水平，SPSS将根据指定的规范自动计算置信水平。在本示例中，我为Exp（B）设置的置信区间为95%。

> Exp（B）是SPSS对系数的表示方式。记住变量x系数是用字母b表示的，字母b代表beta或beta的权重。

你也可以在该对话框的右下角查找分类临界值。SPSS默认为0.5，即50%，因此对结果变量的1分类的回应概率必须大于50%，模型才能将其归类为1。在员工离职的例子中，我了解到的员工离职的基本概率是15%，所以我将分类临界值设置为0.3，当该值为1的概率至少是基本概率的两倍时，将该值归类为1（这是一个判断）。请注意，模型保持不变，但它确实改变了你更愿意接受错误的地方。你能接受在预测1的时候犯更多的错误，还是在预测0的时候犯更多的错误？改变这些设置可以得到不同的结果。

11. 确定需要返回哪些附加摘要数据（如果有），然后单击"继续"按钮，返回"Logistic 回归"对话框。

12. 在"Logistic 回归"对话框中单击"确定"按钮。SPSS运行Logistic回归模型分析并自动打开一个显示汇总统计数据的页面，如图14-13所示。图中显示了二元Logistic回归模型分析的初始输出。向下滚动图标，你会发现各种各样的汇总统计数据和表格。

对于二元Logistic回归模型的输出，本章不再赘述，详情可参阅第16章，我将在第16章用一个实际应用讨论这个主题。

至此，你的工作就完成了，你要寻找的答案都在输出的文件中。

在SPSS中完成所有这些工作之后，你可能希望在一个地方检查实际的员工数据，包括实际的离职编码（实际发生了什么）和预测的结果（模型预测的结果）。因为你之前选择了这个选项，所以相关结果也包含在输出文件中。如果你想将它们导出到Excel，请完成以下3个步骤。

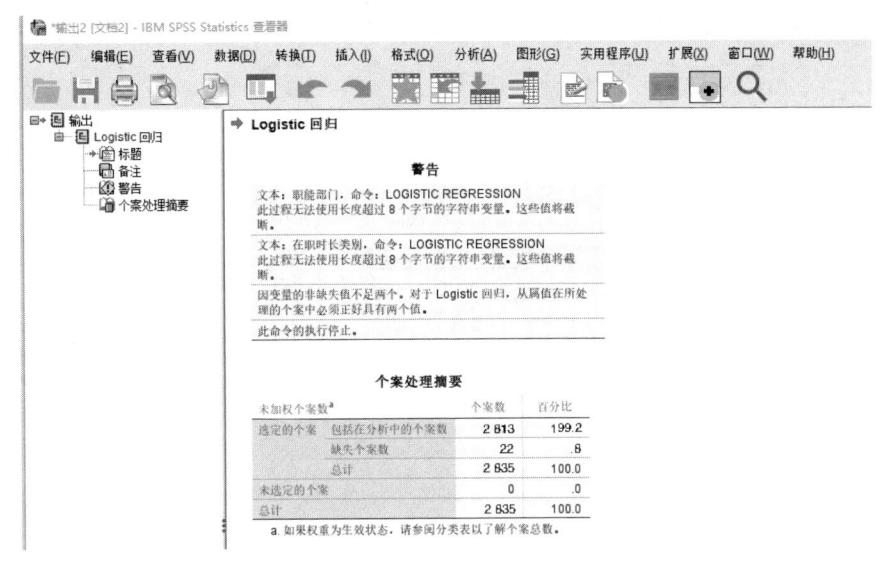

第14章 利用多元回归分析对人力资源数据进行建模 333

图 14-13 SPSS 中的汇总统计数据页面

13. 返回"IBM SPSS Statistics 数据编辑器"页面,选择"文件—导出—Excel"菜单命令,如图14-14所示。

图 14-14 将 SPSS 中的数据导出到 Excel

14. 在打开的"将数据另存为"对话框中，选择保存位置，编辑文件名，然后单击"保存"按钮。

15. 打开保存好的Excel文件，页面如图14-15所示。SPSS 将列添加到工作表中的右侧。你可以看到预测值与实际值之间的对比情况。

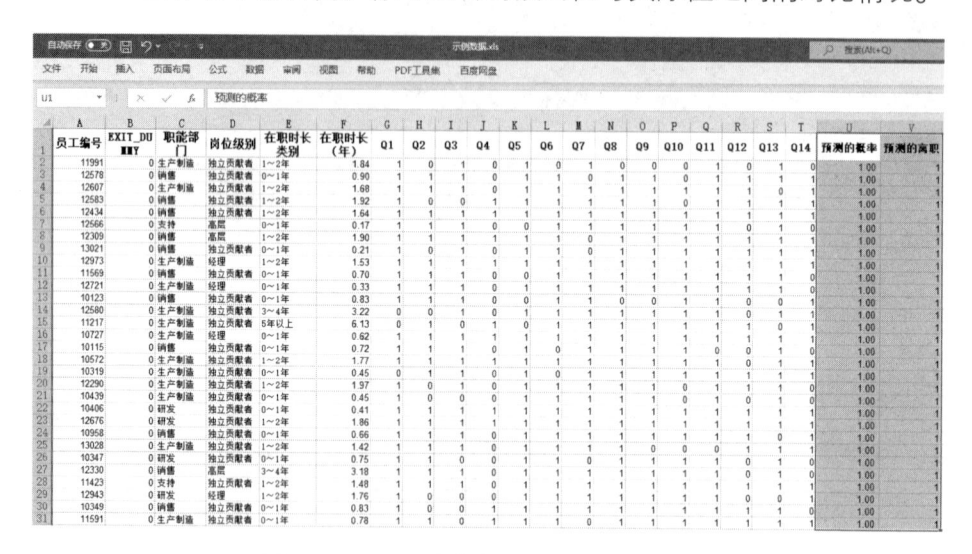

图14-15 Excel中带有预测值的数据集输出

> **在本章，你将：**
>
> - 学习"正确"的艺术和科学；
> - 预测时间序列数据；
> - 借助多元回归提高预测性，大胆地提问。

第15章

做出更好的预测

可预测性人力数据分析可以根据过去的人力数据和统计数据来预测未来会发生什么，帮助你揭示识别未来风险和机遇的模式。前瞻性的预测，加上对真正重要的内容的分析（第15章）和以行动为导向的实验（第16章），可以帮助你在人力数据分析的道路上走得更远，甚至改变公司的未来。

> 你无时无刻不在做预测——只不过你是在有限的观察中做出预测，而没有用数据来检验你的工作。

下面是一些你在没有数据支持的情况下已经做出（或者现在正在做）的预测的例子。

- 橙色的洗衣粉和蓝色的洗衣粉哪种清洁效果更好？
- 这种场合和/或天气应该穿什么衣服？
- 在何处投入时间来获得最大的生产力或快乐？
- 前面的车会不会在下一个路口停下来？
- 是否应该让这个人以朋友或约会对象的身份进入我的生活？

这些只是你在做其他预测的过程中做出的预测，甚至你都没有意识到自己做出了这些预测。事实上，人们无时无刻不在做预测，以至于自己都察觉不出来。从这个意义上说，预测是人类的本能。从宏观角度来看，有些预测是微不足道的，而有些预测是非常重要的。每个人都做出过一些很好的预测，也做出过一些很差的预测。在绝大多数情况下，人们都是根据自己的经验和学习来使用自己能够获得的信息的，你可以称之为直觉，但这种直觉根植于一些先前的观察。使用数据进行预测的目的是尽可能细致地观察，将更多观察和发现汇总在一起，以便在最重要的时刻做出更好的决定。

当你做出预测时，为了做出更好的选择，你会有意或无意地运用一些过去的经验。同样的原则也适用于组织、人力资源和人力数据分析中的预测。为了做出更好的选择，你会运用过去的观察来预测未来。而在人力数据分析中，你有机会使用大量精心收集的观测数据，采用各种统计方法来研究如何更好地解释这些数据所反映的问题。

以下是一些在工作中做出重要预测的例子。

- 在哪里寻找我的下一个"超级明星"员工？
- 选择谁成为我的下一个"超级明星"员工？
- 采取哪些行动来创建一个更快乐和更有成效的工作环境？
- 哪些行动可以取消，但仍然可以获得同样的效果？
- 为了实现最佳的人才吸引、人才保留和团队绩效，哪种薪酬福利组合才是正确的选择？
- 该提拔谁、不该提拔谁，以及何时提拔？
- 我可以采取哪些行动来延长公司关键人才的在职时长，并降低关键人才离职的可能性？

所有这些都是对你（或其他人）的预测：如果你有人力数据分析的帮助，就可以做得更成功。我认为，在没有审查数据的情况下做出的重要人事决策肯定不是最优的。更糟糕的是，相比于那些已经开始借助数据分析做决定的人，还没有采取这方面行动的人会处于劣势。这就是为什么我在本书中涵盖人力数据分析可以解决的问题、人力数据分析需要测量什么来理解这些问题，以及有哪些方法可以用来收集这些测量。这就像学习一门语言——先掌握拼写方法，然后掌握字词，最后运用你的所学和其他人一起创造未来。

预测现实世界

游戏时间。随便选一名员工，仔细考虑一下这个问题：这个人（及其他与他的性格特征一样的人）在未来一年内离职的可能性有多大？现在就选出这名员工。我确信，肯定有人已经做好了选择，并向这名员工提问了。我不反对这样做。如果你这样做，对方可能会对你说："我不知道。"或者"你疯了！"或者他可能会告诉你一些你不想听到的事情。如果你以这种即兴的方式问100名员工，你可能会得到100个不同的答案，而且可能很难看出该如何处理这些答案。对于人们为什么及什么时候离职，真正概括性的答案是：视情况而定。如果你想更好地预测谁将在未来一年内离职，你必须回答这个问题：这取决于什么？

在没有额外信息的情况下，假设只有两种可能性（留任或离职），假设人们的行为完全是随机的，那么一名员工在未来一年内离职的概率是0.5（50%）。按照这个逻辑，如果你有100名员工，那么每名员工离职的概率均为50%。如果你相信这是真的，你应该预测你公司的年度离职率为50%。年度离职率可能在一段时间内在50%上下浮动，但每年都保持在接近50%的水平。想想你的公司，这是真的吗？一个好消息是，公司真实的年度离职率可能不是50%。另一个好消息是，总体来说，在真实世界中，人类行为并非完全不可预测。最后，最好的消息是你拥有的信息比你想象得要多。你可以做一个比50%更好的预测，但前提是你必须仔细地识别、定义和使用重要信息。

接下来,我将向你展示如何利用现有的信息,系统地提升你预测的准确性。如果你想知道如何才能做得更好,我也会为你指明方向——行为科学和统计学就可以帮助你。

重点概念介绍

统计学是数学的一个分支,涉及数据的收集、分析、解释、展示和组织,以帮助演绎推理和进一步的人类学习。统计学非常古老,至少可以追溯到公元前5世纪。然而,随着计算机处理器、软件和数据存储的改进,统计学不断进步,并发展成为人类决策进化的关键因素。不使用统计数据就意味着忽略了重要的事情。

> 如果你仔细观察,就会发现以下3个不同的统计重点。
> - 描述统计学通过使用平均值、标准差和分布等概念来总结一组特定的数据。
> - 推断统计学基于对某一群体具有代表性的样本的分析得出关于该群体的推论,推断分析的结果可以应用于总体。
> 推断统计学使用人口样本的数据对该人口相关情况进行一定程度的预测,同时考虑了每个样本的不同所带来的不同结果,即有可能存在观测误差,如数据缺失、数据不准确(如报告不正确的度量单位)、数据不精确、随机噪声和系统偏差。目前已经有具体的程序和技术来帮助分析人员使用不完美的数据,避免由于使用不完美的数据而得出不正确的结论,并最终解释所观察到的情况。(一种策略是随机抽取样本,以确保统计数据的假设能够得到满足。只有这样才能在知道下一个样本可能是随机抽取的且与上一个样本不同的情况下,从一个小样本中得出关于总体的推论。)
> - 预测分析通过应用统计学对未来进行有根据的猜测。

> 关于是否需要为预测设定一个新的统计学类别，目前还存在争议，从技术上讲，预测是推断统计学的延伸。

自变量和因变量

在处理经典统计学和科学研究的数据时，变量通常被指定为自变量（x）和因变量（y）。当自变量发生变化时，因变量就会受到影响。你可以用自变量预测因变量。

> 自变量和因变量的名称意味着因果关系，无论这种关系是否真的存在。为了利用统计学处理数据，你可以暂时给这种关系设定一个因果方向。很有可能你的x和y是颠倒的，或者你遗漏了一个重要的不可测量的x，相比你现在使用的x，这个不可测量的x可以更好地解释y的变化。不可测量的x可以解释你的其他x和y。这就是为什么说"相关不代表因果"。如果你想证明因果关系，那么你需要做一个试验（关于试验的更多内容请参阅第16章）。

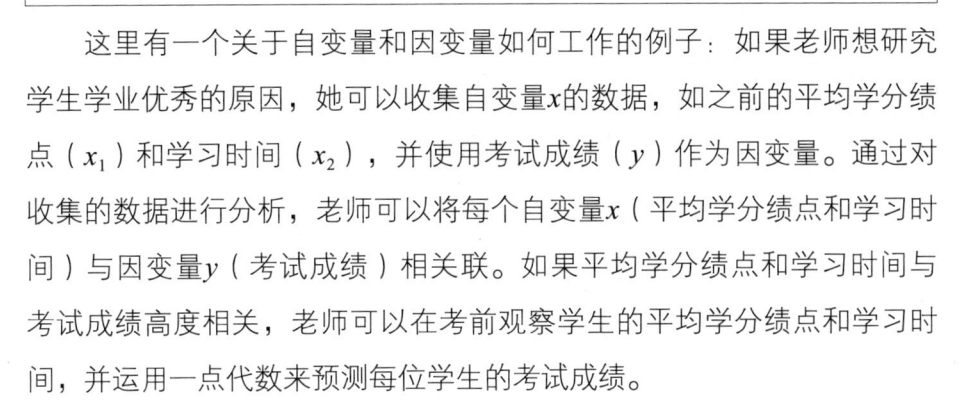

这里有一个关于自变量和因变量如何工作的例子：如果老师想研究学生学业优秀的原因，她可以收集自变量x的数据，如之前的平均学分绩点（x_1）和学习时间（x_2），并使用考试成绩（y）作为因变量。通过对收集的数据进行分析，老师可以将每个自变量x（平均学分绩点和学习时间）与因变量y（考试成绩）相关联。如果平均学分绩点和学习时间与考试成绩高度相关，老师可以在考前观察学生的平均学分绩点和学习时间，并运用一点代数来预测每位学生的考试成绩。

计算公式为：

$$y = a + b_1 x_1 + b_2 x_2$$

其中，y表示考试成绩；x_1表示平均学分绩点；x_2表示学习时间。

在你知道预测是有效的之后，就要由老师和学生来决定他们是否使用和如何使用这些信息。如果从数学角度证明学习时间很重要，那么老师可以利用这些信息来鼓励所有希望在未来取得高分的学生增加学习时间。老师还可以识别出那些由于平均学分绩点低而考试成绩也可能低的学生，并提醒这部分学生多加学习。简而言之，这就是预测分析的工作原理。

决定论和概率论

大部分情况下，数学运用决定论的方法来形成对世界的定量描述。决定论认为前因决定后果——老套的因果关系理论。

从决定论的观点来看，所有的方程式都应该平衡得很好，没有余数，如代数的清晰性$A=B+C$，以及非常可靠的几何确定性$C=\sqrt{A^2+B^2}$。尽管在现实世界中这是一个很好的目标，但在某些科目中，人们没有（也可能永远无法达到）这种精确度。

考虑到这个世界存在不确定性和错误，统计学依靠概率的方法来解决问题，以便对世界进行定量描述。尽管信息不完美，但统计学可以让你尽可能地达到正确的状态。之所以采用这种方法，是因为你必须生活在现实世界，而在现实世界，你不能期待完美的信息。

概率是指事情发生的可能性。在统计学中，概率用0~1表达。0表示不可能发生，1表示肯定会发生。

一个简单的例子就是抛出一枚公平（公正）的硬币。由于硬币是公平的，所以出现正面和反面这两种结果的概率是相等的。由于没有其他结果的可能，所以硬币出现正面或反面的概率是1/2（也可以写成0.5或50%）。如果你投掷一枚硬币100次，你会得到接近50个正面和接近50个反面。

> 因为事件可以随机发生，在现实中，你可能不得不抛100次以上硬币来获得正面和反面各50%的完美平衡。只要硬币是公平的，任何更多次数的投掷都应该产生趋于平衡的结果。

统计学与数据科学

简单地说，"数据科学"这个词的起源是数据分析和计算机科学的交叉，只是把"数据分析"中的"分析"和"计算机科学"中的"计算机"这两个词去掉了。一个纯粹的数据科学家是将计算机科学发展应用于数据分析的"狂热分子"。在职场中，被称为"数据科学家"的人很少有自然科学和社会科学背景。相反，他们中的大多数人都有统计学和软件工程学背景。

统计学家和数据科学家在实践应用中的主要区别在于对特定领域专业知识的掌握程度不同。统计学家通常除了自己掌握的数据和使用的统计方法，对其他信息知之甚少，他们不会超出所提供的数据范围进行推断。很多时候，他们需要请领域专家帮助核实数据要素的确切含义。而数据科学家更直接地扎根于他们所研究的领域，受益于强大的专业知识。数据科学家获得深刻的洞察，然后凭借自己在特定领域的专业知识，准确地理解这些洞察在他们的工作领域意味着什么。人力数据分析是一种非常特别的数据科学。在人力数据分析中必须掌握4个领域的专业知识：统计学、行为科学、信息技术和人才战略。如果没有其他数据，统计学本身对你的帮助将很有限。

使用关键概念

在本章一开始，我让你随便选一名员工，然后问自己这个人（及其他与他的性格特征一样的人）在未来一年内离职的可能性有多大。我也注意到，只有两种可能性（留任或离职），并且每个人都有50%的可能性离职。很快我也可以向你保证，在接下来的一年内，你不太可能失去一半的员工，而且有办法提高你的预测能力。以下提供了一些信息，你可以马上加以运用，以做出更好的预测。

除了一些权威网站（如人力资源和社会保障部网站）公布的数据，你还可以使用自己公司的数据。假设你的公司2021年的主动离职率是15.3%。只需知道这一信息，你现在就可以做出更准确的预测，你挑选的那名员工实际上只有15%的可能性离职。这意味着，在随机选择的100名员工中，你可以预期其中15人会离职——你只是不知道是哪15人。尽管如此，基于这个假设的离职预测也要比之前的更加准确。

> 主动离职率是将一年中主动离职的员工人数除以当年的平均员工总人数计算得到的。

尽管到目前为止，你在预测上已经取得了一些进步（从50%到15%），但是这项工作仍然存在一些明显的问题。

- 离职率会随着时间的推移而变化。年度变化呈现的是大趋势，除此之外还有季度和月度变化。应该在多大程度上考虑这些变化取决于你的岗位级别和你正在做什么（我将在本章后面向你介绍如何解决这个问题）。

- 细分得越细，你就会发现越多的价值。行业和公司数据只是看待问题的一种非常宽泛、粗糙的方式。行业和公司是广泛的细分市场，要做出更准确的预测，你需要进行更精细的细分。即使在同一家公司内部，也可能存在各种不同的主动离职率，以及相关潜在的个人离职概率，这取决于你细分的方式，包括但不限于岗位类型、岗位级别、在职时长、部门、工作职能、绩效、薪酬、年龄等（本章后面还会详细讨论这些因素）。

运用时间序列分析来理解你的数据

时间会让事情变得很棘手，为了处理所有这些棘手的事情，人们设计了一套全新的术语来明智地谈论时间。时间序列数据是一组按时间顺序列出的数据。随着时间的推移，时间序列分析会单独比较一个度量或比较一个度量与其他度量的值。时间序列分析显示为线性图表，我称之为趋势图。

趋势图是在连续的、等间隔的时间点或时间间隔上绘制的图形。员工人数、离职人数、入职人数及百分比都是人力数据分析中常用的时间序列数据。把这些指标定位在趋势图中，你可以看到它们是保持不变、增加、减少还是不规则地移动。不规则地移动可能意味着出现了一个问题。考虑到目前你所掌握的信息，你可能无法理解这个问题。如果是这样，建议你收集更多的信息，或者调整你看待信息的方式。

时间序列预测是利用统计学，根据以前的观测值来预测未来的值。作为趋势数据的自然延伸，时间序列预测将过去收集的数据按固定的时间间隔进行回归，以预测未来数据的时间间隔。这里的回归分析仅观察时间对一个因变量的影响，不考虑其他信息。（注意，此处没有涉及多元回归，只是对一个单一的变量按照时间进行回归分析。）例如，如果你有一张显示主动离职率随时间变化的趋势图，那你就可以利用这些信息，在趋势图中显示的最佳角度画出可以延伸的最佳线条，以预测未来的主动离职率。

> 多元回归分析可以考虑多个变量对你所预测的事情的影响。我在本章后面提供了多元回归在预测中的应用，同时在第13章提供了如何进行多元回归的所有细节。

指数平滑是基于时间的简单预测方法的扩展。平滑过程包括以指数方式减少旧观测值的权重，从而使最近的观测值更有价值。

例如，你可以通过公司过去2年的员工离职情况来预测未来6个月的员工离职情况，同时增加最近的离职数据的权重。指数平滑不会像我在本章后面描述的多变量模型那样精确，但是它很容易执行，而且只需要很少的数据。

关于术语部分已经说得够多了。下面让我来告诉你怎么做相关研究。

借助时间序列数据预测离职情况

图15-1显示了某公司2017—2021年全公司范围内员工的主动离职率。有了这些数据，你就可以利用过去的员工离职情况来预测未来的员工离职情况。

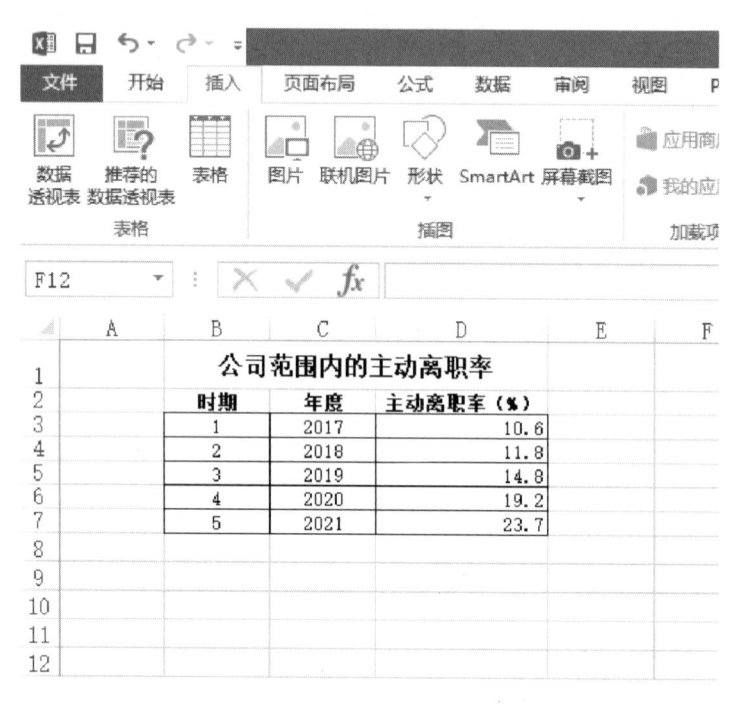

图 15-1　某公司 2017—2021 年的主动离职率

> 图15-1中使用的数据是真实的，但为了保护个人隐私，我对其做了相应的处理，并省略了次要细节。

尽管你可以使用各种应用程序来处理数据，但考虑到人们普遍使用Excel，我会尽可能使用Excel来进行示范。

若使用Excel从时间序列数据中预测未来的主动离职率，可以按照以下步骤进行。

1. 选择含有你希望在图形中看到的数据所属单元格（在本例中为单元格C3：C7和D3：D7），选择"插入—图表"菜单命令，选择一个折线图，单击"确定"按钮，添加折线图，如图15-2所示。从图15-2中可以看到，这条线是向右上方延伸的。

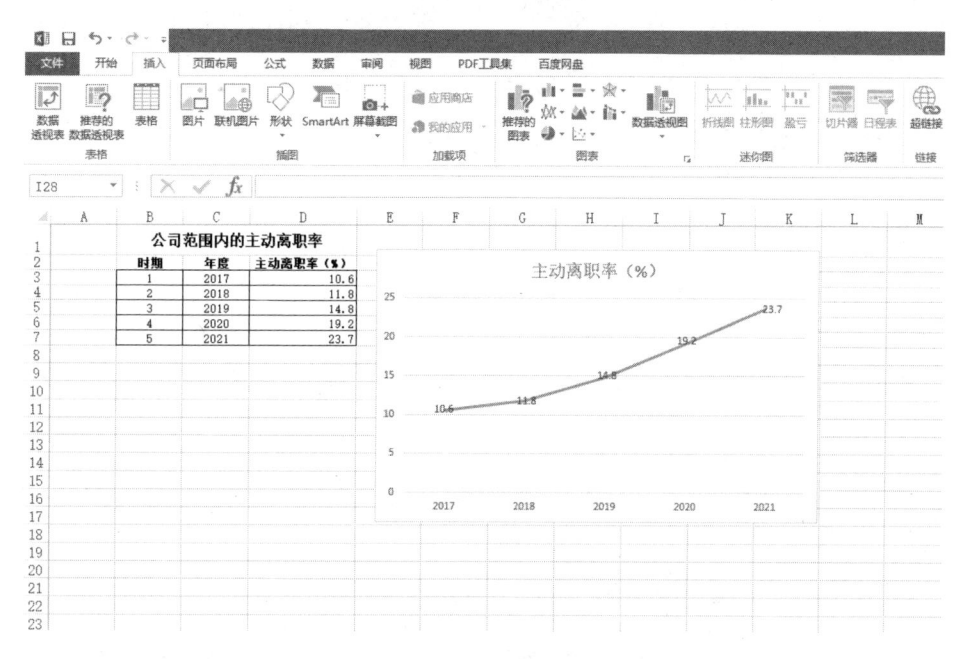

图 15-2　添加折线图

2. 右键单击折线图中的线，选择"添加趋势线"选项，打开"设置趋势线格式"窗格。在这里，你可以从默认的选项开始，然后添加一些其他条件。

3. 在"设置趋势线格式"窗格，同时勾选"显示公式"和"显示R平方值"复选框，结果如图15-3所示。

你最终会得到这些数据的最佳拟合趋势和线性回归方程。通过添加趋势线和回归方程，你不但可以看到趋势实际上是多么线性，还可以预测未来的主动离职率（假设主动离职率继续呈现这种线性模式）。

在图15-3的例子中，方程$y = 3.36x + 5.94$简单地用数学语言表示虚线。y是主动离职率，在y轴上，数值范围为0~25。x表示时期，数值范围为1~5，精确地说，是 x 轴的年份（2017—2021年）。5.94是 y 截距，即虚线与 y 轴相交的地方。3.36是虚线的斜率。因此，在1~5每个时期，主动离职率都增加了约3.5。

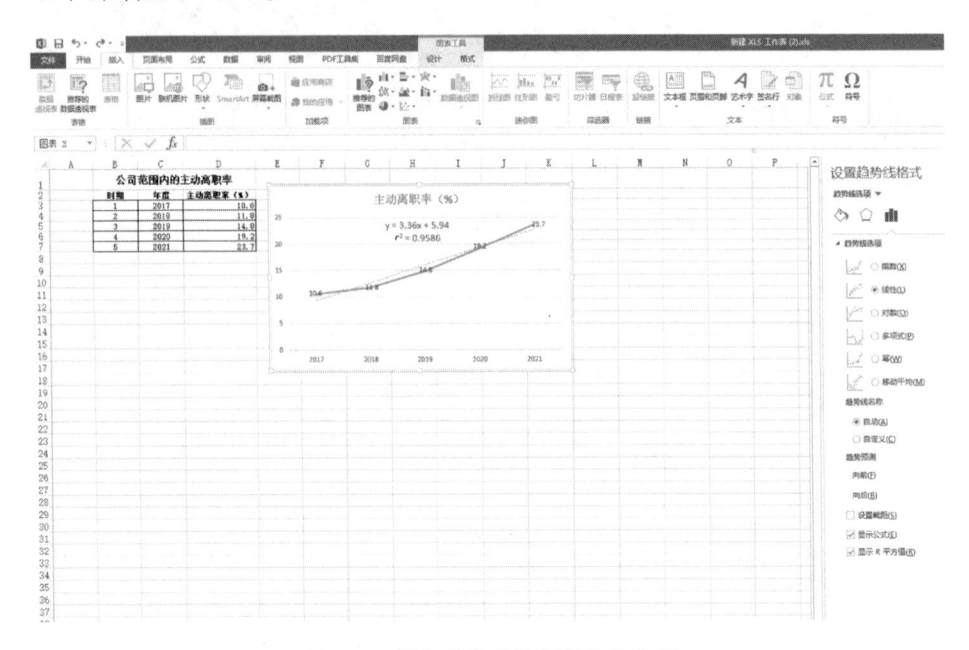

图 15-3　添加趋势线和相关回归方程

根据 r^2，你可以看到最佳拟合线在描述数据随时间变化方面做得有多好。示例中，r^2 的值为0.958 6，这意味着这条虚线在解释公司主动离职率的变化上准确性为96%，这非常好。

请注意，这里使用的自变量对应的是2017—2021年5年的时间间隔（1~5）。在这5年间，因变量"主动离职率"的回归方程是：

主动离职率 =（3.36x+5.94）×100%，x 为1~5的时间间隔

你现在可以预测指定年份（如2022年）的主动离职率，这将是第6个数据点（未来的1个时间间隔）。

预测的2022年主动离职率 =（3.36×6+5.94）×100%=26.1%

> 尽管过去的表现常常是预测未来的最好依据,但是驱动过去所发生的事情的潜在机制可能会发生变化,从而让你错误地预测未来。如果你了解长期趋势的机制,就可以确认这些因素并将它们添加到你的预测过程中。然而,要做到这一点,你必须获取包含很多重要信息的长期数据。

应对指数(非线性)增长

图表类数据的一个好处是,你可以检查图表的形状,以确保一条直线能够很好地拟合它。你可能会发现趋势数据在短期内看起来是线性的,但是在长期内(如5~10年)是呈指数级增长的。如果你拟合的数据是指数级的,那么指数方程比线性方程更适合你的数据,因此,指数方程会做出更好的预测。

在你做其他事情之前,先看看指数趋势线是否能比线性趋势线更好地描述主动离职率。你可以按照以下步骤操作。

1. 回到图15-2,再次右键单击折线图中的线,选择"添加趋势线"选项,打开"设置趋势线格式"窗格。
2. 在"趋势线选项"选区选中"指数"单选按钮,一个带有指数回归方程的更新的趋势线被添加到折线图中,如图15-4所示。

图15-4清楚地表明,与线性趋势线相比,指数趋势线更适合示例中的数据。图中的r^2值从图15-3中的0.9586提高到0.9844进一步证明了这一点。

请注意,在图15-4中,我在F列和G列添加了一些数据,以便为你演示在线性趋势线和指数趋势线两个选项之间切换会发生什么。我在这里添加的内容并不需要用Excel来计算趋势线,我添加它们是为了同时显示这两条趋势线选项的含义。我注意到了F2单元格中的线性预测方程和G2单元格中的指数预测方程,当把x分别代入这两个方程时,你可以看到按周期分列的预测值(这些数值清楚地表明了指数预测的优越性)。

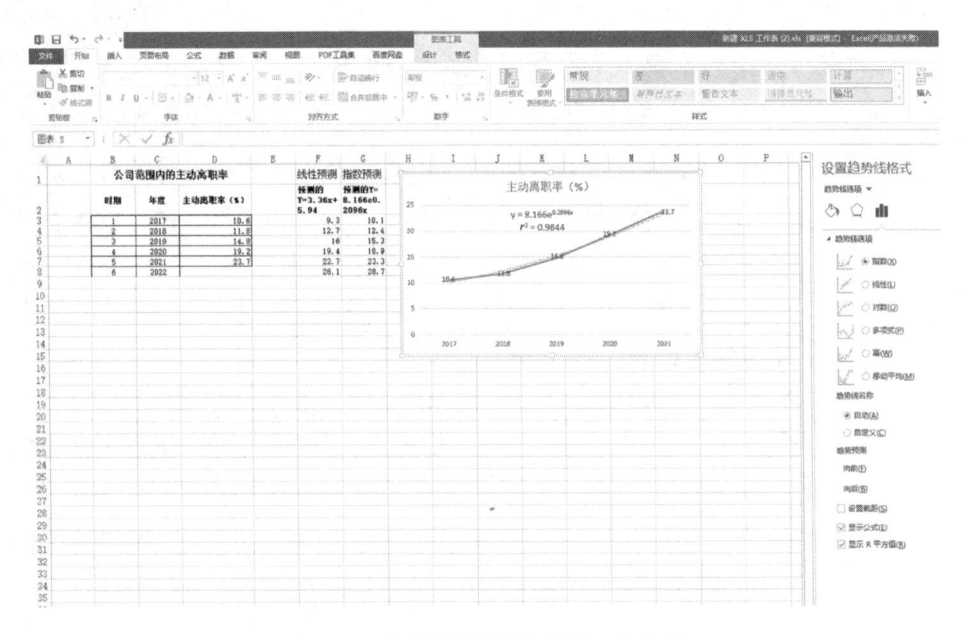

图 15-4 在折线图中添加指数回归方程

通过训练和验证来检查你的工作

一种测试你的预测效果的方法是将数据划分为训练阶段数据和验证阶段数据。在训练阶段，你需要根据早期数据（数据的前2/3~3/4部分）建立一个回归方程，然后将回归方程应用到验证阶段的后期数据中，看看早期数据对后期数据的预测效果如何。

> 排除1/4~1/3的数据会让你觉得自己被束缚了，不过这是值得的，因为这可以让你看到你根据以前的数据得出的预测效果如何，也可以让你预估在未来没有发生其他变化的情况下，这些预测的效果应该是什么样的。

在主动离职率的数据集示例中，我没有设置太多的时间间隔。出于本示例的目的，我将前4年（2017—2020年）的数据作为训练阶段数据，将最后一年（2021年）的数据作为验证阶段数据。这种方法是使用已有的数据来测试方程，测试的准确性最能够反映当未来有新数据时这个模型的预测效果。按照之前我讲的步骤，创建一个指数趋势线（只涵盖

2017—2020年的数据，忽略2021年的数据），最终你将得到一个与使用所有5年的数据得出的方程式略有不同的结果。

前4年的回归方程是：

$$主动离职率 = 8.3099e^{0.2009x}（x代表时间间隔1\sim4）$$

$r^2=0.976$，说明这条指数趋势线的拟合度不错。你可以使用这个回归方程来观察用数据集中前4年的数据预测最后一年数据的准确程度。我已经重新配置了图表，根据前4年的回归方程来估计预测值，增加了第5年（2021年）的预测值。图15-5显示了预测值和实际值。

为了评估这次预测的效果，我又创建了4列。E列是使用前4年指数趋势线方程做的预测，F列是实际数值和预测值的误差。例如，在2021年，预测值与实际数值差了1（22.7-23.7）。通常用绝对值或绝对差百分比来表达预测值的误差。G列是绝对差，H列包含每个时期的绝对差百分比。

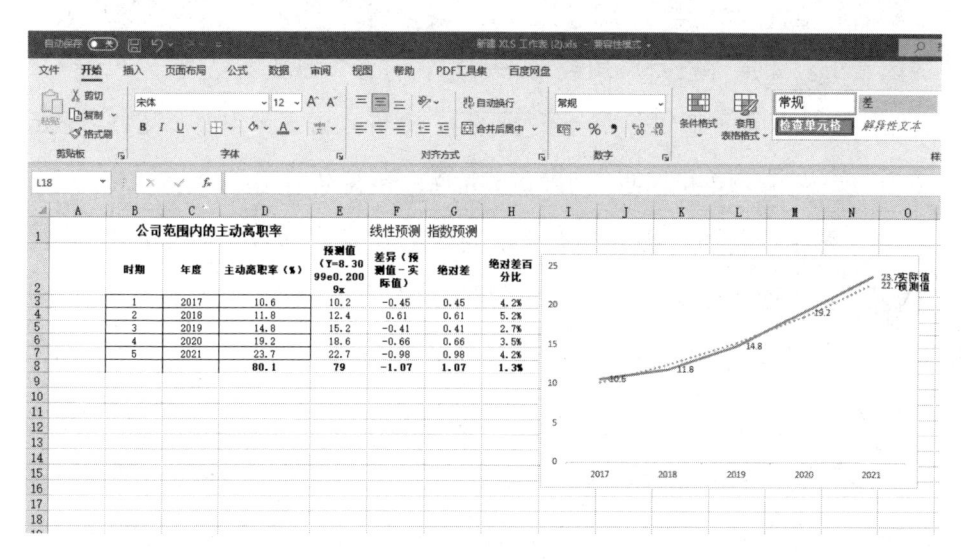

图15-5　使用2017—2020年的数据预测2021年的数据

从F列可以看出，每年的预测值都略高于或略低于实际值，每年的误差范围从绝对值2.7到5.2不等。如果你观察5年内实际值和预测值之间的差异，你会发现两者之间只有1.3%的偏差。2017—2021年，回归方程被低估了1.1%，接近1.3%。这个数字之所以不大，是因为有些年份的结果小于这个数字，有些年份的结果大于这个数字，这个时期的整体值更接近中间值。所有这些都可以归纳为以下公式：

2017—2021年的绝对差 =[ABS（79.0 − 80.1）÷ 80.1] × 100% = 1.3%

具体来说，在2021年，这个预测值与实际值差了1%（23.7% − 22.7%），导致了大约4%的差异：

2021年的绝对差 =[ABS（22.7-23.7）÷ 23.7] × 100% = 4.2%

有得必有失，但4%的误差还可以接受。

应对短期趋势、季节性特征和噪声

主动离职率的示例只是一个5年的年度周期聚合，因此没有显示出太多的变化。如果你最终使用不同的时间聚合，可能会得到看起来与主动离职率这一示例完全不同的结果。例如，如果你观察一下较短时期内的主动离职率，如1个季度或1个月，你会发现更多的可变性和/或噪声（干扰因素）。如果你按月、周或日来观察，你会发现这条线上下变动得如此不规律，以至于它变得完全不可预测，对你来说毫无用处。图15-6显示了相同的数据在使用不同时间聚合的情况下的变化。

> 哪怕只是为了看看什么是有用的而选择根据不同的聚合查看数据，也是值得的。如果你的图表看起来像一幅抽象的画或一盘意大利面，那么请你继续尝试不同的聚合。

有用性因上下文而异，我的建议是选择一个可以理解、预测和影响你所测量的内容的时间窗口来报告。例如，如果你试图做出预测以确定明年风险高于平均水平的细分部门和个人，那么一个年度视图可能就足够了。你知道哪些细分部门和个人有风险，所以你可以采取一些行动——不需要每周都更新数据。如果你预测离职率只是出于年度员工人数规划的目的，那么你就不需要知道6月可能会有14名员工离职，10月可能会有7名员工离职，你只需要知道明年会发生多少次离职，这样你就可以制订相应的计划。然而，如果你试图通过预测离职率来制订招聘计划，以便在每个季度末达到一个精确的人数目标，那么按季度查看数据可能会更有用。与此相关的数据包括实际的员工人数、雇用人数、离职人数及每个季度相应的预测结果。

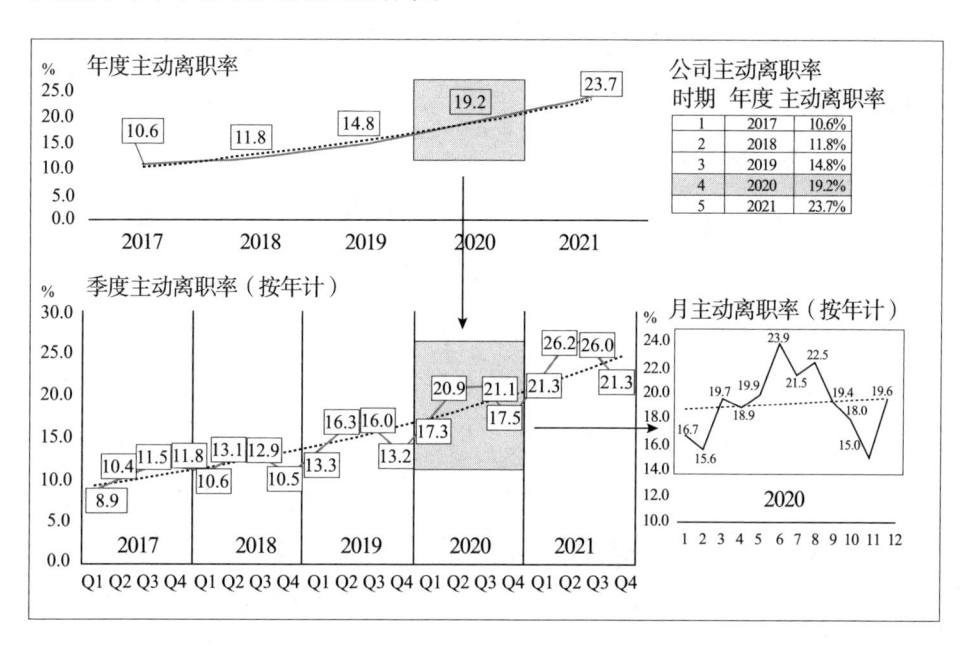

图 15-6　同一个主动离职率按年、季度、月的时间聚合显示的结果

> 对大多数用例来说，季度提供了一个相比月（太不稳定和不可操作）和年（太漫长）更折中的选择。

如果你的数据每季度、每月或每周上下波动，那么该如何做出准确的预测呢？关键在于确定一个有用的汇总水平，然后从数据的上下波动中梳理出大的潜在趋势。为了做到这一点，你可以使用时间序列理论，它指出数据（本示例中的 Y_t，Y=主动离职率随时间的变化）等于趋势（T_t）、季节变化因子（S_t）和随机噪声因子（N_t）的乘积。把它总结成一个公式，即：

$$Y_t = T_t \times S_t \times N_t$$

为了预测未来的值，你需要剥离大趋势。要做到这一点，你必须剔除噪声和季节性因素，这样才能通过简单的线性将大趋势回归推断出来。最后，如果你需要的话，季节性特征可以被分解到特定的按季度或按月的预测中去考虑。

如果上述方程式对你来说太过复杂，不用担心！在预测季节性数据的背后，有一个相对不太复杂的数学模型，而且Excel可以精确地做到这一点，所以你不必进行手工计算。

> Microsoft Excel的某些版本并不具备Microsoft Windows创建的Excel的所有特性。下文描述的Forecast功能在当前的Windows版本的Excel中是可用的，但在当前的Mac版本的Excel中是不可用的。如果你的电脑没有安装Windows操作系统，那么你需要换一台电脑来执行下面的操作。
>
> 1. 从同一个数据集开始——5年中的每一年都被划分为4个季度，选择你想处理的数据范围，选择"数据—预测工作表"菜单命令，打开"创建预测工作表"对话框，如图15-7所示。
>
> 如果你在没有选择任何数据的情况下选择"数据—预测工作表"菜单命令，系统会弹出无法创建预测的提示。单击"创建预测工作表"对话框中的"选项"按钮，展开对话框，显示可以选择"日程表范围"和"值范围"字段，如图15-8所示，其中A列包含日程表范围，E列包含值范围。
>
> 置信区间默认为95%，季节性默认为"自动检测"。
>
> 2. 单击"创建"按钮。
>
> 就是这样。结束！Excel将数据重新格式化以涵盖几行额外的预测值，包括基于指定的置信区间的置信界限。预测及其相关数据集会被创建在一个新表格中。

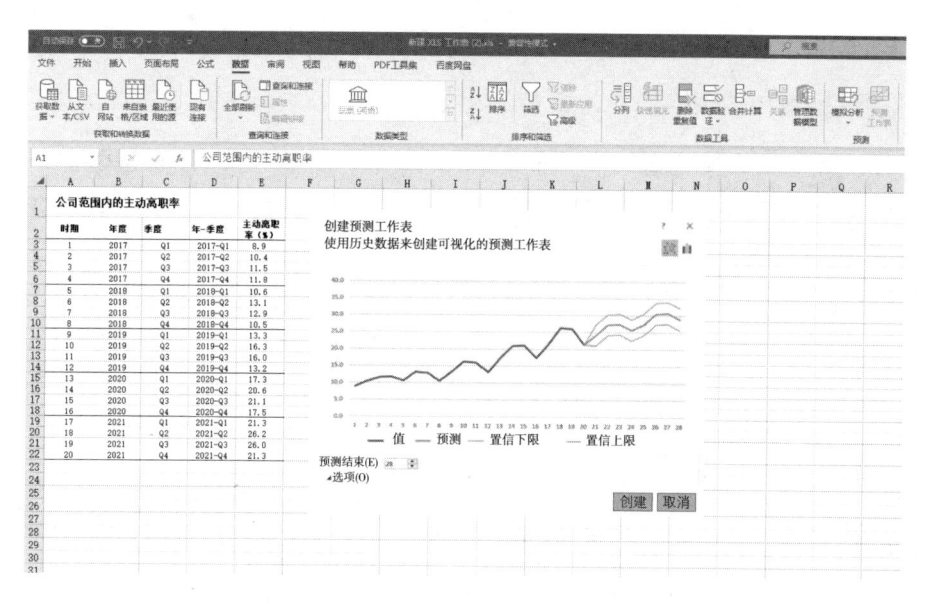

图 15-7　使用 Excel 的预测功能

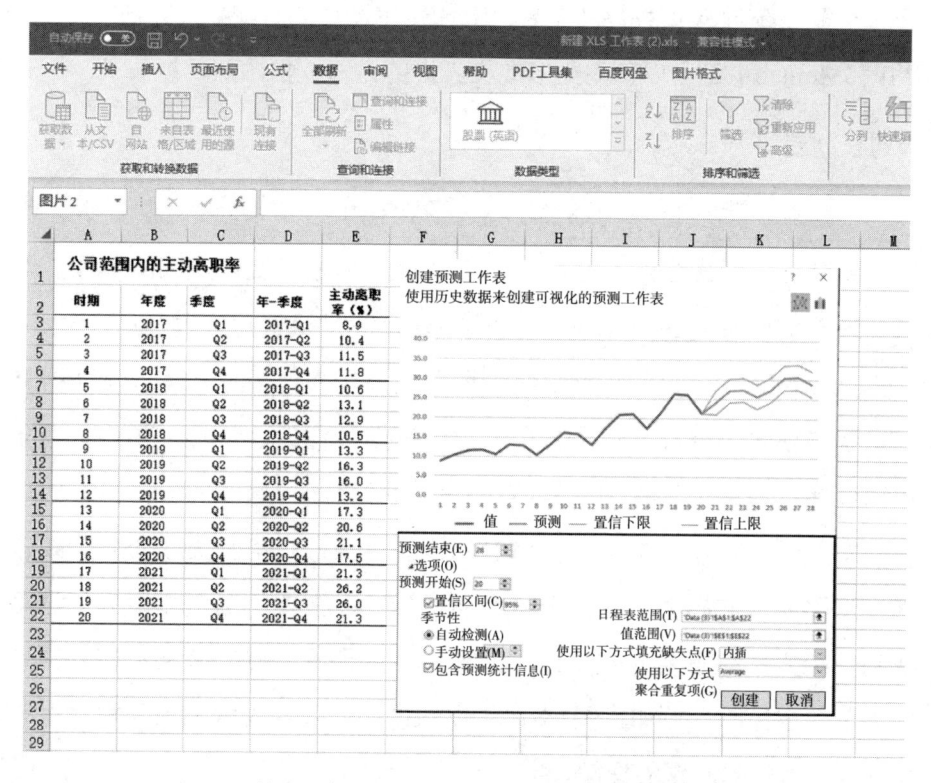

图 15-8　单击"创建预测工作表"对话框中的"选项"按钮

至此，Excel已经为你完成了所有的繁重工作。现在你可以自由调整你的数据集和图表格式了，如图15-9所示。

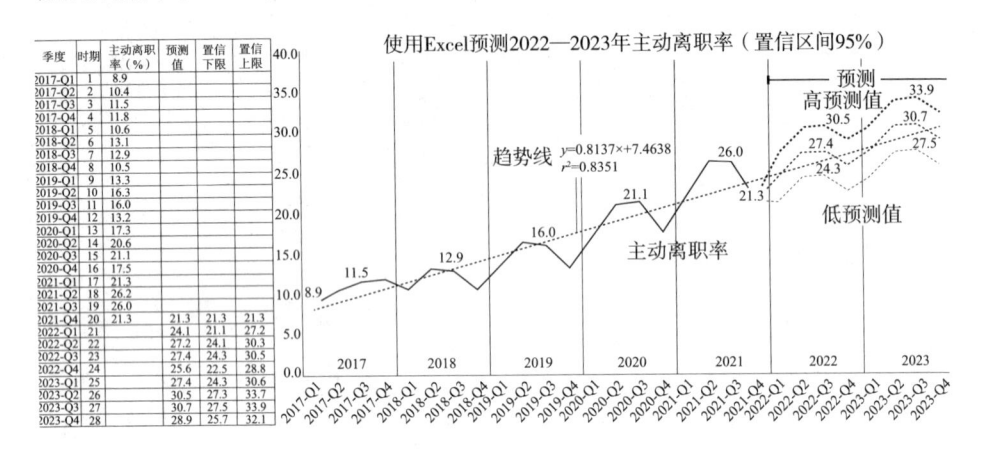

季度	时期	主动离职率（%）	预测值	置信下限	置信上限
2017-Q1	1	8.9			
2017-Q2	2	10.4			
2017-Q3	3	11.5			
2017-Q4	4	11.8			
2018-Q1	5	10.6			
2018-Q2	6	13.1			
2018-Q3	7	12.9			
2018-Q4	8	10.5			
2019-Q1	9	13.3			
2019-Q2	10	16.3			
2019-Q3	11	16.0			
2019-Q4	12	13.2			
2020-Q1	13	17.3			
2020-Q2	14	20.6			
2020-Q3	15	21.1			
2020-Q4	16	17.5			
2021-Q1	17	21.3			
2021-Q2	18	26.2			
2021-Q3	19	26.0			
2021-Q4	20	21.3	21.3	21.3	21.3
2022-Q1	21		24.1	21.1	27.2
2022-Q2	22		27.2	24.1	30.3
2022-Q3	23		27.4	24.3	30.5
2022-Q4	24		25.6	22.5	28.8
2023-Q1	25		27.4	24.3	30.6
2023-Q2	26		30.5	27.3	33.7
2023-Q3	27		30.7	27.5	33.9
2023-Q4	28		28.9	25.7	32.1

图 15-9　使用趋势和季节性预测 2022—2023 年的主动离职率

大多数统计应用程序（如R、SPSS、SAS、STATA、STAT LAB、JMP和Minitab）都可以使用类似或更先进的方法提供预测功能。

应对长期趋势

根据单一的变量（主动离职率）在5年内随着时间变化的数据，你只需要延长一条最合适的曲线，就可以很好地做出更长时间的预测。然而，随着更长时间的变化，你的离职率曲线的形状也有可能发生很大的变化，因为时间拉长后，宏观经济情况、市场就业情况和其他短期内难以发现的模式也会成为变量，可能对你试图预测的趋势产生影响。大多数情况下，如果你只看短期的情况，就会忽略宏观层面的变量，好比只见树木不见森林，树木挡住了你的视野。但当大趋势发生了变化，如宏观经济改变了方向，这些视角的遗漏就会成为主要问题。如果你还没有找到一种方法将重要的变量纳入计算，你的预测将慢慢偏离标记，并且你也不知道原因。例如，图15-10生动地说明了长期现象如何从根本上改变你对想解决的问题的理解。

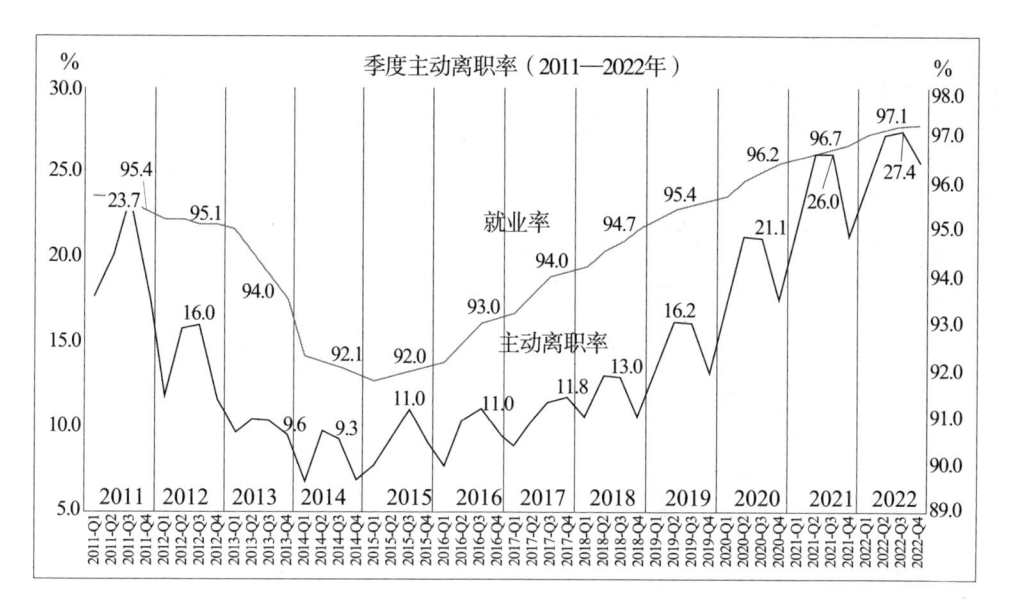

图 15-10　较长时间内的离职率

图15-10显示了公司在更长时间内按季度列示的主动离职率。注意前5年的趋势是下降的，接下来的7年趋势是上升的。如果你试图在图中拟合一条线，它会直接从中间向下，因此在任何一个点上都不能做出很好的预测。在这些数据背景下，你需要知道线是处于上升趋势还是下降趋势、什么能解释这些重大转变，以及如何更好地适应这些重大转变。

我在图15-10中添加了一条线——就业率，与右边的轴线相对应。从这个角度来看，在12年的时间里，就业市场似乎影响着公司主动离职率趋势的方向，这说明主动离职率不只与公司有关，更确切地说，它还由外部机会（就业率）调节。

为方便接下来的论述，我假设了一组统计数据（1952—2021年的就业率），使用Excel的预测功能，我估计2022年的就业率将达到96%。然而，使用95%的置信区间，实际就业率是95%，可能在93.9%和98.1%之间的任何一点（见图15-11）。这听起来不像一个广泛的范围，但在这个数据集上，这是一个相当大的波动。所有这些都表明，主动离职率在

2020年会升高，甚至2021年会更高。

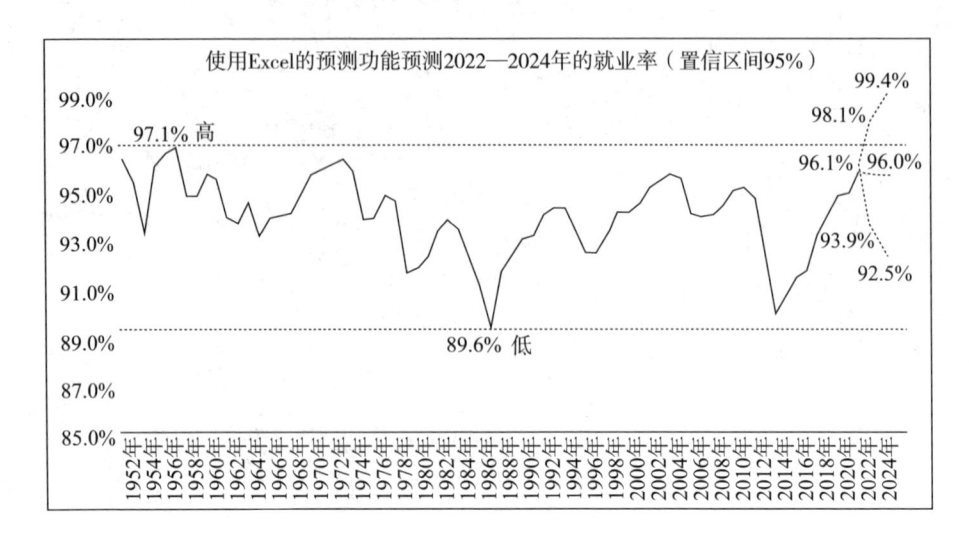

图 15-11　使用 Excel 的预测功能预测 2022—2024 年的就业率

图15-11清楚地展示了着眼于大局的智慧。没有洞察力的努力只能说明你对现在正在发生的事情和接下来可能发生的事情知之甚少。你可能正在攀登一个陡峭的斜坡，或者正在往下走。知道你目前在就业趋势中的位置及你可能要去的地方非常重要。解决方案是在你公司的主动离职率预测中涵盖你所掌握的明年就业大趋势的信息。

因此，请把从宏观经济图景中获得的统计数据加入你对公司主动离职率的理解中。当你这样做时，就业率和公司的主动离职率之间的强相关性会立刻变得清晰起来，如图15-12所示。

在图15-12的散点图中，你可以看到2011—2021年年度就业率和公司年度主动离职率的回归符合以下公式：

$$y = 237.77x - 207.89$$

其中，y表示主动离职率；x表示就业率。

这个方程代表了你所掌握的数据的最佳拟合线。这个方程是由Excel通过在"设置趋势线格式"窗格勾选"显示公式"复选框得来的。下面是该公式的解释。

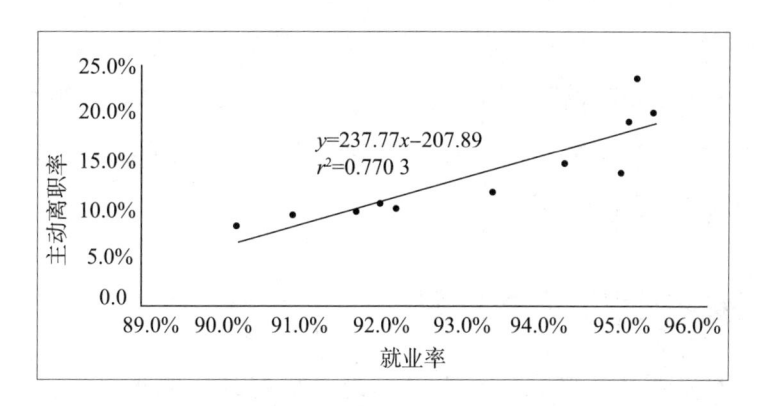

图 15-12　根据就业率预测的主动离职率

如果就业率是90%，那么预测的主动离职率 = 237.77 × 0.9 − 207.89 = 6.1%

如果就业率是95%，那么预测的主动离职率 = 237.77 × 0.95 − 207.89 = 18%

注意 r^2（决定系数）是0.77（回想一下 r^2 的范围为0~1）。这表明就业条件的变化（代表外部机会）解释了77%的公司主动离职率的变化。这使你有信心在已知误差范围内假设，就业数据对预测公司未来的主动离职率是有用的。

因此，考虑到3种不同的就业率情形，以下是在95%的置信区间内，2021年公司主动离职率的可能范围。

- 根据93.9%的就业率预测主动离职率为15.61%。
- 根据96%的就业率预测主动离职率为20.4%。
- 根据98.1%的就业率预测主动离职率为25.1%。

结合公司历史数据和市场上历年的就业数据，我的新预测是2022年公司主动离职率为20.4%。在进行这个时间/时间序列分析之前，你最好的猜测是随机挑选的那名员工有15%的可能性在下一年离职。既然你已经及时看到了你所处的位置，并且考虑了随着时间的推移员工离职概率的一个重要影响因素——外部机会，那么你就有了更好的证据来修正员工下一年的离职率——最高可达20.4%。换个角度看，这意味着在100名随机选择的员工中，依据这些信息你可以预测大约有20人会离职。

每考虑一条新信息，你的预测能力就能提高一些。然而，你的预测仍然缺少许多重要的信息。在下一节，你可以通过使用统一的历史数据集来考虑多个独立变量的综合效应，了解如何做出更好的公司预测、细分预测及员工离职概率预测。

使用多元回归改进你的预测

本章主要讲了如何利用现有的信息来更好地预测未来可能发生的事情，更具体地说，是更好地预测你随机选择的员工的离职概率。在本章的前面，我向你展示了，通过查看公司的历史主动离职率和利用时间序列分析对趋势做出预测，可以改进你的预测。然而，就像对特定公司的平均主动离职率所做的估计比相关部门对整个行业的估计要好得多一样，如果你想了解特定员工类型的不同离职概率，那么将员工按照特征进行划分肯定会有所帮助。对公司员工的特征及这些特征与离职概率之间的关系了解得越多，你对离职率的预测就越准确。

从如图15-13所示的某公司的离职数据中可以看到，离职概率根据不同的员工特征会有很大的不同。请注意，这些只是一些更容易理解的例子。你可以使用几十个甚至几百个不同的特征来描述任何员工群体。图15-13中的例子是存在于每个HRIS或人力资源数据库中的数据的简化版。

仔细看图15-13，这里有一些你可以为该公司确定的主要数据点。

- 在职时长为0~1年的员工平均有11.2%的概率离职，而在职时长为2~3年的员工平均有28.8%的概率离职。后者的离职风险几乎是前者的3倍。
- 研发部门员工的平均离职风险（8.5%）大约是公司平均水平（15.3%）的一半，而普通支持部门员工的平均离职风险（27.2%）几乎是公司平均水平（15.3%）的两倍。

第15章 做出更好的预测 359

某公司2021年员工离职概率（平均值）

公司平均水平	留任者	离职者	概率
	2566	463	15.3%

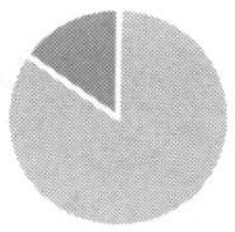

在职时长	留任者	离职者	概率	占公司平均水平的
0~1年	980	123	11.2%	0.7
1~2年	725	86	10.6%	0.7
2~3年	407	165	28.8%	1.9
3~4年	234	12	4.9%	0.3
4~5年	153	72	32.0%	2.1
5年以上	37	5	6.9%	0.5

部门	留任者	离职者	概率	占公司平均水平的
研发	431	40	8.5%	0.6
生产制造	930	122	11.6%	0.8
销售	1004	226	18.4%	1.2
支持	201	75	27.2%	1.8

级别	留任者	离职者	概率	占公司平均水平的
高管	125	5	3.8%	0.3 (A)
经理	269	17	5.9%	0.4 (B)
独立贡献者	1709	441	20.5%	1.3 (C)

地区	留任者	离职者	概率	占公司平均水平的
芝加哥	223	16	6.7%	0.4
奥斯汀	602	82	12.0%	0.8
波特兰	1578	320	16.9%	1.1
远程工作	136	42	23.6%	1.5

细分项（级别+部门）	留任者	离职者	概率	占公司平均水平的
高管：研发	35	1	2.8%	0.2
高管：生产制造	63	3	4.5%	0.3
高管：销售	108	6	5.3%	0.3
高管：支持	44	4	8.3%	0.5
经理：销售	90	6	6.3%	0.4
经理：研发	54	4	6.9%	0.5
经理：生产制造	96	11	10.3%	0.7
经理：支持	29	7	19.4%	1.3
独立贡献者：研发	337	34	9.2%	0.6
独立贡献者：生产制造	762	123	13.9%	0.9
独立贡献者：销售	797	210	20.9%	1.4
独立贡献者：支持	124	51	29.1%	1.9

图 15-13　某公司主要部门的主动离职率

- 高管级别员工的平均离职风险（3.8%）约为公司平均水平（15.3%）的1/3，而没有管理权的员工（通常被称为独立贡献者）的平均离职风险（20.5%）高于公司平均水平（15.3%）。

- 如果你进一步细分员工群体，你会发现即使在同一个细分项内，离职概率也有很大的差异。在"级别"和"部门"细分项中，你可以看到平均离职风险从不到公司平均水平的1/4（级别为"高管"，部门为"研发"）到公司平均水平的两倍（级别为"独立贡献者"，部门为"支持"）不等。

图15-13表明，为了更好地预测个人离职率，至少要知道员工所在部门、处于什么级别、在哪个地区工作，以及他们从事这份工作的时间有多长。就像你对市场就业率这样的宏观经济指标所做的那样，你可以利用这些新信息对未来做出更好的预测。

> 我在这里遵循的数据策略是根据图15-13中假设的数据量身定制的。它可能根本不适用于你的公司。你当然可以把我的策略作为一个指南，但是你必须确保它适用于你自己的数据，这样才有意义。

尽管相对于完全没有任何信息，使用特定的细分项信息可以显著地改善你的预测，但这种格式的信息存在的问题是任何一名员工都可以同时被放在多个细分项中。正如你所看到的，任何个人都可能在同一时间、从不同的方向影响其离职概率。例如，你如何估计一个在芝加哥工作的在职时长为4年的专业个人贡献者的离职概率？一名销售经理在他任职的第一年远程工作情况怎么样？你如何利用这么多相互矛盾的概率进行估计？

多元回归分析技术可以解决这种大量的、重叠的甚至有时矛盾的信息。下面我将对此进行进一步研究。

了解多元回归分析的具体细节

多元回归分析可以帮助你预测多个自变量（x_1，x_2，x_3…）的结果

（y）。也就是说，任何可以用数值表示的信息都可以使用多元回归分析。多元回归分析可以告诉你数据集中包含的变量预测每个变量的结果（及独立贡献）的总体能力。

你可以在各种统计应用程序（如R、SPSS、SAS、STATA或JMP）中执行多元回归分析，在某些情况下甚至可以在Excel中执行。在将数据源引入统计应用程序并运行多元回归之后，预测所需的所有细节都会显示在统计应用程序的摘要输出中。

> 在本章，我将提供一个多元回归的鸟瞰图。更详细的多元回归概述（及操作方法）请参阅第13章。

在本章，我会使用模拟数据集向你介绍使用多元回归时可以学到的关于员工离职的知识。首先，我将一个Excel数据集导入SPSS。在SPSS中运行二元Logistic回归模型，包括以下变量。

- 因变量：离开（1）或留下（0）。
- 自变量：
  — 在职时长（0~1年、1~2年、2~3年……）；
  — 部门（生产制造、研发、销售或支持）；
  — 岗位级别（高管、独立贡献者或经理）。

图15-14显示了来自SPSS的输出部分，总结了实际使用的变量是如何预测离职概率的。

虽然你可以从这个输出中得到各种各样的观察结果，但是我不想在这里深入探讨复杂的数学问题；也不想陷入对这个输出中包含的模糊统计检验的复杂解释中，如Cox & Snell R^2，它与本章前面介绍的r^2略有不同。在这个阶段，Cox & Snell R^2和其他模糊的细节对你来说并不重要。你真正想知道的是，你在模型中包含的变量对你预测离职概率有多少帮助。

模型总结

步骤	-2 对数似然	Cox & Snell R^2	Nagelkerke R^2
1	1 438.156[a]	0.167	0.334

a. 估算在第7次迭代时终止，因为参数估计的变化小于0.001。

分类表[a]

			预测的		
			EXIT_DUMMY_1		正确百分比
观察的			0	1	
第1步	EXIT_DUMMY_1	0	2 252	251	90.0
		1	118	192	61.9
	总体百分比				86.9

a. 阈值为0.25。

图 15-14　检查基础员工离职预测模型的整体拟合度

注意图15-14底部的表格。在该表格中，你可以看到一个轴显示预测值，另一个轴显示在数据中找到的实际（观察到的）值。该表显示，通过使用所提供的信息，回归模型预测数据集中的2 370名（2 252 + 118）员工将留任（标记为0），443名（251 + 192）员工将离职（标记为1）。另外，它表明该模型正确地分类了2 252名留任的员工，并正确地分类了192名离职的员工。然而，它预测了118名最终离职的员工会留职，并且预测了251名最终留任的员工会离职。这个模型的整体准确率为86.9%，但该模型在预测离职群体方面的准确率仅为61.9%。

尽管61.9%的准确率听起来不是很高，但你应该考虑到，当你只知道15%的员工会离开公司而不知道其他信息时，如果你从100名员工中随机挑选出15名，那么你至少有85%的概率是错误的。从这个角度来看，61.9%的准确率相比15%有了显著的提高。你拥有的是一个非常好的基础模型。

改进你的多元回归分析策略

好吧，也许61.9%对你来说还不够好。在这一点上，改进你的预测的最好方法就是获取员工心中的信息。这意味着你需要回到调查中去。当你第一次把这些问题放在一起时，你可能不知道哪些问题对帮助你理解和预测员工离职是有用的。幸运的是，多元回归并不在乎你是否知道这一点。它会告诉你什么可行，什么不可行。理想情况下，你会有一些很好的理论指导你提出正确的问题。无论如何，当你把所有的数据都进行多元回归分析后，你会发现你的工作做得有多好。

在本次分析之前，我对员工（在职时长为一年内）进行了一次问卷调查，以下是一些问题样本。在本次分析中，你需要将调研数据与你刚刚使用的其他数据联系起来，然后重新运行多元回归。每个问题都采用了5分的认同度量表：1分代表非常不认同；2分代表不认同；3分代表既不认同也不反对；4分代表认同；5分代表非常认同。

Q1	我打算继续为 _____ 公司工作一年
Q2	我了解自己在 _____ 公司可能的职业发展路径
Q3	我认为额外的努力在 _____ 公司得到了恰当的认可
Q4	_____ 公司基于使命和价值观做运营决策
Q5	在过去的3个月，我知道 _____ 公司对我的期望是什么
Q6	我在 _____ 公司有一种个人成就感
Q7	_____ 公司的领导团队给予我个人关怀
Q8	我很适应 _____ 公司的文化
Q9	我很自豪地告诉他人我为 _____ 公司工作
Q10	在过去的3个月，_____ 公司的某个人鼓励了我的发展
Q11	我可以在 _____ 公司做我自己
Q12	_____ 公司的薪资待遇与其他公司一样或更高
Q13	我在 _____ 公司的经理给我提供了清晰的反馈，这些反馈对我做决定很有帮助
Q14	_____ 公司的福利与其他公司一样或更好

图15-15展示了在Excel中根据调查结果准备好的数据集。

你可以从图中看到，我已经重新记录了调研项目——4分和5分被标记为（1），代表"认同"，其他分值被标记为（0），代表"不认同"。

在把完成的数据集拉入统计应用程序并运行多元回归之后，你将得到与图15-14非常相似的结果，但这次包含了调研数据，预测结果明显更好。新的输出如图15-16所示。

请注意，当添加新的调研数据时，模型总结的得分会变大，最重要的是，分类表有了显著的改进。根据新的数据，该模型准确地预测了99.1%的留职员工和97.1%的离职员工，整体预测准确率为98.9%。

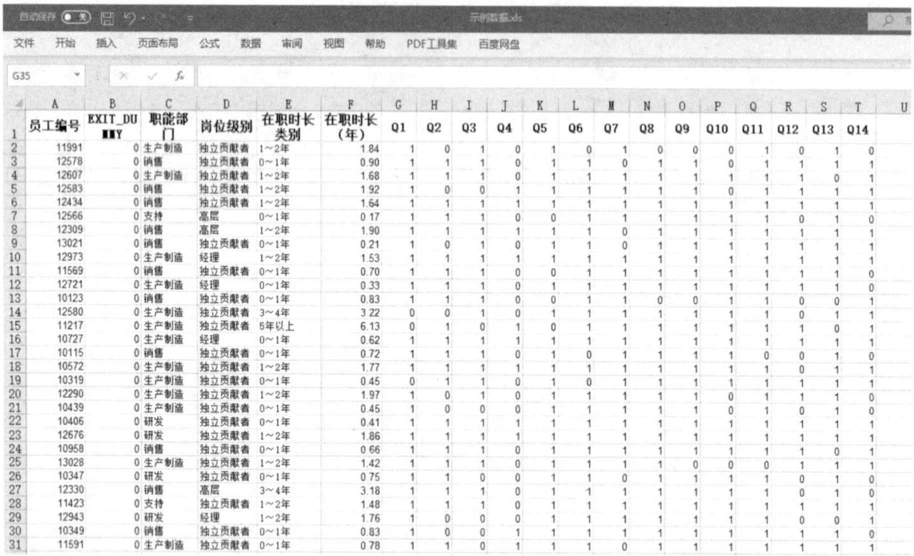

	A	B	C	D	E	F	G	H	I	J	K	L	M	N	O	P	Q	R	S	T
1	员工编号	EXIT_DUMMY	职能部门	岗位级别	在职时长类别	在职时长（年）	Q1	Q2	Q3	Q4	Q5	Q6	Q7	Q8	Q9	Q10	Q11	Q12	Q13	Q14
2	11991	0	生产制造	独立贡献者	1~2年	1.84	1	0	1	0	1	0	1	0	0	0	1	0	1	0
3	12578	0	销售	独立贡献者	0~1年	0.90	1	1	1	0	1	1	0	1	1	0	1	1	1	1
4	12607	0	生产制造	独立贡献者	1~2年	1.68	1	1	1	0	1	1	1	1	1	1	1	1	0	1
5	12583	0	销售	独立贡献者	1~2年	1.92	1	0	0	1	1	1	1	1	1	0	1	1	1	1
6	12434	0	销售	独立贡献者	1~2年	1.64	1	1	1	1	1	1	1	1	1	1	1	1	1	1
7	12566	0	支持	高层	0~1年	0.17	1	1	1	0	0	1	1	1	1	1	1	0	1	0
8	12309	0	销售	高层	1~2年	1.90	1	1	1	1	1	1	0	1	1	1	1	1	1	1
9	13021	0	销售	独立贡献者	0~1年	0.21	1	0	1	0	1	1	0	1	1	1	1	1	1	1
10	12973	0	生产制造	经理	1~2年	1.53	1	1	1	1	1	1	1	1	1	1	1	1	1	1
11	11569	0	销售	独立贡献者	0~1年	0.70	1	1	1	0	0	1	1	1	1	1	1	1	1	0
12	12721	0	生产制造	经理	0~1年	0.33	1	1	1	0	1	1	1	1	1	1	1	1	1	0
13	10123	0	销售	独立贡献者	0~1年	0.83	1	1	1	0	0	1	1	0	0	1	1	0	0	1
14	12580	0	生产制造	独立贡献者	3~4年	3.22	0	0	1	0	1	1	1	1	1	1	1	0	1	1
15	11217	0	生产制造	独立贡献者	5年以上	6.13	0	1	0	1	0	1	1	1	1	1	1	1	0	1
16	10727	0	生产制造	经理	0~1年	0.62	1	1	1	1	1	1	1	1	1	1	1	1	1	1
17	10115	0	销售	独立贡献者	0~1年	0.72	1	1	1	0	1	0	1	1	1	1	0	0	1	0
18	10572	0	生产制造	独立贡献者	1~2年	1.77	1	1	1	1	1	1	1	1	1	1	1	0	1	1
19	10319	0	生产制造	独立贡献者	0~1年	0.45	0	1	1	0	1	0	1	1	1	1	1	1	1	1
20	12290	0	生产制造	独立贡献者	1~2年	1.97	1	0	1	0	1	1	1	1	1	0	1	1	1	0
21	10439	0	生产制造	独立贡献者	0~1年	0.45	1	0	0	0	1	1	1	1	1	0	1	0	1	0
22	10406	0	研发	独立贡献者	0~1年	0.41	1	1	1	1	1	1	1	1	1	1	1	1	1	1
23	12676	0	研发	独立贡献者	1~2年	1.86	1	1	1	1	1	1	1	1	1	1	1	1	1	1
24	10958	0	销售	独立贡献者	0~1年	0.66	1	1	1	0	1	1	1	1	1	1	1	1	0	1
25	13028	0	生产制造	独立贡献者	1~2年	1.42	1	1	1	0	1	1	1	1	0	0	0	1	1	1
26	10347	0	研发	独立贡献者	0~1年	0.75	1	1	0	0	1	1	0	1	1	1	1	0	1	0
27	12330	0	销售	高层	3~4年	3.18	1	1	1	0	1	1	1	1	1	1	1	0	1	0
28	11423	0	支持	独立贡献者	1~2年	1.48	1	1	1	0	1	1	1	1	1	1	1	1	1	1
29	12943	0	研发	经理	1~2年	1.76	1	0	0	0	1	1	1	1	1	1	1	0	0	1
30	10349	0	销售	独立贡献者	0~1年	0.83	1	0	0	1	1	1	1	1	1	1	1	1	1	0
31	11591	0	生产制造	独立贡献者	0~1年	0.78	1	1	0	1	1	1	0	1	1	1	1	1	1	1

图 15-15　为二元 Logistic 回归模型准备的 Excel 文件

模型总结

步骤	-2 Log lilelihood	Cox & Snell R^2	Nagelkerke R^2
1	157.631[a]	0.472	0.942

a. 估算在第12次迭代时终止，因为参数估计的变化小于0.001

分类表[a]

观察的			预测的 EXIT_DUMMY_1 0	预测的 EXIT_DUMMY_1 1	正确百分比
第1步	EXIT_DUMMY_1	0	2 481	22	99.1
		1	9	301	97.1
	总体百分比				98.9

a. 阈值为0.25

图 15-16　问卷 - 增强型员工离职预测模型的整体拟合度

为了避免泄露客户的机密信息，我采用一部分虚构的数据，模拟了一个完整的没有身份信息的数据集。如果你有机会使用真实数据进行分析，它也会运行得很好，可能不像我举的例子中的98.9%那么好，但也足够了。注意，如果一名员工的离职概率超过25%，我会把这名员工归类为可能离职的人。请注意员工离职是一个概率问题，而不是一个不可逆转的问题，所以难免会有疏漏，造成这种疏漏的原因并不是这个统计方法有错误。

现在，你已经非常确信，包含在多元回归中的诸多变量可以很好地协同工作，是时候看看它们的独立贡献了。这将在下一节讨论。

解释方程中的变量（SPSS 变量汇总表）

在进行SPSS汇总输出时，最终你会找到一个表，该表提供多元回归模型中包含的每个变量x的汇总统计信息。你在图15-17中看到的是一个标准的二元Logistic回归模型摘要输出表（通常称为系数表），与你从任何统计应用程序中得到的结果非常类似。在这里，你可以找到包含在数据集中的特定变量的信息。在图15-17中的左列（灰色列），你可以找到SPSS在数据集中观察到的每个变量。（如果你使用列标签作为变量，你会看到这些名称作为表的一部分。）

从鸟瞰图来看，你需要知道的第一件事是，图15-17中左列的变量名称代表了多元回归方程$y = a + b_1x_1 + b_2x_2 + b_3x_3$中的自变量（$x_1$，$x_2$，$x_3$）。$a$是常数，代表直线的起点，也称$y$截距。$y$截距和变量$x$的相互作用描述了从历史数据集中得出的最佳拟合线。其余部分是SPSS计算出来的值，它们总结了每个自变量对个人离职可能性的重要性和意义，这也是你首先试图理解然后用来预测的。

为了确定哪些变量x具有统计学显著性，你应该看看Sig.列。Sig.列反映了每个变量的统计学显著性水平，告诉你估计的系数出错的概率。

Sig.范围为0~1，但对你来说Sig.应尽可能小，因为你想尽可能降低出错的概率。通常，如果Sig.小于0.05，则说明它具有统计学显著性，这相当于95%的置信度，即该系数不是偶然得出的结果。（你也可能决定使用其他阈值，如1或0.01，这取决于你想为分析承担多大的风险。）

方程中的变量

		B	S.E.	Wald	df	Sig.	Exp（B）	EXP(B)95%置信区间 低于	高于
第1步	部门			28.561	3	0.000			
	部门(1)	−4.718	0.911	26.839	1	0.000	0.009	0.001	0.053
	部门(2)	−4.071	0.984	17.110	1	0.000	0.017	0.002	0.117
	部门(3)	−2.774	0.748	13.761	1	0.000	0.062	0.014	0.270
	岗位级别			7.734	2	0.021			
	岗位级别(1)	0.876	1.588	0.304	1	0.581	2.401	0.107	53.951
	岗位级别(2)	2.702	1.159	5.432	1	0.020	14.912	1.537	144.692
	在职时长类别			31.942	5	0.000			
	在职时长类别(1)	−2.861	1.108	6.670	1	0.010	0.057	0.007	0.502
	在职时长类别(2)	−2.474	1.097	5.085	1	0.024	0.084	0.010	0.714
	在职时长类别(3)	−0.299	1.026	0.085	1	0.771	0.742	0.099	5.541
	在职时长类别(4)	−2.817	1.586	3.156	1	0.076	0.060	0.003	1.337
	在职时长类别(5)	2.194	1.406	2.436	1	0.119	8.973	0.570	141.162
	Q1	−7.180	0.874	67.529	1	0.000	0.001	0.000	0.004
	Q2	−4.331	0.764	32.176	1	0.000	0.013	0.003	0.059
	Q3	−4.294	0.705	37.143	1	0.000	0.004	0.003	0.054
	Q4	−7.993	1.363	34.395	1	0.000	0.000	0.000	0.005
	Q5	−6.807	1.036	43.141	1	0.000	0.001	0.000	0.008
	Q6	−5.737	0.967	35.201	1	0.000	0.003	0.000	0.021
	Q7	−9.439	1.231	58.831	1	0.000	0.000	0.000	0.001
	Q8	−4.806	0.937	26.319	1	0.000	0.008	0.001	0.051
	Q9	1.955	1.014	3.717	1	0.054	7.064	0.968	51.546
	Q10	0.061	0.684	0.008	1	0.929	1.063	0.278	4.060
	Q11	−0.077	0.911	0.009	1	0.932	0.926	0.155	5.517
	Q12	1.033	0.621	2.764	1	0.096	2.810	0.831	9.496
	Q13	−0.669	0.762	0.770	1	0.380	0.512	0.115	2.282
	Q14	−1.600	0.862	3.449	1	0.063	0.202	0.037	1.093
	常数	26.703	3.574	55.819	1	0.000	3.952E+11		

a. 第1步输入的变量：部门、岗位级别、在职时长类别（Q1、Q2、Q3、Q4、Q5、Q6、Q7、Q8、Q9、Q10、Q11、Q12、Q13、Q14）

图15-17 离职预测模型中的变量

Sig.列表示每个变量的统计学显著性，该变量是否具有预测离职的实际价值另当别论。每个变量的相对重要性可以通过B和/或Exp（B）对应的列来评估，这些列代表了用Logistic回归模型的两种不同的方法来看待系数。

我不想让你在本书中陷入数学理论的泥潭，我只想帮助你使用SPSS

提供的输出来做出更好的预测。x系数值的精确含义可以用y的单位变化（离职概率）来表示。出于实际目的，你只需要知道B的值越大，变量x对于你预测的变量y状态（员工离职）的支持度就越大。这意味着B值越大，变量x的影响就越大。

表15-1只使用了具有统计学显著性的调研变量，显示了我是如何从最有助于解释留任者和离职者之间差异的变量中给变量排序的。

那么，哪个变量排在前面呢？答案是问题7：_____公司领导团队给予我个人关怀。

表 15-1 按统计学显著性给变量排序

调研题目编号	B 的绝对值	B	Exp（B）	Sig.
Q7	9.4	−9.4	0.000	0.000
Q4	8.0	−8.0	0.000	0.000
Q1	7.2	−7.2	0.01	0.000
Q5	6.8	−6.8	0.001	0.000
Q6	5.7	−5.7	0.003	0.000
Q8	4.8	−4.8	0.008	0.000
Q2	4.3	−4.3	0.013	0.000
Q3	4.3	−4.3	0.014	0.000

等等，负系数B值是怎么回事？事情是这样的：为了解释这个特殊数据集的输出，有两件重要的事情你必须记住。

- y变量方向。在原始数据集中，如果员工离职，将变量yEXIT_DUMMY_1标记为1；如果员工留任，则标记为0。因此，多元回归测量的是每个变量x的单位变化是否增加了员工离职的概率。
- x变量方向。在原始数据集中，对调研数据进行标记，将员工对调研题目的"认同"回应标记为1，"不认同"回应标记为0。

这个标记决策就是你看到负系数B值的原因。如果一名员工对这些调研题目中的任何一个回应良好，他就不太可能离职。相反，如果员工对调研题目的回应不好，那么他就更有可能离职。Logistic回归模型产生的系数为负值，因为我将我的变量x标记为正值，回归发现对调研题目的正回应（认同）与离职概率呈负相关。

> 如果我更仔细地考虑这个数据集，我会以相反的方式标记调研题目。我会将员工对调研题目的"认同"回应标记为0，"不认同"回应标记为1。这将使调研题目的系数更容易被解释，因为出现"不认同"回应将表明离职的可能性增加——这是一种正向关系，而不是以负值表示的反向关系。不管你用什么方法标记变量，数学运算都是一样的，但是你应该记住你是如何标记变量来解释系数值的含义的。

将Logistic回归模型的输出摘要应用于个人数据

就在你认为自己已经做得足够好时，SPSS统计应用程序提供了另一件东西。你可能会惊讶地了解到，除了提供所有这些汇总统计数据，表明你的整体模型表现如何，哪些变量很重要及有多重要，SPSS统计应用程序还提供了数据集的输出，它为你做了所有的数学运算，以显示它对历史数据集中的每个人所做的预测。我说的SPSS输出包括数据集中所包含的每名员工离职的概率，以及表明该模型是否预测该员工将离职（1）或留任（0）的分类。

由于这个输出在Excel中最容易阅读，因此下面我将快速展示如何从SPSS中导出Logistic回归模型预测到Excel中。

1. 在SPSS中选择"分析—回归—二元 Logistic"菜单命令，如图15-18所示。
2. 打开"Logistic 回归"对话框，如图15-19所示。如果你还没有选择自变量x和因变量y，或者你已经在当前的数据集中使用了二元Logistic回归，那么你只需要确认该对话框中的内容即可。

图 15-18 在 SPSS 中选择"分析—回归—二元 Logistic"菜单命令

图 15-19 "Logistic 回归"对话框

3. 单击"保存"按钮，打开"Logistic 回归：保存"对话框，如图15-20所示。

4. 在"Logistic回归：保存"对话框中勾选"概率"和"组成员"复选框。

5. 单击"继续"按钮，返回"Logistic回归"对话框。

图 15-20 "Logistic 回归：保存"对话框

6. 在"Logistic 回归"对话框中单击"确定"按钮。

7. 在SPSS 中选择"文件—导出—Excel"菜单命令，将数据从SPSS中导出到Excel，如图15-21所示。

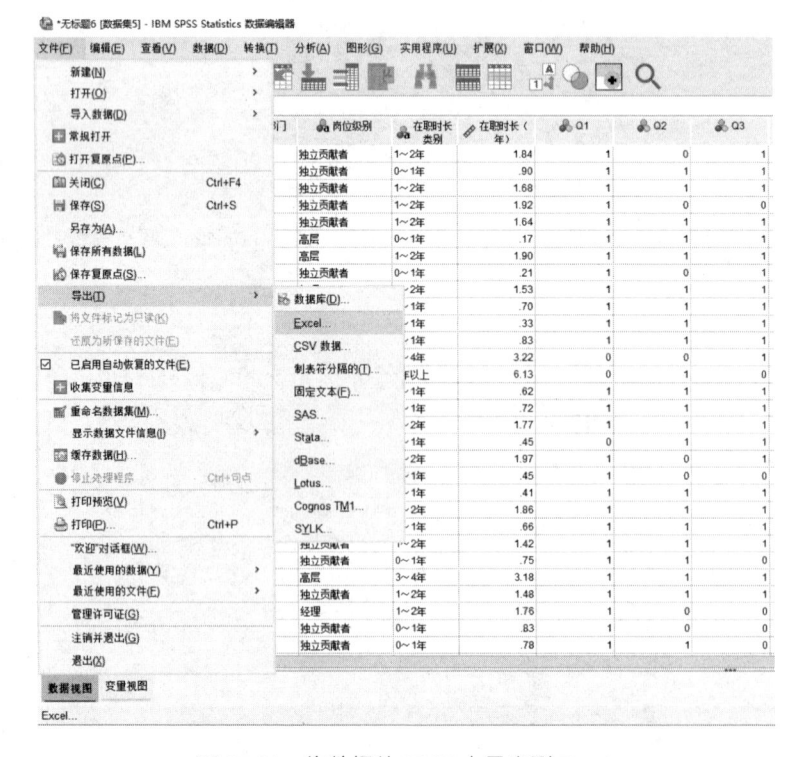

图 15-21 将数据从 SPSS 中导出到 Excel

8. 打开"将数据另存为"对话框，设置保存位置和文件名，然后单击"保存"按钮。

9. 使用Excel打开你刚才从SPSS中导出的文件，Excel的输出如图15-22所示。

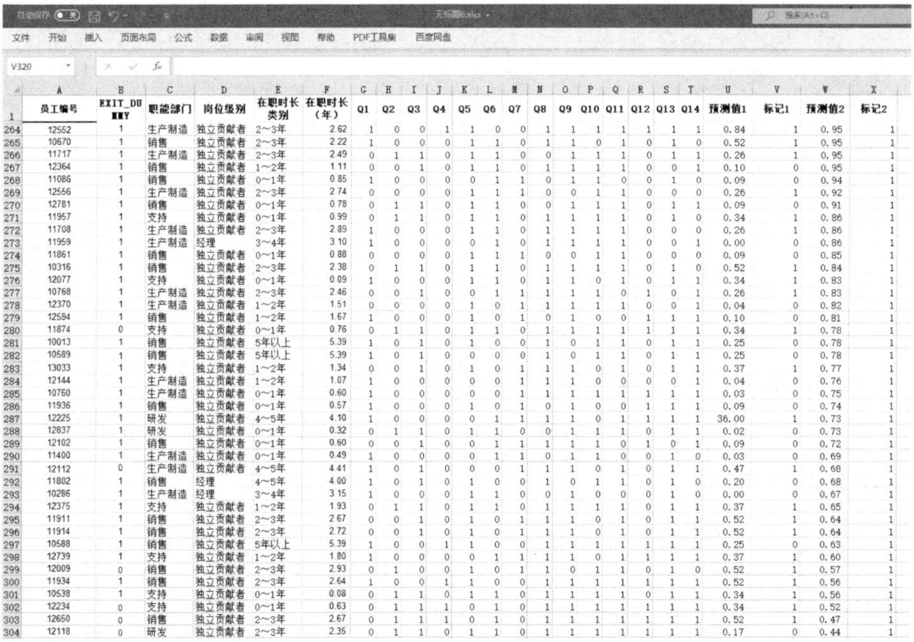

图 15-22　带有预测值的 Excel 输出

从统计应用程序中可以得到你精心准备并开始使用的相同数据集，以及一些额外的列，这些列展示了统计应用程序根据你提供的数据所做的预测。U列表示使用基本模型（不包括调研数据）计算出的离职概率，W列表示包括调研数据（改进模型）的概率估计。V列和X列代表预测离职（1）和留任（0）。你可以将这些结果与B列进行比较，B列包含实际的离职或留任数据，这3列的标记方式相同。

> 这个文件中的预测是根据历史数据集做出的。该模型所做的工作是根据提供的数据，估计B列中的EXIT_DUMMAY是1还是0，将预测放在V列和X列。X列代表使用HRIS和调研数据做出的最佳预测。你可以比较X列和B列的预测值。

下面总结一下。本章从一个抛硬币的故事开始，故事中的一切都是完全随机的，每名员工的离职概率都是50%。但在现实生活中，人们的行为并不是随机的。例如，在本章的示例中，你能够确定每名员工离开的自然概率是15%。这个数字听起来不错，然而这意味着当你预测任何一个随机选择的员工的离职情况时（在没有任何其他信息的情况下），你可能会在85%的时间里都出错。这不太好。为了提高你预测员工离职行为的能力，你需要了解一些与离职相关的特征和条件。为了做到这一点，你必须在员工离职之前不断收集信息，并且不断重复这样做，直到你熟练掌握为止。

在我提供的示例中，你已经大大提高了使用17个变量（其中14个是在调研中发现的）准确预测谁将离职（及为什么）的机会。请记住，你必须收集调研数据，并将其保留一年以上，以便将来测试使用，看看谁实际上留任/离职。这听起来需要做很多工作，但是，在你知道哪些工作是有效的之后，你就可以利用你对变量的了解来预测未来的离职情况。（从技术上讲，你一直在收集数据，所以你不需要做任何特别的事情，你只需要保留数据以备将来使用。）当你能够确定哪些因素对主动离职率具有重要影响时，你就可以通过影响这个变量来改变主动离职率。

> **在本章，你将：**
>
> - 设计实验以探索新的学习和变化；
> - 选择随机样本进行实验；
> - 比较两种方法以确定统计学显著性差异。

第 16 章

通过实验学习

实验的逻辑是人类学习的自然组成部分。事实上，人们在生活中一直都在进行着实验，只是自己没有意识到而已。所有成人的技能都是通过实验学会的：吃饭、走路、说话、骑自行车、开车等。想想当你炒菜时会发生什么：你加入一点调料，尝尝味道，再加一点，再尝一下，直到菜的味道恰到好处。

我清楚地记得小学三年级时我学习烹饪。我当时正在做炒鸡蛋，我想当然地认为既然放一点盐味道会很好，那么放一大把盐味道肯定就更好了，所以最后我放了一大把盐。我还记得，当我自认为做出了有史以来最美味的炒鸡蛋并吃了一口之后，差点被咸得噎住。尽管我后来尽了最大的努力，还是没有办法让这盘炒鸡蛋恢复到可食用的状态。我最早的烹饪实验的结果就是一盘不能吃的超级咸的炒鸡蛋。这一结果既可以被视为失败，也可以被视为成功，具体取决于你如何看待它。好消息是我后来炒菜再也不会加那么多盐了。坏消息是我浪费了几个鸡蛋。在这个宏伟的计划中，最重要的是我在没有受到实质性伤害的情况下学到了宝贵的一课，所以我认为这个实验是成功的。

我从炒鸡蛋实验中学到的东西同样适用于专业人力资源领域。如果你认为你有一个伟大的想法，并把它应用到整个公司，你可能不会把它称为一次实验，但它确实是一次实验，因为你不知道会发生什么。而且实验可能会让你付出相当高的成本，更糟糕的是，如果实验出了问题，你可能无法解决。最理想的状态是在成本低且实验结果影响范围小的情况下小范围试错，因为这意味着你可以在风险很小的前提下迅速学到宝贵的经验教训。遗憾的是，在人力数据分析出现之前，人力资源变革最常见的应用方式是"要么全有，要么全无"，从而承担了很大的风险，甚至压根没有产生新知识。

> 有的人可能会"倒入所有的盐"来进行代价高昂的公司变革，但我的人生经历告诉我，这并不是最好的策略。知识是由耐心和对细节的关注产生的：做一些小范围的实验，一次扩大一点，在你添加任何新东西之前都先试一下。

归根结底，实验只需要两个步骤：一个是行动，另一个是观察行动的后果。其他需要做的就是仔细观察细节，只有这样你才能正确地理解自己观察到的东西。

在本章，你有机会学习逻辑、数学和科学这些支持人们分析实验的知识，以及在现实生活中进行实验所需要的技术。本章首先介绍了如何设计控制实验来回答一个研究问题，接着介绍了如何创建两个随机样本，最后介绍了如何分析实验数据来确定你要回答的问题的答案。

实验设计介绍

大多数人所认为的分析实际上只是让描述更有效。你先计数，然后分析结果显示你数了多少东西。如果你之前已经看到过这些东西，那么这份报告并不会特别令人兴奋，也没有创造出多少新的知识。

与描述性分析相反，实验特别适合探索和产生新的洞察。假设你的3个主要人力资源目标之一是增加多样性和促进包容性文化（这在招聘实践中是一个很流行的公司目标，这个例子会让你感同身受）。本节描述的两种类型的分析使用了两种截然不同的方法来实现这个目标，其中一种侧重于描述，另一种致力于洞察。比较本节中的例子，看看描述和洞察之间的区别。

描述分析

每年你都要按照种族和性别来统计员工人数，然后按照岗位和级别（独立贡献者、经理、董事、副总裁等）来报告这些数字。公司每年的调研都会询问关于多样性和包容性的问题，你每年都会按时向管理层报告按种族和性别划分的结果。这些数字不是很糟糕，但也不是很好。问题是，这些数字似乎变化不大。所有正在发生的事情似乎都在按部就班地进行着。也许人力资源部和公共关系部门合作，改变了休息室墙上挂的图片，以反映一个多样化和包容的环境；也许他们改变了公司网站和招聘广告中的一些措辞；也许你参加了一个全公司范围的多元化培训项目，人力资源部门主管谈论了很多关于多元化的话题。然而，从分析的角度来看，你年复一年地计算人数，查看调研数据，似乎一切都没有什么变化。更糟糕的是，那些符合你要求的具备多样性特征的人并不认为你的沟通项目能真正代替多样性和包容性，同时，一些少数族裔觉得他们的机会正在减少。你有时会在匿名沟通渠道中看到这种困境，也会听到一些闲话。所有可测量的证据都表明，你的计划没有发生任何实质性的改变，更糟糕的是，据你所知，它甚至可能让人们相互冷嘲热讽。我将这种现象称为灾难，但有人却称之为多样性。

洞察分析

了解了描述分析之后，你可能想尝试一些稍微不同的东西。你已经注意到，与10年前相比，公司雇用了更多的少数族裔，而且似乎没有人明确表现出种族主义倾向。然而，少数族裔似乎并没有按照统计审查所建议的比例得到雇用和晋升，这表明公司内部存在偏见。有点自相矛盾的是，你既看不到任何明显的种族主义者，也看不到雇用比例不足的少数族裔在招聘过程中获得晋升，或者按照你认为他们应得的晋升速度获得晋升。你想知道这种情况是怎么发生的，以及你能做些什么来改变这种情况。为此，你做了一些研究，和一些人进行了交谈，然后你提出了3个理论。

> 理论用于解释你在某一方面是如何看待周围世界的，你可以通过数学分析和自然科学来探索这个理论。假设是用来形容你想用数据挑战的某个特定想法。一个假设可以捍卫或攻击一个理论。假设和理论看似同义词，但假设是理论的一个更具体的版本，可以通过数据直接得到认可或否定，而理论的意义更加深远，需要花费更多的时间和精力来解释。一个理论可能包含多个假设。

- 理论1：由于潜意识的偏见，少数族裔甚至在进入面试阶段之前就被排除了。通过允许应聘者只提供与有效的成功标准相关的事实，可以提高少数族裔被录用的成功率。这意味着你要有意识地不向招聘人员显示应聘者的名字，因为"听起来像少数族裔"的名字可能会引发潜意识的偏见。
- 理论2：如果你采用结构式访谈的面试方式，在一个多样化的5人面试团队中做出招聘决策，并采用5位面试官打分的平均分，而不是让一位面试官进行面试打分，那么少数族裔更有可能从现场面试中被选中。
- 理论3：所有人都会存在影响他们决策的潜意识偏见，但是他们可以逐渐意识到这些偏见，并在成人学习小组体验的帮助下消除这些偏见。这种团队体验活动可以将潜意识偏见展现出来，并通过精心设计的活动促进人们形成多样化和包容的态度。

把理论分解成假设和实验

带有多个"和"表述的理论很难用数据来厘清。例如，理论1可以被分解成几个并行的或连续的可测试的假设，这些假设可以通过数据被认可或否定。通过设计，一个假设必须可以用数据证伪（可证伪意味着你必须能够证明它是错误的）。

你可以用简单的陈述来验证理论1，如"少数族裔在招聘前期就被排除的人数占比要高于他们在人口数量中的占比"。这是一个可证伪的陈述。如果你有数据，就会发现少数族裔通过招聘渠道被成功雇用的比例与他们在人口数量中的占比成正比。你需要停下来考虑这一点，然后做进一步的理论1实验。把你的工作分解成几个步骤，这个简单的做法可以为你节省时间和金钱来检验一个从一开始就存在问题的理论。如果这个陈述被否定，你可以继续检验理论的其余部分，然后继续验证其他问题和理论。

为了验证这3个理论，你必须设计一系列实验，它们可能是这样的。

- 实验1：在收集简历时，核实应聘者的少数族裔地位。选取50名少数族裔应聘者的简历，还有50名多数族裔应聘者的简历，然后创建每名应聘者的个人简介，删除与招聘过程无关的个人姓名、其他信息及与先前确定的工作成功标准有未知关系的任何信息。把最后保留的信息混合起来，不要把少数族裔的身份信息与简历内容明显地联系起来，不过你应该自己保留一个可私下区分的标记。让10个人从删减后的简历中做出选择，再让10个人从删减前的简历中做出选择。计算采用这两种方式选出少数族裔应聘者的数量并进行比较。
- 实验2：让20名少数族裔应聘者和20名多数族裔应聘者分别接受两

个不同的5人面试团队的面试。在一个面试团队中，面试官需要使用一种特殊的结构式访谈技巧，将应聘者根据面试团队的平均打分进行排名。另一个面试团队采用公司的传统面试方式。在这个实验中，分别计算在两个面试团队中少数族裔应聘者被推荐聘用的数量。然后比较这两个采用不同面试方法的面试团队，看看两者在少数族裔应聘者推荐聘用方面是否有任何差异。

- 实验3：通过创建一个成人学习小组体验来测试前文所述的理论3。这个小组体验将一个潜意识偏见演示与一个精心设计的促进多样性和包容性的团队体验结合起来。让50个人经历多样性和包容性团队体验，50个人经历传统的团队建设体验（缺乏任何与多样性和包容性相关的学习）。因为在这个例子中50个人是一个很大的规模，所以这些人被分成5组，每组10人。实验开始前，先测试参与者在偏见、多样性和包容性方面的认知。你可以使用调研问卷对以下几个方面进行测量：

— 个人对自己能够做出独立而不带偏见的决定的自信程度；

— 个人对自身包容性的感知；

— 个人对公司包容性的感知。

你可以计算每个人的信念、群体的平均值，以及少数族裔参与者和多数族裔参与者之间的标准差。在让实验组接触小组体验之后，你可以再次进行相同的调研。第二次调研的结果能够使你测量每个人的后期信念、群体的平均值和标准差。如果你在第二次调研中发现了变化，可以得出结论：小组体验可能对参与者的信念产生了影响。对照组可以帮助你进一步辨别出这种变化是否与小组体验有关。

> 在统计学中，标准差（Standard Deviation, SD）是用来量化一组数据点的变化量或离散量的一种度量方法。较低的标准差意味着数据点趋向于接近集合的平均值，而较高的标准差意味着数据点分布在更广泛的值范围内。

注重现实和道德考量

实验结束后，将一切恢复正常，并根据你的发现改进招聘筛选过程，从而使每个人在招聘过程中都得到公平的机会。你肯定不希望实验对任何人造成不利，或者虽然揭露了招聘流程中的问题但没有解决。如果一个实验揭露了一个问题，那就证明这个实验是值得完成的。考虑到实验带来的好处，让实验参与者获得一定的利益也是应该的。同样，如果小组体验活动有效，你应该与更多的人分享这种活动，以推动公司的变革。

设计实验

前面"实验设计介绍"一节中的例子可能与你无关，或者你可能不感兴趣。没有关系，你可以发挥创造力，想出很多可行的实验。尽管每项实验的设计都有很大的不同，但是大多数实验都有以下3个重要组成部分：

- 自变量和因变量；
- 前期测量和后期测量；
- 实验组和对照组。

接下来我将详细介绍这3个组成部分。

使用自变量和因变量

实验可以检验一个自变量对一个因变量的影响。自变量以实验变化的形式存在或不存在。在前面简历筛选的例子中，潜意识偏见是因变量，而删除听起来像少数族裔的名字（及其他与工作表现无关的标准）是自变量。这个例子中的假设是，因为少数族裔的名字对招聘人员产生了影响，所以这部分少数族裔应聘者没有通过面试。实验的目的是检验这个假设的有效性。删除名字是原因，少数族裔应聘者通过第一阶段招聘流程的人数的相对比例是结果。你希望通过这一实验证明：对少数族裔应聘者名字的偏见导致他们以不合理的比例在招聘中被淘汰。

> 在实验开始之前，必须确定测量自变量和因变量的方法。在这个例子中，因变量是少数族裔应聘者在预筛选环节的通过率，自变量是是否知道应聘者的姓名。

在实践中，整个实验可以用许多不同的方式来构思，自变量和因变量也可以用许多不同的方法来测量。通常情况下，研究人员会有意识地进行不同的实验设计、下不同的定义，以及在不同的条件下观察结论是否可靠，是否可以在不同的条件下由其他研究者独立验证。出于这个原因，研究结果有时会相互矛盾，然而科学一直在不断进步，最终矛盾和问题会被解决。

> 一个变量可以是一个实验的因变量，也可以是另一个实验的自变量。自变量和因变量及其实验配置的可能性是无限的。

进行前期测量和后期测量

在最简单的实验设计中，先将实验对象作为因变量进行测量（前期测量），然后让实验对象接触刺激（自变量），之后重新进行测量（后期测量），最后将第一次和最后一次测量之间发生的因变量的差异归因于自变量产生的影响。

> 在对态度和观点（如偏见）的研究中，存在一个与效度相关的特殊问题：即使参与者的态度保持不变，他们在第二次调研中也可能会有不同的反应。在第一次调研中，调研对象可能没有意识到调研的目的。当参与第二次调研时，他们会发现你有兴趣向他们证明每个人都有偏见，从而导致他们可能只告诉你一些社会上通用的答案。因此，虽然从第二次调研结果来看，小组体验似乎改变了他们的观点，但事实上可能并没有。这个问题对社会科学研究者来说是众所周知的，有人用"霍桑效应"这个术语来描述它。从广义上来说，霍桑效应认为研究某事物这一行为本身可能会改变这一事物。出于这个原因，优秀的研究人员提出了一些相当聪明的方法来解决这个问题。在前面的例子中，通过对其他与多样性和包容性有关的指标进行长期的前后对比，可以帮助确定小组体验是否确实对参与者产生了任何长期影响。这些长期发现（及其他测量）可能有助于验证或推翻从不太可靠的观点数据中得出的临时结论。

设置实验组和对照组

为了识别自变量对因变量的影响，同时排除所有其他影响，将实验对象随机分为两组，一组经历了自变量的变化（实验组），另一组则没有（对照组）。

在对照组中，可以添加一些其他小组活动，如一起在游乐园玩一天。两组人都会在实验前和实验后分别接受问卷调研。图16-1说明了这项基本实验的设计。

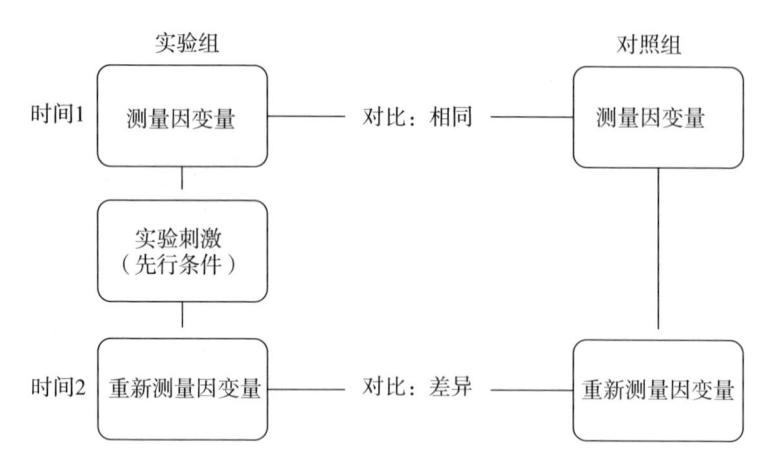

```
                    实验组                              对照组
          ┌──────────────┐                    ┌──────────────┐
   时间1  │  测量因变量   │── 对比：相同 ──│  测量因变量   │
          └──────┬───────┘                    └──────┬───────┘
                 │                                   │
          ┌──────┴───────┐                           │
          │   实验刺激    │                           │
          │ （先行条件）  │                           │
          └──────┬───────┘                           │
                 │                                   │
          ┌──────┴───────┐                    ┌──────┴───────┐
   时间2  │ 重新测量因变量│── 对比：差异 ──│ 重新测量因变量│
          └──────────────┘                    └──────────────┘
```

图 16-1　实验设计

如图16-1所示，将实验样本分成两组：实验组和对照组。实验组接受刺激、改变或先行条件，而对照组没有。你可以在实验开始前和结束后分别测量实验组和对照组的因变量。通过测量，你可以比较实验组和对照组之间因变量的变化，从而识别出变化带来的影响。

> 对照组允许你控制实验本身的效果及许多其他潜在的介入变量。如果只是进行实验这一事实改变了实验组的行为（可怕的霍桑效应），或者是其他事情改变了实验组在后期测试中的反应，那实验组和对照组的改变应该是相同的。如果实验组在测试前和测试后的反应发生了变化，而对照组没有，则可以推断小组体验改变了参与者的态度或观点。

> 如果用于改变与偏见、多样性和包容性相关的认知的小组体验相对于对照组而言是成功的，那么在这之后，一定要将两个小组调换位置，并向对照组提供与多样性相关的小组体验。你可以像这样进行进一步的小组测试，也可以准备好在整个公司广泛进行该实验。

为实验选择随机样本

大多数专业人士都会忽视或质疑那些在他们不熟悉的环境中获得的研究发现。大多数已发表的社会科学研究都是在大学层面进行的，研究对象是大学生、当地志愿者或付费参与者。你会时不时地发现一些由几家公司和一所大学合作进行的跨学术、跨行业研究，但不能百分之百确定这些公司之间的合作条件是否相同。就我而言，我曾花时间思考过一项研究的可比性，这项研究是在巴基斯坦的一家制造业工厂和美国得克萨斯州达拉斯市的一家儿童医院进行的。这项研究很有说服力，但因为对我来说属于跨行业，所以我在理解该研究的结果时面临很大的挑战。如果没有明确的关注，研究结果的普遍性是一个有争议的问题。

好消息是，如果你的公司在人力数据分析方面投入了大量精力，那么你就有很好的机会来产生与你的环境息息相关的新知。要想证明这一事实，你需要让你的新知在相关重要人群中获得更高的信任度。

概率抽样介绍

抽样的目的是从总体中选择一组元素，以便对这些元素的描述能够准确地反映这些元素所属的总体的特征。概率抽样提高了实现这一目标的可能性，也提供了用来预测这一目标可能的成功程度的方法。

这个过程的关键是随机样本的选择。在这个过程中，每个对象或个人都有相同的机会被选中。如果你不知道随机是如何发生的，那就想象一下反复抛硬币、掷骰子，或者从罐子里随机选择彩色弹珠的情景。

随机抽样很重要，原因有以下两个。

- 它消除了有意识或潜意识偏见的介入，这些偏见可能会影响实验的设计，进而影响实验结果。
- 它为概率论提供了必要的条件——这些条件是数学运算的基础，用来确定这些发现是纯粹的偶然结果、错误的结果，还是你想分离和理解的自变量的结果。确定性数学的基本假设是：样本是从总体中随机抽取的，因此随机性必然发生。

当考虑其他假设时，为了使人力数据分析（或任何其他类型的分析）发挥作用，你必须能够分离变量。为此，你只有以下两个选择。

- 收集可能影响因变量的所有其他变量（已知或未知的），并将其包含在多元回归或机器学习算法中。
- 随机选择样本，并将你想测量的变化应用到其中一个样本上。

第一个选择是收集可能影响因变量的所有其他变量，这是不实际的，甚至可以说是不可能的。第二个选择（随机选择）耗时更少，成本更低，从数学和科学的角度看，这种方式比其他方式更可靠。如果说有一种方法非常适合人力数据分析，那就是使用随机样本的快速实验。

随机抽样

从一份罗列了公司所有员工名字的名单开始，请你从这份名单中随机选择两个样本。你面临的问题是：应该在这两个样本中包含多少人？

样本容量越大，你的结果出现巧合的可能性就越小，从而越容易产生具有统计学显著性的洞察。样本容量越大，你对结果就越有信心。在随机抽样中，即使从一个大群体中只抽取一个很小比例的样本，也可以用来预测总体的结果。你研究的群体越小，样本比例就越大。

所有这些听起来可能超出了你的数学知识，但都可以通过使用简单的在线计算器来完成。你可以专注于理解自己想做什么和为什么要这样做的大方向，然后利用各种线上样本大小计算器及统计应用程序（如Minitab、R、SAS、SPSS或STATA）或Excel来完成剩下的工作。

如果你想了解完成随机取样所需的基础知识，并有效地计算必要的样本量，你需要了解以下这些术语。

- 总体。在大多数情况下，总体是指你公司的总人数。有时候你倾向于进行一些可推广到全公司的研究，有时候你会专注于进行适用于某一部分员工的研究。无论哪种情况，总体都是指你想研究的群体的总人数。

- 样本量。样本量是指你研究的人数。之所以称其为"样本"，是因为它只代表了你所研究的群体的一部分。随机抽样是一种选择样本的方法，样本中的成员完全是随机选择的。

- 代表性。如果两个样本是随机选择的，基于概率论，被选择的样本与他们所属的总体是相似的，这两个样本彼此之间也是相似的。两者与总体之间及两者之间的相似程度是总体容量和样本量的函数。

- 均值。均值也称平均值，是一组离散数字的中心值。具体地说，是这些数字的和除以总体数量的值。

- 真实平均值是指总体平均值。与真实平均值相比，这里的平均值指的是样本平均值，而真实平均值指的是总体中所有人的平均值。在没有真实的总体平均值的情况下，样本平均值是最佳选择。

- 误差范围。没有任何一个数据集或样本是完美的，所以你需要决定允许存在多少误差。误差范围指定了一个百分比，这个百分比表明了你对样本的测量可以在多大程度上反映真实平均值。误差范围越小，你就越能相信自己的洞察。

- 置信区间。置信区间决定了你愿意让样本平均值下降多少。如果你在新闻上看过民意测验，你就会看到置信区间，它类似这样的表述："58%的登记选民对提案Z表示赞成，误差范围为±5%。"这意味着，根据民意调查（所有登记选民的样本），预计实际支持提案Z的登记选民占所有登记选民人数的比例最低为53%，最高为63%。

- 置信水平。你对实际平均值处于你的置信区间内有多大的信心？最常见的置信区间是90%、95%和99%。例如，如果你做了100次同样的实验，80%的置信水平意味着在这100次实验中会产生20次错误的结论；99%的置信水平意味着在这100次实验中会产生1次错误的结论。你可以根据自己对错误的容忍度来选择置信水平。你的目标不应该是产生完美的确定性，而是提高你得出正确结论的概率。

- 标准差。你期望人们的回答之间有多大的差异？标准差是用来量化一组数据值的变化量或离散量的一种测量方法。低标准差意味着数据点趋向于接近平均值，高标准差意味着数据点分布在更广泛的值范围内。

在确定了你需要选择的样本总人数后，下一步就是随机选择满足这一需求的人，并将他们分成两组：实验组和对照组。

在本节的示例中，假设你需要随机选择100名员工来代表公司所有员工，你打算将这些人平均分成两个样本。快速完成这项任务的一个方法是使用Excel。操作步骤如下。

1. 在Excel中列出你想研究的员工名单。

   例如，如果你公司有1 000名员工，那么你应该在Excel中创建一个包含所有这1 000名员工的列表，一名员工占一行。你需要从中随机选择100个样本进行研究。Excel有一个生成随机数的公式，并且是一个通用的电子表格应用程序，可以帮助你去除任何系统性的偏见，随机选出样本。

2. 在员工列表的右侧添加一个新的列，并将其命名为"随机数"。

3. 在"随机数"下第一个单元格中输入"＝RAND（ ）"，然后按Enter键。之后该单元格中会生成一个随机数。

4. 将该单元格中的随机数复制并粘贴到本列的其他单元格中，直至更新整个员工列表。

   在Excel中，你可以通过不同的方式来完成这种大范围的复制和粘贴操作。一种方法是单击单元格，将光标置于单元格的右下角，将公式向下拖动到包含员工信息的全部行。另一种方法是使用公式复制单元格，选中要粘贴的整个区域，然后单击Excel功能区"剪贴板"组中的"粘贴"图标。

在所有随机数都生成之后，接下来要根据"随机数"列对整个表（所有列）进行排序。

5. 在Excel中选择所有含有数据的列。选择"数据—排序"菜单命令，打开"排序"对话框，在"主要关键字"下拉列表框中选择"随机数"，在"排序依据"下拉列表框中选择"单元格值"选项，在"次序"下拉列表框中选择"升序"选项。

注意，如果你的列表有标题，请确保勾选该对话框右上角的"数据包含标题"复选框，表明你希望将列标题保留在工作表的顶部，而不对其进行排序。

6. 设置完成后，单击"确定"按钮。系统会根据你的要求对数据进行排序。

按照随机生成的数字对工作表进行排序后，前100行表示从1 000名员工中随机选择的100名员工。为了确定这个样本中哪50名员工应该归入实验组，哪50名员工应该归入对照组，你可以指定一个新的随机数，然后重复这个过程，或者直接将其平均分成两组，因为这100行本身就是随机产生的。

根据比例需求配对或选择样本

当从员工列表中选择样本时，你可以认为你选择的样本代表了该列表中的所有员工。然而，如果你的研究涉及某些特征（如种族），其中一些群体是少数族裔，在整个员工整体中所占的比例不大，那么根据定义，他们不太可能被选中在你的随机样本中。在很多情况下，这对你来说可能不是问题，但是，如果你设计的小组体验需要一个多样化的样本（如为了研究多样性和包容性，有意将少数族裔和其他人的数据混在一起），那么你可能需要修改你的随机选择方法。下面我将介绍如何操作。

> 你在这里要做的是创建两个随机选择的小组，同时满足研究工作所必需的标准。在这种情况下，需要强制将少数族裔员工和多数族裔员工有意地混合在一起。我建议你采用一种叫作"分层随机抽样"的抽样方法，这种抽样方法将总体分成更小的群体，称为"阶层"。阶层可以根据任何变量或特征形成。在本节的示例中，我是根据少数族裔和多数族裔的分类进行分层的。

为了保证总体员工的代表性，你的目标是使两个50人样本接近少数族裔和多数族裔的实际分布情况。事实上，这种情况可能是随机发生的。然而，由于少数族裔在定义上只是总体中的一小部分，因此他们可能不会出现在随机名单中。为了实现你的目标，最简单的方法是在Excel中添加用来强制配额的那些特征的列，并在标记为"少数族裔"或"多数族裔"的每一行填充一个值。假设你希望这两个50人样本中各自包含20%的少数族裔和80%的多数族裔，并仍然保持随机性，那么你需要在每个样本中加入10名（50%×20%=10）少数族裔员工。

具体操作步骤如下。

1. 在每名员工的附加列中填入必要值（代表少数族裔或多数族裔）。
2. 用之前的方法生成随机数。
3. 按照随机数的顺序排列Excel中的所有列。

从整个Excel中的员工名单开始，把前40名多数族裔员工和前10名少数族裔员工放在A组。然后把接下来的40名多数族裔员工和10名少数族裔员工放在B组。

现在你有了A、B两个样本，每个样本中都包含50名员工，把这两个样本结合起来，就代表了你想研究的整个群体。现在，你可以开始实验了。

分析实验数据

在处理实验数据时，最好一开始就能清楚地理解涉及的术语。例如，在旨在测量变量之间关系的科学研究中，变量要么是独立的（自变量），要么是与其他变量相关的（因变量）。因变量是受自变量变化影响的变量。自变量标记为x，因变量标记为y。如果有多个自变量，一般可以用x_1，x_2，x_3……来表示。

这里有一个例子。如果一名老师想研究学生的学习情况，她可能会收集一些自变量的数据，如早期相关课程的完成情况、平均学分绩点和学习时间，然后使用考试成绩作为因变量。使用收集到的数据，这名老师可以将每个自变量（平均学分绩点、学习时间等）与因变量（考试成绩）相关联。如果研究证明考试成绩与学习时间高度相关，老师就可以利用这些信息来鼓励那些想获得高分的学生增加学习时间。

显著性是由样本中存在某种关系的概率决定的，如果变量之间的关系是显著的，那么可以推断在总体中都存在这种关系。

人力数据分析师必须确定样本中存在某种关系的概率的临界值，低于这个临界值的关系将被视为重要，高于这个临界值的关系将被归因于可能的抽样误差。如果你将期望的置信区间设置为95%，那么显著性值为0.05，也就是说只有5%的机会表明样本中存在的关系实际上根本不存在，或者说只是偶然发生的结果。

> 在置信区间为95%的情况下，如果你做100次相同的实验，可能会出现5次错误的结论。

统计学显著性量化了结果是偶然的可能性。实际显著性决定了你发现的差异是否大到足以对你有实际价值。统计学显著性的目标是表明你的研究发现在数学上是站得住的。实际显著性的目标是弄清楚这些统计差异在现实世界中是否对你有影响。

> 你可能对10元钱和5元钱之间的差异很有自信，但是这种差异可能不会让你在现实世界中买到任何有实际价值的东西。实际价值更具现实意义。

如果一种关系没有显著性，那它就不重要，因为它很有可能是由抽样误差（随机性）造成的。一种具有统计学显著性的关系可能很重要（具有现实意义），也可能不重要，具体取决于这种关系的强度和现实意义。

用误差线绘制样本数据

可以使用一个简单粗略的方法来判断一个实验是否支持它的假设。你想知道实验组的平均值是否与对照组不同，或者这种差异是否只是偶然的结果。

平均值的标准误差是一个统计数据，它衡量的是你计算出的平均值实际上是真实平均值的可能性。标准误差就像你计算的平均值周围的一个似然区域。标准误差的计算方法是取测量值的标准差除以 n（测量次数）的平方根。

要使用标准误差技术，请画出每种条件下的平均值柱形图，在每个柱形图的上方画出一个标准误差，下方画出一个标准误差。通过观察这些误差线是重叠的还是有很大的不同，你可以粗略地判断这些条件的真实平均值是否可能不同。假设误差线重叠，那么两种条件下的真实平均值实际上可能是相同的；如果误差线没有重叠，那么两种条件下的真实平均值很可能是不同的。

误差线也可以增加你对实验的把握。如果你的样本量不够大，相对于数据大小，你的误差线会很大，从而导致即使在不同的条件下，误差线也有可能重叠。为了准确理解平均值的真实位置，你需要更多的样本。

下面是如何在Excel的柱形图中添加误差线的详细说明。

1. 对工作表中的数据使用平均值（所有数据的平均值）、标准差（使用Excel公式 “= STDEV”）和标准误差 [使用Excel公式“= STDEV/SQRT（n）”] 来汇总所收集的数据，如图16-2所示。

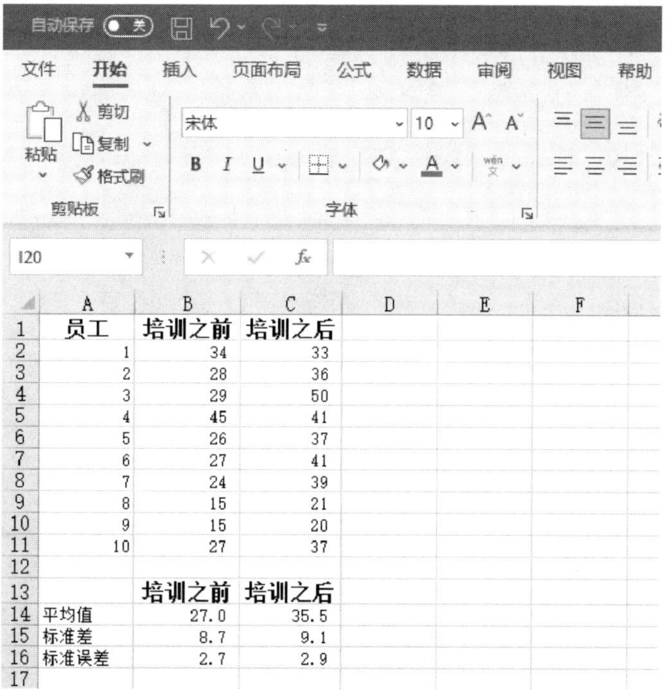

	A	B	C
1	员工	培训之前	培训之后
2	1	34	33
3	2	28	36
4	3	29	50
5	4	45	41
6	5	26	37
7	6	27	41
8	7	24	39
9	8	15	21
10	9	15	20
11	10	27	37
12			
13		培训之前	培训之后
14	平均值	27.0	35.5
15	标准差	8.7	9.1
16	标准误差	2.7	2.9
17			

图 16-2 统计汇总样表

2. 选中摘要图表，在“插入”选项卡中单击“插入柱形条或条形图”图标，在工作表中插入平均值柱形图。

3. 单击柱形图，选择“图表设计—添加图表元素—误差线—其他误差线选项”菜单命令，如图16-3所示。

4. 打开“设置误差线格式”窗格，单击“误差线选项”图标，选中“自定义”单选按钮，然后单击“指定值”按钮，在“自定义错误栏”对话框中选择包含标准误差的数据范围。在示例中，这意味着选择包含计算标准误差的单元格，从汇总图表中选择正负误差值，如图16-4所示。

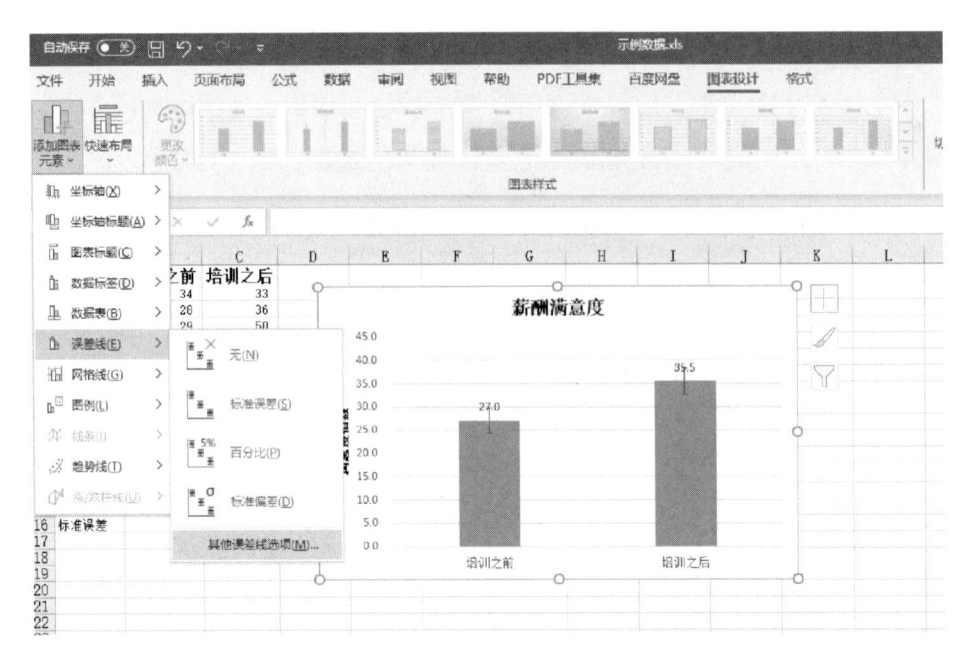

图 16-3　插入误差线

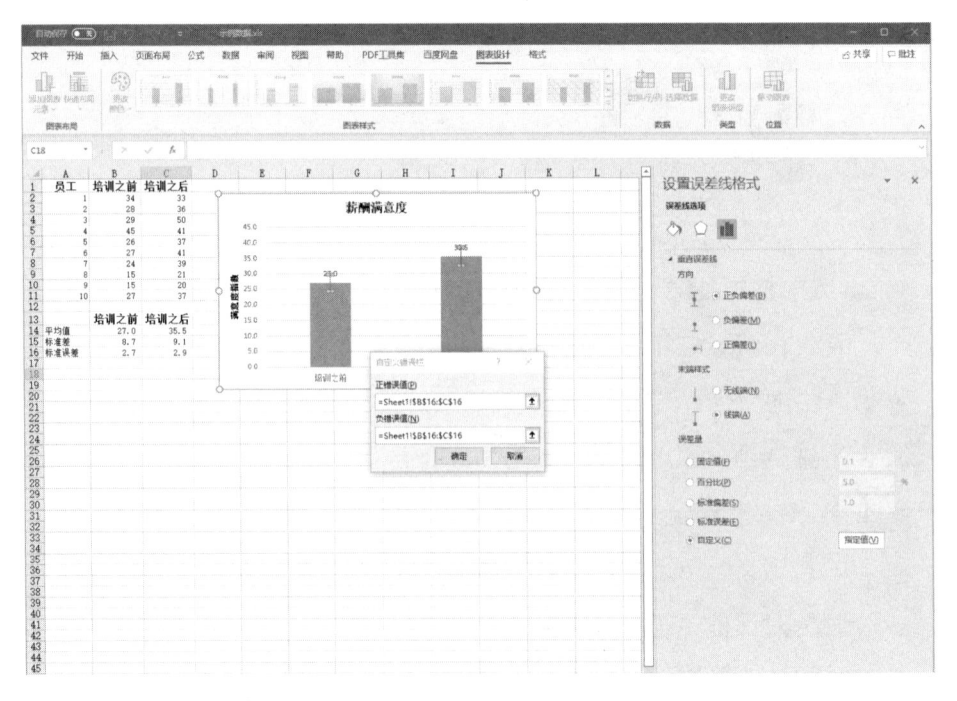

图 16-4　选择正负误差值

5. 单击"确定"按钮，添加误差线，如图16-5所示。

在图16-5中，如果误差线重叠，表明"培训之前"误差线的顶部比"培训之后"误差线的底部延伸得更高。也就是说，即使"培训之前"误差线所代表的平均值看起来不同，考虑到误差，两者的实际平均值也可能是相同的。如果这些误差线没有重叠，那两者的平均值就不太可能相同。

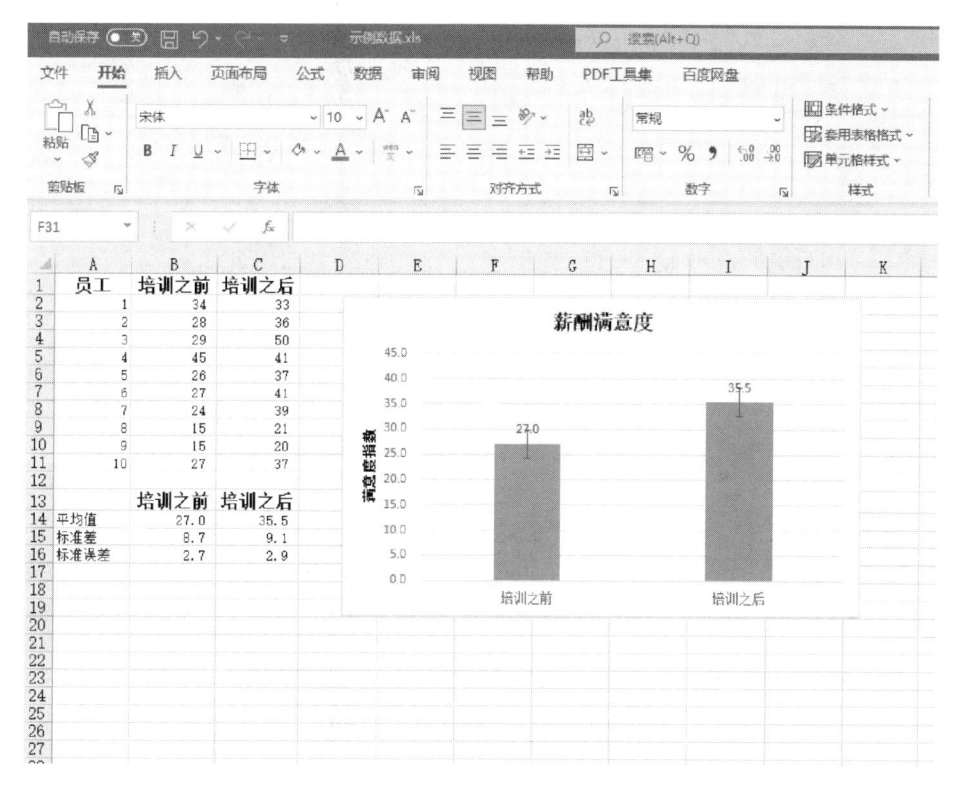

图 16-5　带有误差线的柱形图

使用T检验来决定平均值之间的统计学显著性差异

T检验是在实验设计中用于比较不同组别或样本以确定某些变化的影响的常用统计方法。在进一步讨论之前，你需要知道一些关于T检验的知识。接下来我将解释T检验的3种类型和2种形式，以及在Excel中完成T检验需要理解的特定描述符。

T 检验的 3 种类型

- 独立样本（未配对）T 检验。这是最常见的 T 检验类型。它允许你比较两组数据。下面的示例将使用独立样本 T 检验。我会比较一个接受过培训的组和一个没有接受过培训的组。

- 配对样本 T 检验。在因变量样本上运行 T 检验时，需要使用配对样本 T 检验。例如，在培训前和培训后分别收集同一组人的数据，你就是在进行配对样本 T 检验。比较同一个人在培训前后的测试成绩意味着你有效地利用了每个人变化的数据。与其将受过培训的员工样本与未受过培训的员工样本的测试结果进行比较，不如将同一组员工接受培训之前与接受培训之后的测试结果进行比较。

- 单样本 T 检验。这类 T 检验是把你收集的样本的平均值与已知值进行比较。例如，你可以使用单样本 T 检验来比较公司内员工请病假的天数与行业平均值。

T 检验的 2 种形式

- 双尾 T 检验。在较为传统的双尾 T 检验中，你的假设只是平均值不同，所以一个极端的 T 值，无论是正值还是负值，都可以作为反驳"平均值相同"这一无效假设的证据。

- 单尾 T 检验。在单尾 T 检验这种形式下，你的假设所期望的差异会走向同一个方向。

Excel 对 3 种类型的标记

- 配对检验。在执行配对 T 检验时使用此选项。

- 双样本等方差（同方差）检验。当用相等的标准差进行独立样本 T 检验时，使用此选项。

- 双样本异方差检验。当用不相等的标准差进行独立样本 T 检验时，使用此选项。

现在，假设你想评估一项培训的效果，以帮助员工更好地了解与薪酬有关的所有要素，包括他们的薪酬与市场的比较，以及公司如何做出薪酬决策。作为测试，你将100名实验对象纳入研究，然后随机分配50名实验对象到实验组（培训组），50名实验对象到对照组（未培训组）。在这种情况下，你有两个独立的样本，将使用独立样本T检验类型。培训结束后，可以用T检验将实验组参与者的下一次表现评估分数与对照组进行比较。

借助配对样本或独立样本T检验，你可以确定培训是否会导致测试结果存在差异。从技术上来说，你是在接受或拒绝你发现的差异（如果有）可能是偶然的结果，或者可能是其他因素造成的。（对于你的研究，你会假设"其他因素"是培训，直到事实证明不是这样。）

> T统计量的实际计算和它是一个有效检验的证明超出了本书的范围。在实践中，没有人会自己计算T统计量，一般使用统计软件包（或万能软件、Excel）来计算，我建议你也这样做。

在Excel中进行T检验

再看看这个例子。你试图弄清楚一名员工在接受了解释其当前薪酬水平背后逻辑的培训后，他的薪酬满意度是否有所提高。你可以假设"薪酬培训可以提高员工的薪酬满意度"。为了验证这个理论，你提出了一个假设，即实验组和对照组这两个样本的平均值并不相等，这意味着两个组的薪酬满意度水平之间的差异存在统计学显著性。

> 科学总是要求你检验与你的假设相反的东西。如果你实际的假设是两个样本的平均值不相等，那么相反的假设就是两个样本的平均值相等。这就是所谓的"零假设"。如果这两个平均值不相等，你就会拒绝无效假设（它们是相等的），并暂时接受无效假设的替代方案——无论你的理论提出了什么，这两个平均值都是不相等的。现在，你的理论站得住脚。

正如我在本章前面提到的，确定两个组的平均值之间是否存在显著差异的最佳方法之一是使用T检验。你需要对实验组薪酬满意度的培训前和培训后结果进行T检验，然后将这些数值与对照组的数值进行比较。一个快速的计算方法是使用Excel内置的T.TEST函数：

=T.TEST（{array1}，{array2}，{tails}，{type}）

{array1}是第一组数据。

{array2}是第二组数据。

{tails}指的是你想运行一个单尾检验还是双尾检验。在{tails}中，输入2用于双尾检验，输入1用于单尾检验。

{type}是T检验的类型，一共有3种： 1 = 配对检验；2 = 双样本等方差（同方差）检验；3 = 双样本异方差检验。

因此，要比较实验组培训之前和培训之后的结果，首先在你想要显示结果的单元格中直接输入以下语句：

=T.TEST（

如图16-6所示，你需要的参数的占位符会自动出现在单元格中。

接着提供正确的参数，如下所示。

{array1}：输入"B3：B12"（实验组培训之前）。

{array2}：输入"C3：C12"（实验组培训之后）。

{tails}：因为是双尾检验，所以输入"2"。

{type}：因为是双样本等方差检验，所以输入"2"。

按Enter键，系统会自动进行T检验。这里的结果是，p值（概率值）为0.045。在统计分析中，p值表示你所观察到的差异为偶然发生的结果的概率。每次实验都有随机噪声，p值表示仅由这个随机噪声造成平均值不同的概率。因此，如果p值小于0.05，你可以有95%的信心认为确实存在差异。

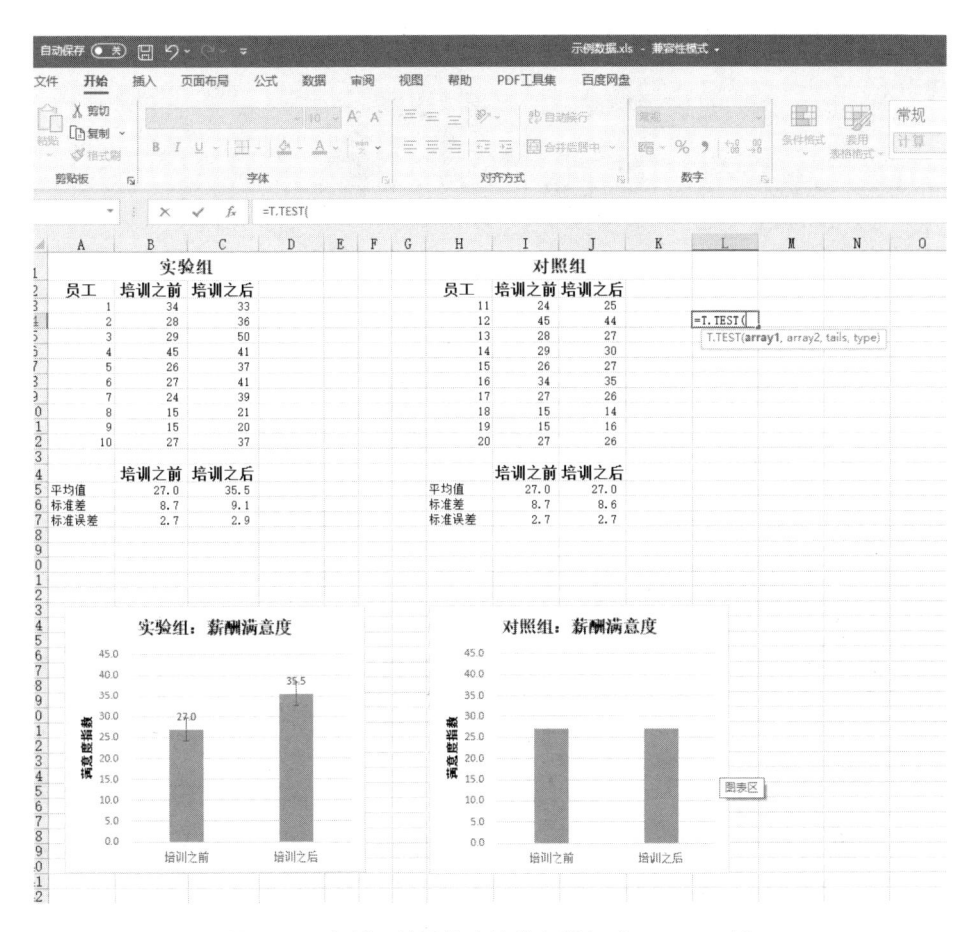

图 16-6　在任一单元格直接输入语句"=T.TEST（"

> 小的 p 值（通常≤0.05）表示有强有力的证据反对零假设，因此你拒绝零假设。较大的 p 值（>0.05）表示反对原假设的证据不足，因此你无法拒绝原假设。

为了比较实验组和对照组，再次在你想要显示结果的单元格中直接输入以下语句：

= T.TEST（

接着提供正确的参数，如下所示。

{array1}：输入"C3：C12"（实验组培训之后）。

{array2}：输入"J3：J12"（对照组培训之后）。

{tails}：因为是双尾检验，所以输入"2"。

{type}：因为是双样本等方差检验，所以输入"2"。

按Enter键，系统会自动运行T检验。这里的结果是，p值为0.046，如图16-7所示。

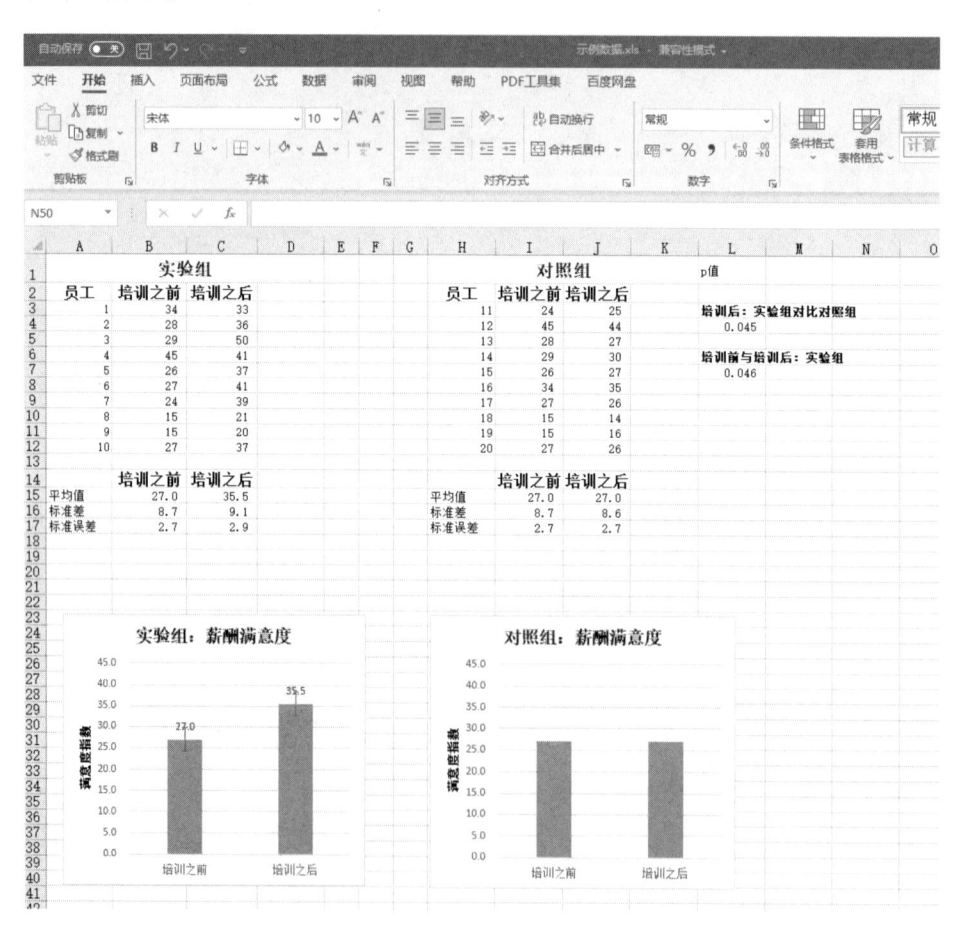

图16-7 两个T检验函数运算得出的p值

功能齐全的统计应用程序将输出一个更完整的汇总统计数据表，而Excel中的这个简单、快捷的函数只输出了一个简单的p值。不过这也足够了，因为p值是本节讨论的最重要的值。要解释p值，你只需知道p值是否小于你设置的置信水平，如0.10、0.05或0.01。

在本示例中，继续将置信水平设置为一个相当容易达到的标准，使置信水平低于90%。当你把这个标准应用到这两个p值上时，你会发现两个p值（0.045和0.046）确实都低于你为确信你的平均值不相等而设定的最小阈值。这允许你拒绝平均值相等的无效假设，并接受平均值不相等的替代假设。

现在，基于你想要的置信水平和这个实验，你有足够的证据支持"薪酬培训可以提高员工的薪酬满意度"这一观点。你现在可以说，这两个平均值的差异具有统计学显著性。

> 请记住，统计学显著性并不意味着重要性。也许有更好的方法来提高员工的薪酬满意度，或者薪酬满意度对员工离职没有影响。如果是这样的话，统计学显著性对你来说可能就不重要了。要想做出一个完整的决定，你应该在KDA中考虑你所了解的因素（包括薪酬）的相对重要性。

第5部分
人力数据分析中的误区和陷阱

在本部分，你将：

- 认识人力数据分析中的常见误区；
- 避免掉入人力数据分析中的常见陷阱。

> 在本章，你将：
>
> - 认识人力数据分析中常见的误区；
> - 换一种思维方式进行人力数据分析；
> - 从一开始就确定你的优先事项。

第 17 章

人力数据分析的十大误区

不同于其他数据分析，要想掌握人力数据分析格外困难。由于传统的工作方式和领导方式通常具有惯性，因此你的同事（有些很和善，有些则感觉受到了新事物的威胁）可能会直接或间接地破坏你的成功。人力数据分析存在很多误区，许多非常成功、资源充足的大型公司都会陷入其中一个或多个。一开始它们的期待很高，但很快就发现自己在人力数据分析方面碰了一鼻子灰。如果你的公司规模有限且资源不足，那你将面临更大的挑战！

在本章，我会告诉你人力数据分析中常见的误区，并告诉你如何以不同的方式思考人力数据分析工作。你非常容易进入这些误区，如果你不小心的话，它们可能会给你造成大麻烦。请务必留意它们并想好对策！如果你和我一样重视人力数据分析，这么做可以激发你对人力数据分析的主动性，帮助你乃至整个公司获得成功。

误区1：暂停手头工作优先进行人力数据分析只会阻碍你

误区1描述：停下手头传统的人力资源工作，为人力数据分析工作收集和分析数据会让你的工作进展变得缓慢，阻止你实现目标。

真相：人力数据分析的确需要提前花费很多时间来界定问题、开发数据收集程序并分析数据，但从长远来看，提前花费的时间可以为日后节省更多的时间。人力数据分析是为了帮助整个团队更高效地工作，而非更辛苦地工作。

停下手头工作去收集和分析数据似乎与你想要完成的事情背道而驰，但人力数据分析实际上是让人力资源工作获得成效的最快、最高效的方式。

这里有一个情境能说明人力数据分析如何帮助你完成与之前同等的工作量，并帮助你节省大量的时间和精力。

假设你是一名招聘主管。你的团队正在尽心竭力地为公司填补空缺岗位。招聘人员每天要工作10~12小时才能保持与应聘者的交流互动。此外，管理层还想开辟一个新市场，他们要求你再做一些别的事情。

你可能会想："我们怎么可能抽出一名团队成员来做人力数据分析呢？我们太忙了！"

你虽然内心很抗拒，但还是照做了。通过对简历和招聘流程数据进行分析，你发现按照新的标准筛选简历可以减少进入招聘后期但注定会落选的应聘者人数。对筛选简历的方式做一个简单的调整，就可以在之后的招聘过程中让招聘人员与应聘者的交流互动减少25%，而且招聘人数或招聘质量并不会降低。通过进行人力数据分析，你的团队减少了工作量，工作效果相当于增加了25%的招聘人员。

通过分析你还发现了另一个规律。在面试中以特定方式回答问题的应聘者的职业稳定性更高，他们通常不会在入职的第一年就离职。选择这类应聘者可以改善人才流失情况，让你节省25%的招聘工作量。

通过运用以上两个洞察，你可以减少招聘人员的工作量，或者说以同等数量的招聘人员更高效地完成招聘任务，招聘团队的整体生产率实际提高了50%。如果一年中有50个工作周，在上面这个例子中，你节省了25个工作周的人力资源工作。即使团队在招聘工作的数据分析上耗费了2周的时间，那还节省了23周呢！这还只是一年的效果，如果你的这两个洞察在接下来的5年内持续发挥效力，你可以想象一下暂停手头工作进行2周的人力数据分析会为你带来多大的回报——节省了未来5年115个工作周的人力资源工作。

上面的例子充分说明了人力数据分析的价值：如果你提前认真做好人力数据分析工作，就可以以较少的投入获得较大的回报。

误区2：系统是先决条件

误区2描述：要进行人力数据分析，你必须选择和采用一个新系统。

真相：最有效的人力数据分析流程直到最后一步才会用到系统！以下是人力数据分析的"八步法"。

1. 明确需要解决的最重要的问题。
2. 研究你已经知道的与问题相关的信息。
3. 根据问题的原因形成新理论，预测你基于数据可能会看到的证据信息。
4. 制定评估标准以验证你的新理论。
5. 收集准确的数据以便实施评估。
6. 实施评估并分析这些数据是否能够支持你的新理论。
7. 确认通过数据分析获得的洞察是否有价值。如果答案是否定的，返回步骤1；如果答案是肯定的，继续下一步。
8. 如果通过数据分析获得的洞察有价值，确认你是否希望它持续发挥效力。如果答案是肯定的，可以通过系统实现分析自动化；如果答案是否定的，返回步骤1。

正如你所看到的，这个过程并不要求你一开始就使用特定的新系统进行人力数据分析。事实上，一开始就用新系统做人力数据分析可能会阻碍你去关注那些最重要的问题。你不需要在启动人力数据分析计划之前投入大量的时间和金钱在专业化的系统上。你可以先利用一些已有的人力资源基础设施和基本应用程序来进行人力数据分析工作，以证明你所做的工作是有价值的。

系统并不是人力数据分析中最重要的部分，分析才是。软件开发人员总是致力于开发比先前更好的新系统，但其实新系统并非启动人力数据分析的必要条件。你甚至可以通过逻辑推理、实验和办公软件来解决最棘手的分析难题，这些方法既不复杂也不贵。你的人力数据分析工作可以在标准的桌面应用程序（如Microsoft Excel）、基于云计算的电子表格软件（如Google Sheets）或开源的统计软件（如R）中执行。除此以外的任何其他事情都只是帮助你把事情做得更好或更高效。我完全赞同追求更好、更高效的做事态度，但请不要让"完美"成为你开始进行人力数据分析的敌人。

综上所述，你不需要先投资买入新系统，再启动你的人力数据分析计划。

误区 3：数据多多益善

误区3描述：数据、指标和报告越多，人力数据分析工作就做得越好。

真相：你拥有的数据、指标和报告越多，你（及公司里的其他人）的压力和困惑就越多。

让过多的用户访问所有数据并且有权限切分所有数据，会导致数据变成一团乱麻，严重影响数据的采用。

此外，收集、存储、移动、清理、共享和查看数据也需要一些成本，除了费用成本，还有时间成本。了解所有数据的细节需要时间。在弄明白你要用数据做什么之前，盲目追求数据的数量可能会令你疲于应对各项工作，并且对你的工作成功毫无益处。你要确保针对数据所采取的行动与你想获得的有价值的洞察是相匹配的，避免做无用功。

数据分析中最重要的是根据分析结果得出有价值的洞见，从而采取行动。你手头的数据可能包含问题的答案，也可能不包含，但肯定不包含问题本身。问题要靠你自己去发现和提出。努力找出最重要的问题，再反推数据分析工作，有助于你将精力放在优先事项上，同时提高你的工作成果与他人的相关性。

误区 4：数据必须是完美的

误区4描述：人力资源数据必须是详尽、完美的，在启动人力数据分析前，必须将它们都囊括在一个系统中。

真相：如果你看看其他领域，就会发现没有完美的数据集，但人们仍然在不断进步。

你处理的数据越多（同与数据打交道的人接触得越多），就越会意识到世界上根本没有完美的数据集，金融领域没有，销售领域和市场营销领域也没有。没有人拥有真正完美的数据集。

如果数据不在一个系统中，可以进行添加；如果数据的格式不合适，可以进行转换；如果数据丢失，可以进行填补。这些工作在数据分析过程中很常见。

最重要的是，统计方法允许你从不完美的数据中得出结论。统计方法具有容错性，这意味着它们不需要完美的数据集。统计方法的本质是为不确定的世界增加确定性。大多数统计应用程序都是比较两个度量值是否不同，然后用数学方法来判断两者的差异是真实的还是随机的。即便你的数据有误，也可以获得一个比较确切的答案。

人们一直寻求的是合理的确定性而非绝对的确定性。完美有其自身的价值，但追求完美需要付出代价。在人力数据分析领域，完美的价值并不是很高。相反，如果追求完美阻碍了你开启人力数据分析这项工作，那代价就太大了。

误区5：人力数据分析工作可以由IT团队或人力资源信息技术团队来负责

误区5描述：人力数据分析工作可以由IT团队或人力资源信息技术团队来负责。

真相：尽管人力数据分析和人力资源信息技术都与数据、人力资源有关，但两者需要的技能截然不同。负责维护人力资源系统的人力资源信息技术团队已经肩负起了相应的职责。

人力资源信息技术团队的员工通常会负责以下各种人力资源系统的选择、集成、ETL（提取、转换、下载）、安全和管理：

- 应聘者管理系统；
- 新员工培训系统；
- 人力资源信息系统（与其他系统关联的员工记录系统）；
- 工资管理系统；
- 薪酬规划系统；
- 绩效管理系统；
- 学习管理系统。

各种各样的系统让人力资源部门日常工作的方方面面都越来越便捷。人力资源专业人士想收集的数据也能从相关的系统中访问和提取，许多人就认为这种功能类似于分析，其实两者并不是一回事。与没有系统可用相比，人力资源系统确实帮助你提高了工作效率，但它只是捕获数据，并不对数据进行深度分析。

良好的人力资源信息系统管理需要由具备IT背景的专业人员来实施。IT专业人员主要负责选择系统、搭建架构、设计系统间的数据流动方式、监督系统的安全性及辅导相关人员进行操作。这些工作本身就包含了巨大的工作量，并不包含行为科学、统计学和人力资源领域的专业知识，这些是人力数据分析工作所要求具备的知识和能力。人力资源信息技术团队只完成系统相关的工作就已经日不暇给了，再要求他们进行人力数据分析几乎是不可能的事。

综上所述，人力资源信息系统管理是一个特定领域的IT功能，而人力数据分析是一个特定领域的数据分析功能。IT和人力资源信息技术团队负责确定系统架构、收集系统需求、管理系统。人力数据分析工作则需要扎实的行为科学、统计学和人力资源专业知识。

> 当然，确实有一些系统可以让人力数据分析工作更加便捷。同其他业务的数据分析功能一样，支持人力数据分析的系统往往包含以下一项或多项功能：ETL（提取、转换、加载）、数据工作流、数据仓库、数据报告、统计、DevOps、机器学习和数据可视化。除了常规的数据分析程序，人力数据分析还需要具备开展调研的能力。专门为人力数据分析设计的系统应用不断涌现。例如，某些系统可以帮助你把来自多个数据源的人力资源数据整合到一个统一的数据模型中，使人力资源数据可视化，帮助你检查薪酬中的多样性偏差，分析人才招聘流程。

误区6：人工智能可以自动进行人力数据分析

误区6描述：你可以使用系统为你自动分析已有数据并解决问题。

真相：一旦确定一个算法能够独立完成某一任务，人工智能应用程序就可以派上用场了，但现阶段用于人力数据分析的人工智能应用程序仍然很少。

只要明确定义了任务，很多系统就能以惊人的速度完成这项任务，但这些系统无法自己确定目标和问题，以及针对重要问题拟订措施，依然有赖于人类提供必要的信息，对结果进行解释，以及激发他人对变革的热情。

人力数据分析需要拥有热情、好奇心、创造力和解决问题能力的人投入其中并付出努力。的确，有些任务更适合计算机算法来完成，但前提是有人告诉计算机要执行什么任务、提供数据、审查算法、确定输出格式、鉴别对算法和设计流程可能有用的新数据。以人工智能现阶段的发展水平来看，人力数据分析领域仍有大量的工作需要人工完成！

误区7：人力数据分析只适合专业人士

误区7描述：人力数据分析只适合专业人士，普通人没必要学会。只有精通数据科学且具备博士学位的专家（或专家团队）才有可能完成这项工作。

真相：人力数据分析是一项团队活动。

虽然我从不放过任何一个为团队争取天才成员的机会，但聘请一个全是顶级人才的团队来完成所有人力数据分析工作的想法是完全错误的。在当今快速发展和竞争激烈的市场中，每个人都应该学会如何提出优秀的数据问题、收集有效的数据、基于数据做出良好的决策，以及使用电子表格中的数据。

此外，人力数据分析中的许多任务并不需要人们拥有博士学位或任何特殊才能。80%以上的数据分析工作只是为分析做准备，而不是分析本身。这些工作有：

- 项目管理；
- 与他人沟通，确定数据在系统中的位置；
- 将数据导入数据库和电子表格；

- 填补数据漏洞；
- 将运算导入数据集，实现数据的组合、分离、添加或删除；
- 将数据字段转换为适合分析的格式；
- 准确定位整个数据集以便分析；
- 创建图表；
- 将图表添加到幻灯片中并辅以注释；
- 与他人分享数据和洞察；
- 将洞察应用在决策过程中。

让每个人都参与进来！

别害怕，当一些棘手的问题发生时，公司任何其他部门的任何人都可以向你献计献策。

误区8：存在一劳永逸的人力资源策略和解决方案

误区8描述：存在一劳永逸的人力资源策略和解决方案。一旦你成功实施了一次人力数据分析并得到了有用的洞察，人力数据分析工作就结束了。

真相：人力数据分析工作永无止境。

人力资源策略有时效性，统计模型也需要不断维护更新才能持续发挥效力。所有统计模型都以环境、行为和认知假设开始，这些假设需要类似的条件才能保证结果可以从一种情况推广到另一种情况。这就需要你不断地重新评估假设，用新数据持续更新统计模型。

即使你能完全解决一个问题，下一个问题也会在别处等你。人类内在的动态特性使其成为公司的核心和灵魂，这也是问题源源不断产生的根源。

与其追求一份意义不大的待办事项清单，不如通过给公司和员工带来的价值来衡量你工作的成功。

误区 9：分析越复杂，分析师越优秀

误区9描述：分析越复杂，分析师越优秀。

真相：顶级分析师通常都以最简单的方式回答问题。

"奥卡姆剃刀"是一个哲学定律，它指出，最简单的解释通常也是最正确的解释。假设对某件事有两个解释，需要进行最少的思考的那个解释通常更好，因为它的假设更少，也更容易被理解。

在所有有关人力数据分析的误区中，最隐蔽的也许就是认为分析越复杂越好。人们通常将"更好"定义为使用最创新、最先进的工具。人们喜欢新的东西，如新技术、新的分析方式、新的分析软件，因为它们意味着人们可以尝试一些以前没有尝试过的东西，能够引领潮流。对工作保持一点兴奋和好奇无可厚非，但兴奋和好奇要与解决关键问题、为工作选取最有效的工具之间保持平衡。否则，一味追逐潮流可能会浪费你所有的时间和金钱。

近年来，新事物不断涌现，从预测分析、自然语言处理、组织网络分析到人工智能。如果你追随人工智能的潮流，你可能会认为应该把"人力"从"人力数据分析"中去掉，然后做一些完全不同的事情。就像流行的饮食和运动器材一样，这些吸睛的新事物有时会分散你的注意力，使你无法集中于眼前的或其他可以实现的目标。一定要当心，因为流行的事物往往都是由大型科技公司营销出来的，目的就是让你为了满足一时的好奇而掏空自己的时间和金钱，它们则从中快速谋利。

以组织网络分析为例，组织网络分析是一种基于社会网络理论研究公司内部通信和社会技术网络的先进统计方法。这种技术可以为组织系统中的人员和知识模式创建统计和图形模型。在该技术刚刚流行时，如果你不用它做点什么，你就会被视为一个"老古董"。根据"潮人"的说法，如果你不使用组织网络分析技术，干脆把"分析"从"人力数

据分析"中去掉，因为你只是做事的"人"，并没有做真正意义上的分析。对此，我并不同意。组织网络分析是理解信息流模式的好工具，也是研究多样性的有效手段。如果组织网络分析提供的信息对你解决当前的问题有用，并且你知道如何利用它，那就可以称得上"分析"。但如果组织网络分析提供的信息对你并没有什么用处，那么即便你的网络图表很有趣，也无法维持长久的吸引力。正在你继续探索组织网络分析的应用范畴时，世界已经迈入了人工智能时代。同样会有一些"潮人"试图让你相信，如果你不使用人工智能，那你最好现在就放弃"分析"。不要相信他们的话！

就像木匠无法只通过使用最新的激光水准仪来建造一座房子一样，你也无法只通过使用组织网络分析或其他最先进的工具来彻底解决公司的问题。对人才进行判断有很多不同的标准和方式，但任何一种都不会完全适用于你手头的分析工作，你需要的是一个工具箱，里面包含一系列工具，用于解决各种不同的问题。有新工具用是好事，但别过度关注它们。

误区 10：财务指标是人力数据分析中最重要的目标

误区 10 描述：人力数据分析最重要的目标是通过财务指标（如投资回报率）来衡量与人有关的行为。

真相：金融业几百年来的发展得益于通用的定义、惯例和监管，人力数据分析在这些方面可能有所欠缺。但人力数据分析代表了一种新的、能够了解和控制公司绩效的系统，这种系统不同于传统的财务指标，甚至在某些方面远远优于传统的财务指标。

对财务分析方法的批评包括以下几个方面。

- 财务指标集中了过多的行为和条件，让人们丧失了判断因果关系的能力。

- 根据财务指标来管理公司就像借助后视镜驾驶汽车一样。财务指标是一个不错的记分卡，但不能算作一个好的指南针。
- 财务指标可以推动公司做出能够实现短期财务收益的决策，但从长远看，这些决策可能会带来毁灭性的后果。

那种认为传统的针对公司绩效的会计核算方法是分析公司业务和做出决策的唯一方法的观点是不正确的。人力数据分析是从财务指标的"上游"对影响公司长期健康发展和绩效的事情提供洞察和解决方法。人力数据分析包含财务指标，但它提供了更多无法从财务指标中得出的洞察。

不要期望传统的会计方法和系统能立即反映出人力资源工作所取得的成效。最终，加强对人才吸引、人才激励和人才流失的控制会改善公司的经营状况，但这一回报需要时间来证明，并且很难将个人决策或行为的影响与财务指标脱离开来。这并不是说不能衡量个人决策或行为的影响，而是说你只能通过用其他方法仔细检查因果假设来衡量。

> 在本章，你将：
> - 认识人力数据分析中常犯的错误；
> - 避免陷入数据分析的陷阱；
> - 在推进工作的同时降低可能存在的风险。

第18章

人力数据分析的十大陷阱

在我的人力数据分析职业生涯中，我当然也犯过一些错误，但你不需要和我一样在犯错中成长。在本章中，我将分享多年来我看到的人力数据分析工作中10个最常见的（也是最严重的）陷阱。通过阅读本章，希望你能让自己和队友们都避开这些陷阱。

陷阱1：改变人很难

人力数据分析可以改变人力资源的整个性质——没有什么比"改变"更能刺激人们的敏感神经了。无论你正在进行的人力数据分析涉及面有多广，如果你尝试改变人们的思维方式、决策方式和做事方式，你都可能会遇到一定程度的困难。

我经常听到一种观点：人们"抗拒"改变。然而我更经常看到的是人们对改变的"矛盾情绪"，这可比"抗拒"更糟糕，因为每个人都可能表面上为你加油，实际上却不为你提供成功所需的支持。与"改变"

相关的困难体现在许多方面，例如：

- 你需要某人授权访问系统，但这个人长时间无理由地延迟授权；
- 你需要其他人向你解释数据定义，而他们声称现在太忙而无法办到；
- 你需要与某人讨论你正在构建的报告，但你根本约不到他；
- 你需要有人来改变其他人将数据输入系统的方式，并希望有人帮助你清理数据，但没有人理会你。

你需要坚信改变的益处，并不断解决改变路上的困难，尝试让每个人都参与进来。否则，最初的"矛盾情绪"很快就会变成"全面抗拒"，最终让你根据数据做出的决策无法付诸行动。

以下是一些可以让你主动提高改变的成功概率的方法。

- 建立一个跨职能的人力数据分析工作组，以帮助你更加了解他人的需求并建立"支持伞"。每当你遇到问题时，请在小组每月例会上展开讨论。通过这种方法，你不仅会获得宝贵的意见，还会获得他人的支持。
- 与IT、数据管理和人力资源信息技术人员建立持久的关系。你需要获得他们的祝福、投入、支持和友谊。你的任何投入都会得到回报。
- 得到一位重要的项目发起人的支持。当你与他人交流时，你可以透露高层正在密切关注项目的结果，这往往会引起人们的关注与配合。
- 3个词：沟通，沟通，沟通！有个好方法是定期向所有利益相关者发送项目简报，一定要在简报中强调人力数据分析的重要性和本项目带来的益处，并向他们提供有关项目状态的最新信息。

> 在第 1 章，我提到了 4S 人力数据分析框架，即人力数据分析集合：人力数据分析是综合统计学、行为科学、信息技术和人才战略这 4 个学科领域而创造出的一个新学科领域。此处我再次引用了 4S 人力数据分析框架，如图 18-1 所示，图中说明了人力数据分析如何使用 4S 能力以进行前所未有的创新。大多数公司在刚开始进行人力数据分析时在 4S 能力上都会或多或少存在一些优势与不足，重要的是要认识到不同的优势和不足会让你的人力数据分析工作产生不同的盲点或陷阱。具体产生哪种陷阱取决于 4S 能力中的短板。接下来我会依次介绍与 4S 能力相关的陷阱，帮助你尽可能地规避它们。

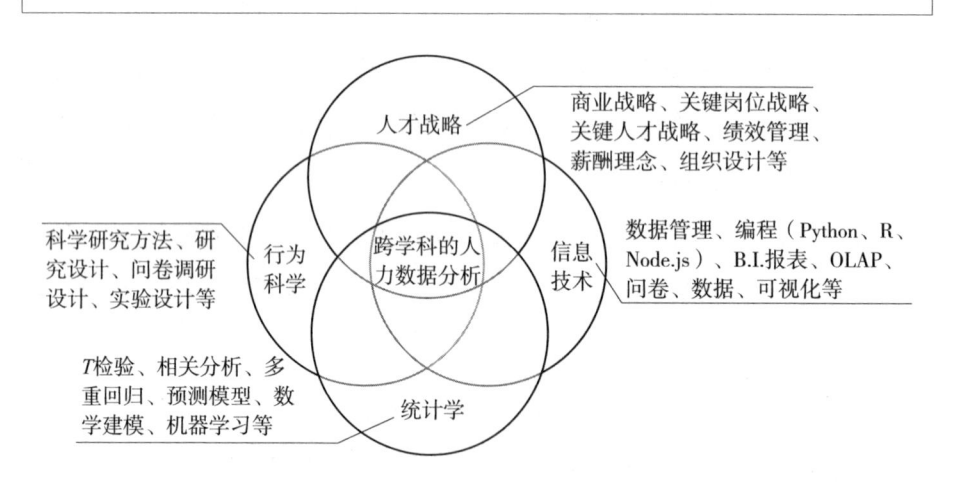

图 18-1　4S 人力数据分析框架

陷阱 2：人力数据分析中缺少人才战略部分

人力数据分析只有在与人才战略保持一致并为公司决策提供信息时才真正有用，否则只是徒劳。如果数据分析与人才战略无关，或者数据分析不是由人才战略决定的，公司做数据分析只是在浪费时间和金钱。

在人力数据分析与人才战略之间缺乏联系的情况下，大多数公司都很盲目，要么尝试量化分析一切，要么模仿其他公司的数据分析做法。

衡量一切容易衡量的东西

这是迄今为止人们在人力数据分析中所犯的最大错误——他们评估哪些内容容易被量化并对其进行量化评估，而不管评估内容与业务是否相关。

人力资源部门主管经常会头脑风暴制定措施进行数据分析。通常，他们最终得到的都是他们以前听说过的、在管理期刊上读到的或已经看过的分析结果。显然，这不是制订计划的最佳方式，因为结果与业务战略无关，而且没有回答公司最关键的问题。

衡量其他人正在衡量的一切

许多公司容易陷入的另一个陷阱是了解其他公司的数据分析内容，然后跟风模仿。

例如，有些公司的人力资源部门主管可能会注意到许多公司都在进行年度敬业度调查，就认为自己的公司最好也这样做。他们没有后退一步弄清楚自己的公司需要回答什么问题，而只是单纯地效仿其他公司。因此，他们量化评估的往往只是他们以前一直在做的事情、受到外部资源或市场上最新书籍启发的事情，而不是与本公司息息相关的事情。

- 如果你从一个定义不明确的问题开始，你的人力数据分析工作就会变成一次钓鱼探险——你将鱼线放入数据湖中，希望鱼儿自己上钩。
- 如果你从一个不重要的问题开始，你的努力就会变得微不足道。你的人力数据分析工作可能会很成功，但最终你会发现你的成功毫无价值。
- 如果你在开始人力数据分析之前根本没有定义问题，你就会成为一名气象科学家——你正在分析空气。

最好的洞察来自专注的项目。你需要了解你正在尝试解决的问题，并清楚地了解需要分析哪些内容才能获得所需的结果。

从一个想法开始，形成一个假设，然后用数据来确认、完善或拒绝这个假设。

专注很重要，因为除非你拥有庞大的团队和无限的资源，否则你没有时间或金钱做所有事情。人才战略可以让你保持专注。

陷阱3：人力数据分析中缺少统计学部分

人们学习统计学的原因有很多，其中最重要的一个原因是统计学可以帮助人们在充满不确定性的世界中做出更好的决策。当今世界充满了不确定性，而且数据泛滥。统计学可以帮助你理解数据，从而让你更好地了解世界。

不熟悉统计学的人希望能够在折线图或柱形图中清楚地看到问题的答案。但是，这种视觉模式可能会误导你。仅凭一条线随着时间的推移而延伸并不能说明你关于这条线为什么延伸的结论是正确的。仅凭图表中两个大小不同的柱形图并不能说明你测量的两个变量之间一定存在显著差异。在非常简单的比较中，只有非常大的差异才会在可视化图表中显示出来。过度依赖可视化图表会导致观察结果过于简单，无法为复杂的问题提供答案。现实世界是复杂的，许多因素同时向不同的方向起作用，这些都不容易被转化为可视化图表。

> 统计学对很多人来说都可能是一门令人生畏的学科，但归根结底，它是一门涉及某种逻辑和某些程序的学科，任何人都可以学习。毕竟人际关系的不确定性要比统计学大得多，而你每天都在管理这些！

陷阱4：人力数据分析中缺少行为科学部分

很多人认为，公司在寻找人力数据分析师时，最应该看重的技能是相关的系统知识或其他技术工具（如Python、R或机器学习）。然而，根据我的经验，事实并非如此。我在人力数据分析领域遇到的最优秀的人力数据分析师的共同点是拥有好奇心、想象力和对问题本质的追求。除此之外，我还注意到他们倾向于研究某些形式的行为科学，特别是心理学、社会学、经营管理或经济学。

科学在当今世界无处不在，以至于人们几乎不会注意到它。科学几乎影响了人们日常生活的方方面面，其中当然包括人们的工作。技术和科学的进步正在以令人难以置信的速度改变着这个世界，未来难以想象。在这个世界上，没有人能够摆脱科学的影响，但并不是每个人都了解科学的重要性，被教导进行批判性思考，或者拥有与科学家一样的分析问题的工具。科学在人力数据分析工作中的应用是一个新前沿，我很自豪能参与其中，你也可以参与其中！

> 科学的美妙之处在于它可以自我修正。科学就是提出一个想法，测试这个想法，然后观察它是否可行。如果这个想法是错误的，你必须放弃它，为新的想法让路。科学是一种观察你想理解的任何事物的方式，并说明这个事物是如何运作的、为什么如此运作，以及你如何知道这一点。

陷阱5：人力数据分析中缺少信息技术部分

今天，毫无疑问，很多公司都拥有支持人力资源诸多业务的功能性系统。例如，你会使用薪酬系统来支付员工工资，使用HRIS及其他各种系统来处理人力资源方面的专业工作，如招聘管理、绩效管理、员工关系、学习发展等。每家公司在人力资源工作方面多多少少都有相关的系统，但人力数据分析工作所需的系统与这些系统是截然不同的。

上述人力资源功能性系统旨在满足HR的业务需求，而不是满足人力数据分析的需求。虽然每个系统都可能有一个前端报告接口，可以让你直接访问系统中的数据，但因为这些系统的核心任务不是对数据进行深度分析，而且这些接口有很多不足，所以在大多数情况下，这些系统导出的标准报告只是由相关人员或数据形成的表单，并且你无法随意变更报告的导出格式，这种表单远没有达到数据分析的要求。

以下是人力资源功能性系统通常无法执行的数据分析任务的示例。

- 控制数据工作流，如从其他数据环境中提取、转换、加载数据，即将数据从数据源中移除或转移到其他数据源。
- 在报告中添加或删除数据元素，对数据进行组合分析。
- 根据你的想法执行数据计算任务并呈现相应的计算结果。
- 构建自定义数据集以执行相关性、卡方、多元回归、T检验等统计操作。
- 控制导出的报告的图表内容与格式。
- 以各业务部门为中心提供它们管理团队所需的所有数据（不同的业务部门所需的数据不同）。

由于人力资源功能性系统存在数据分析和报告方面的缺陷，人力资源中有数据分析意识的人往往会用其他应用程序（如Excel）来进行人力数据分析工作。例如，当人力资源功能性系统导出的报告未满足招聘团队对报告的深度需求时，招聘团队会请这一领域的专业分析师来构建招聘相关的数据报告。然而在这一过程中，专业分析师可能只对招聘系统中的数据进行分析，不太可能有权限调用其他系统中的数据或愿意花额外的精力对其他人力资源功能性系统中的数据进行组合分析。

除了上面描述的不同人力资源功能性系统之间存在数据分析割裂问题，如果你的公司规模很大，你还会发现公司其他业务部门之间也存在这个问题。例如，在有些公司，销售部门会聘请自己的数据分析师，而研发部门会另外组建自己的数据分析团队，两者是相互独立的。还有一些公司会按照地域或业务线来进行拆分分析。总而言之，越是在庞大、复杂的组织中，这种拆分和割裂情况越明显。

数据分析活动的拆分会导致公司内部的一些人虽然在不同的部门，却做着同样的事情，他们也没有意识到其他人正在做同样的事情。其实，大家完全可以在一个公共数据环境中更有效地完成数据分析任务，不同的人根据各自的业务需要拆分或修改数据范围，获得分析结果。如果你在人力数据分析中缺少4S中的信息技术部分，你就会发现自己的分析工作效率明显低下。

更重要的是，你试图利用数据来理解和解决的问题实际上可能是一个跨职能、跨部门问题，而上述割裂会让你无法洞察到问题的本质。因为你无法从全局视角进行数据分析，所以问题很可能在公司的一个部门解决了，然后出现在另一个部门，或者解决方案对你来说可能永远难以捉摸。

> 你可以利用一些应用程序来对人力数据进行增删、修改和分析处理，然而这只是一个短期的解决办法。如果你的公司中有很多人以低效（甚至可以说无效）的方式对数据执行大量的任务，那么你获得长期成功的机会就很小。集中数据能让你成功，割裂数据会让你失败。你应该尝试创建一个集中的人力数据分析环境，将多个数据子域和数据管理功能整合到一个公共区域，从而使你的系统内部更加井然有序。

陷阱6：没有以正确的方式让其他人参与进来

如果你构建了一个数据仪表板，但没有人使用它，怎么办？有没有用户是你的数据仪表板成功与否的关键。用户不喜欢使用你推出的工具的原因有很多。如果数据仪表板不能为他们的工作增加价值，他们就不会使用（就是这么简单）。也可能因为他们是不定期地访问并使用工具——他们登录系统的频率不够高，无法记住这些系统对他们有什么帮助，或者操作时不太方便和顺手。

与其从可能有也可能没有任何价值的数据开始，你不如离开办公室，更好地了解你所支持的人的世界，询问他们有关生产、销售和其他业务流程的问题。为了帮助他人，你需要了解这些人在做什么、他们的痛点是什么，以及对他们来说成功是什么样的。有了这些信息，你就可以将他们与要分析的数据和数据报告联系起来，帮助他们更好地做事。

虽然在早期与你的终端用户接触是件好事，但同时你也必须认识到，你不能期望人们能将他们的需求转化为有利于数据分析的语言和呈现形式。你不应该直截了当地问他们想在数据仪表板上看到什么。通常情况下，他们会简单地描述他们以前见过的东西，而那些东西往往不是能帮助他们解决问题的最佳分析报告。直到你构建了用户直接要求的内容并发现他们没有使用它，你才会发现这一点。但你可能会想："这是他们要求我做的。"如果你从头到尾都没有与终端用户进行深思熟虑的深度互动与沟通，这种数据分析的脱节现象就会经常发生。

在与用户一起讨论他们的工作后，接下来你应该创建数据分析解决方案的原型。此时的原型是整个解决方案的缩影，其分析范围可缩小到一些最重要的数据元素和/或公司的某一细分人群。原型通常由一些有限的分析解决方案与一个或多个用户容易理解的可视化数据图表构成。原型有利于你获得反馈，消除不确定性，模拟在全面使用特定数据集时遇到的挑战，以及让人们愿意参与到未来的工作中来。

> 人力数据分析是新事物。尽管有很多人赞同进行人力数据分析，但其实大多数人都不知道人力数据分析是什么、能够做什么，更不知道什么样的分析可以帮助他们。弄清楚用户的需求是你的专长，你的工作不是从用户那里直接获取具体的分析报告和分析指导，而是了解他们的工作是什么，他们现在需要解决什么业务问题，然后着手设计一个报告或分析解决方案来帮助他们做得更好。

陷阱7：人力数据分析资金不足

如果你被雇来负责人力数据分析工作并发现你没有预算，请不要难过。你不是第一个遇到这种情况的人，也不会是最后一个。但有一件事是肯定的：如果你不能清楚而诚实地弄清楚其他人对人力数据分析的期待，以及他们为了实现这些期待愿意提供给你的支持和资源水平，那么你的任何努力最终都会失败。

众所周知，全职人力数据分析师的职业倦怠发生率很高，因为人力数据分析跨越公司的每个部门、人力资源的每个子功能（招聘、薪酬、福利、薪资、员工关系、学习与发展、组织设计、多元化等），并且需要来自许多不同系统（ATS、HRIS、薪酬计划、绩效管理等）的数据。你会收到来自首席人力资源官、公司副总裁、中层经理、人力资源部门主管甚至你根本不认识的人的各种各样的需求。

如果你无法获得资源来构建可扩展的数据环境，并且无法满足用户的需求，那么你会陷入麻烦之中。你收到的各种各样的需求说明你的工作一定很重要，但是争取适当的资源、系统、数据和资金等方面的支持同样也很重要。虽然我一直认为，有太多的人来找你要数据分析报告总比无人问津强，但是你需要仔细处理这种"多需求"的情况，否则最终会陷入困境。

> 不要让你对人力数据分析工作的热情妨碍你对交付内容的理性决策。不要对所有的要求都说"好"。在你开始一个项目之前，请仔细思考以下几个问题。
>
> - 这个项目是否具备足够高的商业价值从而值得做？
> - 你是否考虑了这个项目与其他项目的相对价值？因为如果你接受了这个项目，你投入在其他项目上的时间和精力就少了。
> - 你是否真的得到了在这个新项目中取得成功所需的一切支持？
> - 要求你提供数据分析的人愿意提供什么资源来帮助你取得成功？

你可以通过做以下一些事情来更好地完成工作。

- 坦诚地面对你的时间和资源现状。
- 创建一个透明的优先级系统，根据这个系统来决定任务优先级。
- 要求那些提出需求的内部用户也为你做些事情，如在公司中为你的人力数据分析工作做宣传，或者成为项目发起人/人力数据分析工作组成员。总之，不管怎么样，确保他们对你有所回报。

陷阱8：错进错出

错进错出是指有缺陷的输入会产生有缺陷的输出。如果你将有问题的数据输入你要分析的数据库中，那么输出的结果将一文不值。

最典型也最容易发生错进错出情况的就是人力资源数据这一领域。数据质量是所有数据分析中一直存在的问题，尤其是当涉及人力数据时。人员及其相关信息始终处于不断变化的状态，代表它们的数据也是如此，因此很容易造成混乱，让人头疼。

例如，你正在使用最新的组织结构定义进行数据分析，但当你查看公司历史记录时，你发现过往的组织结构与现在的不同，因此你无法解释某个数字是如何得出的，这会直接影响报告的可信度。

源数据不是固定不变的。管理和组织方面的变化始终存在，因此你必须继续留意公司任何地方所发生的变化，如重组、管理层变动、收购、资产剥离和更名等情况。你如何识别分析结果是否有误？如果你发现分析结果确实有问题，你能追查到问题的源头吗？想象一下，如果你的数据来源之一损坏了，在你提取、转换和加载数据的过程中，关键字段无法计算出来。突然之间，下游的报告都出错了。如果在整个数据操作过程中没有设置数据检查警报，你就不会意识到这个问题发生了，除非有人在会议中打开报告提出"这是错误的"。没有人愿意在公开的会议上被他人指出问题，而且自己还无法解释这个问题。

此外，你还必须应对人力资源系统的复杂性。大多数公司都使用不同的系统来满足人力资源的各方面需求，如应聘者管理系统、人力资源信息系统、绩效管理系统、薪酬规划系统和其他人力资源功能性系统。即使你将所有这些功能都整合到一个系统中执行，你依然有可能要对接多个薪酬福利合作伙伴，每个伙伴都有自己的子系统，这些子系统之间可能还是冲突的。不同的子系统所有者都有其特有的业务规则，并且通常不维护他们不太需要的数据信息。此外，由于他们的工作是不断完成一个接一个的任务，因此他们对过去完成的业务数据毫不关心。

> 别吃惊，大多数管理者只了解他们所管理的部门的情况，这意味着他们看不到超出其管辖范围的公司层面的复杂性，也不了解公司层面各部门的变化。可能在你之前，没有人尝试从完整连贯的全局视角对公司的所有部门进行分析。你可能还会发现，不同的部门定义组织结构的方式不同，一些部门按照管理者来定义，一些部门按照财务成本中心来定义，还有一些部门按照工作区域来定义。你必须推动各部门在定义组织结构的方法上达成一致，以便报告公司及各部门的情况。这种定义方法不仅要能够展现公司是如何实际运转的，还要保证数据在公司层面的完整性，让你能够进行高效的分析处理。

将各个系统中的数据拼凑成一个整体、了解各方业务规则并将其统一命名是一项很有挑战性的任务。我有以下3点建议。

- 选择一个真正重要的话题并慢慢开始，在取得一些阶段性成功之后，再做更多的事情。
- 在设置指标定义、数据层次结构和数据关系时，考虑可见性和灵活性，提前规划以应对混乱和变化。
- 每次规划项目时都预留一些时间来检查、再分析和修复数据。

也许我在本书中能给你的最重要的建议是，谨慎地选择你要评估的指标，并从什么能为公司提供最大价值的角度去分析数据。如果你试图挖掘公司拥有的全部人力资源数据，希望在漫无目的的搜索中找到有价值的东西，那么你的希望很快就会落空。不可能所有的事情都永远保持完美，数据错误总会发生，让所有数据都达到完美没有意义，因为大部分组织内部的数据其实是没用的。

陷阱 9：不进行新数据开发

数据是人力数据分析的命脉。人力资源功能性系统的主要作用是加快人力资源运营流程。系统内的数据对人力数据分析来说是必要的，不过这些数据只能提供有限的洞察。忽视这一点将限制你从人力数据分析中获得有价值的信息。这里有一些技巧可以帮助你获取新数据并产生新洞察。

- 拥有新数据开发的预算。人力资源或IT部门（甚至专门的分析部门）在收集新数据或订阅新的外部数据库方面很少留有充足的预算。请务必考虑为新数据开发留一部分预算。你可以派人参加外部会议以寻找新数据库，或者请教人力数据分析领域的专业人士，以了解他们认为最有价值的数据是什么。无论如何，请确保你在新数据开发方面有预算并能自主使用它。

- 不要错过任何获得重要新数据的机会。获得数据是一件需要你始终牢记在心的事情。你可以使用很多不同的方法来获得数据。例如，当你面试应聘者并对其做出一些决策时，你可以以结构化的方式记录这些信息，以便从长远角度对其进行分析。当你让新员工填写入职申请表时，也可以收集一些对你的分析工作有价值的信息。例如，你可以将新员工提供的家庭地址等数据与公共数据库结合起来计算他的通勤时间。当你认真思考可以在人力数据分析中使用哪些数据类型时，你会发现其实有数不胜数的调查问卷、个性量表、测试、基准数据，它们都可以成为新数据的来源，帮助你产生新的洞察，提高你的人力数据分析水平。

- 重新分配时间。由于传统或缺乏想象力，大多数人力数据分析能力都专注于如何产生更有效的输出。其实比起以往用基本应用程序（如 Excel）手动进行分析，现在像数据仓库工具、数据管理工具和数据可视化工具等都能帮助你更有效地产生洞察。使用更具可扩展性的、更高效的分析系统本身是很有价值的，但如果只是用这些系统来分析同样的数据，回答同样的问题，那就无法产生新的洞察。我建议你使用更高效的工具，将剩下的时间和金钱用于新数据开发。对比一下为了获得同样的分析结果，人们在 Excel 中进行手动分析时花费的时间和系统生成自动化报告所花费的时间，你就知道后者的价值了。你可以把节省下来的时间或金钱用于获取或设计新的数据收集工具，以帮助你产生新的评估指标。有意识地投入时间和金钱来开发新的数据库，将其用于你的人力数据分析工作，会让你受益多多。

陷阱 10：没有行动起来

任何值得做的事情都需要你付出努力并承担一定的风险。你必须决定：是相信公司能够继续采用旧的方法做出更好的人力资源决策，还是尝试利用数据使事情变得更好，更有可能为你带来可预测的、可重复的成功。

现实情况是，这两种选择都伴随着陷阱和风险。无论你在决策中选择使用数据还是忽略数据，你的公司都必须做出决策。你可以控制的部分是，武装自己，以做出好的决策。人力数据分析将为你提供良好的服务，前提是你必须行动起来。所以，开始行动吧！

关于作者

迈克·韦斯特是人力数据分析领域的先驱。他是Merck、PetSmart、谷歌、Children's Health Dallas、Jawbone和Pure Storage公司人才数据分析工作的创始成员。他拥有北亚利桑那大学社会学和心理学双学士学位，以及明尼苏达大学人力资源和劳工关系硕士学位。他在人力资源信息系统方面的专业能力是在工作期间发展起来的。总而言之，在过去的20多年里，迈克一直在为超过7个行业的十几家公司提供人力数据分析方面的创新性工作。

迈克是谷歌人力资源运营团队早期聘用的少数几个数据分析人员之一，他利用数据重塑了人力资源，并帮助谷歌成长为今天的"人才磁石"。迈克对谷歌的贡献包括开创性地完成了第一个人力资源数据报告架构、第一个专业的员工调研项目、第一次员工福利分析、第一次员工入职情况分析和第一次员工流失情况分析，其中包括建立谷歌第一个员工离职预测模型，从而使谷歌在人力数据分析方面享有盛名。2013年，迈克创办了第一家专业的人力数据分析设计公司——People Analyst，并作为合伙人创立了该领域的另外两家公司：People Flow LLC 和 People Analytics LLC。他还担任过One Model公司的第一任产品战略副总裁。

在人力数据分析领域，迈克是一位成熟且有远见的学者、架构师、演讲者和作家，他专门为重视产品领先、敏捷创新和人才价值的公司设计及执行基于数据的人才管理方法。迈克平时工作于奥斯汀、旧金山和斯普林菲尔德三地。

题 献

本书献给所有因求职简历不够优秀而被淘汰的人，献给所有在岗位上辛勤工作但没有获得适当的资源支持的人，献给所有曾经在糟糕的直属经理手下工作、被随意驱使的人，献给所有在工作中遭遇挫折的人。简而言之，本书献给所有愿意让自己变得更优秀的人。

致谢

如果没有团队的支持，我很难完成本书的创作。Wiley出版社为我提供了一个非常棒的团队来支持我完成本书的创作。策划编辑Amy Fandrei为我完成本书的创作提供了帮助。Steven Hayes在Amy离职后接手了这一工作。项目编辑Paul Levesque保证了我写作工作的正常推进。文案编辑Becky Whitney提高了我的写作能力，让本书内容更加通俗易懂。技术编辑Amit Mohindra帮我检查了本书中的技术细节，他尽了最大努力，如果还有任何遗漏或错误，敬请指正。

感谢我生命中不可或缺的人——我深爱的Jaimie Saratella，她陪伴我多年，尽管我有缺点，但她仍然很爱我。感谢在本书撰写和出版过程中帮助过我的许多朋友、同事和导师，他们是Steven Grant（Pure Storage公司）、Maria Cespedes（Pure Storage公司）、Rich Tobey（People Analytics公司）、Corey Butler（People Flow公司）、Dave Jobe（MentorTex公司）、Chris Butler（OneModel公司）、Steven Huang（CultureAmp公司）、John Budd（明尼苏达大学）、Connie Wanberg（明尼苏达大学）、Rick Hou（Eyecue Lab）、Laszlo Bock（Humu公司）、John Miller（VizableHR公司）、Alvan Santoso（谷歌公司）、Adam Dorenfield（学者）、Craig Heyrman（怀疑主义者）、Robert Lanning（SLOAP）和Phil Simon。特别感谢Maria Cespedes对本书中引用的员工调研问卷提供了建议，Corey Butler对本书中引用的技术提供了建议，Alvan Santoso对本书中调研问卷题目的编写提供了建议，Tim Weinzirl为我创建了一个词云，Adam Dorenfield为我提供了很多同行评审研究，Ryan Hammond接手了我在Pure Storage公司未完成的工作，Rich Tobey在我写作时替我承担了其他一切事务。还有很多人在我的写作过程中提供了支持，此处不再——列举，非常感谢！

反侵权盗版声明

电子工业出版社依法对本作品享有专有出版权。任何未经权利人书面许可，复制、销售或通过信息网络传播本作品的行为；歪曲、篡改、剽窃本作品的行为，均违反《中华人民共和国著作权法》，其行为人应承担相应的民事责任和行政责任，构成犯罪的，将被依法追究刑事责任。

为了维护市场秩序，保护权利人的合法权益，我社将依法查处和打击侵权盗版的单位和个人。欢迎社会各界人士积极举报侵权盗版行为，本社将奖励举报有功人员，并保证举报人的信息不被泄露。

举报电话：（010）88254396；（010）88258888
传　　真：（010）88254397
E-mail：　dbqq@phei.com.cn
通信地址：北京市万寿路173信箱
　　　　　电子工业出版社总编办公室
邮　　编：100036